Gloria D. Karpinski

Initiation im Alltag

Die sieben Prinzipien der Wandlung

Aus dem Amerikanischen
von Bettine Braun und Elfie Ammann

Knaur

Dieses Buch ist Elizabeth H. Gilmore,
meiner Mutter und Freundin, in Dankbarkeit
für ihr intuitives Verständnis an meinem Weg
und ihre bedingungslose Unterstützung
herzlich gewidmet.

Initiation im Alltag handelt vom Leben, genauer gesagt, von den Zeiten im Leben, die wir uns gerne ersparen würden: Unfälle, Verluste von uns nahestehenden Menschen oder von Besitz, chaotische Umbruchsituationen und existenzielle Krisen. Nachträglich gelingt es uns meist, die Bedeutung dieser Krisenzeiten – sie fallen oft mit dem saturnischen 7er-Zyklus zusammen – zu erkennen, sie vielleicht als Wohltat in Verkleidung zu würdigen. Aber was tun, wenn wir mittendrin stecken im Schlamassel?

Gloria D. Karpinski, eine wahre spirituell-psychologische Lehrerin, veranschaulicht uns hier Bedeutung und Dynamik von Lebenskrisen. Durch tiefes Verstehen und praktische Übungen werden wir in die Lage versetzt, Zeiten des Umbruchs als kreative Herausforderungen zu erkennen und sie im »Hier« und »Jetzt« zu meistern. Krisenmanagement in seiner wahren Bedeutung. Ein extrem hilfreiches Buch, das beste, was ich hierzu je gelesen habe!

Gloria D. Karpinski gehört zu dem wachsenden Kreis holistisch gesinnter »Helfer« an, deren Anliegen eine ganzheitliche Heilung des Menschen ist. In ihrer Tätigkeit als spirituelle Lehrerin, Beraterin und Geistheilerin bemüht sie sich in erster Linie darum, verständlich zu machen, in welchem Kräftespiel Verstand, Körper, Gefühle und Geist miteinander wirken. Seit über fünfzehn Jahren hält die Autorin Seminare über die Bedeutung spirituell-psychologischer Gesetzmäßigkeiten im Alltagsgeschehen.

Esoterik

Herausgegeben von Gerhard Riemann

Deutsche Erstausgabe Januar 1992

Titel der Originalausgabe »Where Two Worlds Touch«

Originalverlag Ballantine Books, New York
Umschlaggestaltung Peter F. Strauss
Satz DTP ba · br
Druck und Bindung Ebner Ulm
Printed in Germany
ISBN 3-426-04276-2

2 4 5 3 1

Der Windhauch des Morgens
will dir Geheimnisse anvertrauen.
Schlaf nicht wieder ein.
Du mußt fragen nach dem, was du wirklich suchst.
Schlaf nicht wieder ein.
Die Menschen überschreiten die Schwelle,
an der zwei Welten sich berühren.
Die Tür ist weit geöffnet.
Schlaf nicht wieder ein.

Dschelal-eddin Rumi
13. Jahrhundert

Inhalt

Danksagung

Dieses Buch widme ich als Ausdruck der Dankbarkeit
Gott, der mir das Leben und meine Möglichkeiten gab
Dem Geist, dem ich Erinnerung und Offenbarung verdanke
Den Meistern, die uns ihr spirituelles Vermächtnis hinterließen.

Wollte ich allen Menschen im einzelnen danken, die zum Entstehen dieses Buches beigetragen haben, müßte ich noch einen Band hinzufügen. Dazu würden alle Gruppen gehören, die mich zu Lesungen eingeladen haben, und alle Menschen, die an meinen Kursen teilgenommen und mir als Beraterin Einblick in ihre persönliche Welt gewährt haben. Diese Menschen waren meine Lehrer und sind es noch.

Die Unterstützung, Vertrautheit und bedingungslose Liebe meiner Familie ist in diese Seiten eingegangen. Ich danke allen Familienmitgliedern für ihre unablässige Ermutigung zu meiner Arbeit in all den Jahren und daß sie dieses Projekt unbeirrt mitgetragen haben.

Insbesondere möchte ich meiner Verlegerin, Cheryll Woodruff, dafür danken, daß sie mir ihre ungewöhnlichen Fähigkeiten, ihre scharfsichtige Anleitung und ihre »fordernde Liebe« zugute kommen ließ, mit der sie nie weniger akzeptierte, als ich zu geben fähig war. Ich danke auch Barbara Shor für ihre sorgfältige und einfühlsame Herausgebertätigkeit; Everett Sisco für das geduldige Schreiben des

Manuskripts; und Judith Puckett für die wiederholte Durchsicht des Manuskripts in den Monaten seiner Entstehung, für ihre sachkundigen Korrekturvorschläge und die sorgfältige Bearbeitung der Bibliographie.

Tief beeindruckt hat mich, welch verläßliche Unterstützung und Bereitwilligkeit alle Abteilungen von Ballantine Books mir zuteil werden ließen. Es ist eine Ehre für mich, daß sie dieses Buch herausgebracht haben.

Vorwort

Veränderungen fordern uns heraus, erleichtern, frustrieren, bedrohen, bedrücken oder begeistern uns. Vor allem aber zwingen sie uns, zu wachsen. Sie sind der Mechanismus, durch den die Natur die Evolution sichert, und die Stimme, mit der Gott uns ruft. Sie verscheuchen unsere Illusionen über uns selbst und andere. Als barmherziger Engel oder saturnischer Zuchtmeister stutzen sie uns immer wieder zurecht, damit wir werden, wozu wir bestimmt sind. Sie modeln uns ebenso sicher um, wie der Wind einen Baum formt oder fließendes Wasser den härtesten Felsen modelliert. Durch Veränderungen werden wir in immer höhere Bewußtseinszustände initiiert. Unser Bewußtsein ist eine umfassende Synthese von Herz und Kopf, durch die wir zum Handeln gelangen.

Veränderung fordert auf, uns zu erweitern und Risiken einzugehen. Dadurch wird unser Bewußtsein neu geboren, bis wir bereit sind, für das alte zu sterben. Wenn solche einschneidenden Veränderungen nur stoisch ertragen werden oder wenn man heftig gegen sie protestiert, lernt man nichts und schiebt das Unvermeidliche nur hinaus. Doch wenn man die Veränderung akzeptiert – nein, mehr noch, bereitwillig annimmt –, ist sie ein Katalysator für unser Leben, erweitert unsere Erkenntnis und verändert unsere Perspektive: wir wenden uns von der Angst ab und der Lebensbejahung zu. Denn Leben ist Veränderung.

Es gibt Möglichkeiten, mit Veränderungen kreativ und furchtlos umzugehen. Eine davon besteht darin, die Dynamik der Veränderung und Wandlung selbst zu verstehen. Wenn man ins Drama einer plötzlichen persönlichen Krise verstrickt ist, kann man oft nur schwer einen Sinn in diesen Vorgängen erkennen. Denn Veränderungen sind immer Prozesse, auch wenn sie plötzlich eintreten. Veränderungen, Neuerungen erscheinen oft chaotisch und bedrohlich und ohne sinnvolle Richtung. Entscheidend dabei ist aber, daß sie nur so erscheinen. Aus einer umfassenderen Perspektive oder im Rückblick sehen wir, daß in solchen Veränderungen die persönliche oder die planetarische Evolution am Werk ist.

Die Rhythmen der Veränderung

Veränderungen treten in einem bestimmten Rhythmus auf. Diese Rhythmen wurden mir allmählich bewußt in all den Jahren, in denen ich das Glück hatte, die »Lektionen« mit Hunderten von Menschen zu teilen, in denen sie den Herausforderungen ihres Lebens begegneten, auch wenn die Bereiche, in denen sie sich abspielten, und ihre Einzelheiten so verschiedenartig waren wie die Menschen selbst.

Als ich mich auf diese Rhythmen der Lebensveränderungen einstellte, merkte ich, daß viele Menschen, die zum ersten Mal zur Beratung zu mir kamen, einundzwanzig, achtundzwanzig, fünfunddreißig, zweiundvierzig, neunundvierzig, sechsundfünfzig oder dreiundsechzig Jahre alt waren. Mit der Zeit wurde mir klar, daß sie also am Anfang eines Siebenjahreszyklus standen.

Ich fand heraus, daß die wichtigsten Wendepunkte in

ihrem Leben, die tiefgreifende Veränderungen ankündigten – Eheschließungen, Scheidungen, Todesfälle, Geburten, berufliche Umschwünge –, immer um das Jahr herum geschahen, in dem ein neuer Zyklus begann, oder ein paar Monate davor oder danach. Wenn ich nichts dergleichen entdeckte, hatte ich manchmal Klienten, die darauf bestanden, daß ich auch mit ihren halbwüchsigen Kindern spräche, die gerade um die vierzehn waren.

Zuerst nahm ich an, daß diese Ereignisse synchron mit den biologischen und psychologischen Entwicklungsstufen der verschiedenen Lebensalter auftraten. Und ich glaube auch weiterhin, daß es hier eine gewisse Korrelation gibt, bestimmte Zeitschwerpunkte, die in Zusammenhang stehen mit dem Wunsch zu heiraten, in denen es wahrscheinlich ist, beruflich weiterzukommen, Zeiten für Reife und Alter oder das Alter und den Tod unserer Eltern.

In dieses Schema paßten jedoch weitaus nicht alle Veränderungen, die ich beobachtete. Welchen Sinn hatte es von diesem Standpunkt aus, wenn ein Mann genau mit fünfunddreißig Jahren einen Verkehrsunfall erlebte, nach dem er gelähmt war und der sein Leben von Grund auf veränderte? Oder wenn die Mutter einer jungen Frau gerade starb, als diese achtundzwanzig war? Warum nicht, als sie sechsundzwanzig oder dreißig war? Warum passierte die Scheidung genau mit zweiundvierzig? Der Prozeß mit sechsundfünfzig?

Viele Kosmologien in der ganzen Welt gehen davon aus, daß die Schöpfung in Siebenerzyklen geschieht. Die Bibel erzählt, daß Gott die Erde an sechs Tagen schuf und am siebenten ruhte. Metaphysiker würden sagen, daß dieser Zyklus die sieben großen Zeitepochen der Menschheit symbolisiert und würden auf entsprechende Vorstellungen in der

Zoroastrischen Lehre, im japanischen Shintoismus, im Hinduismus und in den Mythen vieler anderer Weltkulturen hinweisen.

Von Sonnenflecken und ökonomischen Krisen über das Laichen der Fische bis zu den Gezeiten der Mode bewegt sich alles Leben in Zyklen. Gute Astrologen sind selten überrascht, wenn sich Zyklen von Geschehnissen voraussagen lassen. Sie betrachten das Horoskop eines einzelnen Menschen oder eines ganzen Landes, stellen die zyklischen Wege der Planeten durch die symbolischen Tierkreiszeichen fest, die sich überschneiden, in ein Spannungsfeld miteinander treten oder ergänzen, und können Hinweise geben auf die wahrscheinlichen Zeitpunkte und Zusammenhänge zukünftiger Veränderungen. Sie wissen nicht, was im einzelnen geschieht oder auf welcher Ebene, aber sie können meist erfolgreich darauf hinweisen, wenn grundlegende Ereignisse bevorstehen.

Das Universum ist allumfassend, und wir schwingen im gleichen Rhythmus wie die Energie, die alles zusammenhält. Wir beeinflussen alles, was geschieht, und werden selbst davon beeinflußt.

Ob wir uns mit einem tiefverwurzelten Muster auseinanderzusetzen haben, in dem der Tanz der Veränderungen ein Leben lang dauern kann, oder mit einem oberflächlicheren Muster, bei dem die Stadien der Veränderung innerhalb von Wochen oder Monaten vollständig durchlaufen werden können – immer sind wir in einem Prozeß mehrerer sich überlagernder Veränderungen. Unser Leben besteht aus einem Geflecht von kürzeren oder längeren Zyklen.

Wie wir Veränderungen wahrnehmen, beginnt mit unserem Selbstverständnis. Die Gewohnheiten, Einstellungen und Überzeugungen, die wir uns zu eigen machen, zeigen uns, für wen wir uns halten. Die Ereignisse können kommen und gehen, aber es findet keine wirkliche Wandlung in uns statt, bevor nicht eines dieser Ereignisse unsere Selbstwahrnehmung wirklich in Frage stellt. Es ist durchaus möglich, in der gleichen Grundeinstellung zu verharren, bis das nächste große Ereignis eintritt. Doch wenn eine feste Überzeugung davon, was wir sind, wirklich in Frage gestellt wird, beginnt der Tanz der Erneuerung. Wir können uns dagegen wehren, oder wir können mittanzen – meist geschieht ersteres, bevor letzteres eintritt –, doch schließlich werden wir den Konflikt zwischen dem Status quo und der Herausforderung lösen, uns in eine neue Richtung bewegen, die notwendige Reinigung von alten Gewohnheiten vornehmen und uns schließlich dem Neuen ganz hingeben.

Diese Reise durch die sieben Stadien der bewußten Bewußtseinswandlung sind das zentrale Thema dieses Buches.

1. Der erste Schritt ist die FORM. Damit ist die Grundvorstellung gemeint, die wir von uns selbst haben. Sie definiert die Grenzen unserer Wahrnehmung, diktiert unsere Meinungen und umreißt vor allem unsere persönliche Wirklichkeit. Dies ist der Punkt, an dem jede Veränderung beginnt.

2. Bewegung kommt in den Veränderungsprozeß durch den zweiten Schritt, die HERAUSFORDERUNG. Irgend etwas geschieht, oder wir sind dem Einfluß einer Sache oder

eines Menschen ausgesetzt, die den Status quo stören, und unsere ursprüngliche Form taugt nicht mehr.

3. WIDERSTAND, der dritte und meist unangenehmste Schritt im Veränderungsprozeß, tritt ein, wenn unsere alte Lebensweise und unsere neue Wahrnehmung in innerer Ambivalenz und Unentschiedenheit in Widerstreit geraten. Logik, Konditionierung und Geschichte argumentieren für die Vergangenheit, doch das Neue übt die stärkere Anziehung aus.

4. Schließlich werden wir durch das vierte Stadium gerettet – das ERWACHEN. Das ist der begeisternde Augenblick des Zyklus, in dem mitten im bisherigen Kampf ein Durchbruch geschieht. An diesem Punkt findet die entscheidende Wende von der Unentschiedenheit zur neuen Sicht statt.

5. Als nächstes folgt das ENGAGEMENT. Das ist der Punkt im Zyklus, wo wir alle unsere Möglichkeiten – Zeit, Geld und Energie – für das Neue einsetzen. In diesem Stadium müssen wir eine Reihe von Entscheidungen treffen, die uns helfen, unser neues Ziel zur Verwirklichung zu bringen.

6. Der unvermeidliche nächste Schritt ist die LÄUTERUNG – und sie geschieht meist völlig überraschend. Dies ist der Zeitpunkt, an dem die wirkliche Wandlung stattfindet. Und sie ist oft schmerzhaft. Alte Verletzungen und Ängste, die in früheren Phasen des Prozesses unterdrückt wurden, steigen auf und müssen angenommen und letztlich transformiert werden. Es ist die Zeit, in der wir für das Alte sterben; eine Zeit, die unseren Glauben an das Neue auf die Probe stellt.

7. Schließlich erreichen wir das letzte Stadium – HINGABE. Das ist der Punkt in dem Erneuerungsprozeß, an dem wir wirklich aufgehen in der neuen Überzeugung. Er wird

charakterisiert durch Synthese und Integration. Das Neue wird eins mit dem ganzen Menschen, und die alte Form ist nur noch Erinnerung.

Wenn äußere Ereignisse unsere Überzeugungen – unsere Form – in Frage stellen, können wir uns der Veränderung verweigern. Wir können das Neue leugnen, das Alte verteidigen und zäh an unseren bisherigen Vorstellungen festhalten. Oder wir können innehalten, genauer hinsehen und fragen: »Was kann ich aus dieser Herausforderung lernen? Wie kann ich mir wirklich bewußt machen, was hier geschieht?«

Wir treffen immerzu Entscheidungen über unser Innenleben, ob bewußt oder unbewußt. Diese Entscheidungen schaffen Muster, die bestimmte zukünftige Erfahrungen anziehen. Wenn wir uns dafür entscheiden, Herausforderungen, die uns zwingen, uns mit unserem Selbstbild auseinanderzusetzen, zu nutzen, wenn wir uns entscheiden, Ereignisse als Sprungbrett für vertiefte Einsichten zu nutzen, dann sind wir auf dem Weg zu einer wirklichen Bewußtseinswandlung.

Ein Vertrag auf Gegenseitigkeit

Es gibt eine Redewendung aus Island, die heißt: »Ich verkaufe es dir nicht teurer, als ich es selbst gekauft habe.« Das ist mein Vertrag mit Ihnen. Die Gedanken über die Dynamik der bewußten Veränderung, die ich Ihnen in diesem Buch vermittle, beziehe ich aus meinem persönlichen Arbeitsfeld und aus fünfzehn Jahren des Heilens, Lehrens und der Beratung. Ich werde die Ereignisse und Erfahrungen ehrlich berichten und sie so klar interpretieren, wie meine Einsichten und Fähigkeiten es erlauben.

Ihr Teil des Vertrages besteht darin, mit offenem Geist zu lesen und darauf zu lauschen, was sich zwischen den Zeilen bewegt. Worte können im besten Fall einen Fingerhut voll vom Sinn erfassen. Wenn wir versuchen, das Nichtmaterielle in konkreten Begriffen zu schreiben, begeben wir uns sofort auf unsicheren Boden. Es ist, als wolle man Wasser mit einem Netz einfangen. Der Geist ist überall und in allem Lebendigen ... Nimmt man einen Teil heraus und benennt ihn, ist das sogleich eine Begrenzung. Das Ganze kann man nicht in Einzelheiten darstellen. Aber wir können das Ganze besser verstehen, wenn wir uns mit seinen Teilen beschäftigen.

Wenn eine Geschichte oder ein Satz Sie dazu anregt, sich ein wenig klarer zu machen, wer Sie sind, so bin ich dankbar. Wenn die Gedanken in diesem Buch Ihnen helfen, die Veränderungen in Ihrem Leben bewußter zu erfahren, ist meine Absicht erfüllt.

Und wenn dieses Buch nicht für Sie geeignet ist, bitte ich Sie freundlich, es beiseite zu legen und keinem von uns unrecht zu geben. Unsere konflikterfüllte Welt verlangt von uns, daß wir die Vielfalt begrüßen, nicht darüber streiten. Es gibt endlos viele Prismen, durch die das Licht sich bricht – ein Licht: viele Farben. Ich lasse darum in meine Worte die Bitte einfließen, daß Sie Ihre eigene Farbe finden und leben mögen, und daß wir beide mehr Verständnis erwerben für die vielen Farben, die in dem einen Licht enthalten sind.

Indem ich schreibe, und Sie es lesen, berühren sich unsere beiden Welten. Sie berühren sich wie das Lächeln, das sagt: »Kennen wir uns nicht von irgendwoher?«

Teil I

Initiation

Veränderungen

Veränderung:

Ihre Zyklen haben etwas Beruhigendes. Das jährliche Versprechen der Frühlingsblumen, die im Schnee wachsen und uns daran erinnern, daß die Samen des neuen Wachstums aufgehen.

Veränderung:

Manchmal tritt sie weniger sanft ein. Explodierende Realität wie ein ins Schleudern gekommenes Auto, das unsere sorgfältig geordnete Welt in Mikrosekunden erschüttert.

Veränderung:

Eine willkommene Geburt. Ein neues Leben, das mit seinen ersten Atemzügen all unsere Prioritäten und Beziehungen neu ordnet, das unser Geld, unsere Zeit, unsere Verbindlichkeiten neu strukturiert.

Veränderung:

Sie gaukelt uns Sicherheit vor. Der langerwartete Sieg, der keiner ist, weil wir das, was wir zu wollen glaubten, gar nicht mehr wollen.

Veränderung ist unvermeidlich. Niemand würde etwas so Offensichtliches abstreiten wollen. Dennoch sind wir fast immer überrascht, wenn eine Veränderung eintritt.

Wir wissen, daß unsere Kinder sich anders entwickeln

können, als wir es für sie vorgesehen haben. Weil wir aber nicht wirklich glauben wollen, daß sie es tun werden, quälen wir uns, wenn es wirklich geschieht. Wir wissen, daß unsere Eltern eines Tages alt werden und wir selbst auch. Dennoch geraten wir in Panik angesichts der ersten Anzeichen von Gebrechlichkeit. Wir werden sogar zugeben, daß keine Arbeitsstelle hundertprozentig sicher ist und daß Beziehungen immer wieder der Erneuerung bedürfen, wenn sie nicht absterben sollen. Doch wenn wir einem geliebten Menschen sagen: »Du hast dich verändert«, ist das eher ein Vorwurf als das Anerkennen eines natürlichen und unvermeidlichen Prozesses.

Wir können versuchen, uns gegen die Wirklichkeit der Veränderung zu schützen, aber unser wahres Selbst weiß. Wir beobachten den zyklischen Rhythmus der Jahreszeiten und gehen mit ihnen, wir feiern die alten Jahreszeitenrituale des Pflanzens, Gedeihens und Erntens. Doch das Selbst, dem es ums Überleben geht und das von der Erde abhängig ist, beobachtet argwöhnisch, was geschieht. Es erinnert sich an das Jahr, in dem das Land keine Ernte brachte, den Tag, an dem der ruhige Berg plötzlich Feuer spuckte, oder die Zeit, in der die lebenspendenden Wasser plötzlich zerstörerische Kräfte entfalteten; als die Gute Mutter, die Fülle und Überfluß brachte, ganz plötzlich zur Schrecklichen Mutter wurde und uns aufrüttelte aus unseren trügerischen Vorstellungen von Dauer und Manipulationen.

Veränderung kündigt sich an mit Geburt, Tod, Entlassung, Einstellung, Erfolg oder Scheitern, mit aggressiven Schlagzeilen, die uns verkünden, daß die Welt sich weitergedreht hat, während wir in aller Unschuld schliefen. Ohne Vorwarnung hat sich das zuverlässige Drehbuch unseres

Lebens, in dem alle Schauspieler ihren Text kannten, in ein unbekanntes Drama verwandelt. Was ist mit dem Hauptdarsteller geschehen? Wer ist der Schurke? Wie geht mein Text weiter?

Alles, was wir im Universum beobachten, zeigt uns, daß Veränderung die einzige Konstante des Lebens ist. Von der raschen Veränderung einzelner Zellen bis zum Lebenszyklus der Sterne ist die Natur in einem unaufhörlichen Prozeß von Geburt und Tod. Wir mögen nach Trost suchen und den alten Spruch sagen: »Je mehr die Dinge sich verändern, desto eher bleiben sie, wie sie waren«, doch das bedeutet nur, daß wir uns auf die langsameren Evolutionsprozesse konzentrieren.

Wir betrügen uns selbst, wenn wir versuchen, das Leben aufzuhalten und es in einen Zustand der Dauer zu sperren. Wir könnten genausogut versuchen, den Wind mit einem Sieb einzufangen. Denn Leben ist Bewegung. Was wir heute sehen, befindet sich schon im Prozeß des Sterbens. Wir leben in einem Traum von gestern, der manifest geworden ist, und morgen werden wir sehen, was wir heute geträumt haben. Wieviel wir auch manipulieren, messen und analysieren mögen, das Leben bleibt wunderbar und erschreckend geheimnisvoll.

Der Veränderung Widerstand entgegenzusetzen, ist sicher sehr menschlich. Hartnäckige Abwehr nach dem Motto: »Ich habe mich schon entschieden, bring mich nicht durcheinander« wurzelt in der Angst vor dem Unbekannten und hat viel Schmerz verursacht, im einzelnen Leben wie im kollektiven. In jedem Lebensbereich werden Kriege ausgefochten, wenn die Überzeugungen der Vergangenheit durch Veränderungen in der Gegenwart in Frage gestellt werden.

Es ist schon Tradition, daß die Boten der Erneuerung getötet werden. Wir wollen uns unsere Mythen nicht nehmen lassen. Doch die Neuerer in allen Bereichen menschlichen Strebens, in Wissenschaft, Erziehung, Politik oder Religion, lebten und leben im Einklang mit dem Mysterium der Verwandlung. Sie sehen, was ist, und fragen danach, was daraus werden kann. Leider führt der Widerstand, den man den von ihnen angekündigten Veränderungen entgegensetzt, oft dazu, daß man sie ignoriert, verspottet oder sogar tötet, nur damit sie einige Zeit später wieder auferstehen zu Helden der neuen Legenden. Und dann beginnt der ganze Kreislauf von vorn.

Immer wenn wir eine Festung errichten, um altvertraute Wahrheiten zu verteidigen, verfestigen wir das Leben zum Dogma. Doch immer wenn wir glauben, wir hätten alles dingfest gemacht, dringt die Evolution ein, stößt Fenster und Türen auf und wirbelt den ganzen Staub der Vergangenheit durcheinander – und wir müssen uns doch der Veränderung unterwerfen.

Unterdessen setzen wir uns mit der Gegenwart auseinander und entdecken oft in uns selbst ungeahnte Fähigkeiten, mutig und ausdauernd zu sein. In jedem Jahrhundert erheben sich die Menschen aus den Trümmern ihrer Träume und erfinden neue. Wir setzen uns der zähen, zermürbenden Schule der Erfahrung aus, gehen immer drei Schritte vor und zwei zurück. Wir werden auf eine höhere Stufe der Vollkommenheit getrieben, so sicher, wie die Sonne das Leben im Samenkorn in die Erscheinung treibt. Wir werden vorwärtsgetrieben durch das Versprechen noch nicht verwirklichter Möglichkeiten.

Für jene, die die Veränderung fürchten, ist die Evolution

ein Feind. Doch für jene, die bewußt auf das gleichmäßige Fortschreiten der Evolution reagieren, ist sie der Sinn des Lebens, weil sie uns aufruft, all das zu werden, was wir werden können. Sie stachelt unsere Sehnsucht an, läßt uns aufbegehren gegen Ungerechtigkeit, Elend, Umweltverschmutzung und Krieg. Sie pflanzt die Gewißheit in unsere Herzen, daß das Leben nicht das bleiben muß, was es ist. Die Evolution ermutigt uns zur Veränderung, sie stößt uns sanft oder heftig hinein.

Mir scheint auch, daß trotz allem äußeren Anschein ein wirklicher Fortschritt in der Evolution festzustellen ist. Er liegt darin, daß wir allmählich zur Erkenntnis kommen, daß wir alle betroffen sind. Wir sind vollkommen abhängig voneinander und von allen anderen Lebensformen, die diese Welt mit uns teilen.

Wendepunkte

Selbsterkenntnis ist der allererste Schritt zur spirituellen Erkenntnis. Den Menschen zu helfen, sich mit ihren persönlichen Ängsten und Begrenzungen auseinanderzusetzen, ermöglicht uns, diese Probleme auf der Ebene einzelner Rassen und Nationen und des ganzen Planeten anzugehen.

Berater, Therapeuten und Lehrer haben eine gute Ausgangsposition, um sich mit persönlicher Weiterentwicklung zu beschäftigen, weil die Menschen ihre Dienste selten in Anspruch nehmen, wenn das Leben seinen geordneten Gang geht. Meist drängt irgendeine traumatische Erfahrung uns dazu, Hilfe zu suchen. Vielleicht ist es eine ganz offensichtliche Krise, wenn wir zum Beispiel von einem geliebten Menschen verlassen werden, entdecken, daß unser Kind

Drogen nimmt, wenn ein Freund plötzlich stirbt, wenn wir erfahren, daß wir eine lebensbedrohende Krankheit haben oder eine schwere Depression erleben – es können so viele Dinge sein, die plötzlich und unwiderruflich in unsere Welt eingreifen, die wir so sorgfältig durchgeplant hatten.

Viele Menschen suchen auch Helfer auf, wenn sie Veränderung in ihrem spirituellen Leben erfahren. Umschwünge, die durch die tiefsten Schichten unseres Innern ausgelöst werden, erscheinen nur weniger einschneidend zu sein als plötzliche und unausweichliche Krisen im äußeren Leben. Seelische Wandlungen sind eher evolutionär als revolutionär. Doch an entscheidenden Wendepunkten kann jeder dieser Entwicklungsschritte mit der Heftigkeit einer Krise auftreten, denn nichts in unserem Leben läßt sich unabhängig vom Geist sehen.

Das Wort Krise kommt vom Griechischen krisis und bedeutet »Scheideweg«, »Wendepunkt«. In einer heftigen Krise lösen wir uns auch fast immer von einem alten Weg, von der vergangenen Sicht der Dinge – entweder freiwillig oder mit großem Wehgeschrei. Im Chinesischen gibt es zwei Worte für Krise; eines bedeutet auch »Gefahr«, das andere auch »Möglichkeit«. Aus einer spirituellen Perspektive bietet uns oft gerade das, was uns gefährlich erscheint, große Wachstumsmöglichkeiten.

Oft spüren wir, daß sich eine wichtige Wende ankündigt. Sie drückt sich vielleicht noch nicht in der physischen Realität aus, aber wir spüren, daß da eine Energie wirksam ist, die den Status quo in Frage stellt. Vor einem heftigen Sturm tritt oft eine intensive Stille ein, als hielte die Luft selbst den Atem an. Wendepunkte kündigen sich durch eine Vielzahl vager Symptome an: tiefe Ruhelosigkeit, eine unbestimmte Sehnsucht, unerklärliche Langeweile, das Gefühl, festgefahren zu sein.

Ein lebensverändernder Umschwung tritt oft ein, als hätte sich in der Seele eine Kapsel mit Langzeitwirkung aufgelöst. Das Ereignis selbst ist jedoch oft weniger bedeutsam als die darin enthaltene Lernmöglichkeit. Wenn es Zeit ist, eine bestimmte Lektion zu lernen, dann geschehen Dinge, die genau die richtige Möglichkeit dazu schaffen. Doch wenn die Ereignisse nicht die notwendige Lektion mit sich brachten oder die Lektion nicht gelernt wurde, werden andere Dinge geschehen, die die entsprechende Möglichkeit enthalten.

Nehmen wir an, die Zeit wäre für den einundzwanzigjährigen John gekommen, Vergeben zu lernen. Das Klassenzimmer ist vielleicht seine Arbeitsstelle, und der Chef, dem er anscheinend nichts recht machen kann, wird sein Lehrer. Das Ereignis, das eintritt, ist die Kündigung. Wenn er dem Chef verzeihen kann, ist er frei, neue Wege zu gehen. Er muß die Lektion nicht wiederholen. Aber wenn er sich weigert, Vergebung zu lernen, kommt er in ein neues Klassenzimmer und bekommt einen neuen Lehrer – doch die Lektion bleibt die gleiche: Vergebung.

John hat vielleicht eine neue Stelle – diesmal stört er das Selbstgefühl eines Kollegen, der sich rächt, indem er ihm seine Leistungen streitig macht. Oder er befreundet sich mit jemandem, der ihm seine Freundin wegnimmt. Oder ihm wird das Auto gestohlen. Immer noch muß er Vergebung lernen. Wenn er dem Chef nicht vergeben kann, vielleicht kann er dem Mitarbeiter vergeben oder dem Freund oder dem Dieb.

Bei den Veränderungen, die John erlebt, geht es eigentlich um Bewußtseinswandel. Nehmen wir an, um die Verbindung zu seinen anderen Zyklen herzustellen, seine Seele hat sich vorgenommen, einige wichtige Lektionen zu lernen, damit er irgendwann seine Begabung nutzen kann, anderen zu helfen. Wenn wir ihn zwei Zyklen später sehen könnten, wäre er vielleicht Physiotherapeut, der in der Rehabilitation von Menschen arbeitet, die berufsbedingte Krankheiten haben. Diese Arbeit macht er erst mit fünfunddreißig und weiß vielleicht mit einundzwanzig oder achtundzwanzig noch gar nicht, daß ihn solch eine Tätigkeit später einmal anziehen wird. Aber seine Seele weiß es. Dieses Ziel gehört zu seiner Grundstruktur von Geburt an wie die Farbe seiner Augen.

So wird John von seiner Geburt an bis zu der Zeit, in der er in seine Arbeit hineinwächst, all die Lektionen anziehen, die er braucht, um sich zu läutern und darauf vorzubereiten, anderen bei der Überwindung ihrer Blockaden und Prüfungen zu helfen. Manche dieser Lektionen mögen recht hart sein. Er könnte beispielsweise mit achtundzwanzig einen schweren Unfall haben, der zu diesem Zeitpunkt wie eine sinnlose Unterbrechung in seinem Leben wirkt. Wollten wir versuchen, diesen schmerzhaften Eingriff in dem Augenblick zu verstehen, wo er geschieht, würden wir wahrscheinlich nicht weit kommen. Doch während John einen monatelangen Kampf führt, durch Therapien seine Gesundheit wiederzuerhalten, lernt er, tief nach innen zu gehen und an seine Willenskraft zu gelangen. Er lernt etwas über Disziplin und Geduld und über das Mitgefühl für andere Menschen. Es eröffnen sich ihm Bewußtseinsbereiche, die ihm vor dem Unfall nicht zugänglich waren.

Nehmen wir an, daß John seine Lektion über das Vergeben schließlich lernt, da er seinen Patienten nicht viel vermitteln könnte, wenn er selbst nicht weiter gekommen wäre. So kann er mit fünfunddreißig seine Lebensarbeit beginnen, er hat die Klassen bestanden, in denen er gelernt hat, was er braucht, um seine Arbeit gut zu machen. Vergeben, Selbstdisziplin und Mitleid sind Teil seines Bewußtseins geworden.

Die Dinge müssen nicht sein, was sie zu sein scheinen

Ich erinnere mich, daß ich einmal mit einem Halbwüchsigen gearbeitet habe, der wegen irgendeiner kleinen physischen Störung zu mir geschickt worden war. Wirklich besorgt waren seine Eltern jedoch wegen seiner fürchterlichen Schlampigkeit. Er war die Art von Junge, der ohne hinzusehen aufsprang und immer etwas zerbrach. Er schwänzte die Schule, wie viele andere Schüler, aber er wurde erwischt. Er fuhr zum Einkaufen, aber er vergaß seinen Führerschein und wurde von der Polizei angehalten.

Bei meiner Arbeit mit ihm wurde meinem Geist mitgeteilt: Dieser junge Mann hat in der Zukunft wichtige Arbeit zu leisten. Aber er geht mit seiner Energie achtlos um und muß sich disziplinieren. Deshalb bringt er sich selbst dauernd in Situationen, in denen er das lernen kann. Sag den Eltern, sie sollten sich keine Sorgen machen. Die Seele formt sich die Persönlichkeit für ihre Zwecke.

In denke oft an diesen Rat, wenn ich sehe, wie Menschen immer und immer wieder die gleiche Lektion bekommen. Wenn wir einmal erkannt haben, daß unsere Seele uns ganz bewußt so lange in einem Klassenzimmer festhält, bis wir unsere Lektionen gelernt haben, wird unsere Ungeduld und unser Urteilen über uns selbst und andere gemildert.

Meistens haben wir keine Ahnung, worin diese Lektion

bei anderen Menschen bestehen könnte. Aber wir beginnen zu verstehen, daß Schwierigkeiten, selbst Tragödien, in ihrem Leben wahrscheinlich wichtige und notwendige Lektionen sind. Dann wird uns klar, daß die Dinge nicht das sind, was sie scheinen.

Ich brauchte lange, um das zu lernen. Ich erinnere mich an die Arbeit mit einer begabten Frau, die immer wieder in die Rolle derjenigen kam, die die Arbeit der anderen förderte. Sie hatte eine gute akademische Ausbildung einschließlich eines Psychologie-Diploms und wäre bestens geeignet gewesen für eine Arbeit, die ihr viel Aufmerksamkeit und Lob eingebracht hätte. Aber sie fühlte sich ganz wohl in dieser Rolle, und das war auch nicht der Grund, warum sie Rat suchte. Ihr Muster, immer im Hintergrund zu stehen, begann schon bei ihrer Geburt. Sie wurde in eine große Familie geboren und konnte wegen finanzieller Schwierigkeiten zunächst nicht studieren. Sie ging arbeiten, um ihre jüngeren Geschwister zu unterstützen und ihnen ein Studium zu ermöglichen. Mit fünfunddreißig machte sie endlich die erste Prüfung mit Auszeichnung. Sie studierte weiter bei einem sehr berühmten Mann und widmete sich schließlich ganz der Unterstützung seiner Arbeit. Als wir uns das erste Mal sahen, war sie schon über sechzig und sehr damit beschäftigt, die Schriften ihres Mentors zu sammeln. Sie hatte sich auch bei mehreren Studenten therapeutisch betätigt, die später in diesem Bereich bekannt wurden.

Als wir den größeren Zusammenhang ihres Lebensplanes zu erkennen versuchten, wurde klar, daß sie sich inkarniert hatte, um an dem seelischen Initiationsweg zu arbeiten, den man »das Leben für andere geben« nennen könnte. Diese Art von Bewußtseinsarbeit beinhaltet nicht notwendigerweise, daß man physisch für andere sterben muß. Sein Leben geben hat eher die Bedeutung, daß man sein niedriges Ego überwindet, um seine Begabung zu nutzen, anderen zu dienen. Das ist wirklich höhere Examensarbeit für die Seele und darf nicht damit verwechselt werden, daß jemand seine eigenen Talente psychologisch sabotiert.

Falsches Märtyrertum hinterläßt Groll im Menschen und bringt ihm keine Erfüllung. Er wird freudlos und strahlt dies aus. Wenn man sich aber willig in die Lektion fügt, Ruhm und Vermögen zu opfern, um die Entwicklung anderer zu fördern, erfüllt einen das mit großer Freude – sehr zur Verwunderung jener, die immer noch dem einen nachjagen. Interessanterweise müssen wir, bevor wir berufen werden, uns solch einer Lektion zu widmen, zunächst lernen, alle Kräfte für das Streben nach beruflicher Vervollkommnung einzusetzen. Wahrscheinlich müssen wir erst etwas errungen haben, das es überhaupt wert ist, aufgegeben zu werden, bevor wir das wirklich und freudig tun können.

Ein anderes Beispiel für jemanden, der daran arbeitet, sein Leben für andere zu geben, ist vielleicht ein Mensch, der in einem früheren Leben wegen seiner Stimme berühmt war und sich nun von seinem Seelenweg her entschieden hat, in diesem Leben ein großer Gesangslehrer oder Stimmbildner zu werden. Der Genius dieses Menschen dient dazu, anderen zu helfen, ihre Begabung zu entwickeln. Ein großer Schriftsteller könnte ein wichtiger Verleger für andere werden. Eine Frau, die sehr begabt wäre und es zu hohem Ansehen bringen könnte, sich aber entschieden hat, an ihrer speziellen Lektion zu arbeiten, wird vielleicht Mutter vieler Kinder, die sich ganz dieser häuslichen Aufgabe widmet.

All diese Menschen, die ihre eigenen Fähigkeiten nutzen,

um die Begabungen anderer zu fördern, entdecken, daß dies nur in den Augen jüngerer Schüler den Charakter eines Opfers hat. In Wirklichkeit gewinnen sie dabei etwas. Wie bei allen Seelenlektionen kann man sich auch hier nichts vortäuschen: das höhere Selbst weiß, ob wir aus pathologischen Gründen so handeln oder infolge eines programmierten Familienmythos, oder ob es aus wachsender Erkenntnis geschieht.

Der Glaube an das Ziel der eigenen Seele ist nicht gut vereinbar mit einem Wertsystem, in dem es um unmittelbaren Erfolg geht. Von letzterem Standpunkt aus sind einschneidende Veränderungen eine Quelle dauernder Frustrationen, oft verheerend und verbitternd. Wenn wir aber beginnen, uns selbst und andere ganzheitlich und in unserem ganzen Lebenszusammenhang zu sehen, werden wir solche Veränderungen als die dynamische Kraft erkennen, die hinter der Entfaltung des Seelenplanes steht.

Die meisten von uns würden im Rückblick feststellen, daß eine Krise, die zu einem bestimmten Zeitpunkt sinnlos schien, uns dafür vorbereitete, später eine wichtige Aufgabe zu erfüllen. Madeleine L'Engle spricht in ihrem Buch *The Irrational Season* von dem Nein, das oft einem Ja vorausgeht. Sie erinnert daran, daß das Nein von Gethsemane erst das Ja der Auferstehung möglich machte.

Angesichts einer Enttäuschung oder einer radikalen Veränderung in unserem Leben ist es sehr schwer, darauf zu vertrauen, daß darin ein Sinn liegt. Das zu akzeptieren, ist eine der ersten Lektionen, die man bestehen muß, um große Veränderungen gut durchzustehen. Wie oft haben wir versucht, die Welt zu manipulieren, damit sie uns gefiel, und sind dabei gescheitert? Es war einfach nicht der richtige

Zeitpunkt, auch wenn wir es nicht wußten. Später öffneten sich dieselben Türen, die wir vorher so verzweifelt hatten aufstoßen wollen, von selbst, unerwartete Möglichkeiten taten sich auf, wir konnten sie scheinbar mühelos durchschreiten. Es war der richtige Zeitpunkt. Wie ein Tongefäß, das immer wieder gebrannt werden muß, um dem Druck dessen zu widerstehen, mit dem es gefüllt wird, werden wir als Vorbereitung für die Zukunft abgehärtet.

Der Unterschied zwischen Kennen und Wissen

Früher oder später wird auch der materialistischste Mensch fragen: »Was ist der Sinn meines Lebens? Warum bin ich hier und muß all diese Veränderungen erleben?« Diese Frage, dieser Schrei aus dem Herzen, ist schon eine Bestätigung dafür, daß es Antworten gibt, wie verborgen sie auch in bestimmten Augenblicken sein mögen. Wir neigen zu dem Glauben – oder zumindest zu der Hoffnung –, daß irgendwo eine Autorität wartet, die uns die Geheimnisse unseres wechselvollen Lebens enträtseln kann. Aber der Rat, den das Orakel von Delphi gab, hieß: »Mensch, erkenne dich selbst«, und nicht: »Such dir einen Guru.«

Eine Sufi-Geschichte warnt uns vor denen, die alles wissen. Ein Mann, der für tot gehalten worden war, begann gegen seinen Sarg zu klopfen. Die Leute hoben den Sargdeckel, und der Mann fragte: »Was macht ihr denn mit mir? Ich bin doch gar nicht tot.« Nach einem kurzen Schweigen sagte einer aus der Menge: »Die Ärzte und die Priester haben gesagt, daß du tot bist – also bist du tot.« Und er wurde sogleich beerdigt.

Ich las einmal, daß der Unterschied zwischen Mystik und Religion darin besteht, daß Religion der Glaube an die Gotteserfahrung eines anderen ist, Mystik aber der Glaube an die eigene.

Es ist inspirierend, ermutigend und tröstlich, den Weg zur Erleuchtung, den ein anderer gegangen ist, zu studieren. Wir würden alle viel mehr in der dunklen Dichte des Materialismus herumstolpern, hätten wir nicht die Zeugnisse Erleuchteter, die den Weg vor uns zurückgelegt haben. Ihr Licht, das die trügerischen Windungen des Weges zur Selbsterkenntnis erhellt, ist ein Geschenk, denn wenn wir uns auf die Weisheit eines Erleuchteten konzentrieren, wird das gleiche Potential in uns schneller entwickelt.

Aber es ist so viel einfacher, Geschichten über Erleuchtete zu sammeln, als ihnen zu folgen. In seinem Buch *Song of the Bird (Warum der Vogel singt)* erzählt Anthony de Mello die Geschichte eines Forschers, der an den Amazonas reiste. Während er die Fülle an Eindrücken genoß, fragte er sich, ob er den Menschen zu Hause je würde vermitteln können, was es bedeutete, in einem Kanu über die Wasserfälle zu paddeln. Und wie sollte er die üppigen Farben der Blumen, die exotischen Geräusche, die betäubenden Düfte beschreiben? Er beschloß, eine Landkarte anzufertigen. Als er heimkehrte, waren die Leute ganz gebannt von seinen Geschichten. Sie hängten die Karte im Rathaus auf. Manche lernten jede Windung des Flusses auswendig. Manche wurden Landkartenfachleute. Aber keiner von ihnen reiste selbst an den Amazonas.

Der jainistische Lehrer Gurudev Chitrabhanu erzählt von der ersten Begegnung mit dem Mann, der sein Guru werden sollte. Chitrabhanu war durch ganz Indien gereist und hatte gelernt, kluge Gespräche mit weisen Männern zu führen. Er dachte, er habe großes Wissen. Aber das erste, was der Guru ihm sagte, war: »Du weißt überhaupt nichts. Du bist nur ein guter Papagei.« Er behauptet, das sei der wahre Anfang seines Lernens gewesen.

Die meisten von uns können eine Wahrheit hersagen, lange bevor wir sie uns zu eigen gemacht haben. Wir sprechen von Einssein, während wir noch um das Territorium für unser Ego kämpfen. Wir sprechen von der göttlichen Liebe, während wir uns der Gnade entziehen. Die Tatsache, daß man eine Wahrheit erkannt hat, bedeutet nicht notwendigerweise, daß das alte, programmierte Selbst freiwillig abdankt. Aber mit der Zeit und mit wirklicher Hingabe auf unserer Suche wird das Ego klein beigeben.

Wenn das Geheimnis des Selbst sich zu enthüllen beginnt, ist es gleich, wie universell eine Erkenntnis ist, denn in ihr liegt all die ehrfürchtige Freude, die wir auch bei der Geburt eines kleinen Kindes empfinden. Ebenso ist es bei jeder spirituellen Geburt.

»Suchet und ihr werdet finden«, ist der Schlüssel zu allem. Es ist nicht nur ein Versprechen für die Gläubigen irgendeines Systems und auch keine romantische Idee. Es ist ein hartes, tätiges Energiegesetz. Die Dynamik dieses Energiegesetzes heißt Anziehung. Der Wunsch, zu erkennen, setzt starke Kräfte in Bewegung, und die Antworten zeigen sich allmählich, Stück für Stück. Das richtige Buch, die plötzliche intuitive Erkenntnis, der Mensch, der ein Mosaiksteinchen beiträgt – sie alle erscheinen plötzlich auf wunderbare Weise. Was wir für Zufall hielten, wird in Wirklichkeit von einer unsichtbaren Intelligenz gelenkt. Diesen Satz mag ich besonders: »Der Zufall ist Gottes Methode, anonym zu bleiben.«

Ist das übernatürlich? Nein. Ist es etwas Natürliches? O ja. Wir haben es unbewußt bewirkt, ohne zu ahnen, wie das starke, unerbittliche Gesetz der Anziehung wirkt. Wir haben immerzu unsere eigene Wirklichkeit geschaffen. Nun können wir das bewußt tun.

Vom Aushalten zum Mitgestalten

»Man erschafft sich seine eigene Wirklichkeit« – das kann ein wenig wie ein New-Age-Spruch klingen, der nichts zu tun hat mit der realen Welt, in der Geld, Macht, Politik, Heimatlosigkeit oder AIDS regieren, oder mit dem persönlichen Leben. Wenn man sie nicht richtig versteht, erscheint einem diese Aussage bestenfalls als Klischee, das oft Schuldgefühle weckt, kränkend wirken kann oder im schlimmsten Fall völlig bedeutungslos ist. »Was habe ich mit einer Welt der Kriege, der Geburtsfehler, der Wirtschaftskrisen zu tun?« Oder, persönlicher: »Was hatte ich für einen Einfluß auf meine Lebensbedingungen – meine Familie, mein Geschlecht, meine Rasse, mein Heimatland oder meine wirtschaftliche Lage?«

Das sind keine einfachen Fragen. Wenn man sich auf die bloßen äußeren Fakten stützt, scheint alles völlig chaotisch zu sein. Aber die Fakten ändern sich dauernd, und die absoluten Wahrheiten von gestern weichen den absoluten Wahrheiten von heute – und von morgen.

Es ist nicht verwunderlich, daß intelligente Menschen sich oft für den Skeptizismus entscheiden. Er ist vorübergehend eine nützliche Energie. Er stellt in Frage, entlarvt, ist aber offen, dazuzulernen. Sri Aurobindo, der zugleich Mystiker und Intellektueller war, sagte einmal: »Vor allem glaubte ich, daß nichts unmöglich war, und dabei konnte ich alles in Frage stellen.« Zynismus jedoch ist, im Gegensatz zum Skeptizismus, eine Sackgasse auf dem Weg zur Erkenntnis. Einmal wurde mir bewußt: »Ein Zyniker ist jemand, der versucht hat, Gott nach seinem Bild zu erschaffen und dabei gescheitert ist.« Der Zyniker behauptet allzu leicht, es gäbe keine sinnvolle Ursache, keine leitende Intelligenz, ob transzendent oder nicht.

Die Hüter mancher Überzeugungen und Mythen sagen uns, daß eine anthropomorphe Gottheit alle Entscheidungen für uns getroffen und uns die Rolle, die wir spielen, zugewiesen habe. Wir brauchen nicht zu wissen, warum uns ein bestimmtes Schicksal widerfährt, es bleibt ein Geheimnis.

Doch die Traditionen aus aller Welt sagen uns seit Urzeiten, daß die Wirklichkeit nicht etwas ist, das uns auferlegt wird, sondern, daß wir sie schaffen. Vielleicht sollte das Wort »wir« unterstrichen werden, denn viele der Realitäten, die wir erfahren, haben wir gemeinsam geschaffen. Wenn wir die schweren Prüfungen unseres Lebens und unserer Zeit betrachten, sollten wir die Möglichkeit, daß wir selbst die Schöpfer sind, ernsthaft in Betracht ziehen. Auf den ersten Blick könnte das eine ernüchternde Konfrontation mit unserem Ego bedeuten, aber man stelle sich nur vor, was für Zukunftsmöglichkeiten darin liegen.

Es besteht natürlich die Gefahr, daß wir die Dinge allzu sehr vereinfachen, wenn wir darüber nachdenken, wie wir unsere eigene Realität schaffen. Doch haben Sie einen Augenblick Geduld, wenn ich mich damit näher befasse, und dann wollen wir ein paar der damit zusammenhängenden Grundsätze betrachten.

Zunächst haben wir nicht mit diesem Leben begonnen zu sein. Das, was hinter Ihrer Persönlichkeit liegt, Ihr wahres Ich, hat schon immer existiert. Es gab nie eine Zeit, in der Sie noch nicht da waren; es wird nie eine Zeit geben, in der Sie nicht mehr sind. Wenn Sie von einer höheren Seinsebene aus akzeptieren können, daß Sie sich für ihr jetziges Leben entschieden haben, weil es Ihnen ein Maximum an Möglichkeiten zur Weiterentwicklung und zum sinnvollen Tun bietet, werden Sie auch erkennen, daß all die Gegebenheiten, mit denen Sie sich auseinandersetzen mußten, sinnvoll waren. Daß Sie als Jude in Manhattan geboren wurden und nicht als Angehöriger des Islam in Teheran, ist das erste entscheidende Moment schöpferischer Wirklichkeitsgestaltung im Leben eines Menschen. Die Entscheidung für die Umstände der Geburt war auf jeden Fall sinnvoll und schafft neue Realitäten.

Ich kenne beispielsweise eine junge Frau, die im äußersten Elend in einem Land der »dritten Welt« geboren wurde. Sie war eines dieser Kinder mit riesengroßen Augen, die man in Fernsehsendungen über Hilfsprogramme sieht. Sie lebte bis zum zehnten Lebensjahr unter diesen Umständen, als die nächste, höchst unwahrscheinlich anmutende Phase ihrer Reise begann: sie wurde von einer Familie in den Vereinigten Staaten adoptiert, die ihr bieten konnte, was sie brauchte. Als sie ankam, sprach sie kein Wort Englisch. Zehn Jahre später studierte dieses Mädchen mit einem akademischen Stipendium, machte ihren Abschluß in Politischer Wissenschaft und widmete sich der Verbesserung der Lebensbedingungen in Ländern der dritten Welt. Diese junge Frau hatte sich mit einer überragenden Intelligenz inkarniert; die Aufgabe ihrer Seele war ein Leben des Dienens für die Welt. Als Vorbereitung für das Leben, das sie sich vorgenommen hatte, prägte sie ihr Bewußtsein in den ersten Lebensjahren durch das Erlebnis bitterster Armut, und als das geschehen war, war die Zeit gekommen, ihren Verstand auszubilden. Wäre sie in eine privilegierte Situation hineingeboren worden, wäre es ihr vielleicht nicht so wichtig gewesen, ihre Begabung einer sozialen Aufgabe zu widmen. Aber so war sie auf der Seelenebene Feuer und Flamme für Reformen und bekam dazu auch die Möglichkeit durch eine entsprechende Ausbildung. Sie muß sich vielleicht noch von ihrem persönlichen Zorn über die Ungerechtigkeit der Welt lösen und lernen, ihre Frustrationen und Schmerzen der ersten Lebensjahre zu transformieren. Auch das gehört zur Vorbereitung eines wirksamen Instruments für den Dienst an den Menschen.

Ebenso weiß ich von einem Kind, das von einem Mann, der in Brasilien ein Waisenhaus für Straßenkinder gegründet hat und leitet, aus einer Mülltonne gerettet wurde. Dieses Waisenkind wurde später Arzt und arbeitet jetzt in eben diesem Waisenhaus.

Leben mit vielen Realitäten

Wenn wir auf die Erde kommen, müssen wir in vielen Realitäten leben und wirken auf sie alle ein. Zunächst erleben wir uns alle als Individuen, die Entscheidungen auf Grund von Anlagen, persönlichen Bedürfnissen, Vorlieben und unbewußten Motiven treffen. Diese Entscheidungen schaffen unsere Realität. Wenn ich meinen Körper mit ungesunder Nahrung belaste, ihm keine Bewegung gönne und mich dauernd mit negativen Gedanken vergifte, werde ich eine persönliche Realität schaffen, die mir die Ergebnisse dieser Entscheidungen innerhalb von Wochen oder Jahren widerspiegelt.

Dazu leben wir auch in Realitäten, die wir nicht allein entscheiden. Wir gehören zu einer Familie, die uns nicht nur unser genetisches Erbe mitgab, sondern uns auch durch ihre Wertvorstellungen beeinflußte. Wir tragen wiederum zur Familiengeschichte bei, indem wir sie vom Augenblick unserer Geburt an verändern. Selbst wenn wir davonliefen, wären alle anderen Familienmitglieder von unserer Ablehnung betroffen; sie würde Teil der Familiengeschichte.

Auch unser Geschlecht formt unsere Wirklichkeit mit. Im Augenblick der Geburt erben wir alle Mythen, Einschränkungen und Erwartungen, die für unser Geschlecht typisch sind. Obwohl wir die allgemeine Einstellung zum Männlichen und Weiblichen nicht allein verändern können, beeinflussen unsere Entscheidungen, die wir in unserem Leben als Frau oder Mann treffen, doch das Ganze.

Schließlich werden wir durch die Realitäten unserer Spezies beeinflußt. Wir sind denkende Zellen im großen Gehirn der Menschheit. Unsere Einstellungen und Überzeugungen, unsere Visionen und Ängste gehen in das kollektive Meer ein, in dem wir alle schwimmen.

Die Einheit allen Lebens

Der Mythos, daß wir vereinzelt und getrennt sind, daß jeder von uns in sich ein geschlossenes System ist, löst sich jetzt in der größeren Wahrheit auf, daß wir das Beobachtete selbst beeinflussen.

Seit den zwanziger Jahren, in denen der Physiker Werner Heisenberg die Unschärferelation entwickelt hat, zeigt uns die Wissenschaft, daß es eine rein objektive Analyse nicht gibt. Wenn wir einen Gegenstand oder Vorgang beobachten, ist das Teil seiner Realität – und der unseren.

In David Peats Buch Synchronicity: *The Bridge between Matter and Mind* (Synchronizität: Brücke zwischen Materie und Geist) wird der Physiker mit folgender Aussage zitiert: »Wir hatten die alte Vorstellung, daß es da draußen ein Universum gibt, und daß hier der Mensch ist, der Beobachter, gut geschützt vor dem Universum durch eine sechs Zoll dicke Glasplatte. Nun lernen wir aus der Welt der Quanten, daß wir sogar zur Beobachtung eines so winzigen Objekts wie eines Elektrons die Glasplatte zerbrechen müssen; wir müssen eingreifen ... Und so muß das alte Wort Beobachter einfach aus den Büchern gestrichen werden, und wir haben es durch das Wort Teilnehmer zu ersetzen. So sind wir zu der Erkenntnis gelangt, daß das Universum ein partizipatorisches Universum ist.«

Die Quantenphysik lehrt uns, daß nichts isoliert besteht. Die gesamte Materie, von Atomteilchen bis zu Galaxien, ist Teil eines komplizierten Netzes von Beziehungen in einem großen Ganzen.

Die Arbeiten des Physikers David Bohm über Teilchen und Quanten führten ihn zu dem Schluß, daß physikalische Einheiten, obwohl sie in Raum und Zeit getrennt zu sein scheinen, in Wirklichkeit in impliziter oder einheitlicher Weise miteinander verbunden sind. Unter dem expliziten Bereich einzelner Dinge oder Ereignisse liegt ein impliziter Bereich individueller Ganzheit, und dieses implizite Ganze verbindet alle Dinge miteinander.

Eine alte Weisheit aus dem Sanskrit besagt, daß der Himmel Indras aus einem verzweigten Netz von Perlen besteht, und wenn man eine davon betrachtet, sieht man alle anderen darin widergespiegelt. So ist auch jeder Gegenstand in der Welt nicht nur er selbst, sondern hat mit allen anderen Gegenständen zu tun, ja *ist* alle anderen Gegenstände. Heute erkennen wir die Wirklichkeit des Netzes von Indra in der erstaunlichen Mehrdimensionalität des Hologramms.

Hologramme kann man am besten durch Illustrationen verstehen. Nimmt man eine holographische Darstellung eines Hundes und vergrößert nur einen Teil davon, beispielsweise den Kopf, so hat man mehr als das Bild des Kopfes, man hat den ganzen Hund. Der Kopf des Hundes ist Teil des Ganzen, und das Ganze ist in all seinen Teilen anwesend. Der Neurophysiologe Karl Pribram von der Stanford-University spekuliert, daß das Hologramm ein Modell des menschlichen Gehirns sein könnte, ja, daß es sogar die Struktur des ganzen Universums widerspiegeln könnte.

Die persönliche Erfahrung hat mich zu denselben Schlüssen geführt. Bei der Heiltätigkeit, die zu tun ich seit vielen Jahren das Privileg habe, arbeite ich oft mit Patienten zusammen, die Hunderte, ja Tausende von Kilometern entfernt sind. Die Heilenergie wird durch das verbindende Medium übermittelt, das alles Leben umfaßt – Bohms implizite Ordnung –, und dieses Medium liegt jenseits von Raum und Zeit, wie wir sie üblicherweise wahrnehmen. Wir sind von der Einheit der Natur untrennbar. Wir können das Gleichgewicht der Natur nicht stören, ohne selbst davon berührt zu werden, ebensowenig wie wir unser eigenes Leben stören können, ohne daß unsere Familie davon betroffen wäre.

Das Buch *Resettling America: Energy, Ecology and*

Community (Amerika in Ordnung bringen: Energie, Ökologie und Gemeinwesen) von Gary Coates berichtete eine Geschichte, die aufzeigt, was geschieht, wenn wir uns weigern, das komplexe System der Zusammenhänge in der Natur zu achten. Die Weltgesundheitsorganisation (WHO) besprühte Eingeborenendörfer in Borneo mit DDT, um dadurch die Malaria auszurotten. Die Dörfer bestanden aus niedrigen, strohgedeckten »Langhäusern«, in denen bis zu fünfhundert Menschen zusammenlebten. Es war also einfach, die Hütten mit der Chemikalie zu besprühen. Der rasch eintretende Erfolg war ein drastischer Rückgang der Malariafälle. Es dauerte jedoch nicht lang, bis die Dörfer von Ratten aus den Wäldern heimgesucht wurden, die von Flöhen befallen waren. Das war beunruhigend, da die Flöhe Übertrager von Seuchen waren.

Es stellte sich heraus, daß in den strohgedeckten Hütten zahlreiche Tiere gelebt hatten. Es waren Küchenschaben, kleine Eidechsen und Katzen. Die Küchenschaben nahmen das DDT auf und wurden von den Eidechsen gefressen. Die Eidechsen wiederum waren die Beute der Katzen. Da sich aber DDT immer mehr konzentriert, je höher es in der Nahrungskette steigt, starben alle Katzen an DDT-Vergiftung. Deshalb mußte die WHO per Hubschrauber Katzen in diese Dörfer bringen lassen.

Das war aber nicht die einzige Nebenwirkung. In den Hütten hatten auch kleine Raupen gelebt. Als das DDT ein kleines Tier tötete, das sich von den Raupen ernährte, vermehrten sich die Raupen plötzlich sprunghaft. Dummerweise ernährten sie sich von dem Stroh der Dächer. Es dauerte nicht lang und die Hütten brachen zusammen.

Wir schaffen all unsere Realitäten, aber wir schaffen sie

nicht immer ganz allein. Wir sind »Mit-Schaffende« mit anderen Menschen und mit der Natur. Wir schaffen persönliche Welten mit unmittelbarer Rückwirkung ebenso wie lang wirksame persönliche Realitäten, die sich erst in vielen aufeinanderfolgenden Leben manifestieren. Wir tragen auch dazu bei, familiäre, rassische, geschlechtsspezifische, speziesbezogene oder planetarische Realitäten zu schaffen. Wir sind nicht die Opfer, wir sind Teile einer Welt, die wir durch jede unserer Entscheidungen beeinflussen.

Jedesmal, wenn wir leichtfertig eine Lebensform töten, mißachten wir das Leben als Ganzes. Immer wenn wir Produkte von Herstellern kaufen, die Menschen ausbeuten, tragen wir zur Gesamtrealität des Mißbrauchs bei. Immer wenn wir die Umwelt verschmutzen – auch wenn wir »nur« eine Getränkedose aus dem Autofenster werfen –, setzen wir eine Kettenreaktion in der Natur in Gang. Mit jeder Nichtachtung unserer physischen Umwelt schaffen wir Platz für die Ausbreitung neuer Viren. Immer wenn wir das Meer unseres gemeinsamen Bewußtseins mit Gewalt und Angst füllen, tragen wir dazu bei, daß irgendwann Gewalt und Angst in unser eigenes Leben eindringen.

Doch jedesmal, wenn wir Instrumente eines Aktes der Gerechtigkeit sind, sei er auch noch so klein, fügen wir der ganzen Welt ein kleines Stück Gerechtigkeit hinzu. Jedesmal, wenn wir uns selbst von ein klein wenig Angst reinigen, tun wir das auch für alle anderen. Wenn wir liebevoll sind, vergeben, alles Leben achten und uns rücksichtsvoll verhalten, tragen wir dazu bei, daß diese Werte für uns alle zu einer Realität werden.

Wenn wir das Kind sehen, das bitterste Armut erträgt, den Freiheitskämpfer, der als politischer Gefangener dahinvegetiert, den jungen Mann, der an AIDS stirbt, sagen wir: »Gott sei Dank bin ich verschont geblieben.« Vielleicht sollten wir Ihnen auch tiefen Dank schicken. Ihr Alptraum ist auch ein Opfer, das uns hilft, besser zu verstehen, was wir alle überwinden und bearbeiten müssen. Wir sind alle so miteinander verbunden, daß genau das Gültigkeit hat, was ein Botaniker einst sagte: »Pflücke eine Blume, und du störst einen Stern.«

Das Gesetz der Anziehung

Das Prinzip der Anziehung, nach dem wir magnetisch das anziehen, was wir suchen, ist ein Energiegesetz und wird, wie jedes andere Naturgesetz auch, durch natürliche Prozesse aktiviert. Die Welt war ja auch schon rund, als wir noch glaubten, sie sei eine Scheibe. Doch bevor wir die Wahrheit entdeckten, schufen wir eine ganze Schar von Dämonen und Ungeheuern, die die Ränder dieser Scheibe beherrschten.

Wie kann etwas, das es nie wirklich gegeben hat, solche Ängste und Beschränkungen hervorbringen? Weil unser Glaube daran so mächtig war, hauchten wir ihnen diese Macht ein. Solch eine Kraft haben unsere Gedanken.

Das Gesetz der Anziehung – Gleiches zieht Gleiches an – ist einer der wichtigsten Schlüssel zur Schaffung von Wirklichkeit. »Suche und du wirst finden« – dieser Satz wird wirksam, wenn wir durch den Magnet der Angst und die engherzigen Forderungen des Ego Dinge anziehen. Und dieses Gesetz tritt ebenso in Kraft, wenn wir versuchen, mit unserem wahren spirituellen Selbst in Einklang zu sein und all das in unser Leben rufen, was wir brauchen, um unseren höchsten Möglichkeiten entsprechend zu wirken.

Wir müssen uns nur in der Welt umschauen, um zu sehen, was wir kollektiv durch unsere blinden Egos hervorgebracht haben – Kriege, gefährliche Umweltverschmutzung, soziale, rassische und ökonomische Ungerechtigkeiten, Wissen, das so wenig von Weisheit erfüllt ist, daß wir an den Rand der Selbstvernichtung geraten sind.

Wir haben uns selbst kollektiv in eine planetarische Krise gestürzt und können uns den Luxus nicht länger leisten, noch abzuwarten. Wir sind in einer Zeit, in der es um große Entscheidungen geht. Wir müssen erkennen, daß unser Schicksal eins ist mit allen Menschen und allem Leben. Wir sind nicht nur gemeinsam Wirkende und Schaffende, wir stehen auch in Partnerschaft mit dem Göttlichen. Die Evolution drängt uns dazu, das anzunehmen, freiwillig oder durch Leiden.

Jeder von uns ist ein Magnet, der das in unsere Welt hineinzieht, womit sich unser Geist beschäftigt. Der Geist ist viel mehr als der bloße Verstand. Der Geist besteht aus unseren Antrieben, Gedanken, Handlungen, Worten und Bildern. Der Geist nährt das Feuer des Bewußtseins.

Der Wille – universelle Schöpferkraft

Die stärkste Kraft, über die Sie verfügen, ist Ihr Wille. Die meisten jedoch wissen sehr wenig davon. Dennoch ist alles, was uns umgibt, von den sozialen Gegebenheiten bis zu unseren persönlichen Beziehungen, durch Willenskräfte entstanden. Auf unserem Weg durch die intensiven Veränderungen der neuen Dekade werden wir immer mehr über den Willen erfahren. Worin besteht er wirklich, und was ist der

Unterschied zwischen dem göttlichen und dem menschlichen Willen? Woher wissen wir, ob wir mit dem göttlichen Willen in Einklang stehen?

Wenn von »Gottes Willen« die Rede ist, geht es meist um alles Mögliche, was wir nicht erklären können und das wir deshalb Gott zuschieben, von der Naturkatastrophe bis zum Tod eines Kindes oder einem gewonnenen oder verlorenen Krieg.

Das Bild einer Gottheit »dort oben« im kollektiven Bewußtsein ist nicht allzu weit entfernt von den alten Berg- und Flußgöttern. Der Wille solch einer Gottheit bringt Unheil mit sich. Wir fürchten, daß sie früher oder später Opfer fordern wird. Wir stellen uns vor, daß diese Gottheit sich alles genau merke und daß unsere Fehler jederzeit aufgedeckt und bestraft werden könnten. Wie können wir leben, damit sie uns belohnt oder am besten gar nichts bemerkt?

Viele gute und intelligente Menschen lehnen die Vorstellung, es gäbe einen transzendenten göttlichen Willen, als Wunschdenken oder bloßen Aberglauben ab. Wen wundert es, daß sie dann auch meinen, der Glaube, Gott sei die Liebe, lasse sich mit diesem unerforschlichen göttlichen Willen, der dem menschlichen Leiden so gleichgültig zusieht, nicht in Einklang bringen.

Dieser Einklang kann auch nie entstehen, solange wir glauben, Gottes Wille vollzöge sich an uns und nicht durch uns. Es wird uns dann freilich schwerfallen, hinter all dem Chaos, das wir um uns sehen, wirklich einen liebenden Gott zu vermuten.

Gibt es einen transzendenten Plan, einen Entwurf für den Planeten Erde? In Zeiten beschleunigter Entwicklung, wie der unseren, erahnen viele Menschen durch Träume, Visionen und Intuitionen symbolisch etwas von dem offenbar sich verwirklichenden Menschheitsplan.

Ich hatte vor einigen Jahren solch eine Vision; in ihr ging es um die Geburt der »neuen Welt«. Ich betete für unseren Planeten und hatte ein Bild der ganzen Erde vor mir. Plötzlich blähte sie sich auf und zerbarst in tausend Teile. Doch dann tauchte aus diesem Bild der Zerstörung ein leuchtender Planet auf, der der alten Erde ähnelte, aber heller, leuchtender und leichter war. Ich hatte nicht das Gefühl, daß dies die Prophezeiung einer nuklearen Katastrophe sei. Es war eher ein ermutigendes Bild der Welt, die entstehen wird, wenn wir die Reinigungen erlebt haben, die die uns bekannte Welt aufzulösen scheinen. Mir wurde die Erkenntnis zuteil, daß wir dabei sind, diese neue Welt mitzuschaffen und daß es eine gute Welt voller Kreativität und ohne Gewalt sein wird. Doch um dorthin zu gelangen, müssen wir erst die Auflösung des Alten durchstehen.

Die geistige Welt gab mir noch einen Hinweis auf diese Vision, damit ich nicht denken sollte, ich hätte sie erfunden. In der Woche darauf fuhr ich nach Jackson, Mississippi, um einen Kurs zu leiten. Ich erzählte niemandem von meiner Vision, weil ich solche Erfahrungen lieber für mich behalte, bis ich das Gefühl bekomme, sie wirklich verarbeitet zu haben. Nach dem Kurs ging ich mit einer Gruppe von Teilnehmern in das Planetarium. Während wir dort waren, kaufte einer von ihnen ein Geschenk für mich am Souvenirstand: einen Briefbeschwerer, auf den zwei Erden eingraviert waren. Nicht zwei Halbkugeln, sondern zwei gleiche Erden nebeneinander.

Viele Menschen sehen ähnliche Bilder von der Welt, die entstehen soll aus der dunklen und gefahrvollen Übergangszeit, die wir jetzt durchleben. Die Botschaft, die sie uns immer wieder bringen, ist, daß wir festhalten müssen an einer Vision der Welt in ökologischem, rassischem, ökonomischem, sozialem und politischem Gleichgewicht.

Entstehen wird diese neue Welt durch uns. Auch wenn wir den gesamten Plan nicht kennen können, kann jeder seinen Platz darin erfahren. Das ist kein Geheimnis, das jemand anders für uns aufschlüsseln wird. Wir tragen es in uns. Das göttliche Gen, das unsere kosmische DNS trägt, enthält auch unseren Plan für dieses Leben. Alles, was es braucht, um ihn zu aktivieren, ist, was ein Dichter des vierzehnten Jahrhunderts »lebendige Sehnsucht nach Gott« nannte. Bei unserem Weg zur Transformation geht es einzig darum, unsere wahre Identität und unseren Willen wieder zu entdecken.

Hingabe an den höheren Willen

Die meisten von uns können nicht viel mit dem Ausdruck »Hingabe an den göttlichen Willen« anfangen. Doch das ist es letztlich, was wir tun, wenn wir für das erwachen, was wir sind. Wir wissen aber auch intuitiv, daß der Wille zum Überleben notwendig ist, und Hingabe klingt doch sehr nach Willenlosigkeit, Selbstaufgabe.

Oberflächlich betrachtet, sieht Hingabe aus wie der Tod für das Ich. Doch in Wirklichkeit gibt uns erst die Hingabe an den Höheren Willen unsere wahre Identität zurück. Wir geben im Grunde ein kleines Selbst für ein größeres Selbst, eines, das mit Gott verbunden ist, auf.

In vielen Selbsthilfeprogrammen für Abhängige, wie zum Beispiel bei den »Anonymen Alkoholikern«, beginnt der

Weg zur Heilung mit der Einsicht, daß wir der Abhängigkeit gegenüber machtlos sind und daß wir uns einer höheren Macht anvertrauen müssen, um Hilfe zu erlangen. Wir geben die starren Ichkontrollen des niedrigeren Willens auf, wenn wir erkennen, daß er sehr beschränkt ist, wenn es um die Überwindung unserer Abhängigkeiten geht. Es ist der innere Höhere Wille, der die Kraft hat, eine Abhängigkeit zu transformieren. Das gilt ebenso für eine chemische Anhängigkeit wie für eine emotionale. Der Höhere Wille wirkt wie ein Kanal, der uns mit Gott verbindet. Wenn die starren Ichkontrollen aufgegeben werden, beginnt die wahre Kraft zu wirken.

Wir sind nach dem Bilde Gottes geschaffen, und der Höhere Wille ist seinem Wesen sehr nah. Die Gabe des Willens macht uns zu Schaffenden. Indem wir etwas aussprechen, es uns wünschen, vorstellen, denken, arbeiten wir mit an der Skizze des Planes, der auf der physischen Ebene Gestalt annehmen soll.

Wir sind schon merkwürdige Wesen. Wir machen uns dieses göttliche Geburtsrecht zu eigen, um aus unserem Willen Dinge hervorzubringen. Doch sobald sie sich real zu manifestieren beginnen, beklagen wir uns und fragen: »Wer hat bloß dieses Chaos angerichtet?«

Schwimmen im Fluß der Energie

Die Dinge geschehen nicht einfach; sie werden entweder bewußt oder unbewußt durch Willenskraft hervorgerufen durch einzelne Menschen, durch ganze Gruppen oder durch die gesamte Spezies, ja selbst durch die Interaktion unserer

Spezies mit dem Willen anderer Naturreiche. Wir wissen, daß alles im Universum in Schwingung ist. All die Billionen Zellen, aus denen unsere individuelle Biosphäre besteht, sind dauernd in Bewegung. Trotz des materiellen Anscheins ist nichts fest. Wenn man die Moleküle selbst des kompaktesten Materials untersucht, findet man heraus, daß sie nach einem unsichtbaren Rhythmus tanzen.

Der Raum zwischen allen Atomen Ihres Körpers ist ein Hologramm der Räume zwischen den Sternen – alles hängt zusammen, alles ist in einem Zustand dauernder Bereitschaft. Für dieses Zusammenhängen ist der Raum das Medium, durch das jedes lebendige, in Schwingung befindliche Ding, vom Planeten bis zum Gedanken, seine Botschaft durch das ganze Universum sendet.

In, um, über, unter und durch allen Raum bewegt sich ein kosmischer Strom fließender Energie. Diese Energie wurde in vielen Sprachen benannt: Chi im Chinesischen, ki im Japanischen, prana im Sanskrit, rauch im Hebräischen und mana im Polynesischen, nur um ein paar Bezeichnungen zu erwähnen. Im Westen hat man ihr so wissenschaftliche Bezeichnungen wie beispielsweise »Orgon-Energie« gegeben. Doch immer ist es die gleiche Urlebensenergie.

Dieser Energiefluß kann dazu nutzbar gemacht werden, alles auf allen Frequenzen zu beleben. Wie der Plan auch aussieht, diese Energie erweckt ihn zum Leben. Und wenn der Plan nicht mehr gebraucht wird oder sich erfüllt hat und überflüssig wird, kehrt die Energie in den großen Strom zurück. Diese Energie kann gesammelt, nutzbar gemacht, geformt, erweitert oder zusammengezogen, nie jedoch zerstört werden.

Wenn der Entwurf eines Gegenstandes, eines Gedankens

oder eines Wunsches klar und unblockiert ist, kann diese Energie ungehindert hindurchströmen, und die Absicht wird sich vollkommen verwirklichen. Ist der Entwurf jedoch blockiert, von Kompromissen geprägt oder ambivalent, wird die Energie diese Verzerrung noch vergrößern. Wir müssen uns entscheiden, was wir damit tun, und wir sind auch verantwortlich für das, was wir durch sie zum Leben erwecken.

Wenn wir den Schock einmal überwunden haben, zu erkennen, daß wir uns unsere eigene Welt selbst geschaffen haben und daß wir am gemeinsamen Haus der ganzen Welt Teil haben, ist die nächste Erkenntnis, daß die Kraft zum Schaffen von Neuem unbegrenzt ist.

Der Wille zum Sein

Welche Kraft lenkt diese Energie von einem Fluß in die Zellen eines Baumes, einer Leber oder in die Molekularstruktur von Felsen? Und wodurch treten sie überhaupt in Erscheinung? Ist es ein Same, ein Muster? Ja, natürlich. Aber da ist noch mehr.

Da ist der Wille zum Sein. Ohne diesen Willen wird die Energie wieder in den universellen Strom aufgenommen. Entziehe einem Ding den Willen, und es ist tot. Das gilt ebenso für ein Gefühl wie für einen physischen Körper. Entscheide dich dafür, dem Haß, dem Groll, der Furcht die Energie zu entziehen, und diese Emotionen werden aus Mangel an nährender Energie eines natürlichen Todes sterben.

Das Schlüsselwort ist Entscheidung. Wir treffen dauernd Entscheidungen dieser Art. Dr. Viktor E. Frankl, Psychiater und Philosoph jüdischer Herkunft, wurde im Zweiten Weltkrieg von den Nazis interniert. In seinem Buch *Die Suche des Menschen nach Sinn* bemerkt er, daß die Menschen selbst unter diesen äußerst entwürdigenden Umständen des Lebens im Konzentrationslager, in denen sie nichts an den äußeren Umständen verändern konnten, dennoch weiterhin Entscheidungen trafen. Im Ertragen des Unerträglichen legten manche Gefangenen eine große Würde an den Tag, sie teilten und kümmerten sich um andere und fanden inmitten des Wahnsinns inneren Frieden. Sie konnten die Ereignisse nicht verändern, aber sie konnten entscheiden, wie sie darauf reagieren wollten.

Wir können nicht einfach erstarren und sagen, wir wollen in einer bestimmten Situation nichts tun, denken oder fühlen. Das wäre selbst schon eine Entscheidung, die unsere Angst verstärkt.

Wir können uns natürlich immer dafür entscheiden, den Status quo zu wählen. Doch wenn wir das tun, werden die Kriege, die Not und die Ungerechtigkeiten, die es früher gab, weiterbestehen. Wir können uns aber auch entscheiden, neue Möglichkeiten zu entwerfen, neue Wünsche zu gebären, neue Gedanken zu denken, neue Worte zu sprechen. Die Geschichte wird sich so lange wiederholen, solange wir aus dem niedrigen Willen des Getrenntseins von Gott und voneinander Dinge hervorbringen. Die Inquisition, der Holocaust, Hiroshima, die Christenverfolgungen – all diese Grauen unserer Geschichte, sind Variationen des Themas der Entfremdung des Menschen von seinem geistigen Ursprung.

Wenn wir aus dem niedrigen Willen heraus handeln, nur um unsere Gier zu befriedigen, werden die schönsten Dinge, die wir hervorgebracht haben, schon bald zerfallen wie eine Sandburg, die das Meer wegschwemmt. Doch wenn wir auf die innersten Impulse unseren Höheren Willens lauschen, bringen wir Dinge nach Entwürfen hervor, die unsere eigenen Möglichkeiten übersteigen. Wir werden zu Mitschaffenden des Universums und bringen neue Töne, Symbole, soziale Ideen, Entdeckungen und Erfindungen auf die physische Ebene, die uns alle bereichern. Solche Schöpfungen sind schön, und sie sind von Dauer, weil sie allen zugute kommen.

Die Meister aller Zeiten haben uns, gleichgültig, aus welcher Kultur und Religion sie stammten, den richtigen Weg gezeigt. Sie sagen uns, daß wir nach innen schauen müssen, wenn wir den göttlichen Willen verstehen wollen, daß wir göttlichen Ursprungs und buchstäblich nach dem Ebenbild Gottes geschaffen sind.

Doch wenn das jemand zu ernst nimmt, werden wir nervös. Das Bibelwort: »Ihr seid Götter« scheint uns zu direkt. Viele Menschen sind im Lauf der Jahrhunderte verfolgt worden, weil sie diese Wahrheit entdeckten und aussprachen. Früher nannte man solch eine Wahrheit Blasphemie. Entsprechend den Realitätsvorstellungen reichen die Vorwürfe heute von Selbstbetrug über Arroganz und Selbstüberschätzung sogar bis zu dem alten Schreckgespenst namens »Besessenheit von Dämonen«.

Ich nehme an, daß wir erschrecken vor der Verantwortung, die darin läge, unsere göttlichen Möglichkeiten zu leben. Es ist einfacher, äußere Kräfte für die Ereignisse verantwortlich zu machen oder frustriert anzunehmen, daß überhaupt kein Sinn in allem liegt. So können wir die Illusion aufrechterhalten, daß wir mit dem Chaos unseres persönlichen Lebens nichts zu tun haben, daß wir mit Veränderungen und Umbrüchen nichts zu tun haben und noch weniger mit dem Wahnsinn, der sich auf der Welt abspielt. Doch wenn wir im Einklang mit dem einen Willen sind, verwirklichen wir diesen Willen auf der Erde.

Der Wille ist unser heiliges Geburtsrecht. Wie der Sonnenstrahl zur Sonne gehört, gehören wir zur Quelle allen Lebens. Das Licht der Quelle ist in uns allen, auch wenn es uns manchmal verdüstert erscheint. Es gab nie eine Zeit, in der wir nicht als Teil des Ganzen schon existiert hätten. Und es wird nie eine Zeit geben, in der wir nicht mehr Teil des Ganzen sind.

Wir verlieren dieses Gefühl der Ganzheit, wenn wir dem niedrigen Willen die Führung überlassen, und kehren zur Ganzheit zurück, wenn wir uns dem Höheren Willen überlassen. Beide tragen wir immer in uns. Es geht nicht darum, den niedrigeren Willen zu leugnen, zu unterdrücken, zu besiegen. Es geht darum, uns zu entscheiden, welcher von beiden über unser Leben bestimmen soll. Der Höhere Wille umfaßt den niedrigeren und wirkt durch ihn, nicht umgekehrt.

Der Höhere Wille in uns hat die Umstände unserer Geburt gewählt. Ihm geht es um das Wachstum der Seele und ihre Rückkehr zur Einheit. Schmerz und Enttäuschung werden als ebenso wichtige Gelegenheiten zur Weiterentwicklung gesehen wie Erfolg und Vergnügen. Der niedrige Wille trifft oft Entscheidungen, die gut sind für das Ego, und betrachtet Schmerz und Enttäuschung als Scheitern. Der niedrige Wille neigt dazu, eine Welt voller Einschränkungen zu sehen. Er sucht nach äußeren Erfolgssymbolen, um sich selbst aufzuwerten. Er hat das Bedürfnis zu herrschen ... Gott wird als getrennt vom Selbst empfunden – ein Wesen, das man um seine Gunst bittet, anruft, sogar anfleht. Wenn das niedrige Selbst nicht bekommt, was es will, glaubt es, seine Gebete seien nicht beantwortet worden. Es lebt in Angst.

Der Höhere Wille sieht ein Universum unbeschränkten Überflusses, in dem es genug für alle gibt. Da es im Einssein mit Gott lebt, zieht es alles auf sich, was es braucht. Er sieht das Universum nicht als widerwilligen Spender. Er lebt das Leben in seiner Fülle und trifft seine Entscheidungen nach inneren und nicht nach äußeren Gesichtspunkten. Er lebt in der Liebe.

Ein Mensch, der unter der Herrschaft des niedrigeren Willens lebt, ist weder gut noch schlecht, er schläft nur und hat noch kindliche Einsichten. Doch bevor wir beginnen können, den niedrigen Willen zugunsten des Höheren aufzugeben, müssen wir zunächst wissen, daß wir den Willen haben, schöpferisch zu sein. Die Gabe des freien Willens ermöglicht es uns, unsere Fähigkeiten zum Schöpferisch-Sein zu erforschen, und wenn wir bereit sind, den niedrigen um des Höheren willen aufzugeben, tun wir das im vollen Bewußtsein, nicht als Schlafwandler.

Es gab eine Zeit, in der wir wußten, daß wir ganz eins mit der Quelle waren. Unser Mythen bewahren die Erinnerung daran für uns auf – wir nennen es Paradies, Heimat. In der Geschichte des Sündenfalls riß das Ego den Willen an sich und benutzte ihn zu seiner eigenen Aufwertung. Leider haben wir, indem wir zivilisierter wurden, die Kluft noch vertieft, und der Geist wurde zum Feind des Fleisches. Wir liebten die Erde und kämpften zugleich gegen sie, weil wir sie als das Gefängnis unseres Geistes betrachteten.

Dr. Dianne Connelly nannte ihr Buch über traditionelle chinesische Akupunktur *All Sickness is Homesickness* (Krankheit ist nichts als Heimweh) – ein großartiger Titel, der unser Problem in einem Satz definiert. Wir haben Sehnsucht nach innerer Ganzheit, nach Einheit mit dem mütterlichen und dem väterlichen Aspekt des Göttlichen, Sehnsucht danach, mit der Quelle unseres schöpferischen Willens eins zu sein.

Das göttliche Gen ist das Gen der Gesundheit, des Wohlergehens. Es ist immer in uns, egal, wie viele Leben oder Erfahrungen wir brauchen, um zu erwachen. Es sorgt dafür, daß wir es eines Tages satt haben, unseren Willen dafür zu benutzen, Dramen hervorzubringen, die uns unerfüllt bleiben lassen. Wir werden dann gesund sein wollen. Und der Code dieses Gens enthält alle Informationen, die wir dazu brauchen.

Der Planet Erde ist ein Übungsfeld für das Trainieren dieses Willens. Doch wir können uns auch mit all dem, was wir hervorbringen, so sehr identifizieren, daß wir vergessen, wer wir sind. Was für Filme spulen wir hier nicht ab – Melodramen, Komödien, Romanzen. Entscheidend ist, daß wir erkennen, daß wir diese Filme erzeugen und nicht die Filme sind. Solange wir den Unterschied nicht erkannt haben, produzieren wir immer neue Fortsetzungen mit den gleichen Figuren und ähnlichen Handlungsabläufen. In dem Maß, wie wir uns mit unserer Rolle identifizieren, leiden wir auch, denn andere Menschen, die ebensolche Dinge produzieren, spielen mit, und selbst die besten Geschichten, die wir uns ausgedacht haben, verändern sich dadurch.

Bevor ich meine jetzige Arbeit begann, war ich besorgt und ratlos, was ich tun sollte. Ich wußte, daß ich an einem Wendepunkt angelangt war, aber es schien mir noch unklar, wohin mich der neue Weg führen würde. »Was soll ich tun?« ist meist die erste Frage, die die Menschen an einen Ratgeber richten. Wir sind im Westen vor allem dazu erzogen, »etwas zu tun«. Oft geht es viel mehr um das Tun als um das Sein.

Dann gab mir ein geliebter Lehrer zu verstehen: »Es geht nicht darum, etwas zu tun. Du mußt zunächst erkennen, wer du bist. Wenn du das erkennst und dann wirst, die du bist, wirst du alle Schwingungen in deiner Umgebung verändern.«

Das Handeln erwächst ganz natürlich aus dem Sein. Wenn wir versuchen, zu handeln, bevor wir uns um Erkenntnis bemüht haben, schaffen wir wieder eine falsche Identität. Sich für einen spirituellen Ratgeber oder Lehrer zu halten, wäre ebenso eine falsche Identität, wie sich mit irgendeiner anderen Rolle, die man spielt, zu identifizieren. Ich bin, wie wir alle, ein Wesen, das nach dem Bild Gottes geschaffen ist, und das versucht, sich daran zu erinnern, indem es am Erdendrama teilnimmt.

Wir sind unzerstörbar. Unsere äußere Gestalt und Form mag sich verändern, unsere wahre Identität verändert sich nicht. Wir sind nicht unsere Karriere, unser Geld, unsere Beziehungen, unsere Erfolge oder unser Scheitern. Die Rollen wechseln. Wir erfinden sie, weil sie uns die Möglichkeit geben, uns selbst zu erforschen und zu lernen. Um uns weiterzuentwickeln, ziehen wir magnetisch all die anderen Mitspieler an, die wir für das Stück brauchen. Und unsere Feinde sind dafür ebenso wichtig wie unsere Freunde. In gewissem Sinn sind unsere Feinde sogar die wichtigsten Gestalten, da sie uns unsere inneren Feinde widerspiegeln.

Welches Stück wir auch kreieren – es sind immer genau die richtigen Darsteller anwesend. Menschen, die an den gleichen Problemen arbeiten, finden einander. Retter finden immer eine Menge Leute, die signalisieren, daß sie gerettet werden wollen. Opfer finden immer Täter. Liebe findet wieder Liebe. Und der Schüler, der lernen will, zieht mit derselben Notwendigkeit den Lehrer an wie der den Schüler.

Es ist nicht einfach, die Wünsche aufzugeben, die diese Anziehung bewirken. Es ist, als säßen wir auf einem Riesenrad: wir werden rasch in die Höhe gehoben und meinen, von oben mehr zu sehen, aber dann geht es ganz rasch wieder nach unten, und wir sind wieder am Ausgangspunkt. Doch wenn wir uns entschließen, auszusteigen, merken wir oft, daß wir die gewohnten Hochs und Tiefs sehr vermissen.

Wir müssen mit uns selbst und miteinander sehr behutsam umgehen, wenn wir den entscheidenden Schritt wagen, sonst halten wir nicht durch und können einander nicht stützen, wenn der Widerstand gegen das Neue sich regt. Das Ego hat die Persönlichkeit so lange beherrscht, daß das illusionäre Selbst zurückschlägt, sobald wir versuchen, uns auf unser wahres Selbst zu berufen.

Es ist kein Zufall, daß der Weg zurück zur Ganzheit, der Weg zur Verschmelzung unseres Willens mit dem göttlichen Willen, in so vielen heiligen Texten als eine Art Tod beschrieben wird. Gandhi sagte zu seinen Anhängern: »Ich gehe täglich auf Messers Schneide.« Unseren individuellen Willen für einen höheren Willen aufzugeben, ist, auch wenn wir uns noch so sehr danach sehnen, ein Sterben.

Aber es ist auch eine Geburt. Und darum geht es bei der Initiation.

Initiation: Gestern, Heute, Morgen

Initiationen sind Übergänge, die zugleich eine Geburt und einen Tod bedeuten. Man gibt etwas auf, um etwas zu gewinnen. Jede wichtige Veränderung, die wir erleben – vom Eintritt in den Kindergarten bis zur Eheschließung, von den hormonellen Umschwüngen in der Pubertät bis zu jenen in der Mitte des Lebens –, ist ein Übergang, der uns Gelegenheit gibt, in neue Bewußtseinsebenen initiiert zu werden.

Krishna lehrte, daß das Selbst sterben müsse, damit das Selbst geboren werden könne; im Tao tê king lehrt uns der weise Laotse, daß der Schüler durch tägliche Verluste lernt, und auch Christus sagte, daß wir unser Leben verlieren müssen, um es zu gewinnen. Erinnern wir uns, daß der mythische Vogel Phönix aus seiner eigenen Asche aufersteht.

Wir haben das Bedürfnis, unsere Übergangsriten durch Rituale zu betonen. Ob es eine jährlich wiederkehrende Pilgerreise ist, das Feiern der Jahresfeste Weihnachten, Ostern, Ramadan oder Yom Kippur, die Frühlings- oder Herbstsonnwende – all diese Zeremonien sind Ausdruck unserer Lebenswahrheiten. Hochzeiten, Beerdigungen, Taufen, Konfirmationen und Bar-Mitzvas lassen die Zeit für einen Augenblick still stehen und sagen uns: »Halt inne. Es geschieht gerade etwas Bedeutsames.«

Ob wir einen feierlichen Schwur tun oder eine schwierige Ausbildung absolvieren, wir betreten Neuland und sind uns dessen bewußt. Eine Entscheidung ist gefallen, es folgt eine

Zeit der Vorbereitung, der Prüfung, dann des Annehmens – und all das sind Schritte der Initiation in eine neue Erfahrung.

Selbst bei unseren alltäglichsten Verrichtungen gehorchen wir einem inneren Bedürfnis, Veränderungen in unserem Leben zu unterstreichen. Wenn es keine festgelegte Zeremonie gibt, schaffen wir bewußt ein kleines Ritual, das den Übergang betont. Wir ziehen um, kaufen ein Auto, misten unsere Schränke aus, entrümpeln unseren Speicher, als wollten wir sagen: »Das ist vorbei. Jetzt kommt etwas Neues.«

Ein Mädchen, Elisabeth genannt, berichtete in einem Artikel in Reader's Digest vom Februar 1988 über ihre Heilung von einem Vergewaltigungs-Trauma. Sie veranstaltete am Ort des Geschehens zusammen mit ihren Freundinnen ein Reinigungsritual. So versuchte sie, mit der Erfahrung fertig zu werden. »Rituale sind eine wunderbare Möglichkeit, einen Schlußstrich unter etwas zu ziehen, um dann allmählich Distanz dazu zu bekommen«, sagte sie.

Rituale beenden etwas oder kündigen einen Neuanfang an. Wir sind immer in einem Prozeß des Beendigens und Neubeginnens. Schritt für Schritt durchlaufen wir das gewöhnliche Leben, um das Göttliche zu enthüllen. Das Alltagsleben mag nicht immer so aussehen, als hätte es etwas mit dem Göttlichen zu tun, weil wir programmiert sind, beides als getrennt voneinander zu betrachten. Doch selbst die alltäglichste Erfahrung ist eine spirituelle Übung. Sie gehört zum Lehrstoff der Erdenschule. Selbst wenn wir dunkle Zeiten erleben, bekommen wir die Chance, mehr darüber zu lernen, wer wir sind, und wer wir nicht sind. Jedesmal, wenn wir bewußt einen Schritt vorwärts tun, bringen wir den Geist in die Materie. Dieser bewußte Schritt ist Teil des ewigen Initiationsprozesses. Er markiert den Punkt, an dem inneres Bewußtsein nach außen hin in Erscheinung tritt, an dem Körper, Seele und Geist ganz eins sind. Wenn man in etwas eingeweiht wird, dann wird man es selbst.

Werden, was wir glauben

Es ist nicht schwer, sich gedanklich spirituelle, psychologische oder wissenschaftliche Konzepte zu eigen zu machen. Etwas ganz anderes ist es, solche Prinzipien auch lebendig zu verkörpern. Wir sehnen uns nach einer Wahrheit, wir entdecken sie, prüfen sie, finden heraus, ob sie uns angemessen ist, werden mit allem in uns konfrontiert, das ihr nicht entspricht, wehren uns gegen die Veränderungen, die sie fordert, und reinigen uns schließlich von allen Schlacken. An diesem Punkt gibt es keinen Kampf, keine Ambivalenz mehr. Wir sind zu dieser Wahrheit geworden, sie ist, was wir glauben.

Initiation bedeutet also, zu werden, was wir glauben. Und da gibt es kein Vortäuschen. Wir mögen einander etwas vormachen, ja sogar damit einverstanden sein, daß wir uns gegenseitig täuschen – was wir wirklich sind, sendet seine Schwingungen in die Welt aus.

Es ist im Grunde eine große Erleichterung, zu erkennen, wie müßig es ist, so zu tun, als glaube man eine Wahrheit, die wir uns nicht wirklich zu eigen gemacht haben. Vortäuschungen sind eine schwere Last, die wir mit uns herumtragen. Wenn wir sie loslassen, können wir klarer sehen, was wirklich los ist; andernfalls betreiben wir sie mit solcher Intensität, daß wir beginnen, selbst an sie zu glauben.

Wir sehnen uns alle nach einer Wahrheit, lange bevor wir

sie selbst verkörpern. Aber die Sehnsucht ist der erste Schritt. Denken Sie nur an die alte Weisheit: »Gib acht, was du dir wünschst, du könntest es irgendwann bekommen.« Wie oft müssen wir sehen, daß uns das, wonach wir uns sehnen, noch allzusehr fehlt. Wenn wir um Geduld bitten, wird sie uns nicht mit einem Schlag zuteil. Aber wir geraten immer wieder in Situationen, in denen wir Geduld üben können. Wenn wir um Frieden bitten, müssen wir sehen, welche Kriege sich in unserem Inneren abspielen, damit wir selbst lernen, friedlicher zu werden.

Ich kenne eine Frau, die ihre erfolgreiche Tätigkeit als Therapeutin, in der sie wegen ihres Wissens und ihrer Begabung hohes Ansehen genoß, aufgab, um sich für einige Jahre ihrem spirituellen Leben zu widmen. Sie wollte selbst zu der Liebe werden, an die sie glaubte. Sie ging in einen Ashram in Indien, wo sie sofort damit beauftragt wurde, Bäder und Toiletten zu putzen. Oberflächlich betrachtet schien das keine sinnvolle Verwertung ihrer Fähigkeiten zu bedeuten. Doch diese Arbeit zeigte ihr klar, wie tyrannisch ihr Ego die Liebe durch Vorurteile und das Gefühl, etwas Besonderes zu sein, trübte. Und während sie ein paar Monate lang im Ashram Toiletten und Böden für die anderen schrubbte, lernte sie, diese Arbeit mit Liebe zu tun. Sie wurde das, was sie hatte lernen wollen. Diese Bescheidenheit und Hingabe wurde ihr Initiationslehrer.

Zimmer mit Aussicht

Initiationen sind die Gänge, durch die wir von einem Raum in den anderen und danach wieder in einen anderen gelangen, von denen jeder uns unserem eigenen Zentrum, dem Allerheiligsten, näherbringt. In jedem dieser Räume werden wir Prüfungen ausgesetzt; seine Größe, die Dinge und Menschen, die darin sind, entsprechen genau unserer augenblicklichen Entwicklungsstufe. Wir haben immer die Wahl, ob wir weitergehen wollen oder nicht. Manche Räume verlocken uns zum Verweilen und Genießen, und wir können in ihnen bleiben und uns verwöhnen lassen.

In manchen Räumen begegnen wir schrecklichen Bildern unseres Schattens, die den nächsten Durchgang zu bewachen scheinen wie die unheimlichen Wasserspeier an alten Kirchen. Wenn wir diese Pforten passieren wollen, müssen wir die Schattenungeheuer in unserer eigenen Seele akzeptieren, bändigen und integrieren.

Ein paar Jahre, nachdem ich mit meiner Arbeit begonnen hatte, blieb ich in solch einem Raum hängen und kam jahrelang nicht los. Ich hatte gern als Heilerin und persönliche Beraterin gearbeitet. Aber wenn ich mir vorstellte, ich sollte öffentlich lehren oder Vorträge halten, überfiel mich kalte Angst. Ich verstand gar nicht warum, da ich schon viel in der Öffentlichkeit gesprochen hatte und seit meiner Kindheit gewöhnt war, mich vor Menschen zu präsentieren. Aber da war dieser heftige Widerstand davor, mich dem Publikum auszusetzen, und ich konnte nicht herausfinden warum.

Schließlich hatte ich es satt, mit meinen Schatten zu tanzen. Gewöhnlich kommt dadurch eine Wende zustande. Wie meine weise Tante sagt: »Man wird gesund, wenn es einen krankmacht und langweilt, krank und langweilig zu sein.« Ich begann, um Einsicht in meine Angst zu beten. Es dauerte ein ganzes Jahr, bis sie mir zuteil wurde.

Schließlich hatte ich eine Vision, in der ich mich als junge

Christin irgendwann in den ersten Jahrhunderten nach Christus erlebte. Ich sollte gerade zu einem Pfahl geführt und um meines Glaubens willen verbrannt werden. Als ein Soldat meine Hände an den Pfahl band, sah ich ihm in die Augen. Er sagte nichts, aber sein Gesicht drückte aus, daß er mir vermitteln wollte, er tue nur seine Pflicht. Dann war ich plötzlich nicht mehr in meinem Körper und hörte, wie eine liebevolle Stimme deutlich und freundlich sagte: »Warum hattest du Angst davor? Du bist doch nur gestorben.«

Und ich verstand. In diesem Augenblick verschwand die Angst. Ich hatte mit der Angst gelebt, daß ich verfolgt und getötet werden würde, wenn ich meine Überzeugungen öffentlich kundtat. Natürlich war das unlogisch, aber Ängste haben nun mal keine logischen Gründe. Die Angst, die wir empfinden, ist real, aber ihre Ursache gibt es nur in unserer Vorstellung. Am nächsten Tag war ich bereit, vor jedem öffentlich zu sprechen, der mich hören wollte.

Menschen, die mit dem therapeutischen Prozeß vertraut sind, wissen, daß ein einmaliges Aha-Erlebnis eine Angst gewöhnlich nicht gleich zum Verschwinden bringt. Meist folgt darauf ein monatelanger Integrationsprozeß. Dieses »Aha« jedoch traf die Angst in ihrem Zentrum und befreite mich von ihrer Macht. Dazu gehörte, daß ich allen vergab, die mit der von mir gesehenen Verfolgung zu tun hatten, dann mußte ich die Erfahrung annehmen und loslassen.

Es ist gar nicht so wichtig, ob man dies als eine Erinnerung an ein früheres Leben interpretiert oder als archetypische oder symbolische Erfahrung, oder eine Erfahrung, die mit der Rassenzugehörigkeit zusammenhängt. Angst ist Angst. Solange die Energie nicht befreit ist, bleibt sie ein Magnet, der ähnliche Situationen anzieht. Wenn man vor etwas Angst hat, bringt man sich in die Lage, diese Angst immer wieder erleben zu müssen. Wie Hiob sagt: »Was ich gefürchtet, ist über mich gekommen.«

Unsere Initiation geschieht Tag für Tag, indem wir im Hier und Jetzt leben. Durch unsere Bereitschaft, die Schule, die wir durchlaufen, ernst zu nehmen, und unseren Schmerz und Kummer, unsere Liebe und unsere Entdeckungen, unser Licht und unseren Schatten ganz zu leben, verwandeln wir alles, was wir nicht mehr brauchen. Und Verwandlung ist das Ziel der Initiation. Verwandlung, Transformation bedeutet, ganz hindurchzugehen, darüber hinaus zu gehen, nicht aber: aus dem Wege gehen, vermeiden.

Wir können viele Jahre damit zubringen, durch eine Vielzahl von Erfahrungen die Lektionen der einzelnen Initiationsschritte zu lernen, ja, wir können auch mehrere Leben damit verbringen. Doch jeder Schritt, den wir getan haben, ist eine spirituelle Einweihung. Je weniger wir belastet sind von dem Gewicht unserer Vorurteile und festen Vorstellungen über uns selbst, die ja alle vergänglich sind, desto näher kommen wir dem, was wirklich und dauerhaft ist.

Ich bat einmal um eine Eingebung über den Unterschied zwischen dem Wirklichen und dem Unwirklichen, und die geistige Welt gab mir folgende Antwort:

Das Unwirkliche sieht Trennung. Das Wirkliche weiß, daß es sie nicht gibt.
Das Unwirkliche verzweifelt, ist einsam, sorgt sich; das Wirkliche sieht Herausforderungen, schafft Lösungen, weiß.
Das Unwirkliche schafft immer mehr Unklarheit.
Das Wirkliche stärkt.

All unsere Dramen haben das Ziel, uns das Wirkliche zu lehren. Jede Episode führt uns zur Initiation auf eine andere Ebene der Erkenntnis. Was uns in einem bestimmten Augenblick real erscheint, hängt von unserer Einsicht und unserer Perspektive ab. Während wir eine Erfahrung machen, sehen wir oft nichts anderes und beurteilen sie als gut oder schlecht, je nachdem, ob sie angenehm oder unangenehm ist. Aus der Perspektive eines längeren zeitlichen Abstandes oder, noch besser, aus der spirituellen Erkenntnis sehen wir dieselbe Erfahrung in einem ganz anderen Licht.

Ich kannte einen Mann, den nichts anderes interessierte als seine unmittelbaren egoistischen Ziele. Er brach sich die Wirbelsäule und lag ein Jahr lang völlig hilflos in einem Krankenhaus. Das scheint eine schlimme Erfahrung zu sein. Aber danach eröffnete er ein Camp für körperbehinderte Kinder. Aus einer höheren Perspektive war dieses »verlorene« Jahr die Zeit, in der er sich selbst fand.

Je umfassender die Sicht ist, desto eher kann man »Ja, ja« zu Dingen sagen, die paradox erscheinen, anstatt sich auf »Ja« oder »Nein« zu fixieren.

Mir wurde einmal klar, daß das Paradox besteht, »wenn der Geist nicht weit genug ist, scheinbare Gegensätze zu umfassen«. Wenn wir entschlossen sind, das Wirkliche zu suchen, können wir das Leben auf der Welt genießen und müssen das, was paradox erscheint, nicht nur ertragen oder uns dagegen auflehnen. Es wird Teil der Freude daran, die Geheimnisse des Lebens zu ergründen.

Es bestehen viele Wirklichkeiten nebeneinander, die sich auslöschen. Vielleicht haben Sie schon einmal die Zeichnung von der Vase gesehen, die plötzlich zu zwei einander ansehenden Profilen wird, wenn man anders hinschaut. Ist das uns einmal klar geworden, kann man ohne Mühe von einer Wahrnehmung zur anderen wechseln. Doch vorher glaubt man, es gäbe nur die eine, auf die man sich fixiert hat.

Um eine Leiter hinaufzusteigen, braucht man alle Sprossen. Keine Sprosse ist wichtiger als die andere, aber man kann nicht auf eine höhere gelangen, wenn man nicht zuvor auf die anderen gestiegen ist. Jeder Schritt in die Höhe erlaubt einem mehr Überblick. Die Perspektive, die man unten hat, läßt einen nichts von der ahnen, die man weiter oben haben wird. Doch die Aussicht, die einem die oberen Sprossen erlauben, entwerten die unteren nicht. Die erste Sprosse ist ebenso real wie die zehnte; der Unterschied ist, daß die zehnte die erste beinhaltet.

Ich führte einmal ein Beratungsgespräch mit einem jungen Sozialarbeiter, der mit ganzem Einsatz für das »neue Denken« arbeiten wollte. Aber es verwirrte ihn, daß er in einem, wie ihm schien, schwerfälligen bürokratischen System arbeiten mußte.

Als wir uns mit seinen tieferen Zielen beschäftigten, fanden wir heraus, daß seine Aufgabe im Leben wohl darin bestand, innerhalb existierender Institutionen in einer konventionellen Stellung zu arbeiten, um als Stabilisator in den Umbrüchen unserer Zeit zu wirken.

Um ihm zu helfen, die Bedeutung dieser Aufgabe zu erkennen, wies ich auf den tieferen Sinn der Geschichte des Noah hin. Es wurde mir eingegeben, daß es in Zeiten tiefer Umbrüche Menschen gibt, deren Aufgabe es ist, die schöpferischen Samen dessen zu bewahren, was wir als Spezies erreicht haben, und sie in das neue Zeitalter hinüberzuretten. Auch wenn viel zugrunde geht, das bisher Entwickelte ist nicht verloren. Die schöpferischen Samen – die Tierpaare, die in der Arche gerettet wurden – werden von uns durch das Tor der Initiation in ein höheres Bewußtsein mitgenommen.

Die Früchte jeder Inkarnation und die erworbene Weisheit werden zwischen den einzelnen Leben im Bewußtsein aufbewahrt und in die neuen Inkarnationen mitgebracht. Immer wieder habe ich bei meinen Beratungen gesehen, daß die Begabungen, die jemand heute hat, auf Kenntnisse zurückgehen, die er in der Vergangenheit »im Himmel gesammelt« hat – wobei Himmel einen unzerstörbaren Bewußtseinszustand meint. Die entwickelten Fähigkeiten sind nach einer einzelnen Inkarnation nicht verloren, doch die Schätze, die man auf der Erde gesammelt hat – also Fähigkeiten, die ausschließlich dem Ego dienen –, sterben und vergehen mit dem Menschen. Wir können also doch etwas mit hinübernehmen …

Bewahrung des heiligen Wissens: Die Mysterienschulen

Die Auslegung der Beziehung des Menschen zum Göttlichen geschah immer auf zwei Ebenen: auf der äußeren in der exoterischen Religion, die das Gewicht auf den Gehorsam gegenüber kirchlichen Dogmen und Strukturen legte, und in der esoterischen, verborgenen Lehre. Jede große Religion hat diesen Kern der mystischen Weisheit, so der Islam mit dem Sufismus, die jüdische Religion mit der Kabbalah, das Christentum mit der Gnostik, der japanische Buddhismus mit dem Zen und der Hinduismus wie der tibetische Buddhismus mit dem Tantra, um nur einige Beispiele zu nennen.

Man könnte eine ganze Bibliothek füllen, wenn man über die hundert Geheimschulen und -gesellschaften berichten wollte, die seit Beginn der Zeitrechnung und davor bestanden. Zum Verständnis der Bedeutung von Erneuerung und Initiation ist es jedoch wichtig, uns an die Kontinuität der Lehren von der spirituellen Wiedergeburt zu erinnern.

Es geht in diesen Lehren im Grunde um die Befreiung des Gottes in uns aus der Verstrickung in die Materie. Die Geheimlehren oder Mysterien, wie diese Lehren oft genannt wurden, zeigten den geraden und schmalen Weg zur Selbsterkenntnis. Auch wenn der langsame Gang der Evolution uns irgendwann alle wieder zu unserer Quelle zurückführen wird, gibt es einen kürzeren Weg, auf dem wir selbst die Verantwortung für unsere Lebensreise übernehmen. Er ist schwerer gangbar und intensiver, aber er wurde uns gezeigt – und vor uns gegangen – von den erleuchteten Lehrern und Avatars aus allen Zeiten. Es ist der Weg der Initiation.

Die Lehren der Mysterien wurden immer im geheimen an hochentwickelte Individuen als Vorbereitung zu Einweihungen, zu entscheidenden Schritten in der spirituellen Entwicklung vermittelt. Diese Weisheiten wurden nie an Unvorbereitete weitergegeben. Wissen ist weder gut noch schlecht; es ist, was es ist. Aber Wissen ist auch Macht. In den falschen Händen kann es gefährlich sein. So schützten die esoterischen Schulen diesen Wissensschatz in Codes, Symbolen, Sprachen und Wissenschaften, die nur von denen entschlüsselt werden konnten, die gelehrt worden waren, die verborgenen Bedeutungen zu erkennen. Die Eingeweihten, wie diese Kenner genannt wurden, mußten Geheimhaltung schwören und riskierten möglicherweise ihr Leben, wenn sie die Lehren verrieten. Gerieten sie in Versuchung, das Wissen für ihre eigenen Ziele zu verwenden und die Techniken und Fähigkeiten, die ihr Fortschreiten auf dem spirituellen Weg bezeugen sollten, zu korrumpieren und als Werkzeuge der Hexerei und Wahrsagerei zu mißbrauchen, so konnten sie ihre Einweihung nicht vollenden. Wenn eine Zivilisation zusammenzubrechen begann, wurden die reinen Lehren immer mehr verhüllt, um das Heilige vor dem Profanen zu schützen.

Hatten die Kandidaten der Mysterienschulen alle Prüfungen bestanden und allen Versuchungen widerstanden, wurden sie zu Eingeweihten und schließlich zu weisen Adepten, die das geheime Wissen bewahrten. Dieses Wissen war der Ursprung all dessen, was heute in den Universitäten gelehrt wird – Chemie, Mathematik, Astronomie, Medizin, Architektur, Philosophie und die Geisteswissenschaften. Aber Unwissenheit bedeutete nicht zugleich Frömmigkeit. Die Mysterienweisheit wurde oft als Bedrohung der mächtigen religiösen Institutionen der verschiedenen Kulturen betrachtet. Die Adepten mußten oft furchtbare Verfolgungen ertragen, um das Wissen zu bewahren.

Robert Macoy, ein Freimaurer des 33. Grades, würdigt diese alten Mysterienschulen in seinem Buch *General History of Freemasonry* (Allgemeine Geschichte der Freimaurerei): »Es scheint, als sei alle Hochentwicklung der Zivilisation, aller Fortschritt in der Philosophie, der Wissenschaft und der Kunst der Alten diesen Einrichtungen zu verdanken, deren Aufgabe es war, unter dem Schleier des Geheimnisses die höchsten Wahrheiten der Religion, der Moral und Tugend darzustellen und sie den Herzen ihrer Schüler einzuprägen. Als wichtigstes Ziel setzen sie sich, die Lehre von dem Einen Gott, von der Auferstehung des Menschen zum ewigen Leben und der Würde der menschlichen Seele zu verkünden und die Menschen dazu zu führen, in der Schönheit, Herrlichkeit und Pracht des Universums den Schatten der Gottheit zu sehen.«

Die großen alten Religionen hatten überall in der Welt ihr Gegenstück in Mysterienschulen. Viele Namen, die wir für mythologisch halten, wie Isis, Dionysos, Orpheus, Gaia oder Apollo, waren vielleicht symbolische Begriffe, die den Kern einer Mysterienschule bildeten. Die farbigen Geschichten, in denen Götter und Göttinnen alle menschlichen Konflikte und Schwächen auslebten, erscheinen uns heute als bloße Phantasiegebilde oder reiner Aberglauben. Doch im symbolischen Code der Eingeweihten verkörperte jede Gottheit und jeder Mythos eine Lehre über die Schritte, die zur Selbstbeherrschung und Einheit gegangen werden mußten.

Die Geburt des Selbst

Den einzelnen auf die Durchschreitung des »Tors zum Himmel« vorzubereiten, war immer die Aufgabe der Mysterienschulung und ist es noch heute. Ob diese Vorbereitung durch die Hermetiker oder Alchimisten, durch Rosenkreutzer, Freimaurer, die Theosophie, durch die Geheimbünde der Isis oder die tibetischen Klöster geschah, das Ziel war immer das gleiche.

Der Eintritt in solch eine Mysterienschule war sehr schwierig. Es heißt, daß Pythagoras, der große Mathematiker und Philosoph, der eine wichtige Mysterienschule im alten Griechenland gründete, von den Kandidaten ein jahrelanges Schweigen forderte, bevor sie überhaupt in Betracht gezogen wurden. Durch sorgfältige Übungen für Seele, Körper, Gefühl und Geist wurden die Schüler auf eine Art »Tod« vorbereitet, durch den sie in die rituelle, initiatorische Fülle ihrer wahren Natur wiedergeboren wurden.

Die Reise vom Tod der beschränkten, egozentrischen Sicht des Selbst zur Geburt in die Fülle des Selbst lief durch verschiedene Grade der Erkenntnis. Der Einweihungskandidat wurde vom Schüler zum Aspiranten und erlebte die harte Arbeit der Öffnung des Selbst. Durch ihre Ausdauer konnten die Aspiranten in einer Probezeit ihre Entschlossenheit beweisen, sie wurden Jünger, mit der Zeit völlig Eingeweihte und zuletzt Adepten. Mit jedem dieser Schritte wurde ihnen mehr von dem Geheimwissen enthüllt.

Unabhängig von mythologischer Ausgestaltung und ritueller Praxis wurde in diesen Schulen überall auf der Welt der gleiche Weg der Selbsterkenntnis und der Eigenverantwortung gelehrt. Der Weg der bewußten Initiation ist der Weg der Verantwortung für das Selbst. Er unterscheidet sich von dem willkürlichen Weg des nicht initiierten Suchers, der ekstatische Geistesblitze erleben mag, dann aber wieder in ein chaotisches Leben zurückkehrt. Auch auf dem Weg der Initiation mag es ekstatische Momente geben, doch der Initiant muß lernen, sich ganz dem alltäglichen Leben widmen zu können und zugleich die höhere Sicht der Schulung beizubehalten.

Den Aspiranten wurden Techniken zur Reinigung des Körpers gelehrt, damit sie mit höheren und feineren Schwingungen universeller Energien umgehen konnten. Dazu gehörte der Verzicht auf bestimmte Speisen, Fasten, Meditation und die Beherrschung sexueller Bedürfnisse. Das heißt nicht, daß sie jede sexuelle Betätigung ganz aufgeben mußten. Aber sie mußten lernen, sich nicht von augenblicklichen Impulsen leiten zu lassen und genau zu wissen, was sie mit ihrer sexuellen Energie taten und mit wem. Sie lernten auch Techniken, durch die es möglich war, sexuelle Energie in spirituelle Energie umzuwandeln. Ebenso wie die Aspiranten gelehrt wurden, die noch unbewußten Aspekte ihres physischen Lebens zu reinigen, lernten sie auch, sich von ihren emotionalen und geistigen Verwirrungen zu läutern. Sie lösten sich Schritt für Schritt von der Vergangenheit, um sich jeder neuen Initiationsstufe mit weniger Ballast zu nähern. Ziel war es, mit der reinen Liebe in Verbindung zu kommen – nicht der Liebe, die die anderen an das Selbst bindet, sondern einer alles einschließenden Liebe.

Die ganze Schulung zielte darauf ab, den Schüler auf die Erfahrung der ersten großen Initiation vorzubereiten, der Geburt des Göttlichen im eigenen Inneren. Das war und ist noch heute der wichtigste spirituelle Schritt, den wir tun können. Die Einweihungslehren beschreiben, ob unmittelbar oder symbolisch, das neue Leben der erwachten Seele, die beginnt, göttliches Bewußtsein in menschlicher Gestalt zu leben. Die alten Überlieferungen vermitteln den Weg und warnen vor seinen Gefahren und Versuchungen, sie zeigen aber auch seine Freuden und die Möglichkeit, den Menschen zu dienen.

Das Göttlich-Weibliche

In den wahren Mysterienschulen wertete man das Männliche nicht höher als das Weibliche, aber auch nicht umgekehrt. Eine Weiterentwicklung war nur möglich, wenn man beide Energien im eigenen Inneren verstand und mit ihnen arbeitete.

Als Geschöpfe, die nach dem Bild Gottes gestaltet sind, tragen wir alle Merkmale der Ganzheit in uns. Diese Ganzheit umfaßt die männlichen wie die weiblichen Energien als kreative Kräfte des Geistigen. Auch wenn wir uns als Mann oder Frau inkarnieren, um auf der physischen Ebene die Gesetze der Kreativität zu erfüllen, sind wir im Wesen beides zugleich. Apostel Paulus sagt: »In Christus gibt es weder Mann noch Weib.« Das Geschlecht ist nur der physische Ausdruck der Polarität; die Energien sind auf vielen unsichtbaren Ebenen männlich oder weiblich, wie zum Beispiel im Denken und Fühlen. Doch wenn wir ganz erwacht sind – auf der Ebene des Christusbewußtseins –, dann befinden wir uns jenseits der Dualität im Gleichgewicht und können frei über unsere männlichen und weiblichen Energien verfügen.

Die Taoisten beschreiben die Bewegungen innerhalb der Ganzheit als yin (weiblich) und yang (männlich). Eines ist immer im Prozeß, das andere zu werden. Wir sind nicht entweder das eine oder das andere, sondern beides. Yin und Yang sind Energieströme, keine Identitäten. Ich kann zum Beispiel in der Beziehung zu einem Menschen emotional yin sein, aber yang in einer Beziehung zu jemand anderem. Mein Körper kann yin sein, andere Aspekte meiner Persönlichkeit aber vielleicht ganz yang.

Wir geraten ernsthaft aus dem Gleichgewicht, wenn wir versuchen, den freien Fluß dieser Energien auf die Dauer zu polarisieren. Das tun wir, wenn wir sagen: »Das ist eine Frau und deshalb yin und passiv«, oder »Das ist ein Mann und deshalb yang und voller Durchsetzungskraft.« Der ganze Mensch ist zugleich passiv und aktiv, umfassend und spezifisch, empfangend und gebend.

Bei der Empfängnis beginnt jeder von uns das ganze evolutionäre Drama unserer Spezies wieder von neuem. Vor Äonen schwebten wir in einem paradiesischen Urzustand, in dem wir keine Dualität, kein individuelles Selbstsein, keine

Trennung von der Quelle kannten. Durch die Gabe des göttlichen Willens stellten wir uns selbst auf die Erde und individualisierten uns. Wir aßen vom Baum der Erkenntnis des Guten und Bösen und lernten Dualität und Trennung kennen.

Wir erleben die ursprüngliche Einheit in den ersten Wochen nach der Empfängnis noch einmal. Erst in der fünften Lebenswoche, wenn die Hormone zum Tragen kommen, tritt die sexuelle Differenzierung der Zygote in Erscheinung. Vorher sind alle Zygoten »weiblich«. Die Loslösung von der Ganzheit, die Trennung des Weiblichen vom Männlichen in uns, beginnt im Mutterleib. Wir sehnen uns nach unserer anderen Hälfte. Wir sehnen uns nach der spirituellen Verbindung, nach dem Christusbewußtsein, das die Ganzheit jenseits aller Trennungen wieder herstellt.

Solange wir diese innere Verbindung nicht wieder hergestellt haben, projizieren wir diese Sehnsucht nach außen, in unsere Gesellschaft, und sehen die Autorität erst in der einen, dann in der anderen Seite. Als matriarchale Gesellschaft lebten wir im stammesgebundenen Bewußtsein der Einheit und der Verbundenheit mit der Erde. Das war die Epoche der Großen Göttinmutter, des verbindenden, einigenden Prinzips.

Der nächste Schritt in unserer psychospirituellen Evolution bestand darin, mehr über unsere Einzigartigkeit als Individuen zu lernen. Wir begannen deshalb, das männliche Prinzip zu erforschen. Wie das heranwachsende Kleinkind, das allmählich entdeckt, daß es ein einzigartiges Wesen ist, getrennt von der Mutter, begannen wir uns selbst als von der Welt getrennt und verschieden zu sehen. Wir lernten zu identifizieren, zu ordnen, zu prüfen. Unsere Wissenschaften und Industrien sind aus unserer männlichen Sicht entstanden.

Doch mit der Weiterentwicklung unseres männlichen Strebens und Handelns verloren wir als Spezies das Gefühl dafür, was diese individualisierten »Dinge« miteinander zu tun hatten. Wir verloren das Gefühl der Bezogenheit. Während das männliche Denken sich ganz dem Identifizieren und Ordnen hingibt, will das weibliche vor allem wissen, wie alles zusammenhängt. Das männliche Element bringt Wissen in die Welt, aber ihm mangelt es an der Weisheit des weiblichen, das den Umgang mit diesem Wissen lenkt, und so wird es gefährlich und hat keinen Bezug mehr zum Allgemeinwohl.

Als die männlichen Aspekte unseres Wesens zu dominieren begannen, wurden sie von einer wachsenden Angst vor dem Weiblichen begleitet. Vielleicht bestand diese Angst zum Teil aus einem primären Gefühl der Bedrohung des Individuums, aus der Furcht, wieder vom Mutterleib verschluckt zu werden. Viele Weltmythen der letzten dreitausend Jahre spiegeln diese Angst vor dem Weiblichen wider, und sie wurden auf der sexuellen Ebene ausgelebt. In der Frühzeit der organisierten christlichen Kirche, die auf jüdischer Tradition basierte, wurde der weibliche Aspekt des Göttlichen fast ganz ignoriert. Erst im fünften nachchristlichen Jahrhundert erkannte man der Jungfrau Maria in der Hierarchie der Kirche einen Ehrenplatz zu. Wahrscheinlich hatte sich im Volk heftiger Druck angestaut, der es nötig machte, die Energien der inneren Göttlichen Mutter zum Ausdruck und Ausgleich zu bringen. Die Menschen begannen, wieder in die Tempel der früheren Göttinnen zu gehen. Die Kirche reagierte, nahm den früheren »heidnischen« Göttinnen die Bilder,

Tempel und Bezeichnungen weg und übertrug diese auf Maria, wobei sie oft nur den Namen änderte.

In den frühesten Zeiten sahen wir die Erde als unsere Mutter. Doch mit dem Wachsen des wissenschaftlichen Denkens begannen wir in aller Naivität zu glauben, wir könnten sie für unsere eigenen Ziele erobern. Dieses unausgeglichene patriarchale Bewußtsein sah die Große Mutter als die Kraft an, die unseren Geist im Fleisch gefangenhielt und uns vom Vatergott trennte. Wir gaben ihr die Schuld am Sündenfall, und ihre physischen Töchter auf Erden wurden als gefährliche Versuchung für den männlichen Geist gesehen, der sich wieder mit dem himmlischen Vater vereinigen wollte.

Der Kampf unserer Doppelnatur – Körper und Geist – wurde in Mythen und Allegorien überall auf der Welt beschrieben. Sie erzählen vom Los aller Menschen. Kämpfe und Siege beschreiben das Ringen des inneren Mannes und der inneren Frau, bei dem es zunächst um die Entdeckung unserer eigenen Identität geht, dann darum, den Feind der inneren Illusionen zu überwinden und schließlich um das Feiern der Hochzeit der beiden Energien miteinander. Leider gingen die universellen Prinzipien, die diese Allegorien vermitteln wollten, im Lauf der Zeit mit ihrer Popularisierung verloren oder wurden entstellt.

Die innere Führung hat mir einmal zu verstehen gegeben: »Nur eine Jungfrau kann den Christus zur Welt bringen.« Das darf man natürlich nicht wörtlich nehmen. Doch wenn wir bedenken, daß die Seele in der alten Symbolik immer als weiblich gesehen wurde, gewinnt diese Aussage neue Bedeutung. Es ist die weibliche Seele in uns allen, das empfangende Prinzip, das in seinem Wunsch zu empfangen gereinigt werden muß, bevor sie von dem universellen Christus erfüllt werden kann. Theologien, die auf einer wörtlichen Auslegung der Allegorien beruhten, wurden rationalisiert und einer Priesterschaft einprogrammiert, die sie den Menschen als heiliges Gotteswort präsentierten. So war es mit der Geschichte von Adam und Eva.

Eine Frau, die an einem meiner Kurse über das Weibliche teilnahm, kam eines Abends so aufgelöst an, daß sie einige Minuten der Sammlung brauchte, bis sie die folgende Geschichte erzählen konnte. Sie und ihr Mann hatten ernsthafte Eheprobleme gehabt, wegen derer sie ihren Pastor konsultierte, einen Amtsträger in einer großen christlichen Kirche. Sein abschließender Kommentar war, daß sie »an der Schuldenlast Evas mittrage«.

Es würde sich kaum lohnen, solch eine Geschichte zu erwähnen, wenn sie sich nicht in der einen oder anderen Form so oft wiederholte. Viele Symbole der alten Allegorien – wie die Schlange, deren tiefe symbolische Bedeutung mit Weisheit und Heilung auf dem persönlichen Weg der Verwandlung zu tun hat – verzerrte man auf ähnliche Weise, und diese Verzerrungen wurden so oft wiederholt, daß sie schließlich im kollektiven Unbewußten in das Gewand unumstößlicher Wahrheiten geschlüpft sind.

Die Schlange taucht zum Beispiel immer wieder in der Werbung auf, wodurch das alte Bild der Frau als Versucherin subtil gefestigt wird; doch sie steht für mehr als sexuelle Versuchung. In den Augen des Patriarchats verkörpert die Frau den Trieb, den Himmel um irdischer Genüsse willen aufzugeben. Sie ist die archetypische Verführerin, die den Mann von seiner spirituellen Suche weglocken soll. Sie ist die Schwester der Sirenen des Odysseus, der Blaue Engel, die russische Rusalka, die unvorsichtige Männer hinunterholt in ihr Reich unter Wasser – es gibt noch hundert ähnliche Gestalten in Geschichten aus aller Welt.

Jungfräuliche Mädchen mit »gefährlichen« medialen Verbindungen zu Naturkräften tauchen von Zeit zu Zeit aus dem kollektiven Unterbewußten auf und erscheinen dann in Filmen, wie z. B. die besessene Regan in *Der Exorzist.* Diese Archetypen sind nicht allzu weit von mittelalterlichen Vorstellungen entfernt, denn nicht nur der Volksglaube sagte, daß Frauen von Dämonen besessen waren, es war die offizielle Kirchenlehre. Dies führte zu der Manie der Hexenjagd im vierzehnten bis sechzehnten Jahrhundert, der Abertausende Frauen zum Opfer fielen.

Es würde den Rahmen dieses Buches sprengen, wollte man über die vielen Anzeichen sprechen, die auf ein Ende der ausschließlichen Herrschaft des Patriarchats hindeuten. Es gibt viele hervorragende Bücher zu diesem Thema, zu deren Lektüre ich jeden spirituellen Schüler ermuntern möchte; einige von ihnen sind in der Bibliographie am Ende dieses Buches genannt. Doch eine Einsicht, die mir aus der geistigen Welt zuteil wurde, möchte ich Ihnen noch mitteilen.

Mir wurde gezeigt, daß wir im physischen, emotionalen und mentalen Bereich kollektiv sehr dichte und dunkle Gedankenformen geschaffen haben, die eine Seele in einem weiblichen Körper daran hindern, nach Selbstverwirklichung zu streben. Natürlich gibt es Frauen, die sich von diesen Gedankenformen freimachen konnten, aber den meisten ist das nicht gelungen. Wenn eine Seele in einem weiblichen Körper sich nach der Vereinigung mit der Ganzheit des Selbst sehnte, begegnete sie diesen dunklen, allgegenwärtigen Hemmnissen, die weit mehr sind als bloße Regeln und Vorschriften; sie sind Teil der Luft, die wir atmen. Und dann gab sie meist enttäuscht auf. Oft entschied sie sich für die Bindung an einen Mann, denn Männer haben die Möglichkeit, das Christusbewußtsein zu erleben. Vielleicht konnte sie so aus zweiter Hand eine Ahnung von der spirituellen Ganzheit bekommen.

Die Botschaft besagte auch, daß diese Gedankenformen jetzt aufgelöst werden müssen, denn solange sie Bestand haben, können wir nicht ins nächste Stadium unserer Evolution eintreten. Weiter wurde mir mitgeteilt, daß Tausende von Seelen, die in früheren Inkarnationen eine große Entwicklung durchgemacht haben, sich nun in weiblichen Körpern inkarnieren, vor allem im Westen. Sie tun das nicht nur zur Vervollkommnung ihrer eigenen Entwicklung, sondern um zum Aufbrechen der alten Gedankenformen beizutragen.

Wenn Frauen (auf der Erde das Symbol für die Große Mutter) nicht nur nach Selbstverwirklichung streben dürfen, sondern auch dazu ermutigt werden, indem sie als Lehrer und Führer an der Seite der Männer Anerkennung finden, werden wir neue Vorbilder erhalten, die uns helfen, uns von der Tyrannei der Polarisierung zu befreien. Wir dürfen aber auch keineswegs ins andere Extrem gehen, da unser letztes Ziel Einheit und Ganzheit bedeutet. Doch bevor wir so weit sind, müssen wir das Verlorene heilen. Diese Heilung ist eine der wichtigsten Initiationen, die wir kollektiv in den nächsten Jahrzehnten erleben werden.

Die Unterdrückung der Göttlichen Mutter in den letzten dreitausend Jahren hat zu einem gespaltenen Selbst und zu einer gespaltenen Welt geführt. Alles Leben kommt aus dem Leib der Mutter und alles Leben kehrt zu ihr zurück, um sich wieder in den Kreislauf einzuordnen. Sie zeigt uns unsere Verbindung mit dem Leben in allen Erscheinungsformen.

Und sie ist auch die Zuchtmeisterin, die uns zeigt, was der Preis für unseren Hochmut ist, mit dem wir versuchen, die Natur zu besiegen und Lebensformen auf der Erde zu mißbrauchen. Es ist nicht nur unschön, Mutter Natur betrügen zu wollen, es ist tödlich.

Himmel und Erde können sich nur im Geist begegnen, der die Göttliche Mutter und den Göttlichen Vater vereint. Ehren wir nicht beide, geraten wir ganz aus dem Gleichgewicht und vermissen unsere andere Hälfte. Unterdrückung, Haß, Neid und Angst vor dem »Anderen« wurzeln in der Angst vor dem »Anderen« in uns selbst. Die Angst findet weder im Körper noch in den Emotionen oder im Denken einen Ausweg. Eine psychospirituelle Schulung will diese Ausweglosigkeit auflösen, damit unsere Energien dem natürlichen Fluß zur Einheit hin folgen können.

Wir erleben die innere Verbindung, die »mystische Hochzeit«, wenn die weiblichen und männlichen Energien in uns ernstgenommen, dann von allen Entstellungen befreit und schließlich in die Ganzheit eingeordnet werden. Die Schriften der Yogi, die Kabbala, die Bibel, die Bhagavad Gita, das I Ging und der Tarot – all das sind Lehrbücher, die uns helfen, unser gespaltenes Selbst zu heilen, ins Gleichgewicht zu kommen.

Aus dieser Einheit wird der Universelle Christus geboren.

Der Universelle Christus

Der Universelle Christus wird nicht nur durch die historische Gestalt verkörpert, die wir Jesus nennen, denn viele von uns sehen nur ihn als den höchsten Ausdruck der Ganzheit – die

Manifestation Gottes. Der Universelle Christus ist auf keine Religion beschränkt. Er wird als die höchste Möglichkeit gesehen, die in allen Wesen liegt. Er kann jedoch nur in jemandem in Erscheinung treten, der sich ganz selbst verwirklicht hat.

Große Meister, jene vollkommene Wesen, die als Manifestationen des Universellen Christus leben, sind im Lauf der Geschichte in vielen Traditionen aufgetreten. Sie haben durch ihr Dasein und ihre Lehren den Weg gezeigt, der den Menschen mit dem Göttlichen verbindet. Der Universelle Christus ist die Brücke, durch die wir uns wieder mit der Quelle vereinigen können. Er ist die erlösende Gnade, die uns aus der Unwissenheit und Gebundenheit und aus dem Rad der Wiedergeburt führt. Er ist das Licht der Welt, das Blei zu Gold verwandelt durch die Alchimie der reinen Liebe.

Das ganze Mysterium des Universellen Christus geht sicher über das menschliche Begreifen hinaus. Doch indem diese kosmische Energie in menschliche Bereiche hinabsteigt, ergießt sich der Christusgeist in die mythischen Gefäße aller Kulturen. Eine Geschichte der Seelenreise zur Vereinigung mit der Quelle wurde im Lauf der Zeiten immer wieder erzählt, geprägt von den Sitten und der Geschichte verschiedenster Völker und entsprechend dem vorhandenen kulturellen Material.

Wann immer und wo auch immer Dunkelheit die Menschen blind zu machen scheint, und wenn der Sinn der menschlichen Existenz sich im Sumpf verliert, erscheint ein großes erleuchtetes Wesen und bringt die Wahrheit. Manche Legenden sagen, daß sie vom Himmel als ein Gnadenakt gesandt werden. Andere sehen in ihnen die Blüte der Besten unserer Spezies. In jedem Fall erscheinen sie, wenn sie gebraucht werden, lehren uns entsprechend dem Bewußtseinsstand der betreffenden Zeit und hinterlassen uns ein Vermächtnis von Lehren, die zur Weiterentwicklung unserer Evolution beitragen. In die Tatsachen des Lebens eines großen Lehrers wird eine Geschichte verwoben, die jedes einzelne Leben transzendiert, denn sie gehört zum Muster des Universellen Christus.

Die Universalität dieser einen Geschichte mag schwer annehmbar sein, wenn man in dem Glauben erzogen wurde, daß die Wahrheiten der eigenen Religion alle anderen Religionen ausschließen. Doch es ist eine der Gaben unserer Zeit, daß wir das Wissen und die globalen Kommunikationsmöglichkeiten haben, die es uns erlauben, an den vielen Variationen der Geschichte überall auf der Welt teilzuhaben.

Es wäre ein großer Verlust, eine Überlieferung abzulehnen, weil wir entdecken, daß sie in verschiedenen Kulturen ihre Gegenstücke hat. Die Kraft und die Wahrheit dieser vielen Geschichten über den Universellen Christus liegen in ihrer Universalität, nicht in ihrer Exklusivität. Wir erzählen die Geschichten von Generation zu Generation und von Kultur zu Kultur weiter, weil wir im Innersten einen Widerhall ihrer Wahrheit über unsere Natur und über den Weg zur Versöhnung der Menschheit mit dem Göttlichen finden. Durch sie finden wir Führung, wenn wir uns mit unserem Schatten auseinandersetzen und den Versuchungen, Gefahren und Opfern ausgeliefert sind, die das Leben im Christusbewußtsein bedeuten.

Wir kehren nicht durch irgendeine Religion zur Ganzheit zurück, sondern durch den Universellen Christus. Die Mysterienweisheit lehrte die Initianten, daß wir erst den Weg betreten, dann ihm folgen und dann der Weg werden.

In einer Offenbarung heißt es: »Für den, der überwindet, will ich eine Säule (eine kosmische Kraft) im Tempel Gottes errichten, und er wird nicht mehr hinausgehen« (sich nicht mehr inkarnieren).

Solange wir die Adam-und-Eva-Geschichte leben, werden wir immer wieder sterben. Wenn wir den inneren Christus leben, den inneren Buddha, wenn wir erfüllt sind vom Heiligen Geist, dann werden wir, wie Krishna sagte, aus dem endlosen Rad des Todes und der Wiedergeburt gerettet. Und wir gewinnen, wie Jesus sagte, das ewige Leben.

Das ist der Pfad der Initiation.

Initiation heute

Was hat nun all das Gesagte mit dem Bezahlen von Rechnungen, dem Erziehen von Kindern, der Berufslaufbahn und dem Überleben auf dem Planeten Erde im späten zwanzigsten Jahrhundert zu tun?

Alles. Die Initiation aus der Dunkelheit ins Licht ist der Grund, aus dem wir überhaupt hier sind. Es gibt kein »gewöhnliches« Leben. Das Rohmaterial für die spirituelle Initiation ist ebenso in einer kleinen Wohnung und einem Acht-Stunden-Job zu finden wie in der dramatischen Szenerie einer alten Erzählung. Der Kampf zwischen dem Helden und dem Drachen wird täglich in Büros, Krankenhäusern, Waschküchen geführt. Jeder Augenblick, jede Interaktion, jede Beziehung, jeder Erfolg und jedes Scheitern gibt uns Gelegenheit, mehr darüber zu erfahren, wer wir sind und wozu wir hier sind.

Im Leben geht es immer um die Initiation. Wie jede

mythische Gestalt sind wir aus freiem Willen ins Physische hinabgestiegen und kämpfen uns durch die Dichte und die Prüfungen dieser Dimension, um uns zu erinnern, daß Sie, daß ich, daß wir alle Lichtwesen sind – nichts weniger. Der Prozeß des allmählichen Er-innerns läßt uns ein Tor der Erkenntnis nach dem anderen durchschreiten. Die Menschen und Ereignisse in unserem Leben sind es, durch die wir lernen. Sie sind unsere Lehrer.

Wenn wir die inneren Kämpfe, die in der Arena der menschlichen Angelegenheiten ausgefochten werden, gewinnen, machen wir die verschiedensten Initiationen durch. Jede kleine Überwindung von Hartherzigkeit, Egozentrik und Gleichgültigkeit läßt ein wenig mehr von unserer Illusion des Getrenntseins abblättern. Die Liebesopfer, die Eltern bei der Erziehung eines Kindes bringen, der Kampf um Integrität im Beruf, den man gewinnt, der Mut, sich mit Schwierigkeiten ohne Bitterkeit auseinanderzusetzen – all das ist der Stoff der Initiation. Indem wir authentisch im Hier und Jetzt leben, erfüllt unsere Göttlichkeit unser Menschsein, und die beiden werden eins.

Wahrscheinlich gehören Sie keiner Mysterienschule an. Vielleicht verstehen Sie nichts von den esoterischen Codes. Aber Sie haben sich in einer Zeit inkarniert, in der die esoterischen Mysterien publik gemacht werden. »Sucht den Wasserträger«, sagte der inkarnierte Christus. Der Wasserträger ist ein Symbol für das astrologische Zeichen Wassermann. Es bedeutet das freie Verströmen des Wassers für alle. Der Wassermann kündet den Beginn einer Epoche an, wie es sie auf Erden noch nie gegeben hat.

Der erste Schritt besteht darin, den Weg zu bereiten. Unser innerer Täufer Johannes sagt: »Bring alles in Ordnung. Mach dich bereit für den Universellen Christus, der in den Herzen überall auf der Welt geboren werden wird. Mach dich bereit, denn der ganze Planet wird auf eine höhere Frequenz gehoben werden.«

Der kürzere Weg

Die Erziehung, die Sie seit ihrer Kindheit genossen haben, wurde einst nur in den Mysterienschulen gegeben. Lesen, Schreiben, selbst die körperliche Ertüchtigung und Stärkung waren immer Teil der Vorbereitung auf den Umgang mit höheren Energiefrequenzen und für ihre Integration in den physischen Körper, die das Nervensystem bewältigen kann.

Während die Religionen Moral und Ethik lehrten, fehlte in unserer spirituellen Erziehung die direkte Vermittlung der Wissenschaft von der Verbindung des Spirituellen mit dem Physischen: die universellen Gesetze und Prinzipien des Lichtes und der Energie, die Erkenntnis über die feinstofflichen Körper, der Umgang mit dem Atem. Diese Geisteswissenschaft ist nun durch Tausende von Büchern, durch Lehrer, Organisationen, Zeitschriften und Kassetten zugänglich, durch die man hilfreiche Techniken lernen und wichtige Informationen bekommen kann. Die weltweiten Kommunikations- und Transportsysteme haben unsere Wirklichkeit um das Wissen der ganzen Welt erweitert.

Eine Warnung sei jedoch ausgesprochen: Wir müssen genau unterscheiden, wenn wir aus dem großen Angebot auswählen. Denn alles Echte hat als Gegenstück eine Fälschung.

Initiation, wie ich sie meine, geschieht nicht unbedingt zu Füßen eines anderen Menschen. Ein Mensch mit großer geistiger Klarheit kann natürlich die Fähigkeit haben, als Katalysator für unsere Energien zu wirken, wenn wir bereit sind, den Sprung zu tun. Solch ein Mensch kann als Lehrer, Führer, Zuchtmeister oder Vorbild dienen. Oft wissen wir gar nicht, wie es sich anfühlt, streßfrei zu sein, solange wir uns nicht mit der Energie eines Menschen verbunden haben, der es ist. Ein Wesen, das die Liebe, die es ist, lebt, beeinflußt unser gesamtes Energiefeld. Die Liebe in uns antwortet auf diese Liebe. Sehr hochentwickelte Menschen haben die Fähigkeit, starke Kräfte zu kanalisieren, um uns bei unserem Entschluß zu helfen, uns weiterzuentwickeln. Entscheidend ist dabei, daß es sich um unseren freien Entschluß handelt.

Die Maxime: »Wenn der Schüler bereit ist, erscheint der Lehrer«, gilt bestimmt; wir werden geführt, wenn wir es brauchen. Doch man könnte diese Maxime auch anders verstehen: Der Lehrer erscheint vielleicht nicht in einem prächtigen Gewand. Manchmal spielt unser Chef, unser Nachbar oder unser Ehepartner die Rolle des göttlichen Lehrers. Wenn wir wirklich bereit sind, Geduld zu lernen, geschehen plötzlich lauter Dinge, die Geduld erfordern. Wenn wir lernen müssen, zu vergeben, so sind alle, mit denen wir zu tun haben, die besten Lehrer dafür. Unsere Lektionen sind nicht leicht, aber durch sie entdecken wir einen Mut, den wir gar nicht an uns kannten.

Es wird von einem Lehrer berichtet, der einem König zu erklären versuchte, daß es nicht gut sei, den Menschen etwas aufzuzwingen. Dauerhafte Veränderung wäre nur möglich, wenn sich das Bewußtsein wandelte. Der König widersetzte sich, weil er glaubte, *er* könne die Menschen zu Veränderungen zwingen. Der Meister jedoch sagte, er solle den Hofmetzger in eine Höhle unter der Erde bringen. Er dürfte nichts mitnehmen. Nach ein paar Tagen holten sie den Metzger heraus und stellten fest, daß er die Zeit damit verbracht hatte, aus Lehm Tiere zu formen und sie dann zu zerlegen. Was man ihm auch von außen aufzwang, sein Denken war vom Schlachten bestimmt. Es ändert das Bewußtsein nicht, wenn man gezwungen wird, in einer Höhle zu leben.

Nachdem man in einer ganzen Reihe solcher Höhlen gelebt hat, lernt man allmählich. Aber das ist der langsame, mühevolle Weg der Evolution. Doch wenn wir uns auf die Höhle einlassen, können wir sagen: »Wozu ist das gut? Es ist mir nicht angenehm, aber was kann ich daraus lernen?« Dann meistern wir die Höhle. Das ist der kürzere Weg, den uns die Initiation bietet. Bewußte Initiation ist der direkte Weg nach Hause.

Schlechte Zeiten?

Wir haben uns entschieden, in dieser chaotischen Zeit auf dem Planeten Erde zu sein, aber wir fragen uns wohl manchmal, ob wir das Kleingedruckte gelesen haben, bevor wir den Vertrag unterzeichneten. Doch es ist die bestmögliche Zeit. Ein chinesischer Delegierter sagte vor ein paar Jahren vor den Vereinten Nationen: »Hervorragende Bedingungen: die Welt ist in einem fürchterlichen Zustand.«

Zerstörung ist der erste Schritt zur bewußten Erneuerung. Das Alte stirbt, damit das Neue geboren werden kann. Das gilt für Individuen wie für ganze Gesellschaften oder die gesamte Spezies. Es wäre schön, wenn wir die Veränderungen problemlos geschehen lassen könnten. Aber unsere unbewußte Angst vor dem Neuen verursacht oft heftige Wehen. Doch je mehr wir uns bei jeder Wehe entspannen, desto weniger Schmerz empfinden wir. Wenn wir uns dem Vorgang ganz hingeben, ist sogar ein Gefühl der Ekstase möglich.

Ebenso wie wir einen individuellen Grund haben, hier zu sein, und ein Schicksal, das sich erfüllen soll, hat auch unser Planet solch ein Entwicklungsziel. Ein alter griechischer Name für die Erde war Gaia, die Göttinmutter. Gaia ist ein lebendes, atmendes Wesen, und jeder von uns ist eine Zelle in ihrem Körper – so wie auch alle anderen Lebensformen. Viele Kulturen, die man fälschlich als »primitiv« bezeichnete, wußten, daß die Erde ein geheiligtes Lebewesen war und lebten in respektvoller Harmonie mit ihr. Da wir dies vergessen haben, sind wir unserer eigenen Zerstörung gefährlich nahe gekommen. Interessanterweise waren es unsere Wissenschaftler, die uns warnten und uns aus unserer Unwissenheit, Nachlässigkeit und unserem Hochmut aufrütteln wollten. Die fortschrittlichsten Theorien in allen Wissenschaftsbereichen, von der Astrophysik bis zur Zoologie, sagen uns jetzt, daß wir alle Systeme auf Erden unter dem Aspekt ihrer Verbindung mit dem Ganzen sehen müssen.

Durch uns soll die Initiation der Gaia geschehen. Manche von uns haben die Aufgabe, die alten Realitätsmodelle aufzubrechen. Andere haben die Pflicht, das Beste von dem, was wir bisher erworben haben, zu bewahren. Wieder andere sind Brückenbauer, die uns zeigen, wie wir vom Alten zum Neuen gelangen. Dann gibt es die wahren Visionäre, die die neue Welt schon sehen. Viele unserer Kinder gehören dazu; in ihren Zellen ist schon die Struktur der neuen Welt eingeprägt. Sie sind sehr willensstark und werden nicht leicht zu erziehen sein. Doch sie müssen diesen starken Willen auch haben, um dem Zukünftigen zur Geburt zu verhelfen. Sie werden unsere Lehrer sein.

Als ich wegen einer Verspätung kürzlich auf dem Flughafen saß und wartete, hatte ich ein längeres Gespräch mit einem vierjährigen Charmeur. Daniel hat eine schwarze Hautfarbe, große glänzende Augen, ein ansteckendes Lachen und ein frühreifes Vokabular. Ich fragte ihm, was er gern tun würde. Ohne einen Augenblick zu zögern, verkündete er: »Ich möchte mich selbst taufen!«

Die Lichtspirale

Die Wendepunkte unserer Initiationen als einzelner oder als Spezies werden oft graphisch als eine sich nach oben bewegende Spirale dargestellt. Vielleicht ist die Spirale ein Modell, das unserer Zellenstruktur entspricht, da die Natur diese Form so liebt und sie überall von der DSN-Struktur bis zur Gestalt unserer Galaxis verwendet. Sie ist die verbindende Grenzfläche, an der das Formlose Form gewinnt. Wenn wir eine der großen Spiralen umrundet haben – und das scheint jetzt der Fall zu sein –, setzt das Universum alles in Bewegung, um der Höherentwicklung den nötigen Antrieb zu geben.

Sobald sich unsere Sichtweise verändert, werden wir allmählich verstehen, daß alle Männer, Frauen und Kinder dieses Licht in sich tragen. Gaia hat dieses Licht. Das Leben in all seinen Manifestationen ist erfüllt von diesem Licht.

In dieser kritischen Zeit der Läuterung müssen wir alle dieses Licht bewahren und an unserer Vision vom Frieden festhalten. Alle Ungerechtigkeiten und alles Ungleichgewicht auf unserem Planeten verstärken sich jetzt zusehends. Und wenn sich die politischen, rassebedingten und ökonomischen Spaltungen noch vertiefen, bedarf es ungeheurer Selbstdisziplin, nicht zu verzweifeln oder sich in Polarisierungen treiben zu lassen. Es braucht Mut, Liebe und Hingabe, sich zum Entzünden der Kerzen zu entschließen und die Dunkelheit nicht mehr zu verdammen. Jenseits dieser Trennungen liegt Friede, und in diesem Frieden werden wir die Früchte der Weisheit aller Religionen ernten. Wir können in dem Maß Botschafter dieser Friedensvision sein, wie wir uns zuvor der Aufgabe gewidmet haben, unsere inneren Kriege zu überwinden.

Mir wurde aus der geistigen Welt mitgeteilt, daß man unsere gegenwärtige Initiationserfahrung beschreiben könnte als: »in der Welt, aber nicht von der Welt sein.« Wenn immer mehr Menschen im Christusbewußtsein leben, werden wir die Schwingungsebene des ganzen Planeten heben. Wir sind dabei, zu lernen, die Materie zu vergeistigen und die alte Spaltung zwischen dem Physischen und dem Geistigen aufzuheben. Wenn dieser Prozeß weiter fortschreitet, wird er unerhörte Veränderungen mit sich bringen. Und bewußte Veränderung ist das, was unsere Initiation weitertreibt.

Teil II

Die sieben Schritte zur bewußten Veränderung

Im folgenden Teil des Buches untersuche ich verschiedenartige Aspekte der Veränderung, indem wir den Zyklus der sieben Schritte durchlaufen. Dieser Zyklus soll als Modell dienen und keineswegs als strenge Regelsammlung ausgelegt werden. Im besten Falle ist jedes Modell, das uns hilft, unser Verständnis zu erweitern bezüglich der Art und Weise, wie wir wachsen, nichts weiter als ein Gerüst, über das wir unsere Einsichten aufbauen. Trotz unserer westlichen Liebäugelei mit Berechnungen, Messungen und Statistiken, mißachtet der menschliche Geist Zusammenfassungen.

Wir können uns allerdings austauschen über funktionierende Modelle, und sie tragen dazu bei, uns die Reise des Wandels zu erleichtern. Sobald wir einmal das Wesen eines Entwicklungsprozesses verstanden haben, können wir mit seiner innewohnenden Dynamik arbeiten, statt gegen sie anzugehen.

Ich empfehle beim Lesen des vorliegenden Buches mehrere Punkte zu beachten:

* Alle Erlebnisse, egal wie weltlich sie aussehen mögen, betreffen Ihr geistiges Leben: Ihre Beziehungen innerhalb der Familie und zu Freunden, Ihr Beruf, Ihr Umgang mit Geld, mit Sex und mit gesellschaftlicher Stellung – sie sind alle Spiegelungen Ihrer inneren geistigen Zustände.

* Es spielt keine Rolle, wie machtlos oder unbeteiligt Sie sich fühlen mögen, wenn Sie die Vorgänge in der Welt

beobachten. Ihr Leben ist trotz alldem unzertrennlich mit dem Weltgeschehen, einfach, weil Sie atmen, denken und auf Erden handeln. Der Makrokosmos der Gesellschaft entwikkelt sich ebenfalls nach den Stufen der Veränderung, wie dies bei jedem persönlich der Fall ist. Und Sie sind nicht das Opfer, sondern ein Teilnehmer innerhalb der kollektiven Veränderung.

* Jede Veränderung in einem Bereich Ihres Lebens beeinflußt sämtliche anderen Aspekte.

* Gelegentlich kann es klar begrenzte Definitionen zur Unterscheidung der verschiedenen Zyklen geben. Doch Sie werden feststellen, daß diese sich auch überschneiden, besonders zu Beginn und am Ende eines jeden Teils des Entwicklungsprozesses.

* Jede Veränderung, die Sie vermieden oder nicht vollständig durchgeführt haben, zieht Sie wieder zu sich zurück, damit Sie sie abschließen. Dies geschieht deshalb, weil ein vollendeter Zyklus Ihr Energiefeld verändert, und auf diese Weise ändert sich auch das, was Sie in Ihrem Leben anziehen. Echtheit läßt sich nicht vorspielen, weil nämlich der jeweilige Bewußtseinsinhalt als Magnet für alles wirkt, was Sie anziehen oder abweisen.

* Wahrscheinlich erleben Sie gleichzeitig eine Anzahl von Veränderungen. Im Endeffekt heißt das, daß Sie sich bei jeder Veränderung in einer der verschiedenen Stufen dieses Modells befinden. Sobald Sie sich jedoch an die bewußten Evolutionsstufen gewöhnt haben, beginnen Sie vielleicht zu entdecken, daß sie im wesentlichen Spielarten des gleichen Themas sind.

Ich empfehle dem Leser, zuerst das Material über die sieben Schritte zu lesen, um sich mit dem allgemeinen Inhalt vertraut zu machen und um ein klares Verständnis der Zyklen zu bekommen. Anschließend schlage ich vor, daß Sie sich einen Veränderungszyklus vornehmen, der bereits abgeschlossen ist, und ihn innerhalb des vorgestellten Modells betrachten.

Erster Schritt: Die Form

Wie es in den Wald hineinruft, so hallt es heraus.
Finnisches Sprichwort

Was immer Sie glauben, stimmt – und zwar für Sie. Wir handeln nicht außerhalb unserer Perspektive der Realität. Egal, welche Form oder Struktur unser Glaubenssystem in bezug auf irgendeinen Gegenstand annimmt, sie ist unsere »Form«. Unsere Formen erlauben uns, uns selbst innerhalb jeglicher Parameter auszudrücken, in denen wir uns selbst als was auch immer wahrnehmen. *Gut, schlecht, möglich, unmöglich* – solche Konzepte haben für uns in dem Maße, wie wir an sie glauben, Bedeutung.

Die Erde ist ein Planet des Gestalthaften. Wir brauchen die Formen, um uns hier auszudrücken. Unsere Körper sind Formen; genauso verhält es sich mit unseren Gedanken und Emotionen. Wir beziehen Energie aus der universalen Quelle, um die Formen, die wir geschaffen haben, damit auszufüllen. Was sich schließlich in der physischen Wirklichkeit verfestigt, ist genau die sich selbst erfüllende Form, die wir durch unsere Gedankenmuster und durch unsere Wünsche gebildet haben. Glauben Sie daran, daß eine Sache wahr ist, so wird sie sich schließlich manifestieren. Nichts verändert sich, solange die Form, die wir einnehmen, nicht herausgefordert wird.

»Wenn ich nur all das glauben könnte, was ich glaube.«

Vor einigen Jahren beendete ich eine Beratungssitzung mit einer reizenden älteren Dame. Wir schwiegen beide, als ich meine Augen öffnete und mich wieder ins Wachbewußtsein brachte. Dann hörte ich sie seufzen. »Oh, ich weiß, Sie haben recht. Wenn ich doch bloß all das glauben könnte, was ich glaube.«

Was für eine tiefgründige einfache Ausdrucksweise, einen großen Teil unseres Dilemmas zusammenzufassen! Wie oft haben Sie sich selbst dabei erwischt, negativen Gedanken nachzuhängen? Oder Sie verhielten sich in einer Weise und wußten zudem gleichzeitig, daß es nicht zu vereinbaren war mit dem, woran Sie wirklich glauben? Ich nehme wohl an, daß wir alle entsprechend vorgehen.

Inzwischen wurden den großen Wahrheiten des Geistes genügend Lippenbekenntnisse entgegengebracht und Rituale abgehalten, so daß wir mittlerweile schon alle über Wasser gehen könnten. Welcher feinfühlige Mensch »glaubt« denn nicht an Liebe, Gerechtigkeit und Gleichberechtigung? Jedermann auf dem Planeten, der heutzutage auch nur in bescheidener Weise erwacht ist, »glaubt« mit Sicherheit an die Dringlichkeit, die Umwelt zu schützen. Wir sagen unseren Kindern, unseren Schulabgängern und Gemeindemitgliedern nicht, daß sie an Gleichgültigkeit, Krieg und Gier »glauben« sollen, genausowenig wie wir sie dazu anhalten, ihr Leben in erster Linie auf ein CD-Gerät oder eine weitgefächerte Brieftasche auszurichten. Wir halten sie zur Großzügigkeit und zur Verbesserung der menschlichen Situation an und ermutigen sie, ihre Talente zum Einsatz zu bringen.

Es gibt keinen Bereich der menschlichen Erlebnisbreite, wo wir wortgewaltiger verfahren, gefühlsgeladener sind oder nachdrücklicher auf unsere Überzeugungen pochen, als unsere Spiritualität. Wir erklären: »Unser Gott ist ein Gott des Friedens«, wenngleich wir zunehmend wirksamere Tötungsmethoden entwerfen. Wir sagen zueinander: »Unser Gott ist überall«, und fahren fort, einzelne und sogar ganze Nationen, Rassen, Religionen und Spezies auszurotten.

Worin liegt also das Problem? Sind wir denn alle Heuchler? Schütten wir ganz einfach die süßen Worte eines hochnoblen Glaubenssystems als Öl über unsere Frustrationen? Sind wir überwältigt oder verzweifelt? Oder ist es möglich, daß im Unterbewußtsein viele gespaltene Einstellungen wirksam sind? Nehmen wir insgeheim an, daß unsere Ideale leichtgewichtig sind, verglichen mit der Wirklichkeit in der materiellen Welt?

Wie werden zu dem, was wir glauben? Vielleicht ist es ein Anfang, wenn wir akzeptieren, daß wir bereits das leben, was wir glauben – es mag nur einfach nicht genau mit dem übereinstimmen, was wir uns wünschten zu glauben.

Vielleicht habe ich den Wunsch, an die Liebe zu glauben, doch das heißt, daß ich meinen Glauben an die Angst preisgebe. Vielleicht wünsche ich mir an die Fülle zu glauben, doch das verlangt, mein Festhalten an der Begrenzung aufzugeben. Tatsache ist, daß ich genau das lebe, was ich glaube. Wenn ich wirklich wissen will, ob ich ernsthaft an mich, an Gott und die Realität glaube, brauche ich nur meine Welt anzuschauen. Sie wird mir ganz genau widerspiegeln, welche Art von versteckten oder sonstigen Glaubenssätzen ich lebe. Von Jesus wird berichtet, er habe gesagt: »Dir geschehe nach deinem Glauben.«

Ein Ideal, selbst wenn wir intuitiv spüren, daß es wahr ist, kann uns so lange nicht überzeugen, wie wir es nicht auf molekularer Ebene leben. Erst wenn es auf Zellebene eingegangen ist, werden wir zu dem, was jene Überzeugung besagt. Es ist dann nicht mehr das Ideal »da draußen«, das wir anziehen oder wegräumen können wie jahreszeitliche Kleidung. Das, was wir sind, kann nicht mehr als separat erfahren werden, genauso, wie unsere Augenfarbe von uns untrennbar ist. Ich kann die Theorie vertreten, daß das Universum ein liebevoller Ort ist, und gleichzeitig falle ich doch auf jedes vorüberziehende Drama herein, das nicht so liebevoll ist. Wenn ich jedoch wahrhaftig weiß, daß ich es mit einem liebenden Universum zu tun habe, werde ich Liebe. Liebe durchdringt alles, was ich unternehme, sei es das Gebet, die Zubereitung von Salat oder die Zurechtweisung eines Kindes. Mein Fingerabdruck ist die Liebe.

Eine Überzeugung, die Teil unseres Wesens geworden ist, hat die Kraft, alles, mit dem sie in Berührung kommt, zu beeinflussen, ja sogar zu verändern. Nehmen wir beispielsweise Wörter. Wenn Wörter mechanisch wiederholt werden, klingen sie oft nach Klischees, sind langweilig und ohne Leben. Wenn allerdings dieselben Wörter aus einem Zusammenspiel des Willens, des Verlangens und der Überzeugung zum Flug anheben, wird ihnen die alchimistische Macht der Verwandlung zu eigen.

Wenn wir selbst zu einer Überzeugung werden, nimmt die Energiefrequenz, die von ihr ausgeht, Einzug in unsere beständige Aura, in unsere Strahlung, die wir der Welt vermitteln. Die Aura besteht aus der Gesamtheit all unserer feinstofflichen Energien – auf der körperlichen, emotionalen, mentalen und geistigen Ebene. Launen, Einstellungen, selbst unsere körperlichen Hochs und Tiefs sind wie die sich verändernden Farben und Muster eines Sees, der auf die wechselnden Wetterbedingungen reagiert.

Alle Schwingungen haben einen Ton und eine Farbe. Die meisten Menschen können sie in ihrer Aura spüren, andere können sie sehen. Selbst unsere Umgangssprache zeigt uns, wie wir diese Emotionen wahrnehmen. Wir sagen, jemand ist »grün vor Neid«. Dies trifft zu. Die Farbe des Neides spiegelt sich in der Aura als galliges Grün. Wir sprechen davon, daß wir uns blau fühlen; eine Person, die sich bedrückt fühlt, hat in ihrem Energiefeld eine bestimmte Blaufärbung. Die Aura eines Menschen, der tatsächlich depressiv ist, ist erfüllt von leblosem Grau.

Wenn jemand zornig ist, kann man rot aufflammende Blitze in seiner Aura erkennen. Sobald der Zornanfall abflaut, verflüchtigt sich die Energie, und die roten Blitze in der Aura lösen sich ebenfalls auf. Wenn allerdings die gleiche Person ständig zornig durch die Welt geht, wird die rote Energie Teil ihrer beständigen Aura. Sie sendet dauernd diesen Zorn in die Welt hinaus, so wie eine stets wiederholte Nachrichtensendung. Wir können wohl durch die wechselnden »Wetterbedingungen« irritiert sein, die wir alle voneinander erfahren, doch die permanenten Sendungen ziehen die ganze Welt in Mitleidenschaft.

Wir übernehmen nur dann die Farbe für unseren Mantel, unser Aurafeld, sofern wir eine bestimmte Wahrheit leben. Beispielsweise kann man eine tiefe, intensive Blaufärbung, die Farbe der andächtigen Hingabe, in der Aura erkennen. Es wäre einleuchtend, anzunehmen, daß diese Farbe größtenteils in der Aura frommer Mönche vorzufinden sei. Ich habe diese besondere Blaufärbung allerdings, verglichen mit jeder anderen Gruppe, am häufigsten in der Aura von Wissenschaftlern gefunden, und zwar gleichermaßen bei spirituell ausgerichteten wie bei materiell eingestellten Wissenschaftlern. Die Letztgenannten würden sich womöglich sträuben, wenn ich ihnen weismachen wollte, daß sie auf dem Grund eines Reagenzglases oder am Ende eines Teleskops oder Mikroskops Gott suchten. Wenn aber Gott die Wahrheit ist, dann ist er genau das, was sie suchen – die materielle Wahrheit über Gott. Und sie tragen jene bestimmte Farbe der andächtigen Hingabe in ihrem Aurafeld.

Hierbei beziehe ich mich auf wahrhaftige Wissenschaftler, nicht auf Techniker. Während die Techniker sehr geschickt die materielle Wirklichkeit manipulieren können, sind sie dennoch keine wahren Wissenschaftler. Unabhängig davon, wie glänzend der wahrhaftige Wissenschaftler die materielle Wirklichkeit bis zum jetzigen Zeitpunkt entrollt haben mag, er steht doch wie ein Kind vor dem Unbekannten. Wirkliche Wahrheitssucher mögen vielleicht das bereits vorhandene Wissen beherrschen, doch sie werden nicht den Versuch unternehmen, es in einen Käfig zu sperren. Eine Seite ist immer offen für weitere Ausdehnung in Richtung Universum. Einstein hat einmal ausgesprochen, daß er alles, was er je gelernt habe, zuerst über Intuition erfahren habe. Anschließend habe er Stunden im Labor verbracht, um es zu beweisen. Wir schätzen und belohnen diejenigen, die unser Verständnis der Realität beschützen, doch stehen wir vielleicht am tiefsten in der Schuld derer, die sich über das Bekannte hinauswagen.

Eine der Herausforderungen, um ein bewußter Schöpfer, nicht nur ein Reagierender zu sein, ist zu akzeptieren, daß wir alle durch die kollektive Sicht der Wirklichkeit beeinflußt werden, selbst wenn wir nicht vollständig von ihr überzeugt sind. In derselben Weise, wie wir gemeinsam eine ähnliche Körperform teilen, haben wir auch Anteil an den Gedankenformen, die unsere Welt aufgebaut haben.

Wenn Sie und ich uns darum bemühen, etwas Neues zu schaffen, müssen wir die Parameter des Glaubenssystems unserer Gesellschaft untersuchen und akzeptieren, daß wir diesen Gedankenformen genau wie all die anderen Leben eingegeben haben. Wir werden nicht allein nur von den Stimmen unserer Familienangehörigen und Intimfreunden konditioniert, sondern wir stehen ebenfalls unter dem Einfluß von rassebezogenen und planetarischen Botschaften über die Wirklichkeit.

In unserer Identifikation mit der materiellen Schöpfung haben wir die Hüter der Mythen beauftragt, die bestehende Wirklichkeit zu bekräftigen, indem sie sie uns immer wieder vor Augen halten. So hat Walt Kellys »Pogo« uns einmal gesagt: »Wir sind den Feinden begegnet, und sie sind wir!« Die Mythenwächter von Fernsehen und Film, der Poplieder, der Werbung und der politischen Propaganda sind häufig bestens in der Kunst des Einsatzes manipulativer Symbole geschult. Und wenn sie tatsächlich deren Geschichten glauben, sind ihre Wiederholungen sehr wirkungsvoll.

Wir können sie tatsächlich nicht kritisieren, denn kein Mythos hat die Macht, uns zu beeinflussen, wenn wir nicht insgeheim an ihn glauben. Wenn man wirklich ein Volk verstehen möchte, ist es vorteilhaft, seine Mythologie zu studieren. Häufig fühlen sich die Menschen erleichtert und bestätigt, wenn ein alter Mythos für sie in Szene gesetzt wird, besonders wenn es dabei unterhaltsam zugeht. Auf diese Weise werden unsere Filme, Fernsehsendungen, die Werbung und Zeitschriften zu mächtigen Spiegelungen dessen, was wir kollektiv glauben.

Das Fernsehen ist allerdings auch ein Hauptvertreter für die Bewußtseinsveränderung. Leute, die die Verheerungen von Krieg, Hungersnot oder politischer Gier erleiden, waren zu früheren Zeiten von uns getrennt. Doch durch die Unmittelbarkeit von Fernsehen und Filmen sind Zeit und Raum explodiert, und wir erkennen, daß sie nicht die »anderen« sind; sie sind wir. Das einfache Berichten von Tatsachen schafft ein langsames, subtiles Gewahrsein der Einheit im menschlichen Bewußtsein.

Die Gnade des Seins

Alle großen Denker, Mystiker, spirituellen Lehrer, Avatare, Wissenschaftler und Künstler beherrschen die Fähigkeit, sich außerhalb kultureller Gedankenformen zu bewegen. Wir können jede Art von neuer Glaubensüberzeugung verwirklichen, wenn wir die Aussage des inkarnierten Christus ernst nehmen: »Mit Gott sind alle Dinge möglich.«

Die Sufis sind große Meister darin, ein Grundprinzip in Form einer Geschichte an die Menschen heranzutragen. Es folgt eine Erzählung, die den Unterschied zwischen Glauben und Sein verdeutlicht:

Es scheint, es gab einen großen Sufimeister, der sehr

gelehrt und im höchsten Maße in der Theologie und den Ritualen des Sufismus bewandert war. Eines Tages ging er gedankenversunken am Ufer des Sees entlang, als er die Töne eines Gesangs vernahm, die von einer Insel über den See hallten. Der Gesang beleidigte sein Ohr, weil es genau wußte, wie das Kirchenlied zu klingen hatte; doch dieser Lärm war nicht entsprechend.

Als ein verantwortlicher Lehrer entschied er spontan, diese Entstellung zu korrigieren. Er ruderte also zur Insel hinüber, wo er einen euphorischen kleinen Mann antraf, der ganz glücklich vor sich hinsang. Der Sufilehrer stellte sich vor, und dabei strich er natürlich heraus, daß er in Gesangsdingen ein Experte sei. Und er bot an, ihm das richtige Singen beizubringen. Der kleine Mann ging dankbar auf das Angebot ein. Als der Sufimeister zufrieden seine Pflicht erfüllt hatte, stieg er wieder in sein Boot und fing an zu rudern. Er hatte kaum den See zur Hälfte überquert, als er einen Mißton hörte – »Pitsch, patsch, pitsch, patsch«. Als er sich umdrehte, sah er, wie der kleine Mann ihm über die Wasserfläche nachrannte.

»Halt einen Augenblick, o großer Lehrer!« rief der kleine Mann. »Wie war doch gleich die letzte Zeile zu singen?«

Es gibt noch eine andere Geschichte aus der jüdischen Tradition, die uns lehrt, unseren Blick über die Tradition hinausgehen zu lassen:

Es lebte einmal ein sehr großer und heiliger Rabbi. Jedesmal wenn das jüdische Volk vom Unglück bedroht wurde, zog er sich in einen bestimmten Teil des Waldes zur Meditation zurück. Dort entzündete er ein Feuer, sprach ein spezielles Gebet, und – Wunder über Wunder – das Unglück wurde abgewendet.

Nach seinem Tode wurden die Juden wieder einmal von einer Tragödie heimgesucht, und einer seiner Schüler, der selbst auch Rabbi war, ersuchte Hilfe vom Himmel. Er ging zu derselben Stelle im Wald und betete: »O Herr, unser Gott und Herrscher der Welt, ich weiß nicht, wie ich das Feuer entzünden soll, doch ich bin fähig, das Gebet zu sprechen.« Und das Wunder hat sich wiederum ereignet.

Viele Jahre später hat ein anderer Rabbi um das Leben seines Volkes gebangt. Allerdings hatte er nur unzureichende Geschichten über die Tradition vernommen. Dennoch, verzweifelt auf das Wunder angewiesen, ging er in den Wald und betete: »O Herr, ich weiß nicht, wie ich das Feuer entzünden soll. Ich kenne das Gebet nicht, doch ich weiß, wo der Platz ist, und ich hoffe, das genügt.« Und so war es, das Wunder geschah erneut.

Generationen später wollte wiederum ein anderer Rabbi seinem Volk helfen, Unglück zu überwinden. Er saß zu Hause und sprach mit Gott: »Ich habe keine Ahnung, wie ich den Platz im Wald finden soll. Ich bin nicht in der Lage, das Feuer zu entzünden. Ich kenne das Gebet nicht. Alles, was ich tun kann, ist, Dir die Geschichte zu erzählen. Ich hoffe, das reicht aus.« Und abermals hat sich das Wunder ereignet.

Sie müssen nicht nachstudieren, wessen Glaubenssystem richtig ist, und dann fieberhaft dafür schuften, um sich bei diesem System eine gute Position zu sichern. Unsere Arbeit ist es nicht, herauszufinden, wie man gut sein kann. Wir sind bereits gut, da wir nach dem Bilde Gottes gemacht wurden – wie könnte es auch anders sein? Unsere große Illusion ist, daß wir nicht gut sind. Diesem Irrglauben sind wir aufgesessen und haben uns obendrein darangemacht, ihn zu beweisen.

Bei unserer Arbeit geht es nicht darum, herauszufinden, was zu tun ist, wie wir es richtig machen können, wie wir den goldenen Stern gewinnen können. Es geht um das Sein, um die Sehnsucht, wieder verbunden zu sein. Natürlich werden wir noch eine ganze Menge zu tun haben. Je mehr wir erwachen, und je mehr wir uns bewußt sind, wer wir sind und wer all die anderen sind, um so mehr Kraft ist uns verfügbar und um so mehr werden wir schöpferisch und liebevoll. Das Lieben führt automatisch zum Dienen.

Sich rückzuverbinden erfordert, daß wir erwachen und unser Geburtsrecht in Anspruch nehmen. Wir müssen uns daran erinnern, daß wir bereits verbunden sind. Es gibt nichts, was wir uns verdienen können; wir müssen es nur einfach annehmen. Die Gnade wurde uns niemals verweigert. Wir haben sie von uns selbst ferngehalten, weil wir uns selbst für zu gering schätzen.

Ich habe mich einmal in der Meditation mit dem Thema Gnade befaßt, und mir wurde das folgende Bild vermittelt:

Da war eine Fontäne aus flüssigem Licht. Sie erhob sich glänzend hoch in die Lüfte und schimmerte in allen Farben. Ich sah, wie durstige Menschen sich diesem Sprudelquell näherten, und jeder brachte ein Gefäß mit. Einige brachten nur einen Fingerhut mit, den sie füllten, geschwind austranken und dann wegliefen. Andere brachten eine Tasse mit, füllten sie und verschwanden. Ich wußte, sie würden wiederkehren, sobald die trockenen Winde der Wüste sie dazu trieben.

Dann sah ich ein lachendes Kind. Es rannte zu der Fontäne, warf seine Kleider ab und sprang hinein. Es verschwand im Wasser. Und alles, was ich von ihm erkennen und hören konnte, war ein gelegentliches Aufleuchten seiner Augen und ein quirlendes Gelächter. Und ich verstand, was es mit der Gnade auf sich hatte.

Wie wundervoll wäre es, wenn wir, wie das Kind, einfach in die ewigwährenden Wasser des Gnadenbrunnens hineinspringen könnten und unser Recht, dort zu baden und zu spielen, in Anspruch nähmen – oder wenn wir unsere Süchte und Masken ablegen könnten und ausriefen: »Ich habe meine irrtümlichen Illusionen über mich selbst erkannt. Jetzt erinnere ich mich, daß ich nach dem Bilde Gottes gemacht bin, und ich werde das sofort umsetzen.« Kennen Sie irgend jemanden, der das ohne Mühsal und Kampf getan hätte? Mir ist ebenfalls niemand bekannt.

Wenn wir zum Licht erwachen, finden sich die meisten verstrickt in ein vielfach verzweigtes Gebäude von Dogmen, Abwehrsystemen, Ängsten und Vorurteilen. Unser menschliches Ego protestiert gegen Veränderung; es zieht vielmehr vor, die Realität ganz nach den gängigen Informationen neu zu gestalten.

Die Wahrheit verändert die Wirklichkeit

Vielleicht fürchten wir, die vollständige Kontrolle zu verlieren, wenn wir die Wirklichkeit nicht fest im Griff haben. Und wie der Tyrann im Altertum jeden Bürger der Stadt töten ließ, damit die Person, die ihn ungebührlich behandelt hatte, nicht ungestraft blieb, so würgen auch wir durch unser angsterfülltes Bedürfnis, unser bekanntes Reich zu schützen, viel von unserer Schöpferkraft ab. Ich denke, daß sehr viel religiöser Fanatismus durch diesen Kontrollmechanismus entsteht. Ich habe einmal gelesen, daß ein Fanatiker jemand ist, der sein

Ziel aus den Augen verloren und seine Anstrengungen verdoppelt hat.

Unsere Geschichte als Menschenrasse ist verknüpft mit der Herstellung, der Verteidigung und der Zerstörung von aufeinanderfolgenden Phasen von Wirklichkeitsrastern. Der Raster, der besagt: »Die Welt ist flach«, wird zu einem neuen Raster, der ausdrückt: »Die Welt ist rund.« Der Wirklichkeitsraster, der proklamiert: »Sklaverei ist eine wirtschaftliche Notwendigkeit«, wird zu einem Raster, der besagt: »Es ist unrecht, Sklaven zu halten.«

Einige mutige Individuen schlagen Löcher in die veralteten Realitätsraster, aus denen dann zunächst nur wenige, dann viele und schließlich alle ausbrechen. Die großen Schöpfer springen mit einem Satz in das Unbekannte, doch häufig zahlen sie auf der Persönlichkeitsebene einen hohen Preis. Meine Beobachtung lehrt mich, daß die Verfolgung, die sie erleiden, ihre Seelenarbeit ist, und sie scheinen sie zu überstehen mit einer Geisteshaltung, die für alle, die sich nicht über die Stammesmythen hinauswagen, unbegreiflich ist.

Früher oder später bauen einige andere auf der Überzeugung eines pionierhaften »Ketzers« auf. Dann gesellen sich noch mehr dazu. Schließlich sieht es jeder in der neuen Weise. Und der Schöpfungstanz geht weiter. Wenn ich eine Glaubensüberzeugung habe und sie mit einer Menge Energie versorge – Gedanken, Worte, Leidenschaft, Zeit –, dann wird sie zu einer lebendigen Sache. Sie prägt sich einem sehr feinstofflichen, universalen Äther ein, der alles in sich aufnimmt, was ihm auch immer auferlegt wird, sei es gut, böse oder gleichgültig, und schließlich wird sie in diesem Äther zu einem Magnet.

Es geschieht in ähnlicher Weise, wie Zellen sich aneinander haften. Wenn Sie den hier vorgestellten Gedankengängen zustimmen, fangen diese an, mächtig zu werden, und zwar sichtlich mehr und schneller, als es linear üblich ist. Das Prinzip der exponentiellen Progression vervielfacht die Energie sehr rasch. Wenn erst Tausende und dann Millionen mit uns übereinstimmen, werden die Ideen zur akzeptierten Wirklichkeit, zu einer neuen Begrenzung. Wir formen unsere Realität auf der Grundlage unserer Wahrnehmungen, sei es nun im Mikrokosmos eines Einzellebens oder im Makrokosmos unserer Gattung. Wir bauen unsere Glaubenssysteme auf, um unsere Wahrnehmungen zu untermauern, und dann schreitet die Evolution ein und fordert sie heraus. Wir fangen an, das Alte in Frage zu stellen, mühen uns ab zwischen dem Alten und dem Neuen, erweitern uns, um den neuen Wirklichkeitsvertrag zu umfangen und bauen dann einen weiteren Raster. Die Wahrnehmungen, von denen wir gemeinsam ausgehen, bestimmen die Art und Weise, wie die ganze Welt in Regierungen, in Religionen und im persönlichen Leben gesteuert wird.

So verwundert es kaum, daß der Teufel entsprechend darauf einging, als er und ein Freund einen Spaziergang unternahmen. Sie sahen, wie sich ein Mann, der vor ihnen ging, bückte, um etwas aufzuheben.

»Was hat er denn gerade aufgelesen?« fragte der Freund.

»Oh, nur ein Stückchen Wahrheit«, antwortete der Teufel.

»Stört dich das denn nicht?«

»Nee«, sagte der Teufel, »ich lasse ihn einfach einen Glauben daraus machen.«

Wenn ich glaube, daß ich »nur ein Mensch« bin, bin ich

nicht in der Lage, Dinge zu schaffen, die das Menschsein übersteigen.

Oft genug rühmen wir uns mit Stolz, Realisten zu sein. Wir sagen: »Ich glaube es, wenn ich es sehe.«

Es gibt eine Geschichte, die man sich über den portugiesischen Seemann Ferdinand Magellan erzählt, obwohl ich auch gehört habe, daß sie gleichermaßen Charles Darwin zugeschrieben wird. Während Magellans Reise rund um die Welt legte er eines Tages sein Schiff vor Anker, nicht weit von der südlichsten Spitze Südamerikas, dem heutigen Feuerland. An der Küste wurde er von freundlichen Eingeborenen begrüßt, die über seine Anwesenheit jedoch höchst erstaunt waren. Wie konnte er denn so plötzlich an ihrer Küste auftauchen? Er wies auf die Segelschiffe. Große Schiffe mit Segeln waren jedoch nicht Bestandteil ihrer Wirklichkeit, und sie schienen gänzlich unfähig, sie wahrzunehmen. Schließlich sah einer ihrer Schamanen, der die Möglichkeit des Unbekannten erkennen konnte, die Schiffe und brachte seinen Leuten bei, sie ebenfalls zu sehen.

Ich kenne eine Frau, deren Mutter starb, als sie drei Jahre alt war. Das Bewußtsein des Kindes wollte den Tod einfach nicht akzeptieren. Als die Verwandten sie zum Sarg hochhoben, um ihrer Mutter ein letztes Lebewohl zu sagen, sah sie einen leeren Sarg. Ja natürlich, ihr Verstand hat die Wirklichkeit des Todes ausgeklammert. Doch das belegt nur die Fähigkeit unseres Gehirns, jede Wirklichkeit zu leugnen, die nicht verstanden wird oder die unser Konzept der Realität und Sicherheit herausfordert.

Ich frage mich, wie viele Segelschiffe uns entgehen, weil wir so intensiv daran glauben, daß sie nicht vorhanden sind. Einer unserer berühmtesten Romandetektive, Sherlock Holmes, liebte es, uns immer wieder vor Augen zu führen, daß Indizien nach der gegebenen Lage sehr verzwickt sind. Es mag scheinen, daß auf etwas direkt verwiesen wird, doch verändert man seine Wahrnehmung nur leicht, kann man feststellen, daß die Gegebenheiten gleichermaßen kompromißlos auf etwas ganz anderes hinweisen. »Es gibt nichts Täuschenderes als eine offensichtliche Tatsache.«

Wenn ich glaube, daß ich nur das bin, was ich geschaffen habe – meine Talente, mein Körper, mein Intelligenzquotient, meine gefühlsmäßigen Reaktionen –, werde ich stark darum bemüht sein, diese zu beschützen. Wenn ich mich allerdings der Wahrheit öffne, daß ich das Wesen bin, das hinter dem Geschaffenen steht, öffne ich mich der Freiheit, meine Welt mit einer neuen Art der Wahrnehmung zu erfassen. Die meisten unter uns sind konditioniert, zu glauben, wir sind, was wir tun und erleben. Ich erlebe Wohlstand oder Armut, deshalb bin ich Wohlstand oder Armut. Ich habe einen Arzttitel, daher bin ich jener Arzttitel. Ich bin ärgerlich auf meine Schwester, deshalb bin ich der Groll. Diese Überzeugungen sind unserem Selbstverständnis derart eingeprägt, daß wir mit unseren Stammesbrüdern eine mächtige Unterstützung aufbauen. Wir verstärken einander nämlich immer wieder im Glauben, daß wir sind, was wir tun. Allerdings kann die Wahrnehmung unserer Erlebnisse als das, wer wir sind, eine dürftige Wirklichkeit schaffen. Es bedarf nur einer falschen Geschäftsaktion oder nur eines wirtschaftlichen Umschwungs – und schon sind die Arbeitsstelle oder unsere Hypothekenraten dahin. Es bedarf nur eines durchgebrochenen Blutgefäßes, und um den Intelligenzquotienten ist es geschehen.

Es lebte einmal ein alter Mann, der fünfzig Jahre lang die

Bibel studiert hatte, und den man als Autorität schätzte. Während eines Interviews wurde ihm die Frage vorgelegt: »Welchen Vers schätzen Sie am meisten nach all diesen Jahren des Studiums der Schriften?«

Er lächelte und sagte: »Und es geschah.«

Mit dem Geist fließen

Einmal habe ich über unsere vielen religiösen Glaubensrichtungen nachgedacht und über die traurige Ironie, daß diese Formen – von denen man annimmt, daß sie uns mit dem Göttlichen und miteinander wieder verbinden – doch so häufig dazu dienen, uns zu trennen. Es hat mich dazu geführt, meine Gedanken auf die Herausforderung zu richten, daß wir sowohl Geist als auch Materie sind. In der Meditation legte ich dem Geistigen diese Frage vor, um zu größerem Verständnis zu gelangen.

Mir wurde ein Bild von fließendem Wasser gezeigt, das sich überall hin ergoß, grenzenlos und voller Licht war. Dann sah ich verschiedene Gefäße, die sich etwas von diesem Wasser abschöpften. Eines der Gefäße war hoch und schlank, ein anderes niedrig und breit. Einige waren verziert, andere hatten eine glatte Oberfläche. Eines war achteckig, das andere quadratisch. Keiner der Behälter war randvoll mit Wasser gefüllt, doch jeder faßte etwas Flüssigkeit. Das Wasser paßte sich jeweils der Form des Gefäßes an. Solange das Wasser immer weiter in die Behälter floß und überfloß, blieb es lebendig und rein, doch wenn ihm verwehrt wurde, frei zu fließen, wurde es schal und leblos.

Ich begriff, daß das Wasser den beweglichen Geist Gottes

versinnbildlichte, oder wie auch immer man die Quelle zu bezeichnen wählt. Die Gefäße sind unsere menschlichen Ideen, die sich in Formen und Strukturen kristallisiert haben. Wenn ein menschlicher Behälter den Fluß des Wassers nicht bremst, und wenn er nicht karg ist, bleibt der Zufluß des Wassers unendlich erhalten. Wenn aber das Gefäß die Eigenart des Wassers behindert, dient es nicht mehr in brauchbarer Weise, und das Wasser kommt zum Stillstand. Wenngleich ich die Gefäße achte, fühle ich mich doch persönlich zum Wasser hingezogen. Obwohl ich mich von meinem Temperament her bei einem Gefäß mehr daheim fühle als bei einem anderen, verstehe ich gleichzeitig, daß es bloß ein Behältnis ist, das dazu dient, ein wenig Wahrheit aufzufangen, und das in dieser Dimension notwendig ist, wenn es sich nicht in Starrheit verfestigt.

Sobald wir einmal das Wasser gekostet haben, sind die Gefäße nützlich, doch nicht begrenzend. Da wir uns nun mit dem Unbegrenzten identifizieren können, sind wir in der Lage, das »Unmögliche« zu erreichen. Sobald eine Person das Unmögliche erreicht hat, verändert sich die Größe des Behälters und legt die Grenzen neu fest. Harriet Tubman beispielsweise war eine behinderte Sklavin, die auf ihre innere Führung horchte und damit Hunderten von Sklaven in den Südstaaten half, mit Hilfe der Untergrund-Eisenbahn zu fliehen. Sie wußte nicht, daß das, was sie unternahm, »unmöglich« war. Pablo Casals schien natürlich »zu alt«, sein Publikum im Alter von sechsundneunzig Jahren mit seinem Cello zu bezaubern, er hat jedoch seine Aufführungen fortgesetzt. Vor Jim Ryun hatte kein Mensch eine Meile in fünf Minuten geschafft, doch als Folgeerscheinung durchbrechen inzwischen viele Läufer jene Zeitgrenze. Henry Ford hat es einmal so ausgedrückt: »Ob du glaubst, eine Sache tun zu können oder nicht, du behältst in jedem Fall recht.«

Es erscheint uns unmöglich, die Herausforderungen, denen wir heute gegenüberstehen, zu überwinden, sofern wir sie weiterhin mit den Augen der Vergangenheit ansehen. Die liebenden und unpersönlichen Evolutionsenergien ziehen uns in Richtung Expansion. Wir empfinden alle, daß dieser Wandel sich derzeit vollzieht. Wenn wir nachhaltig an den bestehenden Formen hängen, befürchten wir vielleicht zu Recht das Ende der Welt. Diejenigen unter uns, die auf die alten Formen nicht soviel Wert legen, sprechen von dem »kommenden neuen Zeitalter«. Viele sehen in unserer Übergangszeit Zeichen für die geistige Wiederkunft Christi.

Stellen Sie sich vor, daß das Universum heftig und stark ausatmet und uns dabei in die Richtung unseres höchsten Wohles schiebt. Vielleicht verstehen wir nicht, wie diese Evolutionsenergie funktioniert; es mag sein, daß wir nur erkennen, sie ist unbeschreiblich machtvoll, und gleichermaßen umfängt sie jeden und alles in Liebe. Diese mächtigen Energien können wir einsetzen, uns zu erweitern und zu wachsen, um neue Konzepte und Aufbauten zu schaffen. Genau dies tun viele Leute. Sie werden zu Vertretern der Entwicklung, die diesen neuen Odem einatmen und ihren Willen, ihre Gedanken und Entscheidungen in die von ihr vorgegebene Richtung hineinlegen. Der Geist offenbart sich in jedem von uns im Hier und Jetzt. Die Möglichkeit der Offenbarung steht uns offen, doch wir vernehmen sie nur dann, wenn wir glauben, dies sei möglich. Zu irgendeinem Zeitpunkt müssen wir uns entscheiden, ob wir unsere eigene Beziehung mit Gott aufnehmen, oder ob wir einfach das Erlebnis von jemand anderem übernehmen.

Als bewußte Schöpfer gehen wir stets auf der Trennlinie zwischen dem Wesen und der Form. Wir atmen die undefinierbare Essenz ein und atmen eine Kreation aus, die die Gesamtsumme unserer Überzeugungen ist. Der Trick besteht darin, zu wissen, daß es sich bloß um eine Schöpfung, um eine Form handelt, und nicht um das Wesen selbst. Wenn wir uns aus der Identifikation mit dem lösen können, was wir geschaffen haben, wenn wir erkennen, daß wir die Schöpfer sind, sind wir frei, weiter zu entdecken und tiefer zu gehen.

Dogma

Als er begann, war er ein wahrer Krieger, der nach Wahrheit strebte.

»Ich muß meiner inneren Sehnsucht folgen«, sagte er.

Die Älteren, zufrieden darüber, daß seine jugendliche Leidenschaft im Zaum gehalten und sein menschlicher Ehrgeiz gedämpft war, gaben ihm eine geheimgehaltene Landkarte.

Er reiste viele Jahreszeiten lang, ehe er auf das Hochland stieß. Tag für Tag saß er oben auf der Gebirgswiese, und dabei standen sein Atem und sein Leben still. Es gab nur die Stille, er sah nichts, und er hörte nichts.

Im Morgengrauen des siebten Tages schließlich, als der Mond und die Sonne sich die Waage hielten, fand er die Antwort auf das Gesuchte. Ein großer, weißer Vogel entstieg der Erde, dessen Flügel von der aufgehenden Sonne in pfirsichfarbenes und goldenes Licht getaucht waren. Er ließ sich auf einem nahestehenden Baum nieder und sang ein Lied voller Süße, so daß der Krieger beim Zuhören in Tränen ausbrach und seine Arme in Dankbarkeit und Demut emporhob.

Ohne zu zögern, flog der Vogel auf seine nach oben gerichteten Handflächen. Eine lange Weile saßen sie miteinander in harmonischer Einheit. Während der geflügelte Botschafter dem eifrigen, jungen Krieger viele wundersame Dinge mitteilte, brach der Geist des Soldaten aus seinen Banden in die Freiheit.

Alsbald erinnerte er sich an sein irdisches Heim und an den Stamm, den er verlassen hatte. »Ich muß hingehen und es den anderen mitteilen«, dachte er, und er machte Anstalten, den Vogel zu entlassen. Ein Gedanke ließ ihm allerdings keine Ruhe. Vielleicht werden sie mir nicht glauben? Ich werde den Vogel fangen, dann müssen sie mir Glauben schenken.

Der große, weiße Vogel leistete keinerlei Widerstand, als die geöffnete Hand des Kriegers ihn fest umschloß. Triumphierend, mit der Quelle seiner Offenbarung in der Hand, eilte der Krieger den Berg hinunter auf seine Heimat zu. Dabei bemerkte er überhaupt nicht, wie still der Vogel geworden war.

Er versammelte die Leute um sich und erzählte ihnen von den wundervollen Dingen, die er von dem Vogel gelernt hatte. Anschließend präsentierte er stolz das geflügelte Testament all seiner Fragen, doch die Augen des Vogels waren stieren und leeren Blicks. Die weichen, weißen Flügel, die sich einst im Flug spannten, hingen jetzt matt und leblos.

Die Leute waren verwundert, aber sie hatten sich niemals selbst auf die Suche nach ihrer Sinnfrage gemacht. Der Krieger mußte es sicherlich wissen. Seiner Weisung nach errichteten sie einen Tempel für den Vogel und erzählten sich immer wieder die Geschichte von seiner Suche. Viele Jungen wurden dadurch inspiriert, sich selbst auf die Suche zu machen.

Das war jedoch vor langer Zeit. Der Krieger ist nicht mehr jung und sehnsüchtig. Er sitzt allein in einem verstaubten Zimmer ohne Luft. Man munkelt, daß er sich selbst einen Umhang aus weißen Federn geschneidert hat und daß er sich an gewissen Tagen vor den ausgestopften weißen Vogel hinsetzt und darauf wartet, daß dieser sprechen möge.

»Das letzte Mal habe ich auch nicht an die Reinkarnation geglaubt.«

Reinkarnation existiert so lange,
bis du weißt, du brauchst sie nicht.
Reshad Field

Was glauben Sie denn, wie Sie zum ersten Mal hierher gekommen sind? Tauchen Sie kopfüber in diese Frage ein, ohne sich auf das Sicherheitsnetz von Erklärungen und Vorurteilen eines anderen zu berufen. Es könnte angsterregend sein, doch es ist notwendig, wenn Sie danach verlangen, die eigenen Tiefen auszuloten, weil nämlich das, was Sie über Ihren Ursprung glauben, die grundlegenden Vorgaben Ihrer Wirklichkeit errichtet. Alle Veränderungen, die Sie erfahren, werden von diesen Parametern festgelegt.

Das Bedürfnis, wissen zu wollen, wie wir hierher gekommen sind, scheint in unsere Psyche eingebettet zu sein. Wie gelange ich in eine bestimmte Gebärmutter mit einer spezifischen genetischen Anlage, und wie erbe ich psychische, körperliche und soziologische Familienmuster, die so weit zurückreichen, daß sie sich schließlich in jedermanns Geschichte auflösen?

Ist das Universum so fehlgeleitet, daß sich ein Ei und ein Spermium treffen, sich vereinigen und uns viele Jahre lang auf den Planeten Erde schleudern, ohne daß wir in dieser Angelegenheit Mitsprache haben sollen? Falls dem so ist, welche Art von Gott würde entscheiden, daß wir gerade rechtzeitig zu einem Napalmbrand, einer Multiplen Sklerose und einem sexuellen Mißbrauch ankommen sollen? Und wenn schon; das gleiche gilt für Gesundheit, Reichtum und Glück? Schaffen wir denn tatsächlich unsere Wirklichkeit? Gibt es die göttliche Gnade? Wenn ja, in welchem Zusammenhang steht sie mit Schicksal und Entscheidungen?

Das sind brennende Fragen, aber die Fragen an sich und selbst schon die Tatsache, daß wir fragen, werfen auf, daß wir irgendwie wissen, daß wir vorher existiert haben. Vorher? Bevor wir hier ankamen? Wie sind wir hierher gekommen? Wohin gehe ich, wenn ich dies hier verlasse? Wer ist denn dieses »Ich« überhaupt, das die Fragen stellt?

Eine der vorstechendsten Themen im menschlichen Denken ist die Idee, daß wir immer wieder ins Leben zurückkehren, bis wir gelernt haben, alle Lektionen zu meistern, die uns dieser Planet zu lehren hat. Als Mittel, durch das wir uns geistig entwickeln, ist Reinkarnation jahrhundertelang von Heiligen, Gelehrten und vom gemeinen Volk akzeptiert worden. Im Westen haben wir diese Doktrin als rein östliches Konzept angesehen, aber tatsächlich ist dieses Wissen in vielen Kulturkreisen der Welt ausgedrückt worden, von den Essenern, dem altertümlichen Griechenland bis hin zu den Ureinwohnern Amerikas. Viele Christen, angefangen bei den frühen Gnostikern bis hin zu den heutigen Gläubigen, finden nicht nur, daß das Konzept der Reinkarnation mit der Lehre Christi übereinstimmt, sondern daß es diese unterstützt.

Selbst mit Rücksicht auf die kulturellen Verschiedenheiten sieht die Idee im wesentlichen so aus. In vollkommener Ruhe und Ausgewogenheit haben wir einmal innerhalb des Einen existiert. Dann wurden wir aus dem Herzen Gottes ausgeatmet, ausgestattet mit dem Bild und dem inneren Funken unseres Schöpfers und mit dem Geschenk, unseren Willen zu gebrauchen, um uns zu entscheiden und kreativ tätig zu sein.

Nachdem wir diesen göttlichen Willen eingesetzt haben, wurden wir zunehmend fasziniert von der physischen Welt und gerieten so immer tiefer in ihre Dichtigkeit. Dadurch identifizierten wir uns zunehmend stärker mit unseren materiellen Schöpfungen – mit unseren Illusionen – und fingen an, zu vergessen, wer wir wirklich sind, da wir uns getrennt von Gott und voneinander wahrnehmen.

Unser aller Schmerz basiert auf diesem Getrenntsein, und unsere Heilung ist nichts anderes als die Wiedervereinigung. Die traditionellen geistigen Lehren besagen, daß die Art dieser Wiedervereinigung sich über eine Reihe von aufeinanderfolgenden Leben vollzieht, in denen wir allmählich am falschen Einsatz unseres Geburtsrechtes des freien Willens ermüden, durch den wir vorübergehende Dramen schaffen, die Leid und Trennung immerwährend fortsetzen. An dieser Stelle fangen wir an, unseren Willen zu gebrauchen, um die bewußte Rückverbindung mit dem Einen Willen zu suchen. Hier erst entdecken wir, daß wir tatsächlich nie getrennt waren.

Es gab nie eine Zeit, da Gottes Gnade und Liebe nicht mit uns waren. Viel von dem, was wir als das Böse bezeichnen, ist einfach nur Unwissenheit und die Verleugnung des Lichtes. Reinkarnation ist der Weg, durch den unser individueller Willen seiner wahren Einheit mit dem Willen Gottes bewußt gemacht wird. Im Ablauf der Wiedergeburten werden die Konsequenzen von Entscheidungen, Taten, Gedanken und Wünschen, die aus einer Lebensspanne stammen, erfahren. Dieses Ursache-Wirkungs-Prinzip wird Karma genannt.

Karma ist kein moralisches System von Belohnung und Bestrafung. Es ist ein Naturgesetz. Was immer wir auch sagen, tun, denken oder fühlen – ob es nun positiv oder negativ ist –, erzeugt eine Reaktion, die wieder auf uns zurückfällt, allerdings nicht notwendigerweise in derselben Lebensspanne. Wenn die Bedingungen genau entsprechend sind, erhalten wir zurück, was wir zuvor ausgesandt haben. Was wir verfluchen, binden wir an uns; was wir segnen, befreien wir.

Gottes Gnade bietet uns die unschätzbare Gelegenheit zu lernen und damit das immer gegenwärtige Potential, das Karma zu überwinden. Das geschieht, wenn wir erwachen für den Universalen Christus – oder wie wir diese Energie auch benennen mögen – und uns ihm hingeben, denn die völlige Hingabe ist der einzige Weg zur Wiedervereinigung und zur Beendigung der endlosen Inkarnationszyklen.

Ansichten über die ewige Wiederkehr

Reinkarnation ist im Laufe der Geschichte erforscht worden und war bekannt unter vielen Namen – Wiedergeburt, Wiederverkörperung, Metempsychose, Metemsomatose, ja sogar Seelenwanderung. Da wir die physikalischen Zusammenhänge noch nicht kennen, die erklären könnten, wie wir

Multirealitäten erleben, haben wir eine Anzahl von Theorien über ihre Wirkungsweise entwickelt. Trotz der Tatsache, daß es eine Anzahl von Wörtern und Konzepten gibt, die sich um die Reinkarnation ranken, wovon viele einander widersprechen, widerlegt dies nicht die Möglichkeit, daß sie besteht.

Wenn die beobachtete Wahrheit keinen beweisbaren Kontext hat, in dem sie ihren Platz einnimmt, erblüht üppiger Aberglauben, wie zum Beispiel bei der Seelenwanderung. Dieses Denkmodell geht davon aus, daß man sich in einer niedrigeren Lebensform wiederverkörpert. Dies stimmt mit der Evolutionstheorie nicht überein; wir schreiten niemals rückwärts. Auch heutzutage treffe ich gelegentlich jemanden, der Reinkarnation mit folgenden Argumenten abtut: »Reinkarnation? Ist damit nicht gemeint, daß man als Hund wiederkommt?« Obwohl diese Bemerkung abfällig ausgesprochen sein mag, höre ich manchmal auch etwas Furcht in der Stimme mitschwingen, die Angst, daß Gott das Universum vielleicht wie ein Oberkommandant beherrscht, der donnernd verkündet: »Untersteht Euch das Gesetz zu brechen, sonst werde ich Euch bis ins kleinste dafür büßen lassen.«

Vielleicht entwickelte sich die Vorstellung der Seelenwanderung weniger aus der Unkenntnis der Evolution als vielmehr aus der Beobachtung, daß einzelne Menschen, wie beispielsweise Zauberer und Hexen, ihren bewußten Willen in niedrigere Lebensarten projizieren konnten. Schamanen aus vielen Kulturkreisen wird nachgesagt, daß sie sich Gehorsam verschaffen, indem sie in Tiergestalten schlüpfen oder indem sie erfolgreich die Illusion eines Tieres vortäuschen. Das Kind in uns fragt sich vielleicht noch immer, ob die böse Hexe es nicht tatsächlich in eine Kröte verwandeln kann.

Ein Konzept über die Wirkungsweise der Reinkarnation ist die Idee der Überseele. Diese Theorie besagt, daß das »Ich« in diesem Leben nur eine von vielen Ausdrucksformen ist, die gleichzeitig in materiellen Körpern existieren, daß wir, so wie die einzelnen Zellen in einem Körper, alle Teil einer Überseele sind, und daß ein jeder von uns die Fähigkeit besitzt, all die weiteren Ausdrucksmöglichkeiten des »Ichs« zu kennen, die andere Leben erfahren. Diese Ansicht begreift jeden sowohl als das Ganze, die Überseele, als auch gleichzeitig als Teilwesen.

Der Sprecher und Autor Dick Sutphen rät uns, uns simultan verlaufende Leben vorzustellen, die sich auf einem mehrschichtigen Schachbrett abspielen. Wenn wir von oben gerade nach unten schauen, sehen wir viele Spieler auf vielen Ebenen. Bewegt man eine Figur, so betrifft dieser Zug sämtliche anderen Spieler. Sind wir ebenfalls diese anderen Leben? Ja, wenn wir erkennen, daß die Raumzeit nicht wirklich linear verläuft. Es gibt keinen Anfang, keine Mitte, kein Ende, sondern alle diese Leben spielen sich im ewigen Jetzt ab. Daher gilt, je eher wir unser göttliches Recht in Anspruch nehmen, zu erschaffen und etwas zu verändern, um so schneller wird das, was wir im hiesigen Leben unternehmen, Auslöser für alle unsere anderen Leben sein.

Eine Variation zu dem Denkmodell der Überseele besagt, daß wir sind, wer wir sind, daß wir nie jemand anderer gewesen sind, und daß unser Wissen und unsere Energie uns durch die Ewigkeit erhalten bleiben. Im wesentlichen haben wir uns selbst erfunden, und dieses »Ich« hat die Freiheit, weitere »Ichs« zu erschaffen.

Außerdem existiert ein anderes Gedankensystem, das lehrt, das Erdenleben sei bloß ein illusionäres Spiel, das als Entwicklungsgeschehen für die Seele geschaffen wurde. Es sagt weiter, daß wir das Erdenleben erfinden, uns gar alles ausdenken, selbst wenn die Illusion, solange wir hier sind, uns ausreichend real erscheint. Vielleicht spräche ein Meister wie Jesus heutzutage als Physiker zu uns, der von vielen alternativen Realitäten, von vielen Zeit- und Raumdimensionen erzählte, in denen es gilt, bewußt zu leben.

Reinkarnation ist keine Religion, obwohl sie von religiösen Doktrinen angenommen oder abgelehnt wird. So wie jemand gleichermaßen ein Sozialwissenschaftler oder Psychologe jeder Glaubensrichtung sein kann, so kann man jeder Art von Religion angehören und Reinkarnation als ein Wirkungsprinzip der Seelenentwicklung im Universum bejahen.

Die Wege zu erforschen, über die Gott in Anwendung der Naturgesetze und der naturgemäßen Systeme mit uns arbeitet, ist genausowenig ein ausschließlich religiöses Thema, wie es das Studium der Funktionsweise des menschlichen Körpers oder des Sonnensystems ist. Vor nicht allzu langer Zeit hat man die Durchführung einer Autopsie als Sünde gebrandmarkt. Genauso verhielt es sich auch bei der Idee, die Erde sei nicht der Mittelpunkt des Universums. Blindlings die Verkündigungen irgendeiner vorausahnenden Religionslehre als die letztgültige Wahrheit zu übernehmen, kann eine schmerzliche und vollkommen unnötige Entscheidung zwischen unserer natürlichen Sehnsucht nach geistigem Frieden und dem normalen Wunsch nach Wissen herbeiführen.

Zwischen Geist und Wissenschaft gibt es keine Spaltung, solange wir sie nicht verursachen; die Wissenschaft deckt die

Art und Weise auf, wie der Geist sich manifestiert. Einige unserer heutigen Wissenschaftszweige fangen an, Bereiche zu erforschen, die wir früher streng dem Gebiet der Theologie zugewiesen haben. Die Trennungslinie zwischen objektiver und subjektiver Wirklichkeit verwischt sich zusehends. Wir wissen, daß wir das von uns Beobachtete beeinflussen. Unser Bewußtsein und das, was wir für objektive Realität gehalten haben, erweisen sich als untrennbar voneinander. Dazu meinte der Physiker und Nobelpreisträger David Bohm: »Ich finde das Studium des Mystizismus nicht ungewöhnlicher als die Erforschung der materiellen Welt.«

Versteht man die Reinkarnation richtig, so ist sie Teil eines theoretischen Modells spiritueller Wissenschaft, eine Disziplin, die erforscht, wie das Bewußtsein funktioniert. *Reinkarnation* ist ein Begriff, der sich auf eines der Wirkprinzipien des Bewußtseins bezieht. Dadurch, daß wir das Bewußtseinsstudium von dem Studium der Naturwissenschaft getrennt haben, haben wir auch die Wissenschaft und die Religion in unterschiedliche Lager aufgeteilt. Zweifelsohne konnten wir aus diesem Vorgehen einigen Nutzen ziehen, da wir den religiösen Institutionen die Macht nahmen, sich bei dem Erwerb wissenschaftlicher Kenntnisse einzumischen. Allerdings haben wir durch die Trennung der materiellen und spirituellen Wissenschaft auch die Spaltung zwischen unserer körperlichen und unserer geistigen Wesensart verstärkt.

Den Dingen auf den Grund gehen

Ein weiteres Beispiel der Reinkarnation als geistige Wissenschaft war das Erlebnis eines jungen Mannes, der durch einen

Psychiater an mich verwiesen wurde. Aus keinem ersichtlichen Grund und ohne Vorgeschichte ähnlichen Verhaltens hat er im Alter von achtundzwanzig Jahren eine Gewalttat begangen. Die Astrologen bestätigen, daß jeder von uns im Alter von achtundzwanzig bis dreißig und von sechsundfünfzig bis sechzig Jahren usw. eine Phase der »Saturn-Wiederkehr« erlebt, das bedeutet, der Saturn, der Planet der Form, Begrenzung und Einschränkung, kehrt an die Stelle zurück, wo er sich im Augenblick unserer Geburt befand. Das Leben der meisten Menschen unterliegt in diesen Zeiten einer größeren Veränderung – dabei könnte es sich um eine Hochzeit, einen Todesfall, eine Geburt oder um einen Arbeitsstellenwechsel handeln. Was immer es sein mag, es weist darauf hin, daß ein anderes Kapitel unserer Lebensgeschichte aufgeschlagen wurde.

Der Psychiater ließ mich wissen, daß der Mann unter einer Vielzahl von Neurosen litt, doch es gab kein Anzeichen, was sein plötzliches gewalttätiges Verhalten hätte erklären können. Als ich mich medial auf ihn einstimmte, sah ich als erstes eine Reihe von Leben, die er als Militarist verbracht hatte, die sich weit zurück in die Geschichte des Altertums verfolgen ließen. In seinem letzten Leben kämpfte er in einer nationalsozialistischen Sturmtruppe im Zweiten Weltkrieg.

Interessant war, daß mir im Geiste mitgeteilt wurde, diese Seele sei ursprünglich aus Liebe und mit dem Wunsch, die Evolution zu fördern, auf den Planeten gekommen. Leider war einer unserer Wege, wie wir Kultur, Wissen und die Gesetze auszubreiten verstanden, der Weg der Kriegführung. Auf diese Weise wurde der junge Mann immer wieder in militärische Handlungen verwickelt, und mit jeder Lebensspanne ging sein ursprüngliches Motiv, die Entwicklung zu fördern, in größerem Ausmaß verloren. Durch die fortgesetzten militärischen Erlebnisse blieb die Yinseite seines Wesens unentwickelt. Er hatte ein ziemlich gestörtes Verhältnis zu seiner inneren Weiblichkeit und daher viele Probleme, Frauen zu verstehen. Als er in seinem letzten Leben das Alter von achtundzwanzig Jahren erreicht hatte, stand sein Bewußtsein durch die Schrecken des Holocaust unter Schock, was ihn die Nutzlosigkeit des Krieges sehen ließ. Er erkannte, daß der Krieg kein Mittel war, Dinge zu verändern, und in einem unvernünftigen Augenblick erschoß er sich.

Sogar in seinem jetzigen Leben hatte sich der junge Mann für einen pseudomilitärischen Beruf entschieden, und als er das Alter erreichte, wo er sich seinerzeit als Soldat umgebracht hatte, setzten bei ihm heftige, unerklärliche Kopfschmerzen ein. Eines Tages verlor er ganz einfach die Kontrolle und drehte durch.

Als ich seine Familienangehörigen traf und mit ihnen über die »Vergangenheit« ihres Sohnes sprach, wurde seine Mutter bleich. Es stellte sich heraus, daß er ab dem Alter, in dem er einen Bleistift führen konnte, zwanghaft Hakenkreuze zeichnete. Keiner seiner Familienangehörigen konnte dies verstehen, da niemand direkt durch den Zweiten Weltkrieg betroffen war oder irgendwelche politischen Neigungen in jene Richtung verspürte.

Aus unserer menschlichen Perspektive ist das Ende seiner Geschichte nicht glücklich verlaufen. Seine Einsicht, daß der Krieg als Mittel für Veränderungen nichts taugte, war vernichtend. Er war vergleichbar einem Auto, das mit hundert Meilen in der Stunde auf sein Ziel zugerast war, nur um festzustellen, daß es den falschen Ort angesteuert hatte. Er schlug die Bremse zu schnell ein.

Von rezeptpflichtigen Medikamenten stieg er auf harte Drogen um, um seine Kopfschmerzen und Angstzustände in den Griff zu bekommen, und schließlich erschoß er sich abermals. Ich vermute, daß er an Verzweiflung der Seele litt und sich selbst nicht vergeben konnte.

Als ich ihn bei seinem Begräbnis körperlich wahrnahm, schien er ziemlich glücklich, vom Körper befreit zu sein, und zeigte sich erstaunt über die große Anzahl von Menschen bei seiner Beerdigung, denen er offensichtlich etwas bedeutet hatte.

Der Körper erinnert sich

Ein weiteres Beispiel, wie intensiv der Körper die Überzeugungen nachempfindet, die über Zeit und Raum im Bewußtsein gespeichert wurden, zeigte sich bei einer wortgewandten, geschmackvoll gekleideten und vornehmen Frau mit vielen ernsthaften körperlichen Beschwerden, die mich zu einer Beratung aufsuchte. Es dauerte mehrere Minuten lang, bis sie ihre zwanzigjährige Krankheitsgeschichte aufgelistet hatte. Sie hatte sich schon mehreren Therapien unterzogen und war auch mit den guten medizinischen Behandlungen zufrieden. Sie wußte sich jedoch nie die zugrunde liegende Frage zu beantworten, die sie auch mir stellte – »Warum?« Die Antwort darauf war in ihren Erlebnissen aus anderen Leben enthalten.

Als ich mich auf sie eingestimmt hatte, sah ich sofort die Kopie von einem Dutzend Leben mit ihrem jetzigen Ehemann. Sie hatten jede Art von möglichen Beziehungen miteinander geteilt: Mutter–Sohn, Chef–Angestellter, Bruder–Schwester, Ehemann–Geliebte und so weiter. Der gemeinsame Nenner, unter dem jede Beziehung litt, waren Rivalität, Eifersucht und Feindseligkeit. Als ich die Liste der negativen Beziehungen zurückverfolgte, verschwand sie, und ich sah statt dessen einen pulsierenden schwarzen Ball, der überall die Aufschrift *Haß* trug.

Mein beobachtetes Selbst fragte sich, wie um alles in der Welt ich es anstellen würde, dieser vollkommen liebenswürdigen Dame zu eröffnen, daß sie unter einem langfristigen Haß litt, der sich in ihrem Körper verdichtet hatte. Doch ich kann nicht einerseits beten, Einsichten zu erhalten, und dann dem Geistigen mitteilen: »Danke, doch ich hätte lieber eine andere Auskunft.« Ich nahm also einen tiefen Atemzug und teilte ihr so schonend wie ich konnte mit, was ich gesehen hatte, wobei ich ihr versicherte, daß sie selbst entscheiden könne, ob diese Information für sie von Bedeutung sei. Ihre Gelassenheit war dahin. Sie brach in Tränen aus und bekannte: »Das stimmt, es ist wahr. Ich hasse ihn. Ich habe ihn immer gehaßt, und ich habe nie verstanden, weshalb ich ihn geheiratet habe.«

Sie hatte ihn geheiratet, weil sie dazu gezwungen war – Haß sucht sich sein Objekt so sicher, wie Liebe es auch tut. Sie fühlte sich von ihm angezogen und gleichzeitig abgestoßen. Das Leben in diesem angespannten, ambivalenten Zustand mußte ihren Körper regelrecht mit Haß vergiften. Um geheilt werden zu können, sucht die Seele das Gleichgewicht und die Wiederherstellung ihrer liebevollen Wesensart. Der Körper behält viele Leben lang die Erinnerung an ungelösten Groll.

Bis vor kurzem war das Vermächtnis der Wissenschaftler, die sich einst Kenntnisse über das Bewußtsein angeeignet haben, uns nicht ohne weiteres zugängig. Die meisten dieser Forscher waren gezwungen, im Untergrund tätig zu sein. Alle diese Dinge verändern sich heutzutage, und derartige Schätze fließen jetzt in das öffentliche Bewußtsein. Des weiteren wenden sich Physiker in der ganzen Welt mit ihrem Verstand und ihren Laboratorien dem Studium des Bewußtseins zu, einschließlich dem Studium der Reinkarnation.

Dr. Ian Stevenson von der Universität Virginia, der Verfasser von *Twenty Cases Suggestive of Reincarnation* (Reinkarnation) war einer der frühen Pioniere, der diese uralte geistige Lehre moderner wissenschaftlicher Forschung unterzog. Zusätzlich wächst unser Verständnis, daß Bewußtsein Erlebnisse oder sogar Materie erschafft, in dem Maße, wie die Quantenphysik Raum, Zeit und die vielfachen und alternativen Realitäten erforscht.

In den Vereinigten Staaten wird die Reinkarnation als Thema behandelt, das jeder für sich selbst entscheiden soll; nimm sie oder laß sie; sie gilt als ein amüsanter und kitzelnder Zeitvertreib. Einigen Leuten erscheint sie sogar unangenehm bedrohlich. Weshalb? Vielleicht ist es so einfach, wie es in der »Frank und Ernest«-Karikatur zum Ausdruck gebracht wird: »Ich weiß, ich habe nie zuvor gelebt, sonst wäre ich dieses Mal nicht gar so verwirrt.«

Könnte es sein, daß die Akzeptanz der Reinkarnation bedeutet, daß wir ebenfalls zugeben, daß kein Rettungskommando eintreffen wird, um alle Weltprobleme zum Verschwinden zu bringen? Das Rettungskommando, die Meister und Lehrer, sind immer wieder hierher gekommen – und werden auch weiterhin unter uns sein, um uns den Weg zu zeigen, wie unsere persönlichen und gemeinsamen Welten umzuwandeln sind. Ist es ein Teil unserer Angst, daß wir unseren persönlichen, selbstgeschaffenen Dämonen begegnen, sie verwandeln und anschließend mit den anderen zusammenarbeiten müßten, um unseren kollektiven Wahnsinn zu verändern? Ist es möglich, daß wir Jesus, Buddha, Krishna und all die anderen Erleuchteten ernsthaft beim Wort nehmen und unseren Weg durch die »enge Pforte« einschlagen müssen, und daß wir nicht einfach erwarten können, auf ihren Rockaufschlägen mit unseren satten Vorurteilen in den Himmel einzureiten?

Unsere Reise durch die Transformation wird durch alle Erleuchteten in allen Kulturen, die diesen Planeten mit ihrer Gegenwart gesegnet haben, verdeutlicht. Sie haben sämtliche Fallstricke der Welt entknotet, sie sind ihrem Glauben gefolgt und haben alsbald selbst ihre Glaubensüberzeugung verkörpert. Sie wurden zu Meistern, indem sie jedes Hindernis, dem Sie und ich begegnen, überwunden haben. Und mit ihrem Leben lehren sie uns, daß wir Gleiches tun können und tun werden. Ihre Kämpfe und Triumphe haben das Kollektivbewußtsein mit derart klaren, machtvollen Strahlungen imprägniert, die es uns ermöglichen, unseren Weg nach Hause leichter zu finden. Als Mitschöpfer des Universums verstärken sie den Entwicklungsplan und dienen uns

Der Entwicklungsplan, der Paul in diesem Leben begleitet hat, liefert uns viel Stoff für weitere Gedanken. Paul lebt in Europa. Er war sechs Jahre alt, als ich ihn das erste Mal sah. Ursprünglich hieß die Diagnose über ihn: Autismus. Allerdings paßten seine Symptome auf Dauer nicht in das Krankheitsraster, obwohl er nur selten sprach und sehr zurückhaltend war. In bezug auf seine Lernfähigkeit wurde er als behindert eingestuft, und gelegentlich hatte er ernsthafte Verhaltensschwierigkeiten. Ehrlich gesagt, keiner wußte Bescheid, was ihm fehlte.

An einem Spätnachmittag im Anschluß an ein Seminar, das ich gerade gehalten hatte, brachten seine Eltern und sein Therapeut ihn zu mir. Anfangs konnte ich Paul nicht dazu bewegen, mir in die Augen zu sehen, aber dann stellte ich fest, daß er sich gerne mit mir auf den Bodenmatten aufhielt und spielte. Als erstes jedoch zog er sehr sorgfältig seine Schuhe aus, anschließend entledigte er sich der Socken, der Hosen und Unterhosen, allerdings behielt er seine Jacke und sein Hemd an. Sein Therapeut kommentierte ruhig, daß er Derartiges zuvor niemals gemacht hat. Wir vereinbarten, erst einmal zu warten, um zu sehen, was geschähe.

Nachdem wir uns angefreundet hatten, führte ich ihn zu einer nebenstehenden Staffelei, wo ich mit Farbstiften zu arbeiten pflegte. Ich nahm ihn bei der Hand und zeichnete verschiedenartige Formen in unterschiedlichen Farben mit ihm. Als er Gefallen am Malen fand, zog ich mich etwas in den Hintergrund zurück, um den Blickwinkel einzunehmen, der mir erlaubte, sein Aurafeld zu sehen. Ich bat ihn in englischer Sprache, einen Kreis mit grüner Farbe zu zeichnen, was er auch tat. Anschließend sollte er ein violettes Quadrat aufmalen, auch das geschah. Ich habe diese Prozedur oft genug wiederholt, um für mich selbst und für die beobachtenden Zeugen sicherzustellen, daß er nicht aus Zufall so handelte. Bemerkenswert war nämlich, daß dieses Kind, das in seiner Muttersprache als kaum lernfähig galt, und das überhaupt selten sprach, meinen Anweisungen in englischer Sprache folgte.

Als ich mir seine Aura betrachtete, sah ich, daß er sich nur gerade ausreichend in seinem Körper aufhielt, um dessen Funktion aufrechtzuerhalten. Der größte Teil seiner Energie konzentrierte sich auf seinen Mentalkörper. Von der Taille abwärts war seine Energie so schwach ausgeprägt, daß ich mich wunderte, wie es ihm überhaupt möglich war, umherzugehen. Von der Taille aufwärts nahm seine Energie an Stärke immer mehr zu. Über seinem Kopf konnte ich die Konzentration seines Wesens sehen, das wohl verbunden war, jedoch nach besten Kräften so unbeteiligt wie nur möglich am Leben hing. Es war also nicht verwunderlich, daß er seine Kleider von der Taille abwärts abgelegt hatte. Er stand vor einer Untersuchung, und er wußte, wo das Problem lag.

Paul hatte keinerlei Wunsch, sich in seinem Jungenkörper aufzuhalten, statt dessen setzte er seinen extrem starken Willen ein, zu vermeiden, mehr als unbedingt notwendig im Körper zu sein. Er hatte unspezifische Erinnerungen an eigene Machtpositionen aus früheren Leben, in denen er seinen Willen mißbraucht hatte, und er fürchtete sich vor seinem Willen und seiner Macht.

Schließlich erlaubte er mir, mit ihm Augenkontakt aufzunehmen. Man kann über den Willen miteinander in Augenkontakt treten, und wenn der Blick mit Liebe aufgeladen ist, wirkt er sehr unterstützend und kann die Wortbarriere durchbrechen. Der Blick besagt: »Ich sehe dich da drinnen. Ich respektiere deinen freien Willen. Ich schicke dir eine Erinnerung an Liebe und Licht, die du bist.« Manchmal ist es das einzige, was man für einen anderen tun kann, obgleich es eine sehr wirksame Methode ist. Bevor ich mich verabschiedete, übergab ich Paul einen kleinen Kristall als konkrete Erinnerungshilfe für die Gebetsenergie, die ich für ihn bereithielt, und auch weil Kinder Kristalle lieben – »Erdbonbons«, so nennt sie ein Freund.

Später teilte mir seine Mutter mit, daß er den Kristall sehr sorgfältig auf ein Bild von sich gelegt hat, genau auf sein Herz, und daß er niemand erlaube, ihn zu berühren.

Etwa sechs Monate nach unserer Begegnung erhielt ich eine Zeichnung von Paul. Seine Mutter hatte eine Notiz beigefügt, die besagte, Paul habe darauf bestanden, das Bild sei für mich, wohingegen er sonst sehr selten Bilder malte. Sie ließ mich wissen, daß er ihr auftrug: »Sag Gloria, daß niemand in diesem Haus lebt.« Das Bild stellte ein Haus dar, aber es war auch sehr deutlich als Penis erkennbar. Etwa auf mittlerer Höhe, die der Sonnengeflechtgegend entsprach, waren gezackte, rote Linien eingezeichnet, und im oberen Teil des »Hauses« gab es ein winziges gelbes Fenster, der einzige Ausguck, den das »Haus« bot. Da Gelb die Farbe ist, die häufig mit dem Verstandeskörper in Verbindung gebracht wird, bestätigte sein Bild mein Gefühl, daß sein Willen in seinem mentalen Selbst beheimatet war – ein Selbst, das außergewöhnlich aufgeweckt war –, aber er weigerte sich, seinen Willen in sein gesamtes Wesen einfließen zu lassen.

Ich wußte, daß Paul den Ball in mein Lager zurückgeworfen hatte. Demzufolge habe ich auf meinen Instinkt gehört und mich bei einigen Psychologen, die mit Kindern arbeiten, rückversichert. Und so bin ich zu folgendem Entschluß gekommen: Ich habe alle möglichen Arten von Bildern ausgeschnitten und sie auf Papierbögen aufgeklebt – Hunde, Katzen, Spielzeug, Teddybären, sogar einen Engel. Diese Bilder habe ich ihm zusammen mit einem Brief geschickt, in dem ich ihm vorschlug, daß eine Menge Dinge in seinem Haus leben könnten, wenn er nur wollte, daß er sich jedoch entscheiden müsse, was er wolle.

Ich weiß, daß sein Wille sein göttliches Geburtsrecht ist, und daß sich niemand, der dem universalen Gesetz untersteht, hier einmischen darf. Alles, was wir tun können, ist, ihn zu lieben und ihm Gelegenheiten, Unterstützung, Geschick und Zeit anzubieten. Es wäre anmaßend von mir, zu sagen, ich wisse, was am besten für Paul sei. Er sucht nach neuen Möglichkeiten, zu handeln, und er zieht weiterhin Menschen in sein Leben, die ihm andere Optionen eröffnen.

Vielleicht ist diese Inkarnation in seiner Entwicklung ein Wendepunkt. Es kann sein, er braucht eine Verkörperung, wo er neutral bleibt und beobachtet. Er möchte ganz eindeutig kein Junge sein, aber ich hatte auch nie den Eindruck, daß er ein Mädchen sein wollte. Was auch immer die Absichten dieser Inkarnation sein mögen, er lernt mit Sicherheit etwas über die Macht des Willens.

Ungleiche Gelegenheiten

Als ich zum ersten Mal als Kind von dem Gedanken der Reinkarnation hörte, »wußte« ich sofort, daß diese Idee – für mich – stimmte. Mit Sicherheit ergibt sich mit Hilfe der Reinkarnation Sinn aus dem sonst Sinnlosen. Wenn wir uns bewußt werden über scheinbar unfaire Gegebenheiten, wie zum Beispiel, ein erfolgreiches Leben wird durch einen Unfall, durch Gewaltanwendung, Krieg und Krankheit abgekürzt, regen wir uns über die nach menschlichen Gesichtspunkten fehlende Gerechtigkeit auf. Vor kurzem habe ich einen traurigen und geistreichen Witz gelesen, der besagte, Gerechtigkeit auf dem Planeten Erde zu erwarten, nur weil man eine nette Person ist, ist genauso, als ob man von einem Stier erwartet, er greife einen nicht an, bloß weil man Vegetarier ist.

Es ist klar erwiesen, daß die Menschen ihr Leben nicht mit gleichen Ausgangsvoraussetzungen beginnen. Aus menschlicher Sicht haben ein Baby, das mit Aids in einem afrikanischen Dorf geboren wurde, und ein gesundes Kind, das in einem amerikanischen Vorstadtviertel zur Welt kam, nur eines gemeinsam, sie sind nämlich beide abhängige Kleinkinder. Beide Kinder geben uns allen Gelegenheit, uns auf kollektiver Ebene zu verbessern, doch das ist ein zweitrangiges Thema. Das vorrangige Problem ist die Frage: Warum.

Reinkarnation erklärt das Auftreten eines Genies und aller außergewöhnlichen Situationen. Und sie fügt sich harmonisch in alles ein, was wir bis jetzt über die physische Evolution verstanden haben. Des weiteren löst sie viele Knoten in den heiligen Schriften, die ansonsten ohne Antwort blieben. Zum Beispiel: »Werdet vollkommen!« scheint aus der Sicht eines gewöhnlichen Lebens unwahrscheinlich zu sein. Es ist allerdings eine klare Anweisung, die darauf hindeutet, daß die Vervollkommnung das letztendliche Ziel ist.

Vielleicht ist die Zeit gekommen, an die Möglichkeit zu

denken, daß die göttliche Gerechtigkeit und die g
Liebe nicht im entferntesten dem gleichkommen, für
Menschen sie halten. Trotz aller Widersprüche gibt es eine
Ordnung und einen Zweck, die allem Leben zugrunde liegen. Und wenn wir auch nicht verstehen, wie alles vor sich geht, wird doch immer deutlicher offenbar, daß es funktioniert.

Das Verständnis der Reinkarnation vermittelt dem inneren Wissen eine Klarheit, die über die Vernunft hinausgeht. Und außerdem bietet sie Einsichten in die unvorhersagbaren »Schicksale«, die uns ausgerechnet das richtige Erlebnis zur genau richtigen Zeit vermitteln – diese synchron verlaufende »Magie« – das Déjà vu, das die richtigen Leute mit sich bringt, das die Türen öffnet oder zuschlägt und das unser Leben verändert.

Liebe heilt durch alle Zeiten

Die folgende Geschichte eines früheren Lebens einer sehr praktisch wie auch intuitiv veranlagten Frau in ihren späten sechziger Jahren zeigt, daß es keine einfachen karmischen Gleichungen gibt. Seit ihrer Geburt hat diese Frau Verlassenwerden erlebt, zuerst als ihre Mutter starb, zu einer Zeit, als sie noch sehr jung war. Gleich darauf wurde sie vom Vater verlassen, der sie weggab. Ihre Ehe mit dem einzigen Mann, den sie je geliebt hatte, verlief schmerzlich, denn er verbrachte die letzten zwanzig Jahre seines Lebens im Alkoholnebel, der sie ausschloß. Während sie mit ihren Enttäuschungen fertig wurde, zahlte sie mit ihrem geringen Selbstwertgefühl den Preis dafür. Sie hatte wenig oder gar kein Gespür dafür, als Frau liebenswert zu sein.

Sie kam zu dem Schluß, daß persönliche Liebe nicht für

ıe bestimmt war. Sie begann, an sich selbst zu arbeiten und bemühte sich, sich selbst und ihre Beziehung zu Gott zu verstehen. Sie lernte es, den Groll aufzugeben und der Vergangenheit zu vergeben. Sie betete regelmäßig darum, die Lektionen dieses Lebens abschließen zu können.

Eines Abends, sie hielt sich im Foyer eines Zuschauerraums auf, schaute sie beiläufig nach oben und traf mit ihrem Blick die Augen eines Mannes, den sie nie zuvor gesehen hatte, ein Mann, der etwa fünfzehn Jahre jünger war als sie. Jener Blick berührte sie direkt in der Seele. Sie fühlte, daß sie diesen Mann auf intime Weise kannte, und die Gefühle, die dies in ihr auslöste, ließen sie schwach werden.

In Tränen aufgelöst verließ sie die Versammlung, doch sie trafen sich erneut auf den Treppenstufen. Sie entschloß sich, ihm zu sagen, was mit ihr geschehen war. Er hatte ebenfalls dieselbe Reaktion erlebt. Damit war eine Reihe von tagelangen Gesprächen eröffnet, die bis tief in die Nacht gingen.

Sie teilte ihm Dinge mit, die sie nie zuvor jemand anderem gesagt hat. Er war ihr vertrauter als alle Bekannten aus ihrem Leben. Niemals zuvor hatte sie eine Erinnerung an ein früheres Leben, doch plötzlich erinnerte sie sich exakt daran, wie und wann sie ihn gekannt hatte – als seine geliebte Ehefrau und beste Freundin. Es war ein Leben, in dem sie Liebe erfuhr und geschätzt wurde. Unabhängig voneinander hatten sowohl er als auch sie genau die gleiche Lebensspanne aufgespürt, einschließlich des Landes, der Zeit und den Umständen, derart stark war die Erinnerung in beiden erhalten geblieben.

Mit der Zeit gingen sie getrennte Wege. In diesem Leben war es in ihrem Karma nicht vorgesehen, daß sie wieder heirateten oder sogar sexuellen Kontakt miteinander hatten.

Doch die Begegnung heilte sie von ihrem schmerzlichen Gefühl, nicht liebenswert zu sein. Da sie ernsthaft bestrebt war, den Zyklus zu vollenden, hatte sie diese Erinnerung aus einer Zeit angezogen, in der sie sehr geliebt und geschätzt wurde, und so war sie in der Lage, den Ärger, den Schmerz und das Verlassenwerden aus ihrem jetzigen Leben aufzulösen.

Solange die Reinkarnation nicht verstanden wird, scheinen die Konzepte, daß jeder die eigene Wirklichkeit schafft und das Akzeptieren des eigenen Schicksals, sich zu widersprechen. Dies trifft nicht zu. Sie sind wie zwei Pferde, die im Zweiergespann eine Kutsche ziehen. Sie müssen zusammen wirken. Die Umstände unserer Geburt und viele der Ereignisse, die sich bei uns einstellen, sind das Rohmaterial, das wir bereits geschaffen haben. Wie wir jenes Material wahrnehmen, und wie wir uns entscheiden, damit umzugehen, schafft die Grundlage für unsere zukünftigen Wirklichkeiten.

Wir sind Bewußtsein – und obwohl das Bewußtsein die Form verändern kann, kann es nie sterben. Wir sind nicht tot, wenn der Körper stirbt. Wir wechseln einfach über in eine andere Gestalt – werden Geist, nicht Materie. Jetzt erleben Sie Erdbewußtsein, danach erfahren Sie Bewußtsein in anderen Realitätsformen. (Stellen Sie sich beim Lesen nicht notwendigerweise Leben auf anderen Planeten vor, die physische Materie ist nur eine Realität unter vielen.)

Es ist sicherlich nicht so einfach wie die Vorstellung, wenn Sie letztes Mal Charlie umgebracht haben, dann ist er dieses Mal an der Reihe, Sie umzubringen. Es verhält sich eher so, daß Sie in Ihrem Bewußtsein eine Erinnerung an Töten und Getötetwerden haben, die Angst und das Verlangen nach Rache festhalten, die sich samt und sonders auf eine bestimmte Seele richten, die einst Charlie genannt wurde. Wenn der Charlie, den Sie früher getötet haben, Sie durch Vergebung freigegeben hat, Sie diese Tat aber nicht von Ihrem eigenen Bewußtsein lösen konnten, werden Sie einer Situation begegnen, wo jemand, der ebenso wie der ursprüngliche Charlie Ihnen eine Gelegenheit bietet, sich durch die nicht gelöste Energie, die Sie in sich tragen, hindurchzuarbeiten.

Zwei für einen

Ich kannte einmal zwei Frauen, die mehrere Staaten entfernt voneinander wohnten, bis es Zeit wurde, daß ihr Karma sie zusammenführte. Die erste war eine junge Frau, die ich vor vielen Jahren beraten hatte. Sie hatte mich aufgesucht mit der Frage, weshalb sie sich in ihrem geistigen Leben so unbeweglich fühlte. Es war so, als ob sie an einem bestimmten Punkt angelangt war und sich selbst unter keinen Umständen erlaubte, weiter zu wachsen. Mir wurde ein Leben gezeigt, in dem sie eine aztekische Priesterin gewesen war; eine ihrer Aufgaben bestand darin, das lebende Herz derjenigen zu entfernen, die an religiösen Feiertagen geopfert werden sollten. Sie fühlte, daß diese Aussage stimmig war und sagte mir, daß sie seit ihrer Kindheit von Träumen verfolgt wurde, in denen sie blutverschmiert war.

Es vergingen Jahre, bis ich sie während einer Konferenz, die mehrere Staaten entfernt von ihrem Wohnort stattfand, wiedertraf. Ich war zusammen mit einer engen Freundin anwesend und stellte die beiden einander vor. Zu dritt warteten wir damals darauf, daß sich der Vorhang zu einem experimentellen Theaterstück hob. Das Stück selbst habe ich nie gesehen, doch ich bezweifle, daß es dem Drama hätte gleichkommen können, das sich statt dessen vor mir abspielte.

Um diese Geschichte ganz verstehen zu können, müssen Sie wissen, daß meine Freundin eine sehr selbstberrschte und ausgeglichene Frau ist, eine, die es gewohnt ist, ihrem Schatten ohne Hysterie zu begegnen. Weil sie sich keineswegs als ein »Fertigprodukt« betrachtete, war sie mit der Anwendung verschiedener Techniken vertraut, die sie in ihrem Wachstum unterstützen sollten. Sie war sich bewußt, daß sie sich in ihrem spirituellen Leben durch eine Angst blockiert fühlte, die namenlos war, und sie hatte gebetet und meditiert, um aus dieser Blockade herauszukommen.

Während wir warteten, begann eine sehr seltsame Musik über die Lautsprecher zu spielen. Es klang wie die Titelmelodie für *Das Monster von der schwarzen Lagune* – häßlich und mißtönend. Ganz plötzlich fühlte ich, wie ich heftig am Arm gezogen wurde. Und ich wandte mich meiner Freundin zu, die zwischen zusammengepreßten Zähnen bettelte, sie schnellstens von hier wegzubringen. Noch ehe ich ein Wort sagen konnte, rannte sie den Gang entlang, stürzte aus dem Theater hinaus und überquerte eine Wiese – ich rannte hinter ihr her, und die andere Frau hinter mir.

Sie fiel auf ihre Knie und fing an zu stöhnen, erbrach sich und wimmerte dann weiter. Als ihre Freundin wollte ich sie stützen und ihr versichern, daß egal, was mit ihr los sei, ihr geholfen werden könne. Ich empfing jedoch sehr deutliche, klare und sofortige Anweisung aus der geistigen Welt, daß ich ihr helfen solle, dieses Geschehen zu durchleben, es nicht zu vermeiden. Ich begann mit meiner Hand ihren Rücken von der unteren Wirbelsäule nach oben entlangzureiben, und schon bald mischten sich ihre stockenden und verängstigten Worte mit den Bildern, die in meinem Kopf aufflammten.

Mit emotionalem Schrecken erinnerte sie sich an ein vergangenes Leben, in dem sie ein junges Mädchen war, das mit Drogen in einen Lähmungszustand, jedoch nicht in Bewußtlosigkeit versetzt worden war. Sie wurde einige Treppenstufen hinaufgebracht, wo ihr als Opfer für die Aztekengottheiten das Herz herausgeschnitten werden sollte.

Verständlicherweise war sie sehr erschüttert, nachdem ihre Erinnerung sich aufzulösen begann, und ich schlug vor, daß wir drei uns irgendwo an einen ruhigen Platz begeben sollten, wo wir uns wieder sammeln konnten. Die andere Frau hatte in der Zwischenzeit kein Wort gesprochen, doch ihr Gesicht war aschfahl.

Etwa eine Stunde später wandte sie sich meiner Freundin zu und sprach sie mit zitternder Stimme an: »Ich denke, ich weiß, wer dein Herz herausgeschnitten hat. Ich war es.« Meine Freundin starrte sie daraufhin eine Weile an, streckte dann ihre Arme aus und sagte zu ihr: »Ich vergebe dir.« Sehr lange Zeit haben sie einander umarmt, und der Schmerz, die Angst, die Schuld und die Blockaden, unter denen beide so lange gelitten hatten, waren aufgelöst.

In der Akasha-Chronik lesen

Wann immer wir im Leben als Seele ein Talent entwickeln, unsere Umstände und Mittel nach besten Kräften unserer Fähigkeiten einsetzen und dem Besten aller dienen, speichern wir dies im Himmel – wobei der »Himmel« ein Geisteszustand ist. Stellen Sie sich vor, daß eine Gruft mit Schätzen gefüllt wird; in diesem Fall sind es die Talente, die wir im Verlauf von vielen Inkarnationen entwickelt haben.

In dieser Höhle befindet sich ebenfalls ein Buch mit Aufzeichnungen, in dem sehr detailliert jede Errungenschaft und jede Schuld aufgeführt ist. Spielen Sie jetzt mit der Vorstellung, Sie betreten diese Gruft, um die Vorbereitungen für eine Inkarnation zu treffen. Aus der weisen Sicht des Höheren Willens betrachten Sie sich die Kontobücher, nicht mit den gierigen Augen des Egos, und Sie wählen sich einige Dinge aus, an denen es zu arbeiten gilt. Es wäre empfehlenswert, nicht auf alle Ihre Schätze in einer einzigen Lebensspanne zurückzugreifen, so daß Sie sich auf eine bestimmte Lebenslektion konzentrieren können.

Im Osten werden die Aufzeichnungen all unserer Taten als Akashia oder die Akasha-Chronik bezeichnet. Die Bibel beruft sich auf das Buch des Gedächtnisses. Die Akasha-Chronik oder das Buch des Gedächtnisses befindet sich im Inneren. Äther bewegt sich durch alle Dinge, und ihm ist alles in exakter Weise, so wie es geschehen ist, aufgeprägt. Der Äther ist in höchstem Maße magnetisch. Darin ist sowohl unsere individuelle als auch unsere kollektive Aufzeichnung enthalten, und diese bewegt sich mit uns, wohin wir auch immer gehen. Hierbei zieht Gleiches Gleiches an. Wenn man sich also wie Hiob Angst eingeprägt hat, wird sich herausstellen, daß man genau das Befürchtete anzieht.

Menschen mit hoch entwickelter medialer Empfindungsfähigkeit können diese Aufzeichnungen lesen. Bevor Sie allerdings den Bericht über eines Ihrer früheren Leben glauben, der Ihnen von jemand anderem übermittelt wurde, tun Sie gut daran, zu bedenken, daß mediale Eindrücke durch den Verstand und das Glaubenssystem desjenigen, der die Eindrücke empfängt, gefiltert werden. Offensichtlich ist, je mehr dieser sensitive Mensch Arbeit an sich selbst geleistet hat, seine Muster umzuwandeln, um so leichter kann er Ihre Denk- und Fühlmuster klar lesen.

Im Ausland hatte ich ein Erlebnis mit einem äußerst fähigen Medium, das diesen Standpunkt veranschaulicht. Es war meine erste Reise in dieses fremde Land. Man hatte mir von einer Frau erzählt, die als eines der besten Medien in jener Gegend geschätzt wurde. Als ich auf die Ankunft von Teilnehmern wartete, die sich für eines meiner Seminare einschreiben sollten, kam genau diese Frau herein, richtete einen Blick auf mich, und total erschrocken fing sie an, in einer Sprache daherzureden, die ich nicht verstand. Mein Dolmetscher ließ mich wissen, daß das Medium angekündigt hatte, daß ich die Reinkarnation einer der bekanntesten mystischen Personen jenes Landes sei. Ich wußte selbst ganz genau, daß ich nichts dergleichen jemals war. Ich bezweifle sogar ernsthaft, daß eine solche Figur tatsächlich gelebt hat, genausowenig wie die Götter und Göttinnen des antiken Griechenlands je als wirkliche Personen existiert haben.

Als ich später mit dieser medial Tätigen näher bekannt wurde, versuchte ich ihr die Idee schmackhaft zu machen, daß sie den archetypischen Bereich angezapft hatte. Archetypen sind imaginative Figuren, die in unserem Bewußtsein ein gewisses kollektives »reales« Leben angenommen haben, weil ihre Geschichten Hunderte von Malen erzählt und noch einmal erzählt worden sind. Sie nehmen eine Symbolstellung für bestimmte Arten von Energie ein. Sogar wirkliche Personen, die in ihrer Zeit als Edelschurken oder Helden gegolten haben, nehmen archetypische Ausmaße an, wenn ihre kühnen Taten wiederholt aufgetischt werden. Irgendeine energetische Eigenschaft in einer Person kann uns an Persönlichkeiten aus Legenden erinnern. Besagtes Medium konnte den Vorschlag weder annehmen, noch wollte sie nicht einmal in Betracht ziehen, daß eine bestimmte Energiequalität in mir bei ihr einen unterbewußten Bezug mit den Eigenschaften, die sie bei der mystischen Figur sah, ausgelöst hatte. In ihrem eigenen Glaubenssystem hat jenes mystische Wesen gelebt, und ich war dieselbe, die wiedergekommen war.

Ich kritisiere diese Frau nicht. Ich fand bestätigt, daß ihre Sensitivität bei vielen Dingen ziemlich zutreffend und einsichtsvoll war. Mir ist sehr wohl bewußt, daß wir alle das von uns medial Empfundene deuten müssen, und der Inhalt wird in unserem Verstand geformt – oder neu ausgelegt – durch das, was wir persönlich glauben und auch durch die Symbole, die wir in unserem Unterbewußtsein gespeichert haben. Ich sage allen Personen, die ich medial berate, daß sie alles, was ihnen mitgeteilt wird, sorgfältig abwägen und für sich selbst entscheiden müssen, was buchstäblich so ist und was symbolisch zu verstehen ist.

Erinnerungen an vergangene Leben können symbolisch, rassebezogen oder archetypisch sein. Die Treffsicherheit der Erinnerung ist nicht so wichtig wie die Art von Energie, die sie in uns wachruft. Nachdem alle Melodramen eines bestimmten Lebens vorüber sind, bleibt die gefilterte Essenz der Erlebnisinhalte zurück. Häuptling eines Stammes gewesen zu sein, beinhaltet die gleiche Lerndynamik in bezug auf Führungsverantwortung, wie es der Fall ist, wenn wir König wären oder Präsident der Vereinigten Staaten. Wenn wir uns selbst oder jemand anderen als Napoleon erkennen, heißt das nicht notwendigerweise, daß wir oder dieser Napoleon waren. Es kann lediglich unser Unterbewußtsein sein, das uns einen symbolischen Hinweis auf die Energieart gibt, auf die wir gestoßen sind.

Gehen wir davon aus, Sie haben schreckliche Angst, ein Kind zu verlieren, so daß Sie diesbezüglich neurotisch reagieren. In anderen Lebenserfahrungen haben Sie möglicherweise einen derartigen Verlust erlebt, sei es durch Tod, Kindesentführung oder Sklaverei. Etwas, das heute geschieht, löst jene Angst in Ihnen aus, und eine »Erinnerung« an ein Leben taucht auf, das Sie tatsächlich geführt haben oder auch nicht. Während sich Ihr Gehirn ausdehnt, um den angsterfüllten Verlustgefühlen, die Sie erleben, einen Namen zu geben, durchforstet es sämtliche Inhalte Ihres Unterbewußtseins. Vielleicht haben Sie beispielsweise einen Film über jemanden gesehen, der sein Kind verloren hat. Dabei haben Sie in sich eine derart tiefempfundene Reaktion verspürt, als ob Ihnen genau die gleiche Erfahrung schon einmal zuteil geworden ist. Die »Erinnerung an ein früheres Leben« erscheint wie ein Film. Erinnerungen setzen sich im Rahmen von archetypischen Erlebnissen fest, dies sind Ereignisse wie Geburt, Tod, Liebe, Haß, Krieg und politische oder religiöse Macht. Etwas in Ihnen hat die treibende Energie wiedererkannt und erschafft sich seine Filmversion.

Während alle Seelen gleich sind, sind sie jedoch nicht alle gleichermaßen in irdischer Existenz geschult. Es gibt wirklich alte Seelen, die ausgezehrt und gelangweilt sind, und die von der Gymnastik Ihres Eigenwillens genug haben. Es mag der Fall sein, daß Sie für sich selbst äußerst schwierige Lebenserfahrungen entwerfen, um die letzten weltlichen Illusionen, die noch im Bewußtsein haften, abzubauen. Wir wundern uns über Menschen, die selbstsüchtig sind und dennoch in jedem Bereich anscheinend reichlich besitzen. Manchmal beginnen sie einfach zu erleben, was sie mit ihrem Willen erreichen können. Ihr Egoismus erklärt sich weniger durch ihr Übelwollen, sondern vielmehr einfach dadurch, daß sie in ihrem Verständnis noch jung sind.

Eine der Eigenschaften einer reifen Seele ist ihr Engagement für das Wohl der Gemeinschaft. Dies hat nichts damit zu tun, einen Beruf zu ergreifen, der als selbstlose Tätigkeit gilt. Es handelt sich vielmehr um ein total unauffälliges Leben im Bewußtsein des eigenen Mitwirkens. Es spielt keine Rolle, ob diese Menschen nach weltlichen Gesichtspunkten erfolgreich sind oder nicht; doch sie werden alle möglichen verfügbaren Mittel und Einflüsse einsetzen, um das Beste, was sie bieten können, in die Welt einzubringen.

Ältere Seelen: Härtere Lernerfahrungen

Ich hatte die Gelegenheit, eine solche reife Seele kennenzulernen. Sie war eine der feinfühligsten, liebenswertesten Menschen, die man sich zu treffen wünscht, die Art von Frau, von der man annehmen könnte, daß sie nur das Beste im Leben erfahren würde. Dem war nicht so. Seit Beginn ihres Lebens war sie stets von selbstsüchtigen, egozentrischen Menschen umgeben. Als sie heiratete, lebte sie mit einem Egozentriker, der ihr nur wenig oder überhaupt keine Unterstützung bot. Ihre Kinder waren eine ständige Last für sie, und als sie erwachsen waren, besuchten sie ihre Mutter nur noch selten und reagierten gleichgültig auf deren Bedürfnisse. Das Leben war äußerst schmerzlich und einsam für diese Frau, doch sie entschied sich für Liebe und Vergebung, nicht für Märtyrertum.

Als ich einmal eine Heilsitzung für sie durchführte, hörte ich im Geiste: »Sie hat einen dunklen Korridor mit Anmut durchschritten.« Die geistige Welt teilte mir außerdem mit, daß der Sinn ihrer Wiederverkörperung war, an der bedingungslosen Liebe zu arbeiten. So hat sie nur einfach das getan, ungeachtet dessen, was zurückkam. Egal wie schmerzlich es auch war, war sie doch Tag für Tag damit beschäftigt, ihre Kinder loszulassen, sie zu segnen und ihnen zu vergeben.

Sie hörte niemals damit auf, ihre Kinder zu lieben, trotz deren Benehmen, und als die Jahre vergingen, fingen diese an, auf ihre immergegenwärtige Liebe einzugehen. Sie ist ihnen nicht nur eine Mutter gewesen, sondern auch eine Lehrerin. Zu guter Letzt erntete sie langsam, was sie gesät hat, selbst in diesem Leben, obwohl es eine lange und mühsame Lektion war, stets bedingungslose Liebe zu leben.

Mir wurde immer wieder gezeigt, daß wir sowohl zum Lernen als auch zum Lehren in eine neue Inkarnation eintreten. Kein Mensch kann wissen, welchem Zweck ein anderer dient. Beispielsweise könnte eine hochentwickelte Seele für die Lernerfahrung der persönlichen Ego-Aufgabe bereit sein. Eine Seele könnte wählen, mit begrenzter Verstandeskapazität zu inkarnieren, damit andere die Gelegenheit haben, über Liebe und Fürsorge zu lernen. Ein anderer könnte als Mensch, der den Hauptgewinn zog, in dieses Leben starten – angenehmes Äußeres, wohlhabend und ausgestattet mit allen vorstellbaren Talenten –, doch er sieht sich ständig mit einem Überangebot an Wahlmöglichkeiten konfrontiert. Für was soll ich mich entscheiden? Wie soll ich es verwenden? Die Seele lernt, ihre Inhalte zu konzentrieren.

Welches Leben wir jetzt auch sehen mögen, es stellt nur eine Seite eines epischen Romans dar. Geht es in einer laufenden Geschichte darum, daß der Held oder die Heldin von dem Schurken herausgefordert wird, könnte uns diese Lebensspanne tragisch erscheinen. Dies ist allerdings unsere menschliche Interpretation. Genausogut könnte es auch der Wendepunkt in der gesamten Evolution der Seele sein. Es steht uns nicht an, zu richten.

Einmal erfuhr ich über die geistige Führung: »Nimmst du Anstoß an der Formgebung eines Vogelflügels? Hast du etwas einzuwenden gegen die Farbe eines Steins oder stört dich die Umlaufbahn eines Planeten? Weshalb hättest du denn gegen die Gestaltung der Seele eines anderen etwas vorzubringen? Glaubst du eigentlich, daß du mehr darüber weißt, was ein anderer bedarf, als seine Seele? Wenn du das Bedürfnis verspürst, über einen anderen zu richten, kannst du sicher sein, daß du dich selbst im Ungleichgewicht befindest.«

Es bleibt uns nur, zu akzeptieren, daß die Dinge nicht das sind, was sie zu sein scheinen, und daß sie sich höchstwahrscheinlich genau dort einfinden, wo sie gebraucht werden. Das betrifft auch unsere vorschnelle Bewertung über sogenannte Yuppies, und gleichermaßen gilt es dem eingeschlichenen Aberglauben, daß die Armen irgendwie von Gott bestraft werden. Wir wissen schließlich, daß die Yuppies Seelen sind, die ihren Rest an Materialismus auflaufen lassen, indem sie sich in einer Art von letztem Aufbäumen von Ego-Besessenheit sich »Dinge« und Status erwerben. Wir können es nicht wissen. Wenn bei gewissen spirituellen Ausbildungen im Osten ein Lehrer bemerkt, daß sein Schüler ein unbefriedigtes Suchtverhalten zeigt, wird ihm nicht beigebracht, es zu unterdrücken. Statt dessen wird der Lehrer ihn ermutigen, sich seiner Sucht in solchem Ausmaß hinzugeben, bis sie ihm über ist. Dann hat er sie hinter sich, ein für allemal.

Wenn Sie sich und anderen – ohne jedes Urteilen – erlauben können, einfach nur zu sein, fangen wir an, die Weisheit und die Sichtweise zu verstehen, die uns die Reinkarnation lehrt.

Könnte es jedoch der Fall sein, wie manche meinen, daß dies zu Gleichgültigkeit gegenüber den Leiden anderer führt? Meiner Beobachtung nach geschieht genau das Gegenteil. Je mehr Verständnis wir für unsere Verbundenheit aufbringen, um so mehr leuchtet uns ein, daß wir ein sich verkörperndes Teil des Ganzen darstellen, und um so verantwortlicher gehen wir mit unserer Beziehung zum Ganzen um.

»Wenn Sie in ein Loch gefallen sind« und mir über den Weg laufen, so ist dies kein Zufall. Mir wird die Gelegenheit geboten, genausoviel wie Sie zu lernen. Ich kann Mitgefühl und Liebe für Sie aufbringen, oder ich kann Ihnen Vorwürfe wegen des Versagens machen und obendrein sagen, Sie hätten es verdient. Ich kann Ihnen Hilfe anbieten, »aus dem Loch herauszukommen«. Ich kann auch ein Schild aufstellen, das andere warnt, oder ich kann die ganze Sache ignorieren, indem ich sage, es hätte gar nichts mit mir zu tun. Letzteres wäre die größte aller Dummheiten, denn sie versäumt es, zu sehen, daß Sie und ich im Leben zusammen sind. Wir befinden uns in dem Loch, nicht nur Sie. Dies ist sehr wichtig, wenn wir diese Einsicht auf unsere größten Sozialprobleme wie beispielsweise Obdachlosigkeit anwenden.

In unserer Entwicklung wird sich eine Zeit einstellen, wo wir alle wirklichen Vorbehalte gegen die Reinkarnation aufgeben. Der Sufilehrer und Mystiker Reshad Field schlägt vor, daß »wenn die heilige Kuh der Reinkarnation Ihnen immer noch Grippe verursacht, dann lassen Sie sie besser laufen«. Haben wir einmal akzeptiert, daß unser Leben fortwährend ist, und daß wir uns in einem Netz von vielen Erlebnissen befinden, ist es uns einerlei, wer wir gewesen sein könnten und wer nicht. Früher oder später kommen wir alle dazu, jede Rolle zu spielen. In der Zwischenzeit gibt es nur das Jetzt und die unmittelbaren Erfordernisse und Anliegen dieses Lebens.

Wir wissen vielleicht nicht, weshalb sich ein Kind inkarniert und grausam geschlagen wird. Wir wissen nur, daß das Leben jenes Kindes von unserem nicht getrennt ist. Das Erlebnis dieses Kindes kann ein liebesvolles Opfer zum Wohle aller sein. Und sobald es einmal unsere Aufmerksamkeit auf sich gezogen hat, bietet uns das die Gelegenheit, die politischen, sozialen und psychologischen Bedingungen zu verändern, die Mißhandlungen überhaupt ermöglichen. Es ist nicht nur unser eigenes persönliches Drama für die Evolution notwendig, sondern es zählt auch unsere Reaktion auf die Gesamtheit des Lebens.

Hilfe erhalten durch Therapie und Beratung

Sobald wir uns einmal entschlossen haben, Frieden mit unserem Leben zu machen und uns umfassender selbst zu lieben, müssen wir über unsere Schuldzuweisungen hinaus wachsen – sogar was Gott, oder als was wir diese Energie sonst wahrnehmen, anbelangt. Selbst wenn wir auf übelste Weise betrogen worden sind, sind wir nach wie vor verantwortlich, wie wir mit diesem Erlebnis umgehen. Das erfordert im Normalfall, daß wir alle aufgetretenen Gefühle, einschließlich unserer Wut, Angst und Machtlosigkeit, erforschen und bestätigen.

Es mag gar nicht immer wichtig sein, festzustellen, wer wem, was, wann und weshalb angetan hat, doch es ist sehr wichtig, daß wir die eigenen Gefühle erkennen und eingestehen, die uns in der Ohnmacht des Opfers und der unterdrückten Wut gefangenhalten. Einmal müssen wir uns darüber klar werden, wie wir mit jenen Gefühlen umgehen, nachdem wir sie uns eingestanden haben. Ich kenne Menschen, die jahrelang Therapie gemacht haben. Sie könnten etwa dreißig Gründe anführen, weshalb sie hassen, wohingegen sie ihren Haß immer noch beibehalten.

Wie dem auch immer sei, gute Therapeuten helfen uns, unsere Reaktionsmuster zuerst zu erkennen, sie dann zu bestätigen, zu verstehen und dafür die Verantwortung zu übernehmen. Wir werden dadurch in eine tatsächliche Verwandlung der Energie geführt, die unseren persönlichen Problemen zugrunde liegt. Wir wissen, daß die Gefühle abflauen, wenn in ihnen keinerlei emotionale Ladung mehr vorhanden ist – das Gefühl bleibt neutral.

Bis in die jüngste Zeit hinein haben die meisten Psychologen alles achtsam vermieden, was den Anschein des Geistigen hatte – oder sie haben es zumindest versucht. Sie sind vorsichtig, Einflüsse von vergangenen Leben bei ihren Patienten in Betracht zu ziehen. Ich verstehe das, da ich mit Menschen zu tun hatte, die eindeutig unter einem blockierten Emotionalkörper litten. In einer Nebelwolke von spirituellem Doppelspiel versuchen sie zu vermeiden, ihrem Schmerz zu begegnen. Vielleicht sind achtsame Therapeuten, so wie ich auch, einer Maria Magdalena oder einem ägyptischen Priester zuviel begegnet. Ich frage mich häufig, wer wohl in all den Zivilisationen der Antike die Flickschuster und Köche waren.

Was ausgeht, kehrt zurück

In einer Beratungssitzung ist es sehr ungewöhnlich, daß das frühere Leben eines Klienten ausführlich besprochen wird. Eine besonders aufschlußreiche Sitzung, die ich durchgeführt habe, hat jedoch eine derartige Tiefenuntersuchung notwendig gemacht. Ich wußte vor Beginn der Sitzung keinerlei Einzelheiten aus dem gegenwärtigen Leben des Mannes. In diesem Falle allerdings wurde mir ein vergangenes Leben in allen Details vorgeführt. Und es zeigte sich, daß das Komplott, die beteiligten Persönlichkeiten und die Dynamik des Geschehens eine unheimliche Ähnlichkeit mit dem heutigen Leben meines Klienten hatten.

In einem seiner früheren Leben war dieser Mann ein bescheidener Handwerker in einer Kleinstadt in Israel gewesen. Er liebte die Thora über alles, und jede freie Zeit, in der er seinem Handwerk nicht nachging, verbrachte er im Tempel und diskutierte die Ratschlüsse Gottes. Als seine erste Tochter geboren wurde, war er ziemlich enttäuscht, daß das Kind kein Junge war. Seine Enttäuschung fiel jedoch noch viel größer aus, als das zweite, dann das dritte, das vierte und schließlich das fünfte Mädchen geboren wurde. Mit jeder Geburt zog er sich immer mehr aus dem Familienleben zurück und verbrachte beträchtlich viel Zeit in der Synagoge. Im Laufe der Jahre wurde seine Frau äußerst verbittert. Bei den seltenen Gelegenheiten, wo er sich zu Hause aufhielt, benahm er sich gegenüber seinen Töchtern, besonders den jüngeren, feindselig und gleichgültig. Er fand nur Zeit für die

Thora. Die jüngste Tochter geriet in eine derartige emotionale Verwirrtheit, daß sie einen großen Teil ihrer Zeit außerhalb ihres Körpers zubrachte und für niemanden mehr zugänglich war. Sie war eindeutig geistig behindert.

Eines Tages, als der Mann das Dach reparierte, fiel er herunter und brach sich seinen Rücken; er mußte über ein Jahr im Bett liegen. Da er jetzt nicht mehr in der Lage war, den Tempel zu besuchen, war er gezwungen, zu sehen, was mit seiner einst so süßen Frau geschehen war. Sie verhielt sich ihm gegenüber nicht mehr fürsorglich, sondern erfüllte nur die gebotene Pflicht. Sie richtete den Großteil ihrer Wut auf die Synagoge und behandelte seine spirituelle Versessenheit wie seine Geliebte.

Die älteste Tochter hatte zumindest in ihrer frühen Kindheit etwas Elternliebe und Erziehung genossen, und obwohl sie sich abgewiesen fühlte, war sie noch immer auf die Zustimmung und Liebe ihres Vaters bedacht. Sie wurde seine Krankenschwester. Frustriert darüber, daß er seine geliebte Thora mit niemandem diskutieren konnte, fing er an, sich mit seiner ältesten Tochter auszutauschen, was wiederum Spannungen zwischen ihr und der Mutter zur Folge hatte. Während er das Bett hütete, ging ihm ebenfalls langsam auf, wie krank sein jüngstes Mädchen war, und er empfand stechende Schuldgefühle.

Als dieser Mann mich aufsuchte, war er in seinem gegenwärtigen Leben der Vater von mehreren Töchtern und der Ehemann einer zornigen Frau. Seine gesamte Freizeit verbrachte er in seiner Kirche. Von den meisten Menschen wurde er als sehr spirituell orientierter Mann angesehen, da er sich intensiv dem Studium der religiösen Lehren widmete. In der Kirche war er einer Frau begegnet, mit der er über religiöse Fragen reden konnte, und er hatte sich selbst eingeredet, daß sie ihn in geistiger Sicht verstand. Er sah überhaupt keinen Zusammenhang zwischen seiner Beziehung zu Frau und Kindern und seinen spirituellen Neigungen, und er spielte mit dem Gedanken, seine Frau und die Töchter zu verlassen, von denen die Jüngste wiederum gefühlsmäßig unstabil war.

In der aktuellen Zweitfassung konnte ich nicht alle Charaktere wiedererkennen, doch es lag auf der Hand, daß seine neue Geliebte seine älteste Tochter aus dem Leben in Israel war – selbst damals hatte er geglaubt, sie sei die einzige, die ihn verstünde. Seine heutige Frau war identisch mit der damaligen Ehefrau, und keiner von den beiden hatte die gegenseitige Feindseligkeit des früheren Lebens vergeben und aufgelöst. Er hielt immer noch geistige Konzepte hoch anstelle von spiritueller Wandlung – die protestantische Theologie hatte einfach die Thora ersetzt. Es waren die Ideen, die ihn faszinierten, und nicht die Wegweisung, die ihnen zugrunde lag. Die Seele kennt jedoch den Unterschied. Wir machen keine Fortschritte, bloß weil wir fachsimpeln können. Wir müssen zu dem werden, was wir glauben.

Es stand mir nicht zu, ihm zu sagen, was er tun solle, doch ich führte ihm die Dynamik, die dahinter liegt, vor Augen. Auf die Beschreibung des Lebens in Israel reagierte er stark gefühlsmäßig, es ging ihm sogar so nah, daß er fast weinte. Heftige emotionale Reaktionen sind häufig der Hinweis, daß die Information – oder der symbolische Gehalt – zutrifft.

Heutzutage stellen immer mehr Therapeuten fest, daß es praktisch unmöglich ist, ihre Arbeit zu verrichten, ohne sich mit ihren eigenen geistigen Überzeugungen und denen ihrer Klienten auseinanderzusetzen. Ich kenne viele, die mit dem

Denkmodell »früherer Leben« arbeiten, um mit diesem Mittel tief in die Nischen der menschlichen Psyche vorzudringen, wo sich die Wasser des Verstandes, des Geistes, der Gefühle und der Vorstellungskraft mischen. Es ist ganz klar, wenn es im Gefühlsbereich einen Notfall gibt, dann muß die Heilung dort stattfinden. Das Ziel der Therapie richtet sich letztlich auf die Ganzwerdung und Selbstverwirklichung. Man kann den Geist des Menschen genausowenig von seinen Gefühlen oder seinem Körper trennen, wie es unmöglich ist, das Blut von einem lebenden Organ zu trennen.

Es gibt keine Vorgehensweise, psychologische Einflüsse von den von der Seele ausgewählten Lernerfahrungen zu trennen. Gehen wir beispielsweise davon aus, daß eine Seele Angst hat, in einem weiblichen Körper zu sein. Vielleicht hat jene Person viele Leben verbracht, in denen sie als Frau unter Einschränkungen oder unter Verfolgung litt. Um einen Ausgleich zu finden, könnte sich dieser Mensch nicht nur für ein Leben voller Herausforderungen als Frau entscheiden, obendrein ist es der Seele zuzutrauen, die ganze Angelegenheit bereits im Mutterleib zu starten. Sie könnte sich bei einer Mutter einfinden, die selbst ernsthafte Zweifel hegt, wie sehr ihr die Rolle als Frau behagt. Während sich das Mädchen im Mutterleib befindet und das Blut der Mutter teilt, wird das Kind von den psychischen Schwingungsmustern seiner Mutter imprägniert. Alle die Dinge, die es befürchtet, sind vom ersten Moment seiner Geburt an auf es zugeschnitten. Zweifelsohne wird diese Frau genügend psychologische Probleme vorfinden, die es zu bearbeiten gilt, doch ihre karmische Entscheidung hat ihr das perfekte Klassenzimmer für die Lernerfahrungen ihrer Seele besorgt.

Obwohl die Reinkarnationstherapie nicht als Ersatz für

die Auflösung der emotionalen Knoten dieses Lebens taugt, kann sie ein wertvolles Hilfsmittel sein. Jahrelang habe ich mit vielen Therapeuten zusammengearbeitet. Der zuständige Psychotherapeut nimmt sich die Kassettenaufnahme einer meiner Beratungssitzungen vor, worin auch die Schilderung von vergangenen Leben enthalten sein kann. Regelmäßig einmal wöchentlich trifft er sich dann mit dem Klienten, um das Material des Readings zu verarbeiten. Ich konnte Zeuge sein, wie Menschen mit Hilfe dieser Vorgehensweise Kräfte, die in der Vergangenheit eingefroren waren, freimachen konnten, ihre Ängste ablegten, die zuvor selbst bei einer Unmenge von Therapien nicht auflösbar waren, uralten Haß aufgaben, Phobien losließen, komplexe Sachverhalte in einem plötzlichen Szenenbild von Wissen erfaßten und sich von lange festgehaltenen Schmerzen freiweinten.

Meiner Erfahrung nach wird ein früheres Leben in Erinnerung gebracht, weil es mit dem gegenwärtigen Erlebnis in direktem Zusammenhang steht. Es wird nicht zur Belustigung zum Vorschein gebracht. Die Rückerinnerung an vergangene Leben ist kein Gesellschaftsspiel.

Bei vielen Leuten habe ich mich inmitten der Erinnerung eines schmerzhaften Erlebnisses aus der Vergangenheit befunden, das sie noch nicht aufgelöst hatten. Wir sind keine unbeteiligten Beobachter, statt dessen können wir uns dabei ertappen, wie wir die treibenden Emotionen der Ereignisse nachempfinden. Wenn eine Energie im Bewußtsein eingeschlossen ist, befindet sie sich außerhalb von Raum und Zeit. Sie lebt im JETZT. Wenn also, sagen wir im Spanien des fünfzehnten Jahrhunderts, ein Haßgefühl entwickelt wurde und es nicht durch Vergebung und Verständnis aufgelöst worden ist, könnte es genausogut heute morgen geschehen sein. Es hat die Macht, uns als lebendige Energie zu beeinflussen. Es besteht sehr wohl die Chance, daß der Haß einen Magneten eingesetzt hat, der im gegenwärtigen Leben aktiv ist. Wir müssen uns nicht an das Ereignis in Spanien erinnern, um zu erfahren, welche Energie noch immer vorherrscht; wir müssen nur einfach mit unseren Reaktionen, Vorurteilen, Vorlieben und Abneigungen ehrlich umgehen. Ich finde, daß ein Gutteil unserer zähen Muster, die uns über viele Leben begleiten, sich um die fehlende Liebe zu sich selbst drehen. Wir neigen dazu, an Gefühlen von Schuld, Scham, Verlust, Machtlosigkeit und Selbstbestrafung haftenzubleiben. Solche Emotionen können allerdings mit Hilfe von aufarbeitenden Techniken, deren Wirkungsprinzip uns bekannt ist, identifiziert, angenommen und aufgelöst werden. Am wichtigsten ist hierbei, sich selbst und anderen zu vergeben. Gott ist nicht hinter uns her wegen unserer vergangenen Taten. Wir sind es, die sich weigern, sich selbst zu vergeben.

Kinder erinnern sich an ihre Vergangenheit

Wie die Erlebnisse aus anderen Leben auf uns einwirken, zeigt sich in Neigungen, Anziehungen, Leidenschaften der positiven und negativen Art, in Verträglichkeiten und spontan auftretenden Widerständen. Bei einigen Kindern stellen sich spontane Erinnerungen ein, besonders vor dem vierten oder fünften Lebensjahr. Nach dieser Zeit nehmen die Prägungen und Anforderungen des jetzigen Lebens überhand.

Kinder können damit sehr sachlich umgehen. Ich kannte einen dreijährigen Jungen, der seiner Mutter beiläufig eröffnete: »Ich habe Papa erschossen, und darüber freue ich mich.« Mit der Vorbereitung des Abendessens beschäftigt, hat seine Mutter die Bemerkung abgetan: »Sei nicht albern! Du liebst doch deinen Papa.« Sie wurde aber hellhörig, als er fortfuhr: »Jetzt doch nicht, Mami, früher! Du erinnerst dich doch, wie wir in Kalifornien gelebt haben, und Papa war doch dieser böse Mann aus Mexiko, und wie er versucht hat, dir weh zu tun. Ich habe Papa erschossen, und darüber bin ich froh.« Hier ist es nicht allzu schwer, herauszufinden, weshalb die drei Personen wieder beisammen sind.

Eine andere kleine Freundin von mir hat auch im Alter von drei Jahren in etwa die Herausforderung ihrer Beziehung ausgedrückt, als sie zornig ihre Mutter anschrie: »Mir hat es besser gefallen, als ich die Mutter war und du das Kind!«

Ich denke, daß Kinder aus mehreren Gründen bewußte Erinnerungen zurückhalten, obwohl das integrierte Wissen immer verfügbar ist. Zunächst einmal müssen Kinder sich auf die Lektionen und Gelegenheiten in diesem Leben konzentrieren. Einer der Kontrollmechanismen, die in eine gesunde psychische Grundausstattung eingebaut sind, ist ein Überlaufventil, das sich schließt, sobald unser multidimensionales Selbst Schwierigkeiten hat, mit der gegenwärtigen Wirklichkeit in Berührung zu bleiben. Je mehr es uns gelingt, alle Aspekte des Körpers, des Verstandes und des Geistes zu integrieren, um so mehr können wir die Sicherheitsventile öffnen.

Doch ich glaube auch, daß es noch einen weiteren Grund gibt, weshalb Kinder so schnell vergessen. Viele Erwachsene nehmen die Bemerkungen ihrer Kinder über frühere Leben nicht ernst. Manchmal werfen sie dem Kind vor, es denke sich Geschichten aus, nicht nur in bezug auf vergangene Leben, sondern auch bei medialen Erlebnissen im allgemeinen. An dieser Stelle beginnen bei den meisten Menschen sehr ernsthafte Probleme.

Wenn Johnnys Mutter zum Beispiel sagt, er hätte es sich bloß eingebildet, den Großvater in der Ecke gesehen zu haben: »Großvater ist tot und fortgegangen. Das ist unmöglich.« Oder, noch schlimmer, sie wirft ihm vor, er lüge. Alsdann können sich bei Johnny Zweifel einstellen, und er mißtraut seinen eigenen Wahrnehmungen der Realität. Ich bin mit sehr vielen einigermaßen ausgeglichenen und weltoffenen Erwachsenen zusammengesessen, die in Tränen aufgelöst waren aus Kummer über das übersinnlich begabte Kind in sich, das sie verleugnet hatten.

Erstaunliche Gnade

Ich habe eine Freundin, die beabsichtigt, dieses Mal mit allem fertig zu werden, da sie es ablehnt, überhaupt noch einmal Multiplikationstabellen auswendig zu lernen! Gewiß können die Lernlektionen der Reinkarnation endlos scheinen. Hören wir denn niemals damit auf, in unserem eigenen Irrgarten herumzurennen? Ständig suchen wir nach Antworten in Büchern, in Religionslehren, bei Lehrern und bei Beratern, und in vielfacher Hinsicht sind wir die Fische, die ohne Ende im Ozean umherschwimmen, wohingegen der Ozean selbst immer schon die Antwort war, und sein Name ist Gnade. Er hat uns seine Freigebigkeit niemals vorenthalten.

Durch Gnade sind wir fähig, die Last unseres Lebens abzulegen. Wir müssen nur uns selbst und einander vergeben.

Durch Gnade wird uns die Gelegenheit geboten, uns von all unseren Fehleinschätzungen zu reinigen.

Gnade erhält uns in der Ganzheit, sogar wenn wir uns selbst getrennt sehen.

Gnade bewahrt unsere dunkelsten Geheimnisse und unsere größten Triumphe, sie richtet niemals.

Gnade ist tiefempfundene und bedingungslose Liebe, die wir weder benennen noch begrenzen können.

Gnade überschreitet das Karma; sie besteht in Gottes Zeit. Die Geburt der Gnade in uns signalisiert die Vollendung der endlosen Reihen von Geburt und Wiedergeburt.

Der Universale Christus – unter welchem Namen auch immer Sie ihn benennen mögen – ist die Verkörperung der Gnade.

Selbst wenn wir für das Licht in uns erwachen, ist es wichtig, daß wir geduldig und sanft mit uns umgehen, während wir danach streben, uns von unseren Begrenzungen zu befreien.

Unser menschliches Ego protestiert, wenn wir anfangen, alte Denkmodelle über das Selbst herauszufordern. Vielmehr zieht es vor, die Wirklichkeit nach schon vorhandenen Informationen einzuordnen. Unabhängig davon, ob es dem Ego paßt oder nicht, die alten Vorstellungen über das Selbst werden in Frage gestellt, sobald wir nach Selbsterkenntnis trachten. Ob sie leise eintrifft oder uns zu Boden wirft, jede Art von Herausforderung unserer alten Formen und unserer alten Überzeugungen signalisiert uns, daß die bewußte Veränderung sich bereits anbahnt.

Übung: Überprüfung der Gedankenformen

Diese Übung sieht vor, die negativen Einstellungen aufzuzeigen, denen Sie tagtäglich mit Ihren Gedanken und Worten Energie verleihen. Engagement bedeutet, allen Verhaltensmustern Aufmerksamkeit zu schenken, mit denen Sie Ihre eigene Realität schaffen. Unser Vorschlag ist, daß Sie sich überlegen, ob der Gedanke (habe gedacht) oder das Ausgesprochene (habe gesagt) oder beides gelegentlich (+) oder regelmäßig (*) auf Sie zutreffen.

Haben Sie sich selbst schon gedacht oder gesagt ...

GEDANKE	HABE GEDACHT	HABE GESAGT
Ich bin zu fett	( )	( )
Ich bin zu dünn	( )	( )
Ich bin zu alt	( )	( )
Ich bin mittleren Alters und deshalb bin ich ( )	( )	( )
Ich habe zu breite Hüften (bin zu breit, zu kurz, habe zuviel Brustweite, habe zuwenig Brustweite usw.)	( )	( )
Ich bin tolpatschig (nicht elegant usw.)	( )	( )
Ich sehe schlecht	( )	( )

GEDANKE	HABE GEDACHT	HABE GESAGT
Meine Allergien machen mir zu schaffen (mein Rücken tut weh usw.)	( )	( )
In meiner Familie kommen Herzprobleme vor (Glatzenbildung, Diabetes usw.)	( )	( )
Ich kann nicht zeichnen (singen, tanzen usw.)	( )	( )
Ich habe Angst vor ( )	( )	( )
Ich bin schüchtern	( )	( )
Ich bin zu geschwätzig	( )	( )
Ich bin nicht so klug wie ( )	( )	( )
Ich kann nicht mit dem Rauchen aufhören (mit dem Essen, mit dem Nörgeln usw.)	( )	( )
Ich kann nicht visualisieren	( )	( )
Ich kann nicht meditieren	( )	( )
Ich kann nicht »hellsehen«	( )	( )
Ich bin ( )	( )	( )

(Geben Sie andere negative Eigenschaften an)

GEDANKE	HABE GEDACHT	HABE GESAGT
Ich werde nie mehr Geld verdienen, weil …		
ich eine Frau bin	( )	( )
es nicht spirituell ist	( )	( )
die Welt ungerecht ist	( )	( )
ich zu alt bin	( )	( )
es keine Gelegenheit gibt	( )	( )
»sie« es nicht erlauben werden	( )	( )
Männer sind alle		
( )	( )	( )
(Tragen Sie die Verallgemeinerung ein)		
Frauen sind alle		
( )	( )	( )
(Tragen Sie die Verallgemeinerung ein)		
Die heutigen Kinder sind verdorben usw.	( )	( )
Alle Politiker sind korrupt	( )	( )
Wir gehen auf eine Wirtschaftskrise zu	( )	( )
Man kann sich nicht mit großen Geschäftsleuten anlegen (dem Rathaus usw.)	( )	( )
Israel und die Araber werden nie in Frieden miteinander leben	( )	( )

GEDANKE	HABE GEDACHT	HABE GESAGT
Die großen Katastrophen sind unvermeidbar	( )	( )
( )	( )	( )
( )	( )	( )
( )	( )	( )

(Weitere Annahmen und Verallgemeinerungen)

Wie oft haben Sie im letzten Monat gedacht und gesagt …

Ich bin ein Kind des Göttlichen
Ich bin in Ordnung, gerade so wie ich bin
Ich bin dankbar

Versuchen Sie, sich eine der negativen Affirmationen vorzunehmen, die Sie regelmäßig gedacht und ausgesprochen haben, und verfassen Sie darüber eine positive Affirmation. Verwenden Sie die Kraft des *ICH BIN*, mit der Sie das von Ihnen Gewünschte festlegen. Falls Sie zum Beispiel angegeben haben »Ich bin zu fett«, wäre es angebracht, Ihrem Unterbewußtsein folgende Affirmation zu vermitteln: »Ich bin dankbar, daß mein Körper allmählich zu gesunden Proportionen findet.«

Wann immer Sie in die Versuchung kommen, eine Negativaussage zu bekräftigen, nehmen Sie einen tiefen Atemzug und entscheiden Sie statt dessen, das Positive zu verstärken. Wenn das Positive für Sie arbeitet – und dies wird sicher der Fall sein –, packen Sie die anderen negativen Einstellungen eine nach der anderen an.

Achten Sie genau auf jene Gedanken und Aussagen, die mit der Einleitung *ICH BIN* beginnen. Sie befehlen eine Realität, wenn Sie diese Worte benutzen.

Anfangs wird es schwerfallen, alle *ICH BIN*-Aussagen in einer positiven Weise neu zu formulieren, aber Sie werden sich daran gewöhnen. Wenn Sie konsequent vorgehen, werden Sie entdecken, daß dies eines der Geheimnisse ist, die der Macht zugrunde liegen, unsere subjektive Realität zu gestalten.

Übung: Ehrlichkeit gegenüber den eigenen Zielen

Es besteht ein großer Unterschied zwischen dem Wunsch, etwas schaffen zu können und dem tatsächlichen Verlangen, es auch zu tun. Das Alte bewußt zu verändern, fängt damit an, daß man total ehrlich für das einsteht, was man wirklich will.

Folgende Übung wird wirksam sein, wenn Sie schrittweise vorgehen und die nachfolgenden Punkte nicht vorher lesen.

1. Nehmen Sie sich fünf Minuten Zeit, und notieren Sie auf der linken Seite eines Blattes Papier alle die Ziele, die Sie sich für dieses Leben vorgenommen haben. Sparen Sie dabei nichts aus – ein gutes Tennismatch zu spielen, ein Weltklasse-Bäcker zu sein, fließend Französisch zu sprechen – diese Ziele gehören genauso auf die Liste wie die Berufsziele.

2. Nehmen Sie sich jetzt drei Minuten Zeit, die fünf Dinge davon auszuwählen, die für Sie am wichtigsten sind. Markieren Sie diese Punkte mit einem Sternchen.

3. Anschließend gehen wir davon aus, daß ich Ihnen mitteilen würde, Sie haben noch genau ein Jahr zu leben. Welcher dieser fünf Punkte ist Ihnen am wichtigsten? Kreisen Sie ihn ein.

4. Als nächstes notieren Sie auf der rechten Seite des Bogens alles, was Sie in Ihrem Leben tun, um dem letztgenannten Ziel näherzukommen.

5. Nachdem Sie die Liste Ihres ersten Zieles vervollständigt haben, nehmen Sie sich die anderen vier mit Sternchen versehenen Ziele vor, und fertigen Sie eine Liste von allem an, was Sie jetzt unternehmen mit Ihrer Zeit, Ihrem Geld, Ihren Talenten, Ihrer Energie und Ihrer Verpflichtung, um diese Ziele zu erfüllen.

Wie gehen Sie gerade jetzt mit Ihren Mitteln um? Wer ist für Ihre Entscheidungen verantwortlich? Sollten Sie entdecken, daß Sie genau die Dinge nicht bewegen, von denen Sie behaupten, sie schaffen zu wollen, nehmen Sie sich diese Einsicht in Ihrer persönlichen Arbeit der Bewußtwerdung vor. Wie verbringen Sie Ihre Zeit? Wie setzen Sie Ihre Energie ein? Wer hat Ihren Zeitplan festgelegt? Wird Ihre Zeit fremd bestimmt durch die Vorstellungen anderer Menschen? Bestimmen Muster, die sie von Ihren Eltern, Kollegen, Ehepartnern oder den Medien übernommen haben, Ihr Leben?

Zweiter Schritt: Die Herausforderung

»Die wirkliche Entdeckungsreise besteht nicht darin, neue Länder zu suchen, sondern mit neuen Augen zu sehen.«
Marcel Proust

Bewußte Veränderung beginnt, sobald die ursprüngliche Glaubensform herausgefordert wird. Etwas geschieht, wodurch die Sicherheit des Status quo gesprengt wird – eine Krise, ein Trauma oder eine Ernüchterung. Die Herausforderung kann sich einschleichen durch Rastlosigkeit, die aufzeigt, daß Sie der alten Geisteshaltung entwachsen sind. Sie kann sich einstellen durch Erziehung, durch Reisen, über die Auseinandersetzung mit anderen Gesichtspunkten oder durch den Austausch mit jemand, der über einen breiteren Horizont verfügt. Ob nun die Herausforderung dramatisch oder subtil erfolgt, die Veränderung der alten Form wird durch sie in Gang gesetzt. Sie können nicht mehr zu der alten Form zurückkehren – sie ist nicht mehr tauglich. Der Wandel hat bereits eingesetzt.

Herausforderung: Belastung und Ausdehnung

Unbequemlichkeit – der Hauptvertreter von bewußter Veränderung – hat einen recht üblen Ruf. Wir verändern uns nicht, es sei denn, wir sind bereit, das Unbehagen zu erfahren, das jegliche Herausforderung unseren alten Überzeugungen und unseren alten Formen entgegensetzt. Aus medizinischer und aus verhaltenswissenschaftlicher Forschung wissen wir, daß jede Art von Veränderung, im guten wie im schlechten Sinne, Streß verursacht. Eine Heirat, ein neues Baby, eine neue Arbeitsstelle oder ein Umzug rufen ebenso leicht Belastung hervor wie Krankheit, Scheidung, Todesfall oder geschäftliche Niederlagen.

Dr. Hans Selye, der sich internationale Anerkennung durch seine Streßforschungen erwarb, definierte Streß als »die unspezifische Reaktion des Körpers auf jede Art von Forderung, die an ihn gestellt wird«.

In der Holmes-Ray-Einstufungsskala über soziale Wiedereingliederungen werden vielen menschlichen Veränderungen Streßpunkte zugeordnet. Ich kenne ein junges Paar, das glaubte, ihre Ehe sei zum Scheitern verurteilt. Deshalb suchten sie bei einem Psychologen Rat, der sie als erstes einem Streßtest unterzog. Innerhalb nur eines Jahres hatten beide durch das Verlassen des Elternhauses, die Eheschließung, die Geburt eines Babys und den Umzug in einen anderen Staat, der entfernt von den Familienangehörigen und Freunden lag, genügend schwergewichtige Streßpunkte angesammelt, so daß sie schon außerhalb der zumutbaren Bemessung lagen. Nachdem sie dies begriffen, konnten sie ihre Eheschwierigkeiten hinsichtlich der Fülle enorm belastender Veränderungen, die sie erlebt hatten, aus angemessener Perspektive sehen. Sie hörten auf, den Streß als Hinweis überzubewerten, etwas sei mit ihrer Ehe nicht in Ordnung, und lernten so mit gesundem Menschenverstand die Belastungen einzuschätzen, unter denen jeder stand.

Neue Arbeitsstellen, neue Menschen, eine neue Umgebung – irgend etwas Neues –, sie alle stellen potentielle Herausforderungen dar für das, was wir über uns selbst zu wissen glauben, aber sie bieten unserem Leben auch glänzende neue Möglichkeiten. Manchmal tritt die Herausforderung gewaltsam und ohne Warnung auf. Gehen wir mal davon aus, daß ein Teil ihrer Identität lautet »Ich bin eine Ehefrau.« Nur ein Telefonanruf an einem Montag morgen wäre nötig, und plötzlich sind Sie eine Witwe. Vielleicht lautet ein Teil Ihrer Identität »Ich bin finanziell abgesichert.« Es kommt nun ein Schwarzer Montag, und schon sind Sie wieder bei Null angelangt. Vielleicht ist ein Teil Ihrer Identität, daß Sie über Ihre eigene Welt die Kontrolle haben, egal, was andere tun, doch dann explodiert Tschernobyl in die Atmosphäre, und plötzlich befindet sich die ganze Welt potentiell in Ihrem Hinterhof.

H. G. Wells sagte einmal, daß die Zukunft ein Rennen zwischen der Katastrophe und der Erziehung ist. Ohne Katastrophe sind Sie nicht motiviert, sich zu ändern, doch angesichts eines übergroßen Ausmaßes der Katastrophe sind Sie gelähmt und unfähig zur Veränderung.

Die Plötzlichkeit der Herausforderung kann sich jedoch auch in angenehmer Weise präsentieren – Sie gewinnen eine Reise, begegnen einer besonderen Person, erben Geld. Ob die Neuigkeit Sie schockt oder in Hochstimmung versetzt, sie vermag mehr, als Ihr physisches Leben zu verändern. Sie bietet Ihnen die Gelegenheit, sich selbst und die Realität mit neuen Augen zu sehen. Herausforderung steht für das, was Marilyn Ferguson in ihrem Buch *Die sanfte Verschwörung* als den »Eintritt« der Veränderung definiert.

Gemäß der Systemtheorie entwickeln sich Menschen und soziale Institutionen nur, wenn sie die benötigten Ergebnisse nicht mehr erfüllen können. Solange sie arbeiten, bleiben sie intakt. Dasselbe gilt auch für unser persönliches Leben. Vielleicht haben wir uns ein persönliches System zugelegt, selbstgestrickte Überzeugungen, die einige Jahre, ein Leben lang oder über mehrere Lebensspannen Gültigkeit hatten. Solange eine vorhandene Glaubensüberzeugung die Menschen und Ereignisse in unser Klassenzimmer bringt, die wir brauchen, funktioniert die Form immer noch. Die Auflagen und Möglichkeiten, etwas zu lernen sind heiß, lebendig und entscheidend. Doch sobald uns die Form keine Wachstumsmöglichkeiten mehr bietet, wenn wir anfangen, uns schlafwandlerisch zu bewegen, fallen die Strukturen auseinander.

Wenn Streß sich im Lauf vieler Leben angehäuft hat, erreicht er schließlich den Siedepunkt. Die Herausforderung tritt im Augenblick des Ausbruchs ein, wenn die Kontrolle über die Form nicht mehr gehalten werden kann. Und es hat den Anschein, als ob sämtliche Ordnungsmomente auch dahin sind.

Die Familienangehörigen eines jungen Teenagers baten mich, sie zu heilen, weil sie in ständigen Schwierigkeiten steckte und alle Hilfe ablehnte. Als ich mich auf sie einstimmte, sah ich als erstes Bild Wasser, das sich überall hin ausbreitete, keine Grenzen achtend (die Gefühle waren außer Rand und Band geraten). Das nächste Bild zeigte mir den Kopf und den Körper des Mädchens getrennt, das hieß für mich, es war keine verstandesgeführte Herrschaft vorhanden. Dann sah ich, wie ein Auto ohne angezogene Bremsen den Berg hinunterraste, und ich wußte, ein Zusammenstoß war unvermeidlich. Damals war meine eigene Tochter etwa im selben Alter wie dieses Mädchen. Als ich nun diese destruktiven Szenen sah, verlor ich meine Objektivität, schlüpfte in mein mütterliches Selbst und stammelte »O nein!«

Sofort verschwanden alle Bilder des Mädchens, und ich schaute in ein Panorama des Universums. In einer kleinen Ecke befand sich ein mikroskopisch kleines weißes Kästchen, und meine geistige Führung teilte mir mit: »Vergiß nie, daß das alles ist, was du in einem Augenblick siehst.«

Geburtsbeben

Manchmal wird die Herausforderung mit schrecklicher und plötzlicher Zerstörung ausbrechen. Ähnlich wie ein Erdbeben, das durch langsames Verschieben der Erdschichten Druck aufbaut, entwächst das äußere »plötzliche« Geschehen aus den mit Druck gefüllten bestehenden Umständen, die nach Entladung verlangen. Es entwickelt sich zu sogenannten Geburtsbeben, wie ein Freund sie bezeichnet.

Paula wuchs beispielsweise in einer extrem fundamentalistischen Kirche auf, in der sie auch später heiratete. Nach einiger Zeit hatte sie drei Kinder in die Welt gesetzt und war eine mißhandelte Ehefrau. Da sie um ihre eigene Sicherheit und die ihrer Kinder fürchtete, suchte sie in ihrer Kirche Zuflucht. Ganz unmißverständlich wurde ihr von dort erklärt, sie habe die Pflicht, zu ihrem Mann zurückzukehren, der »durch Gottes Autorität Haushaltsvorstand sei«. Obendrein wurde ihr mitgeteilt, daß sie, falls sie eine Eheberatung aufsuchte oder an Scheidung dachte, von ihrer Familie und von der Kirche als tot erklärt werden würde. So ist sie mit ihren Kindern geflohen.

Alle Formen, worin sie gelebt hatte – Gott, die Familie,

die Ehe –, wurden herausgefordert. Es folgte eine lange und schwierige Periode, in der sie die Bruchstücke ihres Lebens untersuchte, doch allmählich begann sie sich auf neuere und gesündere Weise zu sehen. Obwohl es für sie schmerzhaft gewesen war, die Brutalität, die Desillusionierung und die Verluste zu erleben, so sagt sie doch heute, daß genau dies sie gezwungen hatte, aus ihrem auf Angst basierenden Leben auszusteigen.

Aus heiterem Himmel

Das Ereignis, das Ihre Welt herausfordert, nimmt seinen Beginn in dem Urideal ihrer Seele und steht auch geschrieben in dem Seelenplan derer, mit denen Sie Ihr Leben teilen. Oft braucht es die Perspektive der Zeit, um verstehen zu können, was es durch die Herausforderung zu lernen galt. Wenn allerdings die Seele bereit ist, ihre Zeitkapsel zu öffnen, geschehen »unmögliche Dinge«.

Eines dieser unverhofften Ereignisse traf mich im Jahre 1968, und es hat mein Leben verändert. Ich war eine junge Frau, die auf sich gestellt zwei kleine Kinder erzog. Ich arbeitete als Verantwortliche im Designfach für eine nationale Graphik-Publikation. Zwei gute Freunde von mir planten eine Designforschungsreise nach Peru und baten mich, mitzukommen. Ich dachte, sie seien wohl verrückt, denn jeder verdiente Pfennig wurde für meine Familienpflichten verwendet.

Sie schlugen vor, ich solle doch meinen Verleger dazu bewegen, mich auf diese Geschäftsreise zu schicken, oder sogar, was noch unwahrscheinlicher schien, daß eine ihrer Firmen mich finanziell unterstützen könnte. Über diese Idee konnte ich nur lachen, doch meine Freunde schlugen es meinem Verleger vor, und aus Gründen, die mir bis heute unbekannt sind, willigte er ein.

Also machte ich mich auf diese »unmögliche« Reise, verlebte eine wunderbare Zeit und hatte freimütig den Zweck der Reise vergessen – bis ich am Machu Picchu angelangt war.

Heutzutage haben wir alle schon von der mystischen Anziehungskraft Perus gehört, nicht so im Jahre 1968. Erst Jahre später wurde Peru zur Reiseattraktion in der New Age-Bewegung. Ich wußte nicht einmal, daß es Machu Picchu gab. Ich hatte zuvor niemals mit Perureisenden gesprochen, noch hatte ich irgend etwas darüber gelesen. Und ich wußte nichts über die Wirkung von kraftvollen Erdstätten auf unser Energiesystem.

Sobald wir in der Verlorenen Stadt der Inkas eingetroffen waren, fing ich an, mich komisch zu fühlen, aber ich schrieb es einer Magenverstimmung zu, die ich mir nachts zuvor zugezogen hatte. Als wir uns im Gänsemarsch den engen Pfad zu einer Sonnenuhr entlangschlängelten, fing mein Hintermann an, sich laut zu fragen, was wir denn dort vorfinden würden. Plötzlich öffnete sich mein Mund, und ich begann zu beschreiben, was wir sehen würden und welche Bedeutung und welchen Zweck die Sonnenuhr einst eingenommen hatte. Im Geiste sah ich Szenen, die sich wie Diabilder vor meinem inneren Auge einstellten.

Keiner war mehr erstaunt als ich. Wie kam ich zu dieser Information? Es war äußerst seltsam und hat mich schrecklich beunruhigt. Mein Realitätssinn wurde ernsthaft auf die Probe gestellt. Später entfernte ich mich von der Gruppe und versuchte, den Sinn wiederzufinden, weswegen ich zu dem

Berg gekommen war, doch ein machtvoller Wandel hatte mich ergriffen.

Seit meiner Kindheit hatte ich unwillkürliche Bilder im Kopf gesehen. Ich habe sie nie hinterfragt, noch habe ich ihnen Bedeutung beigemessen. Kinder fragen einen Erwachsenen nicht, ob er genauso wie sie selbst sieht. Sie nehmen einfach an, es sei der Fall, wenn sie überhaupt darüber nachdenken. Seit jenem Augenblick auf Machu Picchu waren die Bilder, die ich seit meiner Kindheit empfing, nicht mehr zufällig. Heute kommen die Bilder auf Anfrage.

Damals hatte ich keine Vorstellung, daß ich diese Fähigkeit, bekannt als Hellsichtigkeit, als Werkzeug einsetzen würde, denn meine Lebensaufgabe hatte sich in den nächsten sieben Jahren noch nicht entpuppt.

Obwohl diese plötzliche und ungewöhnliche Reise meine übersinnlichen Fähigkeiten gesprengt hatte, versuchte ich nach meiner Rückkehr, das Erlebnis als komischen Vorfall herabzuspielen, der jedoch mit meinem Leben ernstlich nichts zu tun hatte. Aus heutiger Sicht kann ich jedoch die Veränderungen bis auf das Erlebnis auf Machu Picchu zurückverfolgen; sie haben mich zum gegenwärtigen Moment geführt.

Aus dem Suchtverhalten zur Entscheidung

Wir haben immer das Recht zu wählen, wie wir mit jeder Art von Herausforderung umgehen. Wir können jederzeit die Lektion verweigern. Die Herausforderung wird ganz einfach in neuer Verpackung wieder auftauchen. Das Geistige ist liebevoll geduldig und unpersönlich; es ist an unserer Bewußtseinsentwicklung interessiert, was uns nicht zu jeder gegebenen Zeit behagen mag.

Gehen wir von dem Beispiel einer Frau aus, die glaubt, sie sei nur wertvoll, wenn sie in einer Beziehung mit einem Mann steht. Wenn sie an irgendeiner Stelle die Herausforderung einer weiteren enttäuschenden Liebesaffäre annimmt, um ihre Überzeugung über sich selbst zu untersuchen, kann sie ihr Verhaltensmuster brechen. Ansonsten bleibt sie in der zweiten Veränderungsstufe stecken – in der Herausforderung. Sie wird ihre Überzeugung beibehalten, wird auf die Probe gestellt, erduldet jeden Aufruhr der Herausforderung, und anschließend fängt die ganze Prozedur wieder von vorne an.

Ich kenne Frauen um die fünfzig, die dasselbe Bild von sich selbst in sich tragen, wie schon als Teenager. Ihre Talente sind unentwickelt, sie leben in Angst vor dem Älterwerden, und sie sind total unempfänglich für den Reichtum ihres Wesens, unabhängig davon, wer in ihrem Leben mitspielt oder nicht. Viele dieser Frauen sind in der Herausforderung ihrer Frauenrolle hängengeblieben, die gegenwärtig in unserem Kulturkreis vorherrschend ist. Ihre individuellen seelischen Lernerfahrungen sind Teil der kollektiven Herausforderung, die zum Ausdruck kommt.

Der Form süchtig verfallen zu sein, ist nicht dasselbe wie sie vorzuziehen. Der Wandel von Suchtverhalten zu Priorität ist ein Konzept, das umfassend von Ken Keyes jr., Begründer des Cornupia Centers, in seinem Buch *Handbook to Higher Consciousness* untersucht wurde. Er hat herausgefunden, daß wir glauben, wenn wir einer Sucht anhängen, könnten wir nicht ohne unser Suchtobjekt auskommen. Genauso verhält es sich mit unserem Selbstwertgefühl. Wir glauben, wir müßten etwas haben, um glücklich sein zu können. Sobald wir uns einmal von der Sucht der Priorität zuwenden, erkennen wir, daß wir überhaupt nichts haben *müssen*, um glücklich zu sein, doch wir ziehen es vor, uns freiwillig für etwas zu entscheiden.

Die Frau, die süchtig auf Männer ist, kann die Herausforderung annehmen, wenn sie zu der Einsicht kommt, daß sie als Mensch wertvoll ist, unabhängig wer das Leben mit ihr teilt oder nicht. Danach kann sie sich entscheiden, ob sie lieber in einer Beziehung lebt oder nicht. Unterschied ist die Wahlentscheidung; sie wird nicht mehr zum wiederholten Male dieselbe Schiene entlanggeschleift.

Manchmal spricht die Herausforderung zu uns: »Hör zu, diese alte Vorstellung über dich nimmt dich gefangen. Jetzt ist eine günstige Zeit, damit Schluß zu machen.« In der Minute, wo wir dies wirklich hören können, entdecken wir, daß es viele Methoden gibt, die uns unterstützen, aus den alten Formen herauszutreten. Die Institution »Anonyme Alkoholiker« beispielsweise verzeichnet hohe Erfolgsraten. Sie leistet den Menschen Hilfe, nicht nur mit alkoholbezogenen Problemen fertig zu werden, sondern auch die Probleme anzugehen, die aus jeder nicht funktionierenden Familie hervorgehen. Die Leitlinie ihres Zwölf-Schritte-Programms zur Suchtheilung beginnt zunächst damit, daß man eingesteht, unter einem Problem zu leiden.

Die Erweiterung persönlicher Mythen

Wir alle haben gewöhnlich im Laufe vieler Leben persönliche Mythen entwickelt. In dem Maße, wie wir ihnen Glauben schenken, leiten sie unser Leben. Doch wenn die Zeit gekommen ist, diesen Mythen zu entwachsen, stellen sich Herausforderungen ein.

In einem Artikel im *Revision*-Magazin schlagen David Feinstein und Stanley Krippner vor, daß unsere persönlichen Mythen das Ergebnis von vier wechselwirkenden Quellen sind. Die erste ist die Biologie. Sie behaupten, daß sowohl unsere persönlichen als auch unsere kulturellen Glaubensüberzeugungen als Symbole und Berichte enden, die in der Gehirnstruktur eingelagert sind. Informationen und Einstellungen sind neurochemisch kodiert. Zusätzlich beeinflussen auch unser Temperament und die Hormone das, was wir glauben. Zweitens sind unsere persönlichen Mythen bis zu einem gewissen Ausmaß ein Mikrokosmos der Mythologie unserer gesamten Kultur. Als dritte Quelle, so geben sie an, dienen die Einzelheiten unserer persönlichen Geschichte. Und schließlich erhält unser persönlicher Mythos seine endgültige Gestalt aus übernatürlichen Erlebnissen, welche die Episoden, Einsichten, Träume und Visionen umfassen, die unsere Sichtweite inspirieren und erweitern.

Sie schlagen vor, und ich stimme ihnen zu, daß durch die Umwandlung eines persönlichen Mythos (ganz egal ob individuell, als Nation oder als Gattung) derartige Veränderungen zu Meilensteinen in der Evolution des menschlichen Bewußtseins werden. Und sie fügen an, dies seien »die Hitzeperioden der Menschengeschichte«. Wir befinden uns an einem solchen Punkt auf dem Planeten.

Der Psychologe und Philosoph Rollo May sagt, daß, sobald ein Mythos unserer Wirklichkeit nicht mehr zu unserem besten Wohle dient und uns nicht die Erlebnisse und das Wachstum bringt, das unsere Seelen vorgesehen haben, ein

»Mythenzusammenbruch« eintritt, wobei der Mythos, die Form, herausgefordert wird.

Ich erinnere mich an einen sympathischen jungen Mann, der es kaum erwarten konnte, Priester zu werden. Sein erstes Jahr am College fiel jedoch traumatisch aus, denn er fand sich Tatsachen und einer Logik ausgesetzt, denen er in der sicheren Mythologie seiner Familie und seiner Heimatkultur nie begegnet war. Er sagte mir, alles sei harmlos gewesen im Vergleich zu dem Schock, den er an der Universität erfuhr. Seine Lieblingsgeschichten aus der Kindheit mußten eine nach der anderen auf dem Altar der Wahrheit geopfert werden. Gerade seine Hingabe bewirkte, daß er genau die Art von Ausbildung anzog, die ihn anspornte, eine reichere Wahrheit zu finden. Ohne solch ein tiefes Verlangen in ihm hätte er eine viel weniger fordernde Schule für sich gefunden.

Wir ziehen genau das an, was wir wirklich wollen, nicht was wir denken, zu wollen. Es ist keine üble Idee, uns ab und zu die Frage zu stellen, wessen Wahrheit wir leben. Wessen Traum träumen wir? Kay Boyle hat einmal gesagt: »Es gibt nur eine Geschichte, die wichtig ist, und das ist die Geschichte, woran man einst geglaubt hat und die identisch ist mit der Geschichte, der man sich neu zuwendet.«

Die Herausforderung von Wahrnehmungen

Die ersten Jahre, als meine Heiltätigkeit begann, sich zu entfalten, waren für mich Jahre der Herausforderung. Alle meine vorgefaßten Ideen darüber, was wirklich sei, mußten untersucht werden. Wie die meisten Menschen, die eine westliche Erziehung genossen, war ich stark ausgerichtet auf die Logik der linken Gehirnhälfte. Intuitiv wußte ich, es mußte noch mehr geben als das, was man mir im Sinne von Newtons Wissenschaft beigebracht hatte. Damals war mir allerdings nichts bekannt über verbindende Energiefelder, über Zeit und Raum, über Relativität oder alternative Realitäten.

Gelegentlich stimmten die Erklärungen für Krankheitsbilder mit meinem Verständnis über die Macht überein, die Gedanken und Emotionen auf den Körper haben. Ich war nicht allzu überrascht zu sehen, daß zurückgehaltener Groll in Beschwerden der Gallenblase resultierte, oder daß die Verweigerung, die Vergangenheit loszulassen, ihre Starrheit in einem gestörten Dickdarm ausdrückte. Man hat mich umsichtig gelehrt, nicht zu sagen, daß Ärger sich *immer* als dieses oder jenes ausdrücken wird, oder daß Ressentiments *definitiv* zu Soundso führen werden. Ich finde, es ist zu einfach, »immer« zu sagen. Die Menschen sind bei weitem komplizierter angelegt. Es ist wahrscheinlich richtiger vorzuschlagen, daß eine Disharmonie sich »möglicherweise« an einer bestimmten Stelle ausdrücken wird.

In meiner Arbeit stieß ich vielmals auf eine Situation, die jegliche bekannte Erklärung ad absurdum erklärte, die ich von der Wirklichkeit hatte. Es gab einfach keine Erklärung darüber, wie ich mich auf jemand konzentrieren konnte, der Hunderte von Meilen entfernt wohnte und ich trotzdem sein Problem zutreffend zu diagnostizieren wußte. Ich konnte eine Person im Geiste sehen, ich fühlte, wie Energien durch meinen Körper flossen und sich auf die Person richteten, und häufig geschah es, daß sich der Kranke erholte.

Vielfach hat das, was ich erlebt habe, alle logischen Verstandesgründe ausgeklammert. Einer meiner Freunde, ein Angestellter in der Werbebranche, rief mich eines Tages mit der Bitte an, ob ich mit der Tochter eines Kollegen arbeiten würde. Holly zählte damals vier Jahre, und sie erschien buchstäblich nicht erziehbar. Ihre Eltern waren verzweifelt. Die Tochter war derart außer Rand und Band, daß sie Gegenstände aus den Fenstern warf. Die Eltern hatten sie zu mehreren Fachärzten gebracht, einschließlich Spezialisten und Verhaltenstherapeuten. Keiner hatte die leiseste Ahnung, was ihr fehlen könnte.

Mein logischer Verstand mit seinen Ideen über die Wirklichkeit nahm an, er würde eine ernstliche chemische Unausgewogenheit vorfinden. Man male sich meine Überraschung aus, als ich mich auf Holly einstimmte und erkannte, daß sich zwei Kinder in ihrem Körper aufhielten. Durch meine geistige Führung erfuhr ich, daß sich bei Hollys Geburt eine zweite Seele an sie geheftet hatte und seit dieser Zeit bei ihr geblieben ist.

Ich erhielt die Auskunft, daß die einzige Behandlung in diesem Falle durch Intervention der Engel geschehen könne. Ich sah, wie schöne Lichtwesen liebevoll, doch bestimmt die Seele, die sich dort zu Unrecht aufhielt, zur Aufgabe überredeten. Die Auskunft sagte weiter, Holly würde eine Zeitlang desorientiert sein, aber es ginge ihr recht schnell wieder gut. Weiter wurde ich angewiesen, den Eltern nur mitzuteilen, die Arbeit sei erledigt. Ihr Glaubenssystem beinhaltete nichts, das ihnen ermöglicht hätte, zu verstehen, was geschehen war.

Etwa ein Jahr später erkundigte sich mein Freund bei Hollys Vater über ihren Zustand. »Oh, ihr geht es großartig. Eine Zeitlang hat sie sich sehr seltsam verhalten, aber jetzt ist es so, als ob wir ein neues Kind hätten.«

Hollys Wille war jetzt in Einklang mit einer normalen

biologischen Entwicklung. Der Willen der Wesenheit, die nicht hierher gehörte, war äußerst stark gewesen und beschlagnahmte Holly sehr. Sie hatte weniger den Willen des Kindes besetzt, doch statt dessen sein Verhalten bestimmt und das Kind verwirrt. Die Wesenheit wurde durch Engelwesen in die Dimension geleitet, wohin sie karmisch gehörte.

Rätsel in Fächern ablegen

Mein Konzept über die Wirklichkeit wurde in diesen frühen Jahren so regelmäßig auf die Probe gestellt, daß ich mehrere Techniken entwickeln mußte, um die Schocks verarbeiten zu können, da ich nicht die Absicht hatte, »auszuflippen«. Ich war bemüht, meine Arbeit zu verrichten, doch gleichermaßen war ich verpflichtet, dabei ausgeglichen und geerdet zu bleiben.

Eine Sache, die bei mir gut funktionierte und die mir stets weiterhilft, wenn ich mich inmitten von Herausforderungen befinde, ist folgende: Ich baue mir im Geiste ein Fach mit der Aufschrift »In Erwartung für weitere Erleuchtung«. Wenn ich nicht verstehe, wie etwas möglich sein kann, und ich mich selbst nicht begrenzen möchte, indem ich es in mein bestehendes Wissen oder meine Vorurteile einzwänge, lege ich die Sache einfach in das Fach und lasse sie ruhen. Ich gehe davon aus, daß ich früher oder später die Information anziehe, die ich brauche und die mir hilft, die Angelegenheit zu verstehen.

Manchmal quillt dieses Fach mit mehr Fragen als Antworten über. Und die Antworten kommen wiederum, wenn ich sie am wenigsten erwarte. Wenn wir angesichts der Herausforderung in Panik geraten, weil wir nicht alle Antworten kennen, können wir zeitweise die Gelegenheit ausschalten, die uns die Herausforderung bietet. Ich verwende hier das Wort *zeitweise,* weil, wenn die Zeit für uns gekommen ist, etwas zu lernen, wird es sich wieder in einer anderen Form einfinden.

Wenn auf persönlicher oder gesellschaftlicher Ebene eine unserer geliebten Überzeugungen durch die Herausforderung zerschlagen wird, können wir uns fühlen, als ob wir auseinanderbrechen. »Ich weiß nicht mehr, wer ich bin.« »Die Dinge ereignen sich zu schnell.« Es scheint keine Ordnung oder Richtung mehr zu geben. So wie ein Stern Entropie erfährt, scheint alles, was wir für real gehalten haben, einzustürzen. Danach werden wir in die Expansion gedrängt. Der Prozeß wird uns allerdings wieder zur Zusammenziehung führen, und die Erneuerung – eine neue Form – nimmt ihren Anfang. Manchmal bleibt uns einzig und allein übrig, bei Eintreffen der Herausforderung stehenzubleiben und zu warten, während wir fühlen, wie alle unsere Teile aus dem Leim geraten.

Aufmerksam sein

Oftmals ist es so, daß im Verlauf des Veränderungszyklus, die Herausforderung Zwiegespaltenheit, Selbsttäuschung und Unbeständigkeit mit sich bringt. Wenn wir sagen, wir sind von einer bestimmten Sache überzeugt, doch wir leben diese Sache anders, werden uns auf allen Wegen, auf denen wir die von uns angenommene Wahrheit nicht leben, recht unsanft die Augen geöffnet.

Beispielsweise haben wir in dem Augenblick der Unabhängigkeitserklärung der Vereinigten Staaten gesagt, daß wir glauben, alle Menschen seien gleich geschaffen. Doch wir werden nun nach einem Bürgerkrieg und 125 Jahren sozialer Auseinandersetzungen immer noch auf die Probe gestellt, ob wir praktizieren, was wir vorgeben, zu glauben. Wir manifestieren immer noch eine Wirklichkeit, die auf der tiefsitzenden Überzeugung von Ungleichheit aufbaut. Bis tatsächlich alle Menschen das Gleichheitsprinzip leben, werden wir weiterhin herausgefordert werden. Es gibt keine Möglichkeit, das Universum mit seichtem Geschwätz und »guten Absichten« zu manipulieren.

Über meinem Schreibtisch hängt ein Poster, das besagt: »Unternimm heute nichts, was die Harmonie des Universums trübt.« Ich habe deklariert, daß ich daran glaube. Aber es gab eine Zeit, als das Universum im wesentlichen sagte: »Wir wollen doch einmal sehen, ob du wirklich aufmerksam bist, wie diese Aussage sich in deinem Leben zeigt.«

Damals habe ich in einem abgelegenen Gebiet im Gebirge von North Carolina gelebt. Eines Tages fuhren eine Freundin und ich auf dem Blue Ridge Parkway entlang, um einen Tag im Grünen zu verbringen. Wir beschlossen anzuhalten, um einen Strauß wilder Blumen zu pflücken. Nach einigen Minuten meinte meine Freundin: »Ich glaube, wir sollten das nicht tun. Mir ist nicht wohl dabei.«

»Warum nicht?« fragte ich. Sie zuckte die Schultern, und wir haben weiter einen großen Strauß Blumen gepflückt. Am nächsten Abend las ich einen Reiseführer über Tibet. Es war keineswegs ein Buch über Bewußtseinsfragen – oder annähernd so etwas ähnliches. Auf der zweiten Seite schlugen mir die folgenden Worte ins Gesicht: »Und ihrer Ansicht nach sind die beiden schlimmsten Vergehen, die man tun kann, einem Kind Leid zuzufügen und wilde Blumen zu pflücken.«

Zwei Wochen später lehrte ich auf einem Wochenkurs im Rahmen einer Konferenz. Eines der Rituale, das ich bei diesem bestimmten Seminar gerne verwende, beinhaltet, jedem Teilnehmer eine Blume zu überreichen. Ich glaubte nicht, daß die Konferenzveranstalter begeistert gewesen wären, hätte ich ihnen die Rechnung für fünfzig Schnittblumen überreicht. Demzufolge habe ich draußen vor der Stadt einen großen Strauß Wildblumen gepflückt, ihn in den Konferenzraum gebracht und ihn in einer Kaffeekanne in einer dunklen, kleinen Ecke aufbewahrt. Als ich zwei Stunden später dort nachschaute, waren sie auf mysteriöse Weise verschwunden. Man könnte annehmen, an dieser Stelle hätte ich aufmerksam werden müssen. Es bedurfte allerdings noch eines Vorfalls.

Eine Woche nach der Konferenz besuchte mich meine Tochter und ihr zweijähriger Sohn in den Bergen. Er und ich gingen sehr glücklich eine Stunde lang über die Wiese und sammelten dabei alle Arten von Steinen. Als wir uns auf dem Rückweg befanden, fragte ich ihn: »Würdest du Mami gerne eine Blume mitbringen?« Als er die Hand ausstreckte, um eine Wiesenblume zu pflücken, wurde er von vier Bienen gestochen. Das war ein angsterfüllter Moment, denn wir hatten keine Ahnung, ob er auf Bienenstiche allergisch reagierte, und wir befanden uns mindestens dreißig Minuten von der nächstgelegenen medizinischen Versorgungsstätte entfernt. Glücklicherweise verlief bei dem Kind alles gut, doch es hat mich ganz gewiß aus der Ruhe gebracht.

Bei dem Erlebnis ging es weniger um Wildblumen an sich, es ging vielmehr um eine Lektion in Feinabstimmung, Geradlinigkeit und um Aufmerksamkeit. Ich hatte behauptet, daß ich daran glaube, die Harmonie des Universums nicht zu stören, doch ich war total unbedacht im Hinblick auf den Teil, den wilde Blumen in einem größeren Ökosystem spielen.

Zu guter Letzt habe ich es schließlich kapiert.

Der Himmelhund

Veränderung schreit nicht immer; manchmal flüstert sie. Die Herausforderung kann in ihrer subtilsten Art eine namenlose Sehnsucht nach etwas sein, das unaussprechlich ist. Inmitten eines sehr gewöhnlichen Lebens, wo alles so gefällig dahinplätschert, kann dieses Sehnen wie ein Nebel durchsickern und sich allem anhaften. Ein Freund schrieb mir einmal: »Ich spüre in mir ein Gefühl, eine alte Sehnsucht, so unaussprechlich und unerklärlich, eine Stimme, die fast so klingt wie das Heulen eines einsamen Wolfes, der seine Sehnsucht dem Mond vorklagt. Ich habe keine Worte, es auszusprechen, aber die Sehnsucht hat etwas damit zu tun, daß ich weiter kommen will. Ich glaube, es ist eine Sehnsucht nach Veränderung – und nach Gott.«

Der Dichter Francis Thomson nannte diese Sehnsucht den »Himmelhund«. Andere haben sie als die »göttliche Unzufriedenheit« bezeichnet. Ich kann mich an keine Zeit in meinem Leben erinnern, wo ich nicht danach gehungert habe, zu erfahren, wozu und zu welchem Zweck wir hier sind. Die Fragen tauchten unter, wenn ich im Alltagsgeschehen beschäftigt war, nur um später noch heftiger als zuvor hervorzubrechen – es ist so, als ob die Sehnsucht selbst den

Brennstoff für die Suche beschaffte. Eine liebe Freundin hat mir im Alter von zweiundachtzig Jahren eine philosophische Lebensweisheit im Umgang mit dieser Sehnsucht angeboten: »Lieber bin ich eine Sucherin«, sagte sie, »als mir selbst zu gratulieren für das bißchen, was ich gelernt habe.«

Manchmal kann sich die Herausforderung als schleichende Langeweile einstellen. Alles, was mich früher befriedigen konnte, verliert seine Anziehungskraft. Eines Tages betrachtet sich einer unserer gehetzten Leben und findet, daß Geld und soziale Rangstellung einfach nicht mehr genug sind. »Ist das alles, was es gibt?« Eine junge Frau begibt sich wie gewöhnlich in den trendgemäßen Club und findet, daß genau die Dinge, die sie noch letzte Woche begeistern konnten, ihren Reiz für sie verloren haben. Der Priester, der mit soviel Hingabe begonnen hat, stellt fest, daß die Leidenschaft seines Lebens dahin ist, und er entdeckt, daß er leere Rituale abhält.

Die Stufe der Herausforderung im Veränderungszyklus stößt uns an den Rand des Unbekannten. Und das bringt alle Arten von Ängsten mit sich. Theoretisch mögen wir wissen, daß Freude, Erfüllung und alle Antworten im Unbekannten liegen, doch in der praktischen Anwendung können wir mißtrauisch werden.

Manchmal glaubt das Ego, daß die Herausforderung ein Zufall ist, etwas, was nicht wirklich vorgesehen war. Es gibt einen alten militärischen Spruch, der besagt, man stirbt nicht, solange die Kugel nicht den eigenen Namen trägt. Vielleicht haben wir Angst vor der Kugel, auf der geschrieben steht: »An den, auf den es sich bezieht.« Zufälle sind oft Manifestationen von Überzeugungen, die verleugnet oder nicht erkannt worden sind. Wenn wir wirklich fühlen, daß unser Leben außer Kontrolle geraten ist, könnten wir einen »Unfall« herbeiführen, der unseren inneren Wahnsinn sichtbar macht. Wenn wir einem geheimen Glauben: »Ich kann nicht gewinnen, ohne zu verlieren« anhängen, könnten wir alle Arten von Geräteausfällen herbeiführen, die uns Geld und Zeit kosten. Auf einer Ebene erlauben wir uns, einen Bazillus einzufangen – und wenn es nur dadurch geschieht, weil wir unserem Körper die Aufmerksamkeit für seine Bedürfnisse verweigern. Es gibt einen Grund, weshalb wir uns dort einfinden, wo sich ein Unfall ereignet.

Ich erinnere mich an einen Vortrag von Dr. J. Allen Hynek, den Ufo-Forscher, der früher das Blue Book Programm bei der US-Luftwaffe leitete. Nach seiner Rede, die eine dringende Bitte für offene, unvoreingenommene Erforschungen war, stand er für Fragenbeantwortung zur Verfügung. Ein Mann bemerkte, er hätte von der Idee gehört, daß es sich bei den Ufos tatsächlich um Weltraumbrüder handeln könnte, die hier seien, um uns bei unserer Evolution zu unterstützen.

Ehe Dr. Hynek antworten konnte, brach das Publikum in Gelächter aus. Nachdem das Lachen verebbte, fragte dieser seine Zuhörer, ob sie wirklich wüßten, weshalb sie so laut gelacht haben. Er erinnerte sie daran, daß sie wahrscheinlich genauso reagiert haben, als sie als Viertkläßler gehört haben, wie über Sex geredet wurde. Sex war das geheimnisvolle Unbekannte, und die beste Verteidigung gegen das Geheimnis war, es lächerlich zu machen. Wenn die Form der Herausforderung gegenübersteht, lacht das Ego manchmal. Es ist ein nervöses Lachen – das Ego möchte nicht lächerlich erscheinen, und es fürchtet Kritik. Es ist also vorschnell dabei, zu sagen: »Das stimmt nicht, weil es keinen Sinn mit dem ergibt, was ich weiß.«

Wie gehen wir infolgedessen mit der Herausforderungsphase der Veränderung vor? Sie anzunehmen und total bewußt anzugehen ist das Wichtigste, was wir für uns selbst tun können. Wir müssen unbedingt aufmerksam bleiben. Unsere innere und äußere Welt sagt uns immer, was geschieht.

Wenn wir die Fragerei unterlassen können, und sei es nur einen Moment lang, sobald wir erkennen, wir sind schon wieder dabei, uns zu beklagen – »Warum passiert mir das?« – werden wir uns selbst eine Menge Sorgen ersparen. Haben wir uns nämlich in den Gedanken verbissen, daß jemand dafür verantwortlich sein muß, sind wir versucht, uns selbst oder anderen die Schuld zuzuschreiben. Das verzögert nur den gesamten Prozeß. An dieser Stelle müssen wir uns selbst sagen: »Keiner hat recht oder unrecht; niemand verdient einen Vorwurf, einschließlich meiner selbst. Dies geschieht ganz einfach. Es hat einen Zweck, und ich wähne, daß es für mich in Ordnung ist, in diesem Augenblick nicht zu verstehen, welcher Zweck dahintersteht. Mit der Zeit werde ich es verstehen.«

Dankbarkeit

Dankbar dafür zu sein, ist die nächstbeste Art, mit einer Herausforderung umzugehen. Ich habe mich immer gefragt, weshalb die Meister uns immer angehalten haben, dankbar zu sein, Dank auszudrücken. Mit Sicherheit hat Gott kein Ego, das verherrlicht werden muß. Durch meine Heiltätigkeit habe ich jedoch den Grund dafür verstanden. Dankbarkeit ist eine Energie, die in all unseren Dimensionen Wunder hervorbringt.

Zuerst habe ich dies erfahren, als mich ein junger Mann, der den Absturz eines Kleinflugzeuges hinter sich hatte, darum bat, mit ihm zu arbeiten. Als ich mich anfangs geistig auf ihn einstimmte, war sein Energiebild zertrümmert und traumatisiert, so wie es zu erwarten war. Mir wurde mitgeteilt, in drei Tagen sei er wieder arbeitsfähig.

Als ich erneut mit ihm arbeitete, konnte ich kaum glauben, was ich sah. Es gab Abertausende von winzig kleinen Lichtexplosionen, die überall in seinem Körper stattfanden. Mir wurde erklärt, ich sähe, wie die »Dankbarkeitsenergie am Arbeiten« sei. Dankbarkeit schafft eine Menge von Heilenergie innerhalb unserer Zellstruktur, sie ist wie die Kleinausgabe einer Atomexplosion. Infolgedessen werden wir angehalten, dankbar zu sein. Dankbarkeit bekräftigt uns. Dankbarkeit ist eine Wahlentscheidung, mit der Zeit entwikkelt sie sich zur Lebensgewohnheit.

Unsere Herausforderungen stellen vollkommene zugeschnittene Klassenzimmer dar. Wenn wir ruhig hinhören, könnten wir feststellen, daß unterhalb der Raserei unseres Egos hinsichtlich der Prüfung ein weiserer Anteil von uns bereits dankbar ist.

Die Versuchung ist groß, angesichts einer Herausforderung zu wünschen, daß jemand, irgend jemand, sie beseitigen möge. Ich nenne dies »nach Elfenstaub suchen«. Manchmal beten wir, die geistige Welt möge sie entfernen.

Ich fand mich einmal mit einer Herausforderung konfrontiert, die mich derart aus der Fassung brachte, daß ich die geistige Führung bettelte, mir zu sagen, was ich tun solle. Zu diesem Zeitpunkt wollte ich keine der üblichen Weisheitslehren hören, ich wollte einzig die Antwort, was ich tun solle. Nachdem ich mich beruhigt hatte, teilte mir meine geistige

Führung mit: »Glaubst du denn, daß du nur so wenig geliebt wirst, daß wir dich um deine einzige Wachstumschance berauben – nämlich um die Entscheidungen, die du täglich triffst?«

Dann wurde mir das Bild eines Kleinkindes gezeigt, das lernte zu gehen. Gelegentlich fiel das Kind hin und tat sich weh. Liebevolle Hände tauchten auf, die dem Kind halfen, wieder auf seine Füße zu kommen, gaben ihm einen zärtlichen Klaps und zogen sich zurück. »Wahre Liebe«, wurde mir im Geiste mitgeteilt, »respektiert die dem Kleinkind angeborene Gehfähigkeit. Sie sagt nicht, ›weil du dir jetzt wehgetan hast, werde ich dich durchs Leben tragen.‹« Unsere Herausforderungen kommen, weil es für uns an der Zeit ist, krabbeln, dann gehen und später rennen zu lernen. Ohne diese Schritte blieben wir auf ewig in der Kleinkindphase stecken.

Eine andere Technik ist es, den sogenannten Zeugen oder Beobachter in uns zu entwickeln. Sie hilft im Verlauf der Herausforderung – und gleichermaßen in anderen Phasen. Das heißt, Sie beauftragen einen Teil Ihres Gewahrsams, außerhalb Posten zu beziehen und einfach zu beobachten, was Sie gerade erleben. Er kommt Ihren Reaktionen nicht in die Quere. Ob wir lachen oder weinen, protestieren oder uns hingeben, der Beobachter sieht einfach zu und macht Notizen. Die Herausforderung ist das Erlebnis, das Sie gerade durchlaufen, sie ist nicht, wer Sie sind. Der Zeuge hilft Ihnen, den Unterschied zu sehen.

Auf dieser Stufe, und ebenso auf den anderen, ist es wichtig, dort anzufangen, wo Sie sich befinden.

Man erzählt sich die Geschichte einer Frau, die ihre Autoschlüssel verlor. Sie stand unter einer Laterne und tastete dort nach den Schlüsseln. Ein Mann kam näher und bot seine Hilfe an. Nach einer Weile fragte er: »Sind Sie sicher, daß Sie sie hier verloren haben?« »O nein«, sagte sie, »ich habe sie dort im Dunkeln verloren. Es ist nur so, hier ist mehr Licht.«

Während einer Herausforderung fühlt es sich so an, als ob wir im Dunklen tappen, und es wäre doch viel bequemer, in das Licht der alten, zuverlässigen Formen zurückzukehren. Doch dort sind die Antworten nicht zu finden. Sie liegen im unbekannten Dunklen.

Doch vergessen Sie nicht, daß das Dunkle im Laufe der Zeit ins Helle steuert.

Übung: Lehrer, Klassenzimmer und Lektionen

Einige der Hauptfragen, die einem Berater vorgelegt werden, sind: »Was habe ich zu lernen?« »Wer sind meine Lehrer?« »Wo sind sie?« In Wahrheit brauchen wir allerdings niemanden, der uns dies sagt. Die Antworten liegen in unserem täglichen Leben. Folgende einfache Übung hilft Ihnen, sich zu erinnern.

1. Nehmen Sie ein Blatt Papier und machen Sie drei Spalten.

2. In die linke Spalte notieren Sie alle wichtigen Personen Ihres Lebens. Diese Spalte beinhaltet natürlich Eltern, Geschwister, Liebhaber, Ehepartner und Kinder. Sie sollte aber auch Ihren nächsten Nachbarn, Ihren Chef oder Geschäftspartner, Ihre Kameraden, Ihre engen Freunde und jedermann, mit dem Sie häufig zu tun haben, berücksichtigen.

3. In die zweite Spalte schreiben Sie neben jedem Namen die Umstände, unter denen Sie diese Person kennen – Schule, Arbeit, zu Hause, Kirche usw.

4. In die dritte Spalte setzen Sie neben jedem notierten Namen die Eigenschaft oder das Gefühl, die als erstes auftauchen, wenn Sie an jene Person denken. Diese Liste ist nur für Ihre Augen bestimmt, seien Sie also ehrlich mit sich selbst.

5. Nun schreiben Sie in *großen Druckbuchstaben* über die erste Spalte: MEINE LEHRER, über die zweite Spalte: MEINE KLASSENZIMMER und über die dritte Spalte: MEINE LEKTIONEN.

6. Denken Sie darüber nach. Halten Sie Ihre Lehrer, Ihre Klassenzimmer und Ihre Lektionen in Ehren? Sie haben diesen vollkommenen Rahmen als Lernplatz geschaffen mit genau den richtigen Menschen, durch die Sie lernen.

Dritter Schritt: Der Widerstand

Mich kriegst du nie in eines von diesen Dingern!
Raupe, die sich einen Schmetterling betrachtet

Der unvermeidliche dritte Schritt bewußter Veränderung ist der Kampf zwischen dem Alten und dem Neuen. Die alte Form gibt ihr Territorium nicht ohne weiteres auf. Sobald wir anfangen, eine neue Sichtweise der Realität in Betracht zu ziehen, steigen alle unsere tiefverwurzelten Denk- und Fühlmuster aus den Kellergewölben unseres Bewußtseins herauf und rufen: »O nein, wage es bloß nicht!« Neue Ideen rühren Ängste vor dem Unbekannten auf, Ängste, mit den angenehmen Denkgewohnheiten zu brechen, die seit der Kindheit eingehalten wurden, Muster, die von Kultur und Familie, vielleicht sogar aus anderen Leben aufdiktiert wurden.

Das ist die Übergangszeit, in der die *was ist, wenn* und *ja, aber* den größten Raum einnehmen. »Was ist, wenn diese neue Art zu denken falsch ist?« »Was ist, wenn ich versage?« »Ja, mir gefällt diese neue Idee, aber andererseits habe ich immer so gedacht.« Das Neue gefällt, doch das Alte hat die Anziehungskraft der Geschichte. Meinungsschwankungen und Unentschlossenheit schwappen über und drücken sich in äußeren Zeichen des Konfliktes aus. Der Widerstand ist allerdings ein natürlicher Bestandteil des bewußten Wandels – und er nimmt innerhalb des Zyklus einen Zeitraum ein, der nicht übereilt werden kann, es sei denn, Sie wollen ihn später wiederholen.

Feuer des Widerstands

Ich habe die Menschen oft sagen hören, daß ihr Leben chaotische Formen annahm, sobald sie mit ihrem Wunsch zu wachsen ernst machten. Wenn Sie sich zum Beispiel entschieden haben, eine Sucht zu überwinden, wird sie anfangs schlimmer. Haben Sie sich entschlossen, auf Zigaretten, Alkohol, Schokolade oder den Liebhaber, der Ihnen nicht guttut, zu verzichten, werden Sie nur noch an Zigaretten, Alkohol, Schokolade oder an den Liebhaber, der Ihnen nicht guttut, denken. In dem Augenblick, wo wir ankündigen, wir wollten geduldiger sein, wird das Leben plötzlich zu einer unablässigen Enttäuschung.

Die Standardbemerkung an dieser Stelle ist: »Was mache ich falsch?« Gar nichts! Alles verläuft nach Plan. Das Chaos ist ein Zeichen, daß die Veränderung am Werk ist. Die Herausforderung an Ihre alte Form ist wie eine Bombe in den Status quo hineingeplatzt, und das Verteidigungssystem zeigt Alarmstufe eins an.

Als ich bewußt begann, mein spirituelles Leben anzugehen, drehte sich mein persönliches Leben sofort total um. Zu diesem Zeitpunkt hatte ich schon einige Jahre mit dem Studium verschiedener Psychologieformen verbracht, und ich lebte in der Illusion, daß ich mich selbst ziemlich gut kannte. Je mehr ich jedoch über das von mir Erstrebte studierte, meditierte und affirmierte, um so mehr Verwirrung erlebte ich. Schließlich war ich in der Lage, meinen Widerstand gegen das Geschehen aufzugeben und fing an, mich um Verständnis zu bemühen.

Meine geistige Führung zeigte mir ein bewegliches Bild. Im Hintergrund war eine Goldkrone zu sehen, und im Vordergrund befand sich ein Feuerreifen. Aus diesem Feuerring schob sich eine unaufhörliche Serie von Feuerringen in Richtung Krone ineinander. Die beiden ersten Reifen waren nur wenige Zentimeter voneinander entfernt, die nachrückenden Ringe folgten dichter aufeinander. Während die Feuerreifen der Krone immer näherkamen, wurde der Abstand zwischen ihnen immer kleiner, bis sie zu einem Feuerwall anwuchsen. Ich begriff, daß die Goldkrone keine Belohnung für Leistung war; vielmehr stellte sie ein Stück persönlicher Selbstbeherrschung dar. Wenn wir nach der Krone der Meisterschaft über uns selbst streben, kämpft alles in uns dagegen, was dieser Selbstbeherrschung nicht entspricht.

Wenn wir uns auf diesen Pfad begeben, gehen wir zuerst durch einen einzigen Feuerring und erleben etwas Erleichterung. Doch je ernster es uns mit unserem inneren Streben ist, um so mehr Widerstände tauchen auf, bis sie zu einem stetigen Feuerwall anschwellen, je näher wir dem Ziel kommen.

Wenn wir den Feuern des Widerstandes ausgesetzt sind, flammen zunächst die Ängste eines Lebens auf. Sie brennen, und eine Zeitlang scheint alles versengt zu sein. Das bedeutet nicht notwendigerweise, daß wir etwas falsch machen. Es könnte sehr wohl der Fall sein, daß wir es genau richtig machen. Jede Krone der Meisterschaft über uns selbst, auf die wir Anspruch erheben, und so klein sie auch sein mag, erweist sich als wertvoll. Aber während der Widerstandsstufe innerhalb des Veränderungszyklus erscheint uns dies fast unmöglich.

Wenn wir niemals die Überzeugungen unserer Eltern, Lehrer, Priester und den Vorbildern aus der Kunst- und Geschäftswelt übernommen haben, könnten deren Stimmen in der Widerstandsphase deutlich hörbar werden. Einige fühlen sich, als ob die vorwurfsvollen, beschämenden, kreischenden Furien des Selbstzweifels und der Angst auf sie losgegangen sind. Andere stellen fest, daß ihr Ego mit der sanften, kühlen Stimme der Logik dagegen angeht: »Nun ja, mir ist bekannt, daß du an der neuen Idee Gefallen findest. Wollen wir doch mal ruhig die Tatsachen betrachten, was meinst du?« Natürlich beruft sich diese Stimme gewöhnlich auf die alten, bekannten Tatsachen. Sie versteht sich meisterhaft auf das Rationalisieren.

Die Freuden der Ambivalenz

Zu allerhand Vorfällen kann es kommen, wenn wir uns unseren Weg durch den Widerstand bahnen. Häufig eignen wir uns als Studienobjekt der Ambivalenz. »Ja, ich will es« wird am Montag früh zu: »Nein, ich werde es nicht tun.« Ein Teil von uns versucht weiterhin, sich die neue Idee anzuziehen wie ein exotisches Kostüm; ein anderer Teil von uns würde genauso gern in ein altes, bequemes Hauskleid schlüpfen. Manchmal fühlen wir, wir haben tatsächlich die Fähigkeit verloren, eine klare Entscheidung zu treffen.

Die meisten unter uns sind beispielsweise unentschieden darüber, was sie in einer persönlichen Beziehung möchten. Wenn wir in den letzten zwanzig Jahren volljährig geworden sind, waren wir Teil der sich verändernden Konzepte über die Mann-Frau-Beziehung. Ich habe festgestellt, daß diese kulturelle Veränderung bisher keineswegs ihre Widerstandsphase überwunden hat, und daß der Widerstand oft ambivalente Ideen über Ehemänner, Ehefrauen oder Liebhaber mit sich bringt.

Eines meiner Seminare behandelt das Beziehungsthema, und in diesem Seminar bitte ich die Teilnehmer, sich einem Test hinsichtlich ihrer Einstellung zu unterziehen. Fast bei jedem stellt sich heraus, daß er zweigleisig fährt. Sein Denken, was er sich wünschen sollte, und das, was ihm tatsächlich ein angenehmes Gefühl verschafft, klafft auseinander. Beispielsweise mögen Sie sich wünschen, Gleichwertigkeit in der Beziehung anzustreben. Eine Frau könnte sagen, und auch wirklich davon überzeugt sein, daß es ihr egal ist, wieviel Geld ihr Mann verdient. Sie sei glücklich, wenn er ein altes Automobil fährt und am Wochenende zum Camping geht. Sie möchte einfach nur, daß ihre Beziehung auf Gleichberechtigung beruht. Allerdings, wenn sie auf Ehr und Gewissen gefragt wird, gibt sie meistens zu, daß sie sich deutlich zu einem Mann hingezogen fühlt, der mit seinem neuen Wagen auf dem Weg zu seiner Promotion vorfährt. Ein Mann, der von vorurteilslosen Frauen gut unterrichtet wurde, könnte eine Frau bewundern, die ihm berufsmäßig ebenbürtig ist, doch insgeheim bekennt er, daß er sich ungezwungener fühlt, wenn er das Sagen hat.

Beide drücken die Wahrheit darüber aus, was sie zu wollen glauben; sie sind nur unentschieden. Die alten Formen des idealen Mannes und der idealen Frau sind tief in unserer Psyche verwurzelt. Sie geben nicht kampflos auf. Mein Beispiel ist eindeutig stereotyp gehalten, um den Punkt hervorzuheben, doch wir können einen Kampf nicht schöpferisch lösen, wenn wir uns nicht ehrlich sein Vorhandensein eingestehen.

Ja, aber und *Was ist, wenn* werden während der Widerstandsphase zu einer Lebensweise.

»Ja, ich weiß, daß ich es nicht mag, wenn er mich in dieser Weise behandelt. Was wäre aber der Fall, wenn ich dagegen aufbegehre und er mich verläßt?«

»Ja, ich würde gerne auf die Schule gehen, doch er (sie, die anderen) sind nicht dafür.«

»Ja, ich bin gegen Chemieabfälle, doch was würde wohl passieren, wenn ich dagegen protestiere und deshalb entlassen werde.«

»Ja, ich bin für Gleichberechtigung, aber immerhin, ich muß schauen, daß mein Laden läuft.«

»Was wäre, wenn ich mich irre?«

»Was wäre, wenn ich versage?«

Am allermeisten machen uns die unausgesprochenen Fragen zu schaffen: »Was werde ich wohl aufgeben müssen?«

Die alte Form vermittelt das süße Zugeständnis der Tradition. Wir wissen, was uns erwartet, selbst wenn es uns nicht paßt. Die neue Idee hat noch keine Geschichte; wir haben keine Ahnung, was uns erwartet, und im Unbekannten werden Ängste ganz geschwind ausgebrütet.

Ich kenne einen Arzt, der sich monatelang mit dem *Ja, aber* herumschlug. Seine Form bestand aus seiner traditionellen Ausbildung, die ihm vermittelt hatte, Krankheit sei als Zusammenbruch innerhalb eines maschinellen Systems einzustufen. Medikamentöse Behandlung war die einzige Methode, um sie zu beheben. Als er sich jedoch in zunehmendem Maße holistischen Ansätzen gegenübergestellt sah, fand er immer größeres Interesse daran zu erfahren, wie der Verstand und die Gefühle den Körper beeinflußten. Das war nicht allzu herausfordernd. Innerhalb seiner alten Form konnte er dafür einen Platz einräumen. Als er jedoch Zeuge verschiedener Geistheilungen wurde, was nach seiner alten Form eindeutig »unmöglich« schien, fand er sich stark in Frage gestellt.

Da er ein echter praktischer Arzt, nicht bloß ein Verfahrenstechniker war, bemühte er sich ehrlich darum, in seinem Verständnis zu wachsen. Aufgrund dessen begann er ganz ernsthaft, seine ursprünglichen Überzeugungen herauszufordern. An dieser Stelle focht sein logischer Verstand einen unerbittlichen Kampf, die bestehende Wissenschaft diente ihm als Hauptkanone. Er mußte ebenfalls mit seinen Ängsten fertig werden, wie wohl die Gesundheitsbehörde AMA (American Medical Association), seine Kollegen und seine Patienten reagieren könnten. Schließlich hat er den Konflikt beigelegt, und er wurde zu einem wahrhaft holistisch gesinnten Arzt. Dies geschah allerdings nicht ohne vorheriges Ringen mit seinen Widerständen, wie auch Jakob mit dem Engel des Herrn kämpfen mußte. Interessanterweise war es die Wissenschaft mit der Bewußtseinserforschung der »neuen Physik«, die ihm half, eine Brücke über die Kluft zu schlagen, die früher geistige und wissenschaftliche Wahrheiten für ihn gespalten hatte.

Verlust des Orientierungssinns

Einer der Gründe, weshalb diese Phase so unbequem ist, liegt darin, daß wir unseren Orientierungssinn verlieren. Vor

Jahren habe ich eine perfekte Beschreibung dieses Gefühls gelesen. Der Schriftsteller (dessen Namen ich vergessen habe) sagte, es sei, als ob wir die Sicherheit unseres Bordsteins verlassen haben. Wir wollen die Straße überqueren, unser Ziel liegt auf der anderen Straßenseite, aber wir befinden uns ausgerechnet mitten auf der Straße, gleich weit entfernt von dem Bordstein, den wir hinter uns ließen, und dem, der vor uns liegt. Stehen wir auf dem alten Bordstein, ist uns dieser vertraut, selbst wenn wir ihn nicht mögen. Sobald wir bereit sind, den neuen Gehsteig anzusteuern, hilft uns die Vorfreude, dort fast angelangt zu sein, die Angst vor dem Unbekannten durchzustehen. Doch inmitten der Straße verläßt uns unser Orientierungssinn. Dieser Teil der Überquerungsstrekke ist am bedrohlichsten. Sobald der Verkehr zunimmt, möchte ein Teil von uns zurückgehen, der andere Teil will weiterrennen.

Sobald ich an den Verlust des Orientierungssinnes denke, erinnere ich mich in diesem Zusammenhang an die schreckliche Desorientierung vieler unserer Vietnamveteranen. Viele unter ihnen haben wirklich daran geglaubt, sie kämpften für ihr Vaterland und für eine gerechte Sache. Mit dieser Überzeugungsform traten sie an. Sie wurden durch die Sinnlosigkeit des Krieges auf die Probe gestellt, doch sie haben mitgespielt, obwohl sie sich persönlich in qualvolle innere Kämpfe verwickelten. Obendrein fanden sie nach ihrer Heimkehr keinerlei Dank, Hilfe und Unterstützung vor, sondern wurden wie Aussätzige behandelt. Sie galten als beschämende Sinnbilder unseres kollektiven Wahnsinns. Wir haben zwanzig Jahre gebraucht, die Mißhandlungen einzustellen, die wir den Botschaftern unseres sich wandelnden Mythos zugefügt haben, das hieß, zwanzig Jahre hatten die Veteranen keinen

Zufluchtsort. Erst als wir allmählich die uns innewohnende Zwiespältigkeit zugaben, konnten wir diese Männer wieder in die Arme schließen und somit die Heilung einleiten, obwohl wir bis heute den Mythos des Kriegers nicht aufgegeben haben.

Dr. Ira Progoff erinnert uns an das enorme Potential, das sich aufbaut, wenn wir uns mitten in der Veränderung befinden. »Sobald die Vergangenheit hinter uns liegt und die Zukunft noch nicht sichtbar ist, stellt das Zünglein an der Waage eine offene Bewegung für Möglichkeiten dar. Richtig genützt, wird es zum Auge des Hurrikans, zu einem ruhigen Zentrum inmitten unseres Lebens, zu einem freien, bedingungslosen Augenblick der Gelegenheit.«

Der Rückkopplungseffekt

In der Widerstandsstufe der Veränderung macht sich die Energie des Rückkopplungseffektes bemerkbar. Während das Neue Kräfte sammelt, rüstet das Alte zu einem Gegenschlag. In den sechziger Jahren haben wir größere Schritte hinsichtlich der Bürgerrechte und sozialer Hilfsprogramme unternommen, nur um dann in den achtziger Jahren einen konservativen Rückkopplungseffekt, »die Rückkehr zu den traditionellen Werten« zu erleben.

Auch die Frauenbewegung ist ein Beispiel des Rückkopplungseffektes. Die Herausforderung einer unserer ältesten Formen, der Mythos des Patriarchats, den wir Menschen vertreten, ruft zu nichts weniger als zu einer Revolution in einer unserer grundlegendsten Annahmen auf. Es begann in den sechziger Jahren, als deutlich sichtbare und gründliche

Schritte unternommen wurden und immer mehr Männer und Frauen sich für die Neudefinition der Gleichberechtigung der Geschlechter einsetzten. Die Gesetze wurden geändert, in den Schulen wurden beide Geschlechter nebeneinander unterrichtet, in der Geschäftswelt nahmen die Aufstiegschancen für Frauen zu. Die Filme, das Fernsehen, Zeitschriften und die Werbung gingen dazu über, uns ein Frauenbild zu vermitteln, das sich an mehr interessiert zeigt als an Waschmittel und »Männerfang«. Hunderte von Büchern und Fernseh-Talkshows eröffneten ein Forum, das Ungerechtigkeiten bloßstellte und neue Optionen anbot.

Die jahrhundertealte Form, die das Frauenbild bestimmt hatte, lag währenddessen wie eine Schlange, die überall dort zum Schlag ausholte, wo sie eine verletzliche Stelle vorfand, eingeringelt in unserem kollektiven Unbewußten. Hie und da konnten sich wohl ein paar Gesetze ändern, doch auf keinen Fall sollten wir das »Gesetz« erlassen, das ein für allemal das Problem der Ungleichheit beseitigen könnte. Wir durften die Anfänge eines neuen Mythos erleben, als schließlich einige unserer Töchter die geweihten Hallen der Institutionen betraten, die früher ausschließlich Männern vorbehalten waren. Mittlerweile wurde jedoch eine steigende Zahl unserer jungen Frauen auf der Straße attackiert. Auch als wir eine Frau am Obersten Gerichtshof in Washington eingestellt hatten und eine Frau für das Amt der Vizepräsidentin in Betracht gezogen wurde, entwickelte sich im ganzen Lande zunehmend die »Feminisierung der Armut« zu einer Realität. Einerseits wollten wir, daß unsere Mädchen sich hohe Ziele setzten und sie erreichten; doch andererseits wollten wir einfach nur, daß sie schön sein sollten und für immer jung blieben. Wir waren und wir sind ambivalent gesinnt.

In dieser Übergangsphase wußten wir ebenfalls nicht, wie die Männer sich verhalten sollten. Einerseits vermittelte der Film *Tootsie* eine neue Perspektive über die Thematik des Mannseins und der Weiblichkeit, und der Film *Kramer gegen Kramer* führte uns einen sensitiven Vater vor, während wir andererseits Millionen von Dollar ausgaben, um uns den Film *Rambo* anzusehen, und Tausende von Zehnjährigen, ausgerüstet mit Bataillonen, Handgranaten und Kriegsschiffen, den alten Mythos wiederaufleben ließen.

Es gibt eine Menge alter Formen, die in den nächsten Jahrzehnten aussterben werden. Die Unterdrückung, die Ablehnung und der Mißbrauch der weiblichen Energie – des weiblichen Aspektes Gottes – stehen ziemlich oben auf der evolutionären Hitliste. Nun wirkt SIE durch unsere Evolution. Und SIE läßt uns unmißverständlich wissen, sofern wir überleben wollen, müßten wir aufhören, die Gewässer, das Land und die Atmosphäre zu verseuchen, wir könnten nicht willentlich ganze Gattungen von Lebewesen ausrotten und dürften unsere Familienmitglieder nicht wirtschaftlich versklaven oder Wissen und Mittel zum Nutzen weniger Bevorzugter zurückhalten. Einige von uns haben immer schon auf das ewig Weibliche gehört, es sind jedoch in den vergangenen Jahrzehnten immer mehr dazugekommen.

Der morphogenetische Froschteich

Jedesmal, wenn ein Mensch sich für Kooperation anstatt für Eroberung entscheidet, wird das Saatbeet unserer gesamten Gesellschaft immer fruchtbarer. Wenn eine Rasse reif ist, einen Wandel in ihrer Entwicklung vorzunehmen, gebiert sie neue Organe, sondert sie einige aus, fügt sie Farbe hinzu oder entzieht diese. Sie stärkt ihre Flügel- oder Beinkraft, um den Verfolgern zu entkommen – im wesentlichen unternimmt sie alles, was notwendig ist, um den neuen Anforderungen der Umgebung gerecht zu werden.

Wie dies vor sich geht, führt uns der Botaniker Rupert Sheldrake in seiner Theorie der morphogenetischen Felder vor. Diese geht davon aus, daß alles Lebendige, vom kleinsten Atom bis zum größten Planeten, von einem Energiefeld umgeben ist, das sein einzigartiges Lebensmuster hinterläßt. Dr. Sheldrake glaubt, daß »akkumulierte Erfahrungen einer Spezies eine Art von formgebender Erinnerung entstehen läßt«.

Sobald sich die universale Energie in das energetische Kraftfeld eines Lebewesens ergießt, beispielsweise in einen Frosch, behält der genetische Musteraufbau (das Erinnerungsvermögen) die Froschform bei. Jede Art von bemerkenswerter Veränderung innerhalb einer Gattung nimmt beträchtliche Zeit in Anspruch. Selbst wenn die Evolution meldet, es sei Zeit, die Muster der Froschnatur zu verändern, wandeln sich nicht alle Frösche gleichzeitig um. Irgendwann tritt allerdings die neue Verhaltensform in die Welt der Frösche. Zuerst demonstrieren einige Frösche die neuen Möglichkeiten, dann gesellen sich mehr dazu. Sobald genügend Frösche das neue Verhaltensmuster übernommen haben, baut sich eine kritische Masse auf, bis das gesamte Froschreich – durch einen Quantensprung – den Wandel in ein neues Modell nachvollzieht. Ein neues Erinnerungsmuster wird errichtet. Wahrscheinlich zieht eine große Anzahl von Fröschen die gute, alte Zeit vor, doch allzu lange können sie sich nicht mehr im Teich aufhalten.

Genauso verhält es sich mit uns als Einzelwesen. Wenn unser kollektives Bewußtsein einen Wandel durchläuft, ist es unwahrscheinlich, daß wir alle sofort mitmachen, ganz gleich, wie viele bereits wissen, daß die Veränderung richtig ist. Gedanken über uns selbst nehmen ihr eigenes morphogenetisches Energiefeld ein. Wir haben ein Vorstellungsmodell von der Wirklichkeit, und wir erwarten, daß die Lebensenergie in diese vertraute Gußform einfließt. Wenn wir eine neue Idee in uns aufnehmen, müssen wir in der Widerstandsphase geduldig sein – schließlich wird soeben eine neue Schablone angefertigt. Wir müssen nicht erst eine ganze und vollkommene Person sein, damit die Energie des neuen Konzeptes das Muster umwandelt. Wir müssen allerdings unseren Willen einsetzen, um die Möglichkeit des Wandels nachhaltig zu bestätigen.

Von den Sozialwissenschaftlern wissen wir, daß eine neue Idee, die in ihrer Anfangszeit als radikal, ketzerisch oder gefährlich eingestuft wird, trotz alledem einen guten Saatboden in der Gesellschaft finden wird, sofern mindestens fünf Prozent der Bevölkerung sie akzeptieren, und daß sie schon fast das Rennen gemacht hat, sobald sie von zwanzig Prozent angenommen wurde. Zwischen fünf und zwanzig Prozent liegen jedoch fünfzehn grimmige Prozentpunkte. In dieser Spannbreite offenbart sich der Widerstand mit seiner Zwiegespaltenheit und seinen Rückkopplungsfaktoren, der mit fieberhafter Intensität wütet. Die alte Form schlägt, vom Tode bedroht, zurück.

Der kritische Wandel im Wachstumsprozeß tritt ein, wenn der Wunsch, sich zu verändern, stärker ist als die Angst davor. Sobald wir einmal einundfünfzig Prozent Liebe für Gott aufbringen, sind wir über den Berg. Sogar die qualvollsten Auseinandersetzungen nehmen eine unterschiedliche Qualität an, wenn wir verstehen, daß das Ergebnis schon in der Minute beschlossene Sache war, als wir sagten: »Ich will die Wahrheit.«

Sobald der Kampf beginnt, bietet uns unsere Umgebung meistens nur wenig Unterstützung. Die Menschen und die Umstände um uns herum müssen sich notwendigerweise verändern, bloß weil wir es tun. Unsere persönliche Umgebung gründet sich auf die magnetischen Kräfte der Vergangenheit. Unsere Arbeit, Kirche, Freunde, Hobbys, Einstellungen, persönlichen Beziehungen und all unsere Vorlieben und Süchte haben sich bis zum heutigen Tage unablässig in unseren Unternehmungen widergespiegelt. Fängt man an, sich zu verändern, erhält der Spiegel einen Sprung.

Wissenschaftlich ausgedrückt, besagt die Theorie des Schmetterlingseffektes, daß die Luft über den Vereinigten Staaten sich verändert, wenn ein Schmetterling in Japan seine Flügel ausspannt. Stellen Sie sich jetzt mal vor, selbst wenn Sie nur die kleinste Veränderung einführen, wie sich das auf eine Beziehung auswirkt. Beziehungen verlaufen in einem großen Ausmaß harmonisch, weil sie auf vereinbarten Wirklichkeitsvorstellungen und Rollen basieren. Sie funktionieren gut, bis einer der Partner anfängt, sich zu verändern, und der andere sich bedroht fühlt.

Nach einer Konferenz, einem Seminar oder einer Heilsitzung, in welcher Form auch immer wir einen größeren Durchbruch in unserer Wahrnehmung erfahren haben, ist es sehr üblich, daß wir voller Enthusiasmus heimkehren – und sofort einen Zusammenbruch erleben. Wir sind bereit, uns zu verändern, aber unsere Welt befindet sich noch genau an der Stelle, wo wir sie zurückgelassen haben, und all die alten Abwehrmuster kommen wieder zum Vorschein. Die Familienangehörigen und die Freunde haben keine Ahnung, worüber wir sprechen; häufig kommt es vor, daß sie sich sogar so heftig bedroht fühlen, daß sie als Ankläger auftreten: »Du bist nicht mehr das Mädchen, das ich geheiratet habe.« »Du hast dich verändert.« »Du bist nicht in dieser Weise erzogen worden.« »Jetzt geht es mit dir bergab.«

»Bergab« bezeichnet wahrscheinlich alles auf der anderen Seite ihres Wahrnehmungsspektrums von uns und der Realität. Das ist jedoch ein schwacher Trost, wenn wir versuchen, eine junge, zerbrechliche, noch nicht integrierte Einsicht mit einer alten, etablierten Beziehung zu versöhnen.

Ich halte die Menschen, die ein Erwachenserlebnis hinter sich haben, an, sich zu gut erden, ehe sie das Milieu verlassen, in dem sie sich neuen Gedankengängen zugewandt haben. Es gibt eine Menge Techniken zur Erdung. Eine ist, sich zu beruhigen, einen tiefen Atemzug zu nehmen und die neuen Gefühle in einen gesunden Kontext zu bringen. Es ist wichtig, sich daran zu erinnern, daß die Familienangehörigen, die Freunde und die Kollegen, die die Erlebnisse nicht mit Ihnen geteilt haben, die diesen Durchbruch ermöglicht haben. Sie können bestürzt auf die neuen Ideen reagieren oder an ihnen kein Interesse haben. Und mit Sicherheit verändert sich kein Mensch auf Kommando.

Oftmals braucht der andere die Zusicherung von uns, daß

wir ihn nicht hinter uns lassen, wenn wir wachsen. Während wir mit der neuen Einsicht leben, bestimmt diese Eigenschaft allmählich einen Teil dessen, wer wir sind. Unsere Mitmenschen lernen weit mehr von unserem lebendigen Vorbild als von unseren Forderungen oder Bekehrungsversuchen.

Einer der besten Ratschläge, die ich für den Umgang mit dieser Situation kenne, wurde von dem Dichter Rainer Maria Rilke an einen jüngeren Schriftsteller gerichtet und in *Briefe an einen jungen Dichter* niedergeschrieben.

»Aber alles, was vielleicht einmal vielen möglich sein wird, kann der Einsame jetzt schon vorbereiten und bauen mit seinen Händen, die weniger irren. Darum, lieber Herr, lieben Sie Ihre Einsamkeit, und tragen Sie den Schmerz, den sie Ihnen verursacht, mit schön klingender Klage. Denn die Ihnen nahe sind, sind fern, sagen Sie, und das zeigt, daß es anfängt, weit um Sie zu werden. Und wenn Ihre Nähe fern ist, dann ist Ihre Weite schon unter den Sternen und sehr groß; freuen Sie sich Ihres Wachstums, in das Sie ja niemanden mitnehmen können, und seien Sie gut gegen die, welche zurückbleiben, und seien Sie sicher und ruhig vor ihnen und quälen Sie sie nicht mit Ihren Zweifeln und erschrecken Sie sie nicht mit Ihrer Zuversicht oder Freude, die sie nicht begreifen könnten. Suchen Sie sich mit ihnen irgendeine schlichte und treue Gemeinsamkeit, die sich nicht notwendig verändern muß, wenn Sie selbst anders und anders werden; lieben Sie an ihnen das Leben in einer fremden Form und haben Sie Nachsicht gegen die alternden Menschen, die das Alleinsein fürchten, zu dem Sie Vertrauen haben. Vermeiden Sie, jenem Drama, das zwischen Eltern und Kindern immer ausgespannt ist, Stoff zuzuführen; es verbraucht viel Kraft der Kinder und zehrt die Liebe der Alten auf, die wirkt und wärmt, auch wenn sie nicht begreift. Verlangen Sie keinen Rat von ihnen und rechnen Sie mit keinem Verstehen; aber glauben Sie an eine Liebe, die für Sie aufbewahrt wird wie eine Erbschaft, und vertrauen Sie, daß in dieser Liebe eine Kraft ist und ein Segen, aus dem Sie nicht herausgehen müssen, um ganz weit zu gehen!«

Wahre Gefühle oder Reaktionen?

Während der Widerstandsphase im Veränderungszyklus ist es hilfreich, zwischen den Gefühlen und den emotionalen Reaktionen zu unterscheiden. »Kommen Sie mit Ihren Gefühlen in Berührung!« lautet die Parole der meisten Wachstumsmethoden, und natürlich ist dies wesentlich. Ansonsten leben Sie in Unterdrückung und Selbsttäuschung. Ganz egal, welchem Ideal Sie nachstreben, Sie müssen dort anfangen, wo Sie sich befinden. Und das heißt, seien Sie mit Ihren Reaktionen so ehrlich wie möglich.

Viele angebliche Gefühle sind wirklich nur programmierte emotionale Reaktionen. Ich mag ganz deutlich fühlen, daß ich bemüht bin, zu verzeihen, aber sobald eine alte Wunde angerührt wird, kann es sein, daß in mir eine spontane Reaktion von Ärger und Rechtfertigung ausgelöst wird. Reaktionen zeigen uns, auf was wir in bezug auf unser bisheriges persönliches Modell immer noch ansprechen. Wie auch immer, unsere tiefsten Gefühle führen uns dorthin, wo die Reaktionen nach wie vor festsitzen, und sie inspirieren uns, in die neue Richtung zu gehen. Emotionale Reaktionen wirken ziemlich schneidend und fordern zwingend unsere

Aufmerksamkeit. Gefühle werden in ruhigeren Augenblicken gehört.

Je mehr wir auf unser innerstes Selbst hören und uns dem anvertrauen, wo wir hingeführt werden, um so besser können wir den Unterschied erkennen zwischen dem, wer wir sind, und dem, was wir erleben. Reaktionen zeigen uns, was noch der Klärung bedarf. Manchmal mag es sich etwa so anfühlen wie ein Zahnarztbesuch, weil wir gesunde Zähne haben wollen. Der Tag wird jedoch kommen, an dem wir mit einer gewissen Portion Losgelöstheit eine Reaktion beobachten können: »Oh, schon wieder werde ich ärgerlich. Ich frage mich, wovor ich Angst habe?«

Durch den Zyklus des Widerstandes wird unser Bedürfnis nach Ausgewogenheit erfüllt. Wir strecken uns aus und ziehen uns danach zurück, um uns zu stabilisieren. Uns immer wieder Realitäts-Checks zu unterwerfen, hilft uns, Übertreibungen zu begrenzen. Es hilft uns, Unterscheidungsfähigkeit zu erwerben und die Macht des Willens kennenzulernen.

In *The Journals of Abraham Maslow* beobachtete dieser pionierhafte Psychologe »die Stimme des Göttlichen in uns erfährt ihre Gegenrede nicht durch die Stimme des inneren Teufels, sondern durch die Stimme des Schüchternen«.

Je mehr wir uns gegen die Widerstandsphase wehren, desto fester zurren sich die Knoten, doch wir können uns ebenfalls dafür entscheiden, sie als notwendigen und bedeutsamen Teil des Veränderungsprozesses zu sehen. Sie wird vorübergehen. Haben Sie Geduld. Wie lange wir uns in dieser Stufe aufhalten, hängt in großem Maße davon ab, wie bereitwillig wir sind, ehrlich mit uns selbst zu sein, ohne unsere Ambivalenz zu verurteilen, und daß wir vollkommen geistesgegenwärtig mit den Problemen umgehen, die sie mit sich bringt.

Es gibt eine Anzahl von Dingen, die wir für uns selbst tun können, um diese Übergangsphase zu erleichtern. In dieser Stufe können beispielsweise Therapien hilfreich sein. Es hilft uns ebenfalls, darüber zu sprechen und zu schreiben und die Spannungen durch körperliche Anstrengung abzubauen. Und auch das Gebet hilft. Nicht die Gebete eines Bittstellers, der sich selbst fern von Gott sieht und um Schmerzlinderung bettelt, sondern vielmehr die Gebete eines Reisenden, die in Dankbarkeit ausgesprochen werden, die bestätigen, daß Gott in uns ist, und daß das Geschehen unserem höchsten Wohle dient. Der Augenblick des Verstehens und des Erwachens steht kurz bevor.

Übung: Visualisierung zur Streßbewältigung

Setzen Sie sich in Ruhe hin, wo Sie nicht gestört werden können. Nehmen Sie fünfzehn bis zwanzig langsame, gleichmäßige Atemzüge – lenken Sie dabei den Atem tief in den Bauchraum hinein. Konzentrieren Sie sich mit dem Verstand ganz auf das Atmen. Sobald Sie fähig sind, zu beobachten, wie Ihr Atem mehrmals hintereinander ein und aus fließt, gehen Sie zum nächsten Schritt über.

Stellen Sie sich als nächstes vor, wie Sie selbst im Inneren Ihrer eigenen Stirn sitzen. Sie können sich ein Bild ausmalen, wie Sie im Lotussitz des Hatha Yoga oder in sonst einer bequemen Haltung auf einem Gebetsteppich sitzen, genau zwischen Ihren Augenbrauen.

In dieser Sitzhaltung werden Sie zum Beobachter. Achten Sie auf jegliche angespannte Stellen in Ihrem Körper. Lokalisieren Sie diese angespannten Stellen, lenken Sie die folgenden Atemzüge an jene Stellen. Ziehen Sie erst alle Muskeln an und entspannen sie Sie anschließend. Wiederholen Sie dies noch zweimal – die tiefste Entspannung eines Muskels ist nur möglich, wenn er zuvor angespannt war. Stellen Sie nun als der Beobachter fest, wie Ihre Gefühle sich verhalten. Sofern Sie angespannte Gefühle entdecken – Angst, Zorn, Neid, was auch immer – setzen Sie Ihren Atem ein, um sie loszulassen. Sehen Sie, wie mit jedem Ausatmen diese negativen Energien ausgestoßen werden.

Sollte es hilfreich sein, ihnen eine Farbe zu geben, wäre es günstig, die Farbe Grau für Angst zu wählen, Rot für Zorn, Gallegrün für Neid usw. Ziehen Sie beim Einatmen Licht in Ihre Emotionen und entspannen Sie sich anschließend.

Achten Sie aus der Sicht des Beobachters auf die herumschwirrenden Gedanken in Ihrem Kopf. Versuchen Sie nicht, sich Ihnen zu widersetzen. Entscheiden Sie sich einfach, sich nicht auf ihren Sog einzulassen. Beobachten Sie nur sanft, wie die Gedanken kommen und gehen. Falls ein Gedanke aufdringlich Ihre Aufmerksamkeit verlangt, atmen Sie ihn weg und wenden Sie sich wieder der Beobachtung Ihres Atems zu. Sobald der nächste Gedanke kommt, verfahren Sie ebenso. Teil des Übungserfolges ist es, die Gedanken nicht abzuwehren, sondern sich statt dessen sanft zu verhalten und Beobachter mit einer klaren Absicht zu sein.

Als nächstes Bild stellen Sie sich vor, daß in Ihren Fingern und Zehen winzige Löcher sind. Diese Düsen agieren als Abflußsystem für alles Verengte und Angespannte. Lassen Sie einfach alles daraus ausfließen. Setzen Sie das Ausatmen ein, um sich ganz zu leeren. Sobald dies durchgeführt ist, verstopfen Sie die Löcher. Füllen Sie sich jetzt nach und nach beim Einatmen mit reinem Licht.

Haben Sie den Prozeß abgeschlossen, ruhen Sie einfach Ihren physischen, Gefühls- und Verstandeskörper eine Zeitlang aus. Seien Sie sich dabei bewußt, daß Sie keiner dieser Körper sind, sondern vielmehr das entspannte Wesen, dessen Herrschaft Sie unterstehen.

Übung zum Ausgleich der Yin-Yang-Polarität

Diese mentale Übung hilft, einen Zustand inneren Gleichgewichts zwischen Ihrer männlichen und weiblichen Polarität zu schaffen. Setzen Sie sich vor jeder Vorstellungsübung so bequem wie möglich hin, und danach entspannen Sie sich völlig. Atmen Sie aus, um alle Spannungen und Ablenkungen loszulösen.

Stellen Sie sich das bekannte Yin-Yang-Symbol vor – den Kreis mit dem schwarzen und dem weißen Bereich, die durch eine geschwungene Linie getrennt sind. Im weißen Abschnitt befindet sich ein schwarzer Punkt, und im schwarzen Teil ist ein weißer Punkt sichtbar.

Gehen Sie in Ihrer Vorstellung mehrere Male den Kreisumfang entlang, und folgen Sie dann wiederholte Male der geschwungenen Mittellinie. Stellen Sie sich anschließend vor, wie Sie völlig in dem weißen Teilabschnitt aufgehen. Atmen Sie Weiß ein, fühlen Sie es auf Ihrer Haut, riechen Sie es. Es existiert nur noch Weiß. Bleiben Sie etwa eine Minute in dem Erlebnis des Weißen.

Inmitten all des Weißen beobachten Sie nun, daß ein kleiner schwarzer Kreis vorhanden ist, der Sie anzieht. Fühlen Sie seine magnetische Kraft, bis Sie in der Schwärze verschwunden sind. Diese Dunkelheit ist nicht bedrohlich. Erleben Sie sie, atmen Sie sie ein. Lassen Sie sie zu einem totalen Bestandteil Ihres Sinneserlebnisses werden und seien Sie sich ganz ohne Beurteilung bewußt, wie sich das Schwarze im Gegensatz zum Weißen anfühlt.

Nach einigen Minuten nehmen Sie wahr, wie sich ein weißer Kreis auf Sie zubewegt. Tauchen Sie nun in das Weiße zurück, und wiederum existiert nur noch Weißes. Verbleiben Sie etwa eine Minute darin, und fühlen Sie danach, wie der Magnetismus der Schwärze Sie wieder an sich heranzieht.

Führen Sie diesen Wechsel mehrere Male durch, bis Sie sich leicht fühlen und gleichermaßen vom Weißen und Schwarzen getragen. Wann immer Sie spüren, daß Sie von einem Extrem in das andere fallen, ist diese Übung empfehlenswert.

Vierter Schritt: Das Erwachen

Im Boot auf und ab zu rennen, bedeutet keineswegs,
sich im Wasser vorwärtszubewegen.
Anonym

Nachdem die Form herausgefordert wurde und die Widerstandsphase überstanden ist, folgt das Erwachen. Das Erwachen ist der Durchbruch – die Einsicht, die den entscheidenden Wechsel vom Alten in das Neue herbeiführt.

Das klare »Aha! Ich habe es kapiert!« des Erwachens scheint oft plötzlich zu kommen. Aber es hat nur den Anschein von Plötzlichkeit. Tatsächlich ist es bereits in den Kämpfen der vorausgegangenen Stufen entstanden und wird mit einem Freudenschrei geboren.

Dieser Teil des Übergangs steckt voller Freude. Das *Ja, aber* wird ersetzt durch *Warum denn nicht?* Die natürliche Magie der Synchronizität bringt neue Ideen hervor, führt zu neuen Erlebnissen, neuen Menschen, neuen Büchern, ja sogar zu neuen Träumen in Ihrem Leben. Mit der Umstellung unserer Wünsche stellt sich eine forschungsfreudige Laune ein. Die rechte Gehirnhälfte, das Portal zu unserem intuitiven Selbst, sendet nach und nach neue Informationen aus und antwortet in neuer Weise auf die alten Fragen. Über kurz oder lang fangen wir an zu erkennen, daß unsere Welt auf Dauer größer geworden ist.

In der Widerstandsphase züchten wir die Perle. Im Zyklus des Erwachens holen wir sie an die Oberfläche.

Gerade wenn wir denken, daß wir die Spannung des Widerstandes keine Minute länger ertragen können ..., daß wir genug haben ..., daß wir überzeugt sind, es gibt keine Antworten ..., daß wir der Unschlüssigkeit überdrüssig sind ..., daß wir bereit sind, aufzugeben ... oder daß wir alles hinschmeißen ... Hurra! Plötzlich ist sie da – die Antwort, die Richtung, die Einsicht, die herrliche Auflösung des Konfliktes, der uns fast aufgefressen hat.

Wir sind in die Erwachensphase der Veränderung eingetreten. Welch eine Erleichterung. Welches Wunder! Was für eine Hochstimmung!

Das Erwachen kann sich allmählich einstellen, so sanft, wie die Nacht von der Morgendämmerung abgelöst wird. Das Erwachen kann auch unerwartet über uns hereinbrechen, so plötzlich, wie die Sommersonne aus den Sturmwolken hervorbricht.

Das Erwachen kann kommen, wenn wir uns der Macht des »Ich weiß nicht« hingeben und anfangen, neue Optionen zu sehen. Es kann während einer zufälligen Begegnung, bei einem Vortrag geschehen oder es kann über einen Brief kommen. Hat die Widerstandsphase allerdings lange Zeit in Anspruch genommen, können wir mißtrauisch reagieren. Ein Freund wußte es einmal so auszudrücken: »Ich sehe ein Licht am Ende des Tunnels. Ich hoffe bloß, daß es nicht die Lichter eines herannahenden Zuges sind.«

Für den Astronauten Dr. Edgar D. Mitchell hat das Erwachen an Bord eines Raumschiffes begonnen. Er schrieb, daß seine Wahrnehmung des Lebens und der Wirklichkeit sich in dem Moment veränderte, als er die Erde zum ersten Mal aus der Weltraumperspektive sah. Als er unseren Lebensraum als »ein blaugrünes Juwel, das sich gegen den Mitternachtshimmel abzeichnete«, betrachtete, erkannte er in einer plötzlichen Einsicht, daß es einen Gott gab und daß eine Ordnung und ein Plan für die Erde existierte. Diesem Augenblick der Ekstase folgte allerdings sofort die dunkelste Depression, weil er erkannte, welchen Gefahren wir unseren Erdball aussetzen. Von jenem Raumflug kehrte er mit der inneren Verpflichtung zurück, seine Zeit und Mittel für die menschliche Bewußtseinserweiterung zu opfern. Zur Verwirklichung seiner Vision gründete er das Institut für Noetische Wissenschaften, das über Schriften, Forschungsarbeiten und öffentliche Seminarangebote ein angeregtes Forum für den Dialog zwischen der Geisteswissenschaft und der materiellen Wissenschaft bietet.

Das Erwachen findet nicht statt, weil wir es verlangen, sondern weil wir uns auf irgendeiner Bewußtseinsebene danach sehnen. Es kann aus dem ernsthaften Wunsch hervorgehen, den vorhandenen Konflikt zu lösen, oder aus dem tieferen, unbewußten Wunsch unserer Seelenabsicht – oder aus beidem. Ob es nun plötzlich oder allmählich kommt, es trägt uns in jedem Fall zum nächsten Wachstumspunkt.

Das Erwachen ist kein Zufall. In unserem Leben ist jeder größere Schritt im Verlauf des Weges von unserer Seele vorgeplant. Das Erwachen ermahnt uns, auf unsere innere Uhr zu sehen und anzuerkennen, daß wir richtig in der Zeit liegen.

Während des Widerstandes können wir jedoch auf einen Punkt stoßen, wo wir fühlen, daß nicht wir das Auto steuern, und daß wir die Route nicht verändern können. Alles scheint zu stocken oder außer Kontrolle geraten zu sein. Dies kann so frustrierend und qualvoll werden, daß die Versuchung aufkommt, »etwas zu unternehmen, selbst wenn es falsch ist«.

In solchen Zeiten ist es das Beste, nichts zu tun, zumindest mag es wie Nichtstun aussehen. Sich einer Situation, die wir nicht ändern können, nicht zu widersetzen, ist an sich schon ein sehr machtvolles »Vorgehen«. Sie zieht die Energie zurück, die die schwierige Situation nährt. Wenn wir unsere Energien mit etwas messen, geben wir der Sache Kraft. Wenn wir aber den Ärger, die Angst und die Negativität entziehen, die beide Seiten des Widerstandes zusammenhält, bleibt für ihren Fortbestand keine Energie mehr vorhanden. Das Erwachen stellt sich häufig an dieser Stelle ein.

Keinen Widerstand zu leisten, heißt nicht passiv zu sein. Passivität vermittelt uns den Eindruck von Ausgeliefertsein. Passiver Widerstand ist jedoch äußerst machtvoll. Es bedeutet, wir entscheiden uns bewußt für das, was wir gerne verstärken wollen. Passiver Widerstand ist ein weises Vorgehen, das die Lage einschätzt und erkennt, daß durch Kämpfe nichts gewonnen werden kann. Sobald wir uns selbst erlauben, uns zu entspannen und die Situation anzunehmen oder eine Ambivalenz zu akzeptieren, die wir augenblicklich nicht ändern können, wird es viel leichter, aus unseren eigenen Mitteln zu schöpfen, um damit fertig zu werden. An diesem Punkt stellen sich unser Sinn für Humor, unsere Aussicht und unsere Objektivität wieder ein.

Der Taoismus lehrt uns das Wu-Wei, die Kunst, durch Nichtstun etwas zu vollbringen. Nichts wird erzwungen, nichts wird rückgängig gemacht. Leo Tolstoi drückte es folgendermaßen aus: »Innerhalb eines Augenblicks der Ruhe findet unendliche Bewegung statt.«

Doch wir fragen uns: »Wenn wir aber das Erwachen nicht erzwingen und die Reise in keiner Weise beschleunigen können, was sollen wir denn sonst tun? Weshalb uns überhaupt anstrengen?«

Wenn wir als Anfänger nicht aufpassen, können wir das Erwachen, wenn es kommt, nicht einmal bemerken. Wir gelangen an den Punkt des Erwachens genau deshalb, weil wir dort angekommen sind. Hier handelt es sich um eines der kosmischen Paradoxons. Wir können den Boden pflügen, das Saatgut pflanzen, es düngen und jäten – doch wir müssen es der Natur überlassen, für den Rest zu sorgen. Der psychische Aufruhr während der Widerstandsphase ist ein notwendiger Bestandteil des Wachstumszyklus. Wenn wir die Erde für die Frühlingssaat umgraben, kehren wir nicht nur den fruchtbaren, lehmigen Boden an die Oberfläche, sondern es kommen auch Steine zum Vorschein. Nehmen wir beides an, zeigen sich uns die Möglichkeiten und gleichermaßen das, was gesäubert werden muß.

Teil unserer Bereitschaft zu erwachen ist es, Vertrauen in das zu haben, was im jeweiligen Fall Gott für uns bedeutet, an unseren eigenen Lebensplan zu glauben und zu vertrauen, daß wir mit allem anderen im Universum total verbunden sind. Vertrauen ist das universale Gesetz der Anziehung. In diesem Punkt fangen wir an, zu verstehen, daß wir das Universum nicht betteln, drängeln oder manipulieren müssen – es verlangt nur von uns, daß wir entspannt unseren Platz darin einnehmen.

Vor kurzem hat mir ein Arzt geschrieben, der es so ausdrückte: »Ich denke, ich habe schließlich verstanden, daß der geistige Fortschritt nicht etwas ist, was ich austüfteln kann. Mache ich jedoch einfach meine spirituellen Übungen, so verändere ich mich, die Dinge verändern sind, und ich muß es nicht nachvollziehen können oder irgend etwas daran manipulieren. Was für ein Segen.«

Synchronizität: Gottes Zufall

Es gibt eine Geschichte über den Regenmacher, der in ein Dorf gebracht wurde, das schon seit langem unter einer Dürre litt. Als er dort ankam, fand er aufgeregte und verängstigte Einwohner vor. Die Atmosphäre in dem Dorf hat ihn sofort in die gleiche Stimmung versetzt. Also zog er sich in eine Hütte zurück, wo er nichts anderes tat, als zur Ruhe zu kommen. Seine Stille verbreitete sich, und die Dorfbewohner wurden auch ruhig. Bald darauf setzte der Regen ein. Der Regenmacher hatte nichts anderes unternommen, als seine eigene Energie in Harmonie mit dem Universum zu bringen. Und daraufhin brachten die natürlichen Kräfte den Regen.

Die geheimnisvollen »Zufälle«, die sich in unserem Leben einstellen wie der benötigte Regen, tragen oft zum Erwachen im Veränderungszyklus bei. Oberflächlich betrachtet scheint es sich um unlogische und unwahrscheinliche Ereignisse zu handeln: Wie war es nur möglich, daß ich jene Person genau in dem Augenblick getroffen habe, daß ich die finanzielle Unterstützung gerade zur rechten Zeit erhalten habe, zufällig zu diesem bestimmten Buch gekommen bin? Die ganze Sache erinnert deutlich an Magie. Da scheint es nicht verwunderlich, daß einige unter uns die Magie irgendeiner Kraft im Äußeren zuschreiben, die beschlossen hat, uns aus der Notlage herauszuführen. Andere bestehen erstaunlicherweise darauf, daß eine mikrosekundengenaue Zeitübereinstimmung purer Zufall ist. Egal wie auch immer, es fällt uns schwer, »Zufälle« rational zu erklären.

In unseren vorwissenschaftlichen Tagen haben wir begriffen, daß das gesamte Universum mit den menschlichen Angelegenheiten verbunden war. Die Himmelserscheinungen prophezeiten die Geburt und den Tod großer Seelen; ein Komet kündigte die Geburt eines neuen Herrschers an. Kriege, Überflutungen und andere verheerende Naturphänomene gingen mit schrecklichen Schicksalsschlägen in der Menschheitsgeschichte synchron.

Im Westen sind wir dazu erzogen worden, die Wirklichkeit als sicher und linear zu begreifen. Etwas geschieht, weil es gestern durch etwas anderes in Bewegung versetzt wurde. Hinzu kommt noch, daß wir Menschen, Bäume, Vögel, Tiere – alle lebenden Dinge – als getrennte kleine Lebenseinheiten wahrnehmen, die unabhängig voneinander handeln.

Nun verhält es sich so, daß das Leben eher als Kreis statt in einer geraden Linie verläuft. Es gibt Zeitkrümmungen, Raumverwerfungen, und wir sind alle in dem morphogenetischen Feld verbunden. Wir werden sogar unseren Lieblingsmythos der »objektiven Realität« aufgeben und einsehen müssen, daß wir nicht nur Beobachter, sondern Teilnehmer an der Erschaffung jeder Wirklichkeit sind. Es scheint, daß Ursache und Wirkung ein multidimensionaler Tanz sind, den wir mit allem Lebendigen durch die Vergangenheit, Gegenwart und Zukunft aufführen.

Bewußtsein ist die Brücke, die zwischen der Welt des Verstandes und der Materie aufgebaut wird. Jeder von uns ist ein Bewußtseinspunkt, der seine Aufmerksamkeit innerhalb von Zeit und Raum konzentriert. Wir führen den Mustern, die wir für möglich halten, Energie zu. Wenn wir uns eine Sache nicht vorstellen können, können wir sie nicht erschaffen. Wenn wir eine Sache für gut oder schlecht einschätzen, übermitteln wir unserem neurochemischen System sofort Anweisungen, wie es zu reagieren hat. Aus einem See unbegrenzter Möglichkeiten nimmt das Bewußtsein wahr, verlangt, stößt ab und zieht alles an, von dem es entweder denkt, es zu benötigen oder zu wünschen oder auch nicht, und danach vergibt es seine Werturteile.

Sie und ich existieren in der Ganzheit, aber wir vergessen, daß wir in viele andere Wirklichkeiten eingeflochten sind. Während wir uns bewußt sein mögen, daß wir in einer dreidimensionalen Welt aufbauen, ist uns vielleicht nicht ganz so klar, daß wir unser Baumaterial aus Zeit und Raum beziehen.

Hin und wieder nickt der Richter ein, dem die Kontrolle der linken Gehirnhälfte unterliegt, und Informationen dringen langsam aus dem Unterbewußtsein und dem Überbewußtsein in die rechte Gehirnhälfte ein. Es verhält sich mit dem Zufall genauso wie mit Träumen und übersinnlichen Erlebnissen, die Raum-Zeit-Begrenzungen übersteigen, um uns zu helfen, das Drängen und Zurückziehen des Widerstandes zu lösen. Er hebt uns aus dem gewöhnlichen Schaffenshintergrund heraus und führt uns in eine tiefere Beziehung zu uns selbst und zur Gesamtheit des Lebens. *Zufall* ist eigentlich ein unpassender Begriff, er soll die bedeutende Wirkkraft der Energie, die als Synchronizität bekannt ist, umschreiben.

Wir können die Synchronizität nicht annähernd erfassen, solange wir nicht anerkennen, daß wir alle einen gemeinsamen Lebensraum teilen. Der Biologe der Jahrhundertwende Paul Kammerer nennt sie »die Nabelschnur, die die Gedanken, Gefühle, die Wissenschaft und die Kunst mit dem Mutterleib des Universums verbindet, der sie geboren hat«.

Dr. C. G. Jung hat dem Westen die Erkenntnis dieses dynamischen Zusammenspiels zwischen der Psyche und der materiellen Welt durch das Konzept der Synchronizität vermittelt. Dieser Gedanke war immer schon in der Wirklichkeitssicht des Ostens vorhanden. Die Chinesen der Antike haben beispielsweise die Ereignisse nicht in linearer Weise gesehen, sondern verstanden die Geschehnisse, wie es das I Ging ausdrückt, als »Anhäufungen in der Zeit«.

Analytiker der Jungschen Lehre sehen, daß die Natur des Persönlichkeitstyps, den sie als »den Spieler« bezeichnen, einen unvermeidlichen Kurs einschlägt. Spieler sind Menschen, die sich selbst in die sprichwörtliche Ecke gedrängt haben. Sie haben jede Option und jedes Mittel erschöpft. Für sie gibt es nichts weiter zu tun, als zu warten, daß das Universum etwas unternimmt. Und es geschieht etwas. Die gesamte Konzentration dieser Personen richtet sich auf den kritischen Moment, Energien verdichten sich, und dann treten unvorhersehbare, synchronistische Ereignisse ein.

Tom Chetwynd definiert in seinem *Wörterbuch der Symbole* den Begriff *Sychronizität* als »bedeutungsvollen Zufall, der in entscheidender Beziehung mit dem Entstehungsmuster der Veränderung steht«. Synchronizität wird nicht als ziellos gesehen – sie ist die zweckgerichtete Bewegung der Energie.

F. David Peat schreibt in seinem Buch *Synchronizität,* daß »Synchronizitäten (gleichzeitig auftretende Ereignisse) die Joker im Kartenspiel der Natur sind, weil sie sich weigern, nach den Spielregeln zu spielen, und sie bieten Aufschluß, daß wir in unserem Streben nach Sicherheit über das Universum einige vitale Hinweise übersehen haben könnten«.

Es scheint, daß Synchronizitäten viel häufiger während der Erwachensstufe als in irgendeiner anderen Phase des Veränderungszyklus auftreten. Vielleicht nehmen wir sie einfach viel bewußter wahr. Ich gehe davon aus, daß die dramatisch geladenen Synchronizitäten in unseren Lebensplan eingraviert sind, da sie so häufig an hauptsächlichen Wendepunkten unseres Lebens auftauchen: bei Geburt und Tod, bei der ersten Begegnung mit bedeutenden Menschen oder Ideen und bei »sofortigen« Lösungen von langwierigen Problemstellungen. Wenn das Verlangen wirklich ist und die Zeit für das Wohl der Seele günstig steht, wird überall gleichzeitig auf das Bedürfnis hingewiesen, und die angemessene Hilfe für die Notlage wird magnetisch angezogen.

Ein Freund von mir befand sich auf Geschäftsreise in Kalifornien. Ziemlich unerwartet entschloß er sich auf seiner Heimreise nach North Carolina, einen Zwischenstop in Texas einzulegen. Am Flughafen in Dallas stieg er in das nächstbeste Taxi, das er sah, und kurz darauf befand er sich in angeregter Unterhaltung mit dem Fahrer. Dieser sprach über seinen Bruder, der unter fortgeschrittenem Grünem Star litt. Obwohl der Bruder schon lange mit der Augenkrankheit zu kämpfen hatte, war er jetzt drauf und dran aufzugeben, doch der Taxifahrer betete immer noch um ein Wunder. Mein Freund erzählte ihm über meine Heiltätigkeit, und der Fahrer erkundigte sich wegen eines Behandlungstermins für seinen Bruder. Die beiden Männer tauschten ihre Adressen aus. Mein Freund hat dieses Gesuch nach North Carolina gebracht, und der Heilvorgang setzte sich in Gang.

Drei Wochen später erhielt mein Freund einen dreizeiligen Kurzbrief: »Mein Bruder ist geheilt. Die Ärzte stehen vor einem Rätsel. Gelobt sei Gott.« Welche Kraft war es, die genau zur rechten Zeit jemanden, der einen Heiler kannte, in das Taxi jenes Mannes zog? Synchronizität!

Ich kenne einen Priester, der sich aufgrund des unerwarteten Todes seiner neunzehnjährigen Tochter in der Widerstandsphase verhakt hatte. Er konnte einfach die Lehre seiner Religion nicht mit dem Verlust vereinbaren. Da die junge Frau Schmetterlinge über alles liebte, hatte er zu ihrer Beerdigung auf die Todesanzeige Schmetterlinge drucken lassen.

Als die Trauer des Vaters schon Monate währte, bat seine Sekretärin einen sehr berühmten Priester schriftlich um Hilfe. Dieser Priester war zu dem Zeitpunkt, als der Brief eintraf, nicht in seiner Heimatstadt. Doch dessen Sekretärin antwortete aus eigener Initiative, weil sie sich durch die inständige Bitte so berührt fühlte. In ihrem Antwortbrief schrieb sie, daß eine seltsame Sache sich ereignet hatte, als sie sich zum Schreiben hinsetzte: »Ein Schmetterling landete auf meinem Finger.«

Einige Wochen später reiste der Priester mit seiner Frau ans Meer. Er wußte noch immer keinen Frieden zu finden. Sie parkten ihr Auto in Strandnähe und unternahmen einen etwa einstündigen Spaziergang. Als sie zum Auto zurückkehrten, war es von Hunderten von Schmetterlingen umgeben. Der Priester sagte mir, daß er nicht logisch ausdrücken konnte, warum dies seinen Konflikt löste, doch es war so. Dieser Vorfall sagte ihm weit mehr über die Fortdauer des Lebens als seine gesamte Theologie und ermöglichte ihm das Erwachen aus seinem tiefsitzenden Widerstand gegen den Tod seiner Tochter.

Manchmal arbeiten unsere Träume in Verbindung mit physisch auftretenden Ereignissen zugunsten des Erwachens. Ich habe einen Freund in Island, der ein hingebungsvoller Arzt und ein Schüler der Spiritualität ist. Er war in einem liberalen Elternhaus aufgewachsen, das ihn mit universalen geistigen Prinzipien vertraut machte. In seinem Denkmodell wurde Jesus als Meister anerkannt, jedoch als einer unter vielen. Mein Freund war in Konflikt geraten, als er der unumstößlichen Meinung von Christen ausgesetzt wurde, die jedem anderen außer Jesu die Möglichkeit der Gottnatur absprachen. Er konnte diesen Konflikt nicht lösen, so lange bis ihn folgender Traum erreichte:

Er stand inmitten einer großen Kathedrale der Mormonen, während dort eine Messe gehalten wurde. Plötzlich erschien Jesus mit einer weißen Robe und Sandalen bekleidet, ganz nach der Art, wie er in der klassischen christlichen Kunst bildlich dargestellt wird. Mein Freund sagte, daß er einen Augenblick lang heftig besorgt war: »Was ist, wenn sie die ganze Zeit recht hatten? Was ist, wenn es wirklich nur einen Meister, nämlich Jesus, gibt?«

Er folgte jedoch weiter aufmerksam dem Traum und beobachtete, wie Jesus den Kirchengang hinunterschwebte, und als er gerade am Träumer vorbeischritt, wandte er sich ihm zu und blinzelte. Das liebevolle Gefühl, das von Jesus übermittelt wurde, besagte: »Ich zeige mich jeweils in der Gestalt, in der du oder irgendein anderer mich sehen muß. Wenn es für die Gemeinde nötig ist, mich als Jesus in weißen Gewändern zu sehen, dann offenbare ich mich auf diese Weise.« Mein Freund wachte auf und fühlte ein tieferes Verständnis für den Universalen Christus, und sein Konflikt war zu seiner Zufriedenheit aufgelöst.

Als meine Heiltätigkeit sich im Anfangsstadium befand, trat eine Synchronizität ein, die einen Konflikt aufhob. Sie versinnbildlicht, wie wir uns magnetisch Erlebnisse anziehen, die in vollkommener Übereinstimmung mit unserem Innenleben sind.

Ich hatte meine Laufbahn als Journalistin begonnen und teilte, wie die meisten meiner Zeitgenossen, das bestehende Glaubenssystem: Arbeitet man hart, so macht man beträchtliche berufliche und finanzielle Fortschritte. Ich beendete meine Journalistentätigkeit, als sich meine Heilarbeit eröffnete, und es kostete mich einige Zeit, meine neue Richtung zu finden. Ich hätte nie davon geträumt, daß geistiges Heilen und Beratungen sich für mich als Vollzeitberuf entwickeln könnten. Es fing alles mit der Misere des Widerstandes an. Wie sollte ich bloß meinen Lebensunterhalt verdienen? Die Menschen würden glauben, ich sei verrückt. Was wollte Gott denn überhaupt von mir? Je intensiver der Widerstand wuchs, um so mehr drohte ich, meine Arbeit als Journalistin wieder aufzunehmen. In der Zwischenzeit bat ich inständig um Führung. Und das Erwachen fand statt, wenn auch nicht in der erwarteten Weise.

Mir wurde genau das angeboten, wofür ich gebetet hatte – die perfekte Arbeitsstelle. Ich fühlte mich immer unwohler, als ich während des Vorstellungsgespräches versuchte, die Begeisterung mit dem Personalchef zu teilen. Hier hatte ich genau das, was ich nach eigener Aussage haben wollte. Und doch fühlte ich mich miserabel. Jedes Problem, was sich im Rahmen des Widerstandes auftat, stand in Großbuchstaben vor mir. Es war, als ob die geistige Welt zu mir sagte: »Nun gut, jetzt hast du eine gestochen klare Wahl. Was wirst du jetzt wohl machen?«

Ich konnte kaum das Büro verlassen, und schon brach ich in Tränen aus. Ich bestieg mein Auto, legte meinen Kopf auf das Lenkrad und sagte: »Okay Gott, du hast gewonnen!« Soweit zu meiner vorgefaßten Meinung, daß meine großen Augenblicke mit Gott in Licht gebadet sein würden, das durch Bleiglas gefiltert war, mit Engelsgesang im Hintergrund. Alles, was ich hörte, waren hupende Autos. Der Geist setzt die tätige Energie der Synchronizität überall dort ein, wo wir uns befinden.

Psi Q: Der übersinnliche Quotient

Manchmal tritt das Erwachen innerhalb des Veränderungszyklus in total unerklärbarer Weise auf, nämlich als »übersinnliches Erlebnis«. Eine Mutter schreckt nachts um drei Uhr aus dem Tiefschlaf auf, nur um später zu vernehmen, daß ihr Sohn genau in diesem Augenblick in einem Unfall tödlich verunglückt war. Ein Angestellter handelt nach seinem »Gespür«, ohne dies durch Zahlen bestätigt zu wissen, und erwirtschaftet damit Millionen für seine Firma. Eine Nachbarin hat »so ein Gefühl«, wohin man die wichtigen Dokumente verlegt haben könnte, uns sie behält recht damit.

William James kommentiert dazu in seinem Buch *The Variety of Religious Experience* (Die Vielfalt religiöser Erfahrung) »Unser normales Wachbewußtsein, das sogenannte rationale Bewußtsein, ist nur eine spezielle Art von Bewußtsein, wohingegen sich viele potentielle Bewußtseinsformen darum herum scharen, die wie durch eine spezielle Filmleinwand vom Verstand getrennt sind.«

Vielleicht gehen wir durch das Leben, ohne um ihre Existenz zu wissen, doch wir lösen den erforderlichen Reiz aus, und durch einen Fingerdruck tauchen sie in ihrer Vollständigkeit auf. Kein Bericht über die Totalität des Universums kann endgültig sein, der diese anderen Bewußtseinsformen nahezu ignoriert.

Sobald wir einmal eines dieser aufwühlenden Erlebnisse hatten, können wir die Realität nie mehr auf dieselbe bequeme Weise definieren, denn wir haben genau am Rande unserer Oberflächensicht einen kurzen Einblick in eine ganz andere Welt erhalten. Und augenblicklich hebt dies unsere geordneten Vorstellungen dessen auf, was wirklich und was unwirklich ist.

Dr. Charles Richter, der 1913 für seine Entdeckung des anaphylaktischen Schocks den Nobelpreis erhielt, hat dieses Phänomen gründlich untersucht. Da er wegen seines Studiums der Hellsichtigkeit von seinen Kollegen Kritik einstekken mußte, entgegnete er: »Ich sagte nicht, es war möglich, ich sagte nur, es war wahr.«

In einer Gesellschaft, die nichts anderes als das rational Erfaßbare gelten läßt, fühlen wir uns manchmal durch eine Begegnung mit dem Unbekannten bedroht. Es ist dann nicht mehr »da draußen«, wie die Geheimnisse des Weltraumes, von denen wir glauben, daß die Wissenschaft sie eines Tages erklären wird. Nein, das Geheimnis ist intim, es liegt in uns selbst.

Lily Tomlin fragte: »Weshalb nennen wir es Gebet, wenn wir mit Gott sprechen, doch wenn Gott mit uns spricht, bezeichnen wir es als Schizophrenie?«

Wenn wir wissen, daß etwas Außergewöhnliches wirklich passiert ist, wenden wir uns oft an unsere religiösen Führer, damit sie uns sagen, ob es gut oder schlecht ist. Unweigerlich wird als erstes die Religion bezüglich des Unbekannten befragt. Als wir einst das Zustandekommen von Stürmen nicht verstehen konnten, schrieben wir sie dem Zorn der Götter zu. Als die Welt der Bakterien noch unerforscht war, wurden Infektionen als Strafe der Götter angesehen. Aus spiritueller Sicht gesprochen, sind die Phänomene, die wir gemeinhin unter dem Begriff *übersinnlich* zusammenfassen, von Natur aus weder gut noch schlecht.

So wie jeder von uns einen Intelligenzquotienten besitzt, so hat auch jeder einen Psi Q, oder übersinnlichen Quotienten. Psi Q ist das Potential in allen Menschen, nichtmaterielle Wirklichkeiten wahrzunehmen und sich mit ihnen auseinanderzusetzen. Mit den übersinnlichen Fähigkeiten hat es nichts Übernatürliches auf sich. Sie sind natürlich, vielleicht sogar überaus natürlich – doch sicher nicht übernatürlich.

Es ist unwahrscheinlich, daß wir auf dem Planeten Erde irgendeine Kultur finden können, die keine Menschen mit hohem Psi Q hervorgebracht hatte. Es sind diejenigen Menschen, die in der Lage sind, übereinstimmend und auf Abruf Fähigkeiten einzusetzen, die normalerweise bei den meisten Menschen unwillkürlich auftreten. Die Art, wie die Gesellschaft mit übersinnlich Begabten umgegangen ist, reicht von Ehrerbietung und fast schierer Vergötterung zur Verhöhnung, Verfolgung und Tötung. Sie werden entweder als Gottes Botschafter oder Gottes Feinde gesehen. Doch es spielt keine Rolle, ob die Menschen mit erhöhten medialen Wahrnehmungsfähigkeiten in eine Kultur integriert sind oder sich in ihrem Schatten verbergen, sie sind immer unter uns gewesen – als Schamanen, Propheten, Seher, Heiler, Visionäre, Hellsichtige und sogar als Unterhaltungskünstler.

Ein britischer Monarch aus dem elften Jahrhundert, König Canute, war so gut auf subtile Energien eingestimmt, daß sein Hofstaat ihn als Magier einstufte. Er versuchte, ihnen klarzumachen, daß dem nicht so sei. Sie wollten es nicht hören. Er ließ sich also von einer Gruppe von Höflingen zur Küste begleiten, und er setzte sich während der Ebbezeit mit einem Stuhl an die Randzone der Wellen. Als die Flut wieder einsetzte, streckte er seine Hände aus und befahl dem Meer, innezuhalten, was natürlich nicht geschah. Doch einige seiner Leute verstanden zumindest die Lektion: Der weise Mensch widersetzt sich nicht der Natur, sondern stimmt sich auf sie ein und arbeitet mit ihr zusammen.

Auf den Wellen reiten

Es gibt Dutzende von Radio- und Fernsehwellen, die uns in diesem Augenblick umgeben. Der Grund, weshalb wir keine Musik oder Nachrichten hören, liegt darin, daß wir unsere innere Empfangsausrüstung nicht darauf eingestellt haben, jene Energiewellen in erkennbare Muster umzuwandeln. Eine übersinnlich begabte Person besitzt jedoch die Empfangsausrüstung, die auf die Information abgestimmt ist, die durch den Äther zieht.

Der Äther ist der Verbindungsstoff zwischen allen Lebensformen. Gedanken, Worte, Symbole, die persönliche Geschichte, Ideale, Gefühle – alles, was wir sind – bewegt sich von uns ausgehend wellenförmig in den Äther. Überzeugungen, starke Gefühlswallungen, selbst Erinnerungen bilden Muster in den Wellen. Wenn diese Muster auf die Überzeugungen und Emotionen anderer Leute treffen, ereignen sich mehrere Dinge. Wie Wellenmuster können sie ineinander übergehen und eine intensivere Emotion oder Überzeugung bilden. Auf diese Weise entstehen Verträge und Mythen. Die Wellen können sich auch gegenseitig entkräften, oder sie stellen unterschiedliche oder gegensätzliche Muster her.

Die meiste Zeit konzentrieren wir uns auf unsere eigene, persönlich geprägte materielle Wirklichkeit, und wir sind uns nicht bewußt – oder wir verleugnen die Existenz dieser Wellen, die uns ständig bombardieren. Allerdings spüren wir sie alle und reagieren auf sie, selbst wenn wir uns über den Grund nicht im klaren sind.

Sobald sich unser innerer Wachposten entspannt, kommt es hin und wieder vor, daß wir eine dieser Übertragungen medial aufschnappen. Ein Unfall, eine Geburt, eine Operation, ein Nahtoderlebnis oder die Bedrohung eines geliebten Menschen kann den eigenen üblich vorhandenen Wirklichkeitssinn in einer Sekunde explodieren lassen. Menschen mit einem außergewöhnlichen Psi Q können derlei Übertragungen fast unmittelbar wahrnehmen, nachdem sie über den Äther ausgegangen sind. Sie vermögen die Wellenmuster zu sehen, zu spüren oder manchmal auch zu »lesen«. Einige Menschen können mit unfehlbarer Genauigkeit über die wahrscheinliche Manifestation der Muster Voraussagen machen, obwohl niemand imstande zu sein scheint, dies ständig zu tun.

Ich kenne einen jungen Mann, der nie zuvor ein Psi-Erlebnis hatte, bis er während eines Basketballspiels bewußtlos geschlagen wurde. Als er wieder zu sich kam, schwebte er an der Decke der Sporthalle und blickte auf seinen Körper herab. Ich kenne eine Frau, die Wort für Wort die Unterhaltungen zitieren konnte, die im Verlauf ihrer Operation stattfanden. Es gibt viele Menschen, die sich selbst »lebendig und in guter Verfassung« vorfanden, obwohl sie medizinisch minutenlang für tot erklärt wurden; und es gibt überdies noch unzählige »nicht medial veranlagte« Eltern, die plötzlich und akkurat wußten, daß sich ihre Kinder in Gefahr befanden.

In dem Maße, wie uns die Entwicklung dazu drängt, mehr über unser Potential zu verstehen, klammern wir uns krampfhaft an unsere Vorurteile und eingefahrenen Ideen, wie die Welt funktioniert. Wir könnten eine Menge profitieren, wenn wir uns den Rat von T. H. Huxley zu Herzen nehmen: »Ehe du eine Sache angehst, setze dich wie ein Kind hin und sei bereit, jede vorgefaßte Meinung aufzugeben. Folge demütig dem Weg, wohin er auch führt und in welche Abgründe der Natur er dich auch lenken mag, sonst wirst du nichts lernen.«

Genau in dieser Randzone findet die Erforschung von Psi-Phänomenen statt. Der Yogi, der seinen eigenen Herzrhythmus bestimmen kann, das Kind, das mit Hilfe seines Denkvermögens Metall biegen kann, die Frau, die willentlich ihren Körper verlassen kann, der Heiler, der Moleküle beeinflussen kann, die angeblich in einer undurchdringlichen Kammer eingeschlossen sind, der Rutengänger, der Wasser aufspüren kann – solche Menschen und noch viele weitere dieser Art führen uns zu einem Verständnis über die in uns liegenden Möglichkeiten, die noch vor ein, zwei Generationen kaum vorstellbar waren. Der nächste Schritt ist, herauszufinden, nach welchem Prinzip diese Vorgänge ablaufen, danach machen wir sie nutzbar und lehren ihre Anwendung.

Der letzte Zeitabschnitt des zwanzigsten Jahrhunderts wird im Rückblick wahrscheinlich genauso sehr für seine

Erforschung des menschlichen Potentials gewürdigt werden, wie für die Übertragung von gesamten Bibliotheken auf einen Mikrochip oder den Start eines Raumfahrzeuges. Wir strekken uns, beschleunigen uns und wachsen über bestimmte Disziplinen hinaus – von der Gehirn- und Verstandesforschung wenden wir uns der Physik des Bewußtseins zu. Der Tag ist nicht fern, an dem uns Geräte zur Verfügung stehen werden, womit wir die menschliche Aura messen und Energieblockaden im Körper erkennen können, ehe sie sich zu einer Krankheit auswachsen.

Zwischenzeitlich liefern die Aurasichtigkeit und alle anderen Ausdrucksformen des Psi Q den wissenschaftlichen Laboreinrichtungen eine beträchtliche Herausforderung. Gemäß den üblichen wissenschaftlich empirischen Methoden erweisen sich Psi-Phänomene oft als unbestimmbar, jetzt-klappt-es, nun-geht-es-nicht-mehr, und häufig widersetzen sie sich der Vorhersehbarkeit und Wiederholbarkeit. Vielleicht war es uns bisher nicht möglich, die passenden Antworten zu finden, weil wir die richtigen Fragen noch nicht gestellt haben.

Einstein hat einmal gesagt: »Die bloße Formulierung eines Problems ist weitaus wesentlicher als seine Lösung, die letzten Endes nur das Ergebnis von mathematischem oder experimentellem Können sein mag. Neue Fragen zu stellen, neue Möglichkeiten zu erfassen und die alten Probleme aus neuem Blickwinkel zu sehen, erfordert eine schöpferische Imagination und bringt den wirklichen wissenschaftlichen Fortschritt mit sich.«

Eine der Herausforderungen bei der Untersuchung des Psi Q ist: sie gelingt am besten, wenn sie durch Motivation stimuliert wird. Ich erinnere mich, wie schnell ich gelangweilt war, als ich an ASW-Experimenten am College teilnahm. Für mich war es eigentlich belanglos, welche Karte als nächste aufgedeckt würde, nachdem mein Ego befriedigt und meine Neugier verflogen war. Der Einsatz meiner Fähigkeiten im Umgang mit Menschen hat mich niemals gelangweilt. Ich erinnere mich an den Vortrag einer sehr bekannten medialen Sprecherin, die Laserstrahlen krümmen konnte. Sie entzog sich trotz unglaublicher Ergebnisse den wissenschaftlichen Versuchsreihen, weil sie sich fragte: »Was kann man denn überhaupt mit einem gebeugten Laserstrahl anfangen?«

Ich kenne einen Mann, der für seine erfolgreiche mediale Tätigkeit in Zusammenarbeit mit Polizeirevieren in vielen Ländern weltberühmt ist. Im Rahmen einer Laboruntersuchung versagte er völlig, seine Psi-Fähigkeiten vorzuführen. Ohne menschlichen Stimulus war sein Psi Q nicht funktionsfähig.

Ein weiterer Grund, weshalb Psi Q in einer Laborsituation unberechenbar ist, ist darin zu suchen, daß die Testpersonen sich zu sehr anstrengen und sich emotional zu sehr auf die Resultate versteift haben. Die übersinnliche Genauigkeit läßt oft nach, sobald die gefühlsmäßige Erwartung zunimmt.

Der Physiker Dr. Russell Targ hat Experimente für »Fernhellsehen«, Entferntes hellsichtig wahrzunehmen, entwickelt. Im Rahmen eines von der Regierung finanzierten Multi-Millionen-Forschungsauftrages führte er nationale ASW- Versuche durch.

Im *Brain/Mind Bulletin* hat er den Versuchsteilnehmern geraten, sich nicht hineinzusteigern, da sie ohne Druck wahrscheinlich bessere Ergebnisse erzielen könnten. Er schrieb dazu: »Schon seit langem wird ein spielerischer Zustand mit medialen Erfolgen in Zusammenhang gebracht.«

Dr. Targ sagte: »In der Astronomie kann man den entferntesten Stern nur durch eine unkonkrete Sehweise wahrnehmen. Versucht man, ihn direkt anzusehen, kann man ihn nicht ausmachen. Genau das gleiche scheint auch bei außersinnlichen Wahrnehmungen (ASW) der Fall zu sein.«

Menschen, die nachhaltig mit Psi-Energien umgehen, wissen, wie wahr diese Aussage ist. Medial aufgenommene Eindrücke können Traumbildern sehr ähnlich sein, an die sie sich zu erinnern versuchen. Womöglich empfängt man sehr lebhafte Eindrücke und kann sie auf Abruf ausdrücken. Doch wenn man nach ihnen greifen will, lösen sich viele Bilder in Rauch auf.

Psi-Q-Fähigkeiten haben genauso wenig mit der geistigen Entwicklung gemein wie der Intelligenzquotient. Diese Fähigkeiten sind weder moralisch noch unmoralisch. Sie sind einfach vorhanden. Ein Mensch kann über eine sehr gute ausgebildete Stimme verfügen und sie dazu verwenden, Schönheit in die Welt zu bringen – oder er kann sich dafür entscheiden, pornographische Lieder zu singen. Atomenergie kann Licht auf den Planeten bringen oder ihn in die Luft jagen. Das Bewußtsein, das die Mittel verwendet, entscheidet im jeweiligen Fall, ob der Einsatz konstruktiv oder destruktiv ist.

Mit meiner übersinnlichen Ader identifiziere ich mich nicht in stärkerem Maße, als ich mich selbst als Intelligenz, als Körper oder als irgendeine andere Quelle begreife, die ich gebrauchen kann. Ich setze mein mediales Talent einfach gleichermaßen ein, wie jede andere Fähigkeit, die ich besitze. Es spielt keine Rolle, welche Mittel uns zur Verfügung stehen – Intelligenz, Geld, Stellung, Talent –, wir entscheiden uns dafür, welchem Zweck sie dienen.

Es gibt viele, viele Wirklichkeiten – Energiegruppierungen –, deren höchste Energien selbst vom besten Medium nicht erfaßt werden können, es sei denn, die Absicht dahinter ist sehr rein. Um uns auf die höheren Schwingungsfrequenzen einstellen zu können – wie beispielsweise auf das Seelenmuster eines anderen – müssen wir den Wunsch nach Selbstbeweihräucherung ausgeräumt haben. Das bedeutet nicht, daß wir ohne persönliches Ego sein müssen. Solch ein Zustand ist wahrscheinlich ohne vollständige Meisterschaft nicht möglich. Es ist aber möglich, unser Ego beiseite zu stellen. Dies erfordert, demütig, bedingungslos und vorurteilslos zu leben. Uns kann nichts Neues nahegebracht werden, wenn wir glauben, wir wüßten bereits alles.

Eine sympathische Resonanz mit einer Schwingung aufzubauen, ist eine wichtige Voraussetzung für die Fähigkeit, Schwingungen zu »lesen«. Außerdem wird verlangt, daß wir von unseren eigenen Neigungen genügend distanziert sind, um einen klaren, unvoreingenommenen Eindruck zu erhalten. Selbst die klarsten Empfänger müssen das Gesehene oder Gefühlte interpretieren. Die Auslegung hängt von verschiedenen Faktoren ab: den Daten, den Symbolen, dem Erlebnisinhalt, der im Gehirn des Empfangenden gespeichert ist, ihrer Bereitschaft, neue Informationen gelehrt zu bekommen, ihrer Fähigkeit, sich mit dem kollektiven Bewußtsein zu verbinden und aus dem gesamten menschlichen Erlebnisgehalt zu schöpfen und ihrer Fähigkeit, sich zurückzuhalten und die Information und die ganze Situation soweit als möglich mit mitfühlender Losgelöstheit zu sehen.

Genauso wie die Öffnung von übersinnlichen Fähigkeiten

Teil der Erwachensphase unseres Wachstums sein mag, muß diese Begabung ihr eigenes Erwachen durchlaufen. Der Körper, besonders das Nervensystem, der Verstand und die Gefühle müssen alle darauf vorbereitet sein, einen Austausch mit höheren Schwingungsfrequenzen zu verkraften. Eine derartige Vorbereitung geschieht nicht notwendigerweise zu Füßen eines Lehrers oder innerhalb einer esoterischen Ausbildung. Das Leben selbst kann unser Lehrer sein. Die Vorbereitung geschieht durch verantwortliche, ehrliche und bewußte Lebensführung – in allen Bereichen, auch auf der körperlichen Ebene –, die auf die Herausforderungen und Möglichkeiten eingeht, die jeden Tag vor uns liegen. Unsere größten Lehrer können als die Menschen in unserem Leben auftreten, die uns den meisten Kummer verursachen. Die wichtigsten Lektionen im Leben können beinhalten, daß wir ungeachtet des äußeren Anscheins lernen, jedem (besonders uns selbst) alles zu verzeihen und jeden (besonders uns selbst) zu lieben.

Wenn Sie wirklich verstehen wollen, wie Ihr Körper, Ihr Verstand und Ihre Emotionen zusammenwirken, kann Ihnen das Studium einer geistigen Wissenschaft – wic zum Beispiel Theosophie, Rosenkreutzerlehrer, Yoga und viele andere mehr – eine Menge Mühe und Irrtümer ersparen. Außerdem wird es Ihnen helfen, die Fallgrube des Aberglaubens zu vermeiden. Ich versteife mich auf keine bestimmte Philosophie, genausowenig wie ich empfehlen würde, nur Psychologie zu studieren. Es ist jedoch wertvoll, gute Informationsquellen zu finden, die Auskunft geben, wie sich Energien im physischen Körper in Verbindung mit dem Bewußtsein verhalten: wie und wo Energie in Ihren Körper eintritt; wo sich die hauptsächlichen Energiesammelstellen (Chakren) befinden und wie sie mit Ihrem Nervensystem und dem Hormonspiegel verbunden sind. Wenn Sie keinerlei Erfahrung in einer spirituellen Wissenschaft haben und interessiert sind, würde ich empfehlen, daß Sie zuerst in einen guten esoterischen Buchladen gehen und sich Basisinformationen zu den feinstofflichen Körpern und den Chakren (Energiezentren) beschaffen.

Wenn man eine begrenzte Sicht der Realität aufgibt und sich mit seinem Bewußtsein auf mehr Möglichkeiten einstellt, neigt der eigene Psi Q dazu, sich zu verbessern. Im durchschnittlich gesunden Menschen gibt es Sicherheitsverschlüsse, die den Organismus davor bewahren, sich selbst mit Erlebnissen zu überladen, die er noch nicht verarbeiten kann. Obwohl diese Verschlüsse durch extremes Trauma oder durch Drogeneinwirkung aufgerissen werden können, kann im allgemeinen die Realität, die man unter solchen Bedingungen erlebt, nicht auf Befehl verarbeitet oder wiederholt werden.

Fundiertes spirituelles Training unterstützt den Integrationsvorgang und den Ausgleich. In den meisten Lehrsystemen wird aus gutem Grund streng davor gewarnt, sich ausschließlich mit übersinnlichen Phänomenen zu beschäftigen. Sich von dem »Kuddelmuddel« der außersinnlichen Phänomene in Anspruch nehmen zu lassen, kann ein Umweg von Ihrem Ziel der Selbsterkenntnis sein. Viele Menschen aus meinem Bekanntenkreis, die jetzt ernsthafte spirituelle Schüler sind, hatten auf dieser Ebene einen größeren Durchbruch, ein »Oh, toll!«-Erlebnis, das ihre Leidenschaft anstachelte, noch mehr zu erfahren. Der Trick ist, nicht nach diesem »Oh, toll!« süchtig zu werden oder es mit der wirklichen Sache zu verwechseln.

Ich erinnere mich an eine Geschichte, die Ram Dass erzählt. Als er Guru Maharai-ji eine übermäßig große Menge von LSD verabreicht hatte, war er schockiert, als dieser keinerlei Reaktion darauf zeigte. Schließlich meinte sein Lehrer, mit dem LSD sei alles okay gewesen, doch er wundere sich, weshalb jemand Christus nur besuchen wolle, wohingegen es doch möglich sei, dorthin zu gehen und für immer zu bleiben.

Es ist kein guter Gedanke, »die anderen Welten« zu erforschen, solange man nicht die Welt in den Griff bekommen hat, in dem man bewußt lebt. Die Entwicklung von Psi Q birgt keine Möglichkeit, persönlichen Problemen und den Herausforderungen des Lebens aus dem Weg zu gehen. Im Laufe der Jahre habe ich beobachtet, wie solche Menschen ihre Familien im Stich lassen, ihre Verantwortlichkeiten versäumen und die eindeutig psycho-logischen Probleme nicht angehen, indem sie eine Nebelwand von übersinnlichem Scheingerede aufbauen. Von Anfang an wurde ich von meiner geistigen Führung unterwiesen: »Mach einen Babyschritt und integriere ihn. Mache noch einen Schritt und verarbeite ihn.«

Dieser Ratschlag war unentbehrlich, und ich empfehle ihn wärmstens weiter. Wenn sich bei uns übersinnliche Ereignisse einstellen, die über das zufällige Maß hinausgehen, wird es notwendig, ständig Wirklichkeitsüberprüfungen zu machen. Die Weisheit, die uns lehrt: »Bevor ich erleuchtet war, hackte ich Holz und schleppte Wasser; und nachdem ich erleuchtet war, hackte ich Holz und schleppte Wasser«, gilt ebenso für übersinnliche Einsichten. Nach diesem Erlebnis müssen wir noch immer Steuern bezahlen, Kinder erziehen und dem Beruf nachgehen.

Ich teile den Menschen oft mit, es sei schön, wenn sie ihren Psi Q entwickeln wollen, vorher sollten sie aber innehalten und sich folgendes ehrlich fragen: »Warum? Was will ich denn mit dieser Begabung anfangen? Will ich sie für mein eigenes Wachstum und zum Wohle anderer in Dienst stellen? Bin ich bereit, weiterhin an meinen eigenen persönlichen Problemen zu arbeiten?« Es ist weise, jede Art von ungelösten Ego-Bedürfnissen nach Aufmerksamkeit und Einfluß über andere zu überprüfen, bevor man sich allen Ernstes daran macht, mediale Fähigkeiten auszubilden. Es gilt, geerdet und ausgeglichen zu bleiben, denn übersinnliche Fähigkeiten geben wunderbare Diener, doch schreckliche Meister ab. Der beste Ratschlag stammt von Jesus Christus und ist in geistlichen Unterweisungen seit dem Altertum bis heute wiederholt worden: »Trachtet zuerst nach dem Reiche Gottes« – Nirwana–Glückseligkeit–Paradies–Wiederverbindung. Übersinnliche Einsichten können uns einfach dabei helfen, einige der Wendepunkte auf dem Weg zu erkennen.

Channeling

Wir haben gerade erst begonnen, den menschlichen Geist zu verstehen. Unsere Fähigkeit, nichtmaterielle Wirklichkeiten wahrzunehmen und mit Intelligenzen aus anderen Dimensionen zu kommunizieren, steht noch in ihren Anfängen. Für eine solche Begabung Verständnis aufzubringen, scheint uns sogar noch verwirrender, wenn wir noch dazu Krankheitsmerkmale gewisser Arten von Geistesgestörtheit sehen. Wir fürchten uns vor Menschen, die durch die Stimmen, die sie hören, und durch die Dinge, die sie sehen, unfähig und verwirrt geworden sind. Normal ausgeglichene Personen können jedoch durch ein Nahtoderlebnis oder durch einen veränderten Bewußtseinszustand spontane Kommunikation mit immateriellen Wesenheiten haben, die durch Krankheit, Trauma oder Drogen, durch die Erfahrung eines Körperaustritts, durch intensives Gebet oder einen erhöhten spirituellen Bewußtseinszustand ausgelöst wurden.

Wir existieren in vielen Schwingungsfrequenzen nichtphysischer Energien, die emotional, mental und spirituell geprägt sind. Genauso wie man den Cursor bei einem Computer bedienen kann, so daß er sich an die gewünschte Stelle bewegt, gibt es Menschen, die die Fähigkeit besitzen, ihr Bewußtsein willentlich in andere Wahrnehmungsebenen zu bewegen. Solche Personen können auf Befehl ihr Bewußtsein auf irgendeine verfügbare Schwingungsfrequenz richten. Menschen aus allen kulturellen, psychologischen und religiösen Schichten berichten über Unterhaltungen mit anderen Wesenheiten aus diesen Frequenzbereichen. Die Wiedergabe solcher Kommunikationen wird häufig als Channeling bezeichnet. In welcher Sprache läuft die Verständigung mit anderen Dimensionen ab? In der spirituellen, esoterischen und parapsychologischen Literatur gibt es unterschiedliche und nur selten eindeutige Definitionen darüber zu finden. Das Erlebnis interdimensionaler Kommunikation ist so universal – und doch auch so mysteriös –, daß Definitionen des Phänomens erstellt und in Zusammenhang gebracht werden müssen.

Ein »Channel« (Medium) kann sein persönliches Selbst vollkommen beiseite stellen und den Eindruck erwecken, daß eine andere Wesenheit durch ihn spricht. Seine Stimme und Körpersprache verändern sich. Ein solcher Mensch könnte als Trancemedium bekannt werden. Ein anderer »Channel« dagegen gibt das Gefühl für sein persönliches Selbst nicht auf, um mit einer anderen Intelligenz in Kontakt zu treten, und behält seine eigene Stimmlage, sein Verhalten und seine persönliche Identität bei. Bei solchen Menschen spricht man von Medien – das heißt, sie dienen als Brücken zwischen Wahrnehmungswelten –, doch dabei bleiben sie Reporter für andere Intelligenzen – nicht deren Schöpfer.

Seit Anbeginn der Menschheit wurde gechannelt, und die Menschen haben aus der geistigen Welt Unterweisung empfangen. Alle heiligen Schriften der Welt sind angefüllt mit Weisheit, Visionen und Träumen, die nichtkörperlichen Wesenheiten zugeschrieben werden. Von der christlichen heiligen Bibel bis zur Bhagavad Gita des Hinduglaubens, von den Prophezeiungen eines Stammesschamanen bis zum modernen *Kurs in Wundern,* hat Gott den Menschen die Wege des Göttlichen über Engel, Geistführer, Schutzgeister, Lehrer, verstorbene Anverwandte, Ärzte aus der geistigen Welt, Heilige, aufgestiegene Meister, Weltraumbrüder und -schwestern und Wesenheiten aus anderen Realitäten gewiesen.

Seit undenklichen Zeiten ist Channeling ein Bestandteil unserer Welt, und es ist heute noch genauso mysteriös, wie es immer schon gewesen ist. Obwohl es in einer technisierten, materialistischen Gesellschaft anachronistisch zu sein scheint, gilt es doch als Tatsache, daß Millionen von gesund empfindenden, gebildeten Menschen weiterhin an die Durchsagen aus der geistigen Welt glauben. Der Begriff *Channeling* ist genaugenommen ein Sammelwort. Er umfaßt alles, von der persönlich geistigen Inspiration bis hin zu Botschaften aus anderen Dimensionen. Bei einem Medium heißt das, daß die »gehörten«, gefühlten oder gespürten

Worte und Gedanken buchstäblich von einer anderen Intelligenz stammen. Ein anderes Medium geht davon aus, daß die Worte und Ideen direkt von Gott kommen. Und wiederum bedeutet es für das nächste Medium, daß die Worte und Gedankengänge aus dem höchsten Potential des Selbst hervorgehen.

Im reinsten Sinne geht es bei Channeling darum, sich innerhalb des Selbst auf die höchste Führung auszurichten und ihr zu erlauben, in unser Bewußtsein und unser körperlich orientiertes Leben zu treten. Es verbindet uns mit dem Rhythmus der universalen Energie und erlaubt ihr, durch uns zu fließen. Die materielle Ebene ist sehr, sehr dicht und angsterfüllt. Licht ist pure Liebe, und jedesmal, wenn wir jene Liebe in angsterfüllte Plätze bringen, handeln wir als Kanäle.

Reines Licht wird ganz enorm gedrosselt, um in die hiesige Dimension zu kommen. Wäre dem nicht so, gäbe es eine Überlastung unseres Nervensystems. Wenn wir beten, channeln und heilenden Gedanken nachgehen, agieren wir wie ein elektrischer Transformator, der Energien einer Schwingungsfrequenz in eine langsamere herunterstuft, damit der Stromkreislauf nicht überlastet wird.

Channeling kann ein ausgezeichnetes Instrument sein, um uns während der Erwachensphase zu helfen. Allerdings gibt es keine größere Arena der hyperaktiven Einbildung, der persönlichen Selbsttäuschung und möglichem Betrug, ja sogar Ausbeutung, an anderen als bei Channeling. Channeling ist voller potentieller Gefahren für die psychologisch Verwundbaren.

Nichtsdestoweniger ist es gleichermaßen abergläubisch, ein Phänomen von der Hand zu weisen, das man nicht versteht, wie alles für bare Münze zu nehmen, was man hört.

Es ist unmöglich, Channeling in ein logisch untermauertes Kästchen zu stecken, aber, ob wir es nun verstehen oder nicht, es existiert. Alles, was wir an dieser Stelle unternehmen können, ist, ein offenes Herz zu behalten, auf unsere höchste Führung und auf unseren gesunden Menschenverstand zu horchen und dieses Hilfsmittel für uns selbst erforschen.

Das Gesetz der Anziehung

Wenn wir Interesse bekommen, mit diesen Realitäten zu arbeiten, müssen wir unsere Motive mit großer Sorgfalt untersuchen. Das Gesetz der Anziehung ist immer in Aktion. Wir empfangen stets auf unserer Wunschebene. Und wir müssen uns selbst ziemlich gut kennen, um zu wissen, was wir wirklich wünschen. Wenn der auch noch so unterschwellige Wunsch besteht, sich vor den persönlichen Herausforderungen unseres Lebens zu drücken, steht der Wunschmagnet auf Fluchtverhalten, statt auf Dienstbereitschaft. Zielt das Verlangen auf eine eingebildete Macht, dann wird diese zum Magneten, nicht der Dienst am Menschen.

Wir empfangen das, worum wir bitten. Es ist wichtig, zu erkennen, daß die Informationen und Kommunikationen, die wir aufgrund von schmuddeligen Motiven anziehen, uns in Sackgassen führen, die für unsere geistige Gesundheit gefährlich sind und die zudem in jeder Hinsicht unserem Wachstum zuwiderlaufen können.

Meine Erfahrung besagt, wenn das Motiv hoch angesetzt ist, werden höhere Geistwesen kontaktiert, die auf das Wohl aller bedacht sind. Keine höher entwickelte Wesenheit ist daran interessiert, uns dabei zu unterstützen, unsere Ego-

Spiele zu rechtfertigen. Sie werden uns in der Tat liebevoll, doch auch schleunigst in dieser Sache zurechtweisen. In ihrer Liebe und in ihrer Arbeit sind sie allumfassend – aber nicht ausschließlich.

Das ist tatsächlich einer der besten Schlüssel, der Aufschluß gibt, ob wir mit Wesenheiten von sehr hoher Energiequalität in Berührung sind oder nicht. Seien Sie äußerst vorsichtig, wenn von Exklusivität die Rede ist. Wenn ich von jemandem höre, der in Anspruch nimmt, für einen allgemein bekannten Heiligen oder Meister auf Erden der einzige Channel – oder zumindest einer der wenigen aus einer Handvoll – zu sein, bin ich sofort mißtrauisch. Wenn derjenige allerdings sagt, er sei *eine* Person – nicht *die* Person –, höre ich auf das, was er zu sagen hat.

Zunächst einmal sind Jesus, Buddha, Saint Germain, der heilige Erzengel Michael, Maitreya, Kwan Jin, die Jungfrau Maria und andere Meister keine Persönlichkeiten der Art, wie Sie und ich sich eine individualisierte Persönlichkeit vorstellen. Sie haben jene begrenzenden Bande durchbrochen und sind nicht mehr auf die Raumzeit angewiesen, in der wir uns wahrnehmen. Der Definition nach verfügen die Meister über vollständige Kontrolle der Zellstruktur sämtlicher niederer Körper (des physischen, emotionalen und mentalen Körpers). Sie können sich je nach Wunsch überall und in jedweder Art materialisieren. Sie sind eher mit der Sonne vergleichbar. Wenn Sie die Sonne anbeten, empfangen Sie einen Sonnenstrahl, der tatsächlich das Licht der Sonne ist, und doch ist dieser bei weitem nicht der einzig existierende Strahl.

Zweitens gilt, wir können ganz leicht Kontakt mit einem Archetyp aufnehmen. Wenn wir beispielsweise zum Erzengel

Raphael beten, könnten wir mit einer Gedankenform Kontakt aufnehmen, die das kollektive Unbewußte um Raphaels Bild gebaut hat. Wenn Buddha für uns der letztgültige Meister ist, könnten wir spüren, daß wir eine Botschaft von ihm erhalten.

Früh genug habe ich gelernt, daß wir die Ebene wählen können, auf der wir gerne unsere Lehren entgegennehmen. Es gibt allerdings einige Grundregeln. Wenn wir von Wesenheiten, die bedingungslose Liebe ausstrahlen, zu lernen wünschen, müssen wir für die Lernaufgabe bereit sein, bedingungslos zu lieben. Wenn wir bei einer sehr hohen Intelligenz, deren Anliegen die irdische Evolution ist, mitarbeiten möchten, müssen wir ebenfalls den Wunsch besitzen, der Entwicklung zu dienen.

Kommunikation mit Geistwesen einer sehr niedrigen Art kommt ebenfalls vor. Es gibt böswillige und sogar schadenbringende Entitäten, die ihre Possen ziemlich eindrucksvoll auf den niederen Ebenen subtiler Energie treiben, die das Verlangen und die Gefühle ansprechen. Aber hier hört ihre Fähigkeit auf, es sei denn, Sie verschaffen ihnen Macht, auf der materiellen Ebene zu wirken, indem Sie sich für sie als Kanal zur Verfügung stellen. Die Menschenrasse hat ihr Kollektivbewußtsein mit Angst verseucht. Dieser Tatbestand konnte derartigen niederen Enitäten eine Menge Rohmaterial verschaffen, womit sie das Ego ausspielen und Abhängigkeiten herstellen. Höhere Wesenheiten halten sich davon fern und würden keinesfalls die Schädigung eines anderen Wesens anregen, ermutigen oder sich daran beteiligen.

Unterscheidungsfähigkeit ist ein wichtiger Bestandteil in der Ausbildung eines Wahrheitsschülers. »An ihren Früchten sollt Ihr sie erkennen« ist als solider Maßstab anzuwenden.

Sobald Sie fühlen, daß Sie mit einer Wesenheit Kontakt aufgenommen haben, ist meine Anregung an Sie, entsprechend zu verfahren, wie es die heiligen Schriften empfehlen: Prüfen Sie sie! Je höher die Wesenheit ist, um so mehr wird sie ihre klare Absicht schätzen. Versichern Sie, daß Sie die Wahrheit und nur die Wahrheit suchen. Halten Sie ein deutliches Bild des Lichtes in ihrer Vorstellung; fragen Sie, ob das Geistwesen dem Universalen Christus dient, und warten Sie auf Rückbestätigung. Sind Sie sich nicht ganz sicher, daß dies der Fall ist, oder wenn keine Antwort kommt, fordern Sie es im Namen des Universalen Christus auf, Ihre Umgebung zu verlassen. Diese Handlung sollte in Liebe und mit Überzeugung, nicht mit Angst durchgeführt werden.

Einfach der Tatbestand, daß jemand nicht mehr im materiellen Körper ist, bedeutet nicht automatisch, daß er mehr als Sie weiß. Dr. Charles Tart hat dies so ausgedrückt: »Sterben verbessert nicht notwendigerweise Ihren Intelligenzquotienten.« Ihr ernsthafter Wunsch, zu wachsen und zu dienen, zieht eine hohe Qualität des Lehrers an. Und man kann nichts vortäuschen. In den höheren Bereichen können unsere Motive genauso leicht gelesen werden, wie Sie und ich hier eine Zeitung lesen. Eigennutz, Gier, Haß, Mißgunst, Arroganz und Vorurteile zeigen sich in der Aura als schwarze Verengungen. Die Lehrer aus den höheren Sphären wissen, daß der Erdenplan eine Schule ist. Hätten wir sie schon gemeistert, wären wir nicht hier. Die Urteile werden in der hiesigen Ebene gefällt, nicht im Bereich des Geistes. Die dort herrschende Liebe ist absichtslos und freut sich an jeder von uns geleisteten Anstrengung.

Ich habe festgestellt, daß die Lehrer aus den inneren Welten uns selten sagen, wie wir mit unseren persönlichen

Problemen umzugehen haben. Sie sind eher dazu geneigt, uns Einsichten anzubieten und Weisheit mit uns zu teilen. Wahre Führer und Lehrer auf Erden oder aus jeder anderen Dimension werden nicht den Versuch unternehmen, Sie in einen Roboter zu verwandeln, indem sie Ihre Herausforderungen lösen. Dies würde Sie genau der Mittel berauben, durch die Sie wachsen. Mit der geistigen Welt zusammenzuarbeiten, ist ein mitschöpferischer Akt. Jeder behält die Verantwortung für sein Selbst bei. Keine weise Wesenheit hat den Wunsch, Sie von sich abhängig zu machen.

Eine gute geistige Führung aus anderen Ebenen – und ich könnte hinzufügen, auch aus der hiesigen Ebene – ist dadurch gekennzeichnet, daß man sich befähigt und nicht nur beeindruckt fühlt. Wahrscheinlich werden Sie zuerst beeindruckt sein, doch aus Kontakten dieser Art werden Sie ermutigt, inspiriert und zuversichtlich in Ihr Leben treten.

Geistiges Wachstum und spiritueller Dienst erfordern keineswegs eine bewußte Wahrnehmung von Geistführern und -lehrern. Wenn wir die Energien der Liebe in uns erwecken, rufen wir automatisch die Liebesenergie aus dem Universum herbei. Und unsere Liebe wird doppelt verstärkt und durch unsere Gedanken und Absichten der Welt übermittelt. Erwachen, das den Widerstandszyklus aufbricht und uns in den Erwachenszustand hineinwirft, braucht keine Synchronizität, keinen Psi Q oder bewußten Kontakt mit der geistigen Welt mit sich bringen. Es kann sich durch höchst weltliche Aktivitäten einstellen. Doch unterliegen Sie keinem Irrtum: die Veränderung betrifft unser geistiges Leben. Alles, was an uns geschieht, dient letztlich dazu, uns einem größeren Verständnis zuzuführen.

Der Moment des Durchbruchs geht vorüber. Er hat den

Zweck erfüllt, uns von einer Verständnisebene auf eine andere zu heben. Als nächstes folgt die Zeit des Engagements für die neue Richtung.

Ich möchte hier ein Gebet mit Ihnen teilen, das ich in der Beratungspraxis und Heilarbeit schon seit Jahren verwende. Natürlich ist jedes Gebet nur wirksam, wenn es mit Ihrer wirklichen Absicht und mit Ihrem Herzenswunsch übereinstimmt. Ich möchte Sie dazu ermutigen, Ihr eigenes Gebet niederzuschreiben, doch in der Zwischenzeit sind im folgenden Gebet viele der Grundsätze für Ihr Vorhaben und für Ihren Schutz enthalten.

Heilgebet

Lieber Mutter-Vater-Gott,

Ich bitte darum, durch das weiße Christuslicht, das grüne Heilungslicht und das violette umwandelnde Licht gereinigt und klar zu werden.

Ich bitte darum, daß alle disharmonischen Schwingungen zu meinem höchsten Wohl und nach dem göttlichen Willen von mir entfernt werden, in ihrem eigenen Licht versiegelt, und zur Läuterung zur Quelle zurückkehren, auf daß sie sich nie wieder in mir oder in irgendeinem anderen niederlassen.

Ich bitte darum, daß ich als Heilkanal für (Name, Situation) eingesetzt werde. Ich erbitte dies für (sein, ihr) bestes Wohl nach (seinem, ihrem) eigenen und nach dem göttlichen Willen.

Ich bitte darum, daß dieser Raum lichterfüllt und diese

(Person, Situation) mit Licht umgeben werde. Ich bitte um Schutz mit Hilfe des dreifachen Schildes aus weißem Licht des Universalen Christus.

Ich nehme jetzt jene Heilkräfte an, die durch mich und mit mir arbeiten, und die nur das gelten lassen, was dem Universalen Christus dient.

Ich entrichte meine Dankbarkeit für all die viele Gnade, die mich erreicht, und vor allem für das Privileg, anderen zu dienen.

Übung: Die Zusammenkunft mit dem Komitee

Diese Visualisierungsübung sieht vor, uns entdecken zu helfen, welcher Aspekt von uns die Herrschaft über gewisse Funktionen besitzt. Wenn Sie bereit sind, den Bildern zu vertrauen, die Ihr Unterbewußtsein im Verlauf dieser Übungen auswirft, können Sie eine Menge über sich selbst lernen.

Wenn Sie gegenwärtig mit einem Therapeuten zusammenarbeiten, schlage ich vor, daß Sie diese Übung miteinander durchführen. Es ist sogar hilfreich, sie mit einem Freund zu machen. Es wäre vielleicht empfehlenswert, Ihr Erlebnis auf Kassette zu sprechen, da die Einzelheiten womöglich leicht vergessen werden.

Einige Hinweise, was es zu beachten gilt:

* Diese Übung oder irgendeine andere sollten Sie nicht durchführen, wenn Sie sich dabei unwohl fühlen. Nicht jede Übung ist für jedermann geeignet. Vertrauen Sie sich. Wenn Sie die Neigung haben, leicht in einen veränderten Bewußtseinszustand zu geraten und nicht wissen, wie Sie damit umgehen sollen, empfehle ich, daß Sie diese Übung nur mit Hilfe eines Therapeuten, eines Priesters oder eines Beraters machen.

* In Ihnen arbeiten sowohl männliche als auch weibliche Energien, unabhängig davon, ob Sie Mann oder Frau sind. Durchlaufen Sie also beide Visualisierungen.

* Belegen Sie überhaupt nichts mit einem Urteil. Alles sind reine Informationen. Es gibt weder richtig noch falsch, weder gut noch schlecht. Widersetzen Sie sich einem Bild, weil es Ihnen nicht behagt, könnten Sie sich eine wertvolle Einsicht verweigern.

* Lenken Sie Ihre Aufmerksamkeit auf jede Einzelheit. Ebenso wie bei Traumbildern liefert jedes kleine Detail einen Schlüssel.

A. Zusammenkunft mit dem weiblichen Komitee

1. Finden Sie einen Ort, wo Sie ungestört sein können. Fangen Sie an, indem Sie sich in einer bequemen Haltung hinsetzen und erlauben Sie sich, zu entspannen. Nehmen Sie fünfzehn oder zwanzig langsame, tiefe Atemzüge. Lösen Sie bewußt mit jedem Atemzug Spannungen. Überprüfen Sie anschließend rasch mit dem Verstand Ihren Körper, und spannen und lösen Sie jeden verspannten Muskel.

2. Versichern Sie Ihr Unterbewußtsein, indem Sie ein Gebet sprechen, das bestätigt, daß das nachfolgende Erlebnis Ihrem besten Wohle dient. Sehen Sie sich von reinem Licht umgeben und erfüllt. Bestätigen Sie, daß Sie die Wahrheit und nichts als die Wahrheit suchen.

3. Schaffen Sie sich jetzt in Ihrer Vorstellung ein Bild, wie Sie in der Dämmerung an einem See entlanggehen. Machen Sie sich diese Szene so lebendig, daß Sie hören können, wie das Wasser an das Seeufer schlägt und die Tagesgeräusche in der Abendstimmung abflauen.

Fühlen Sie die leichte Feuchtigkeit des auftretenden Taus unter Ihren Füßen und die Sanftheit der Abendbrise auf Ihrer Haut. Schauen Sie zum Himmel, und sehen Sie, wie die Sterne langsam aufgehen. Heute nacht werden wir Vollmond haben.

4. Bald erreichen Sie eine Brücke, die auf eine Insel mitten im See führt. Wie sieht die Brücke aus? Sobald Sie die Brücke betreten, fühlen Sie Vorfreude, doch geraten Sie nicht in Eile. Beim Überqueren des Sees achten Sie darauf, wie hell der Mond scheint und wie das Wasser im Silberlicht glitzert. Schwäne ziehen ruhig an der Brücke vorbei.

5. Sobald Sie die Brücke verlassen, stoßen Sie auf einen Pfad, der durch einen Wald führt. Der Weg ist gut befestigt, und der Wald ist ein sicherer Aufenthaltsort. Welche Art von Bäumen gibt es dort? Ist Wild anwesend? Der Mond bemalt den Pfad mit seinem Licht, und Sie steuern direkt auf eine Lichtung im Wald zu.

6. Inmitten der Lichtung brennt bereits ein Feuer. Sie werden erwartet. In einem Kreis rund um das Feuer sind Sitzplätze vorbereitet, obwohl Sie als erster hier erscheinen. Welcher Art sind die Sitzgelegenheiten? Steine? Baumstämme? Der Mond steht direkt über dem Gelände. Suchen Sie sich jetzt aus, welcher Platz für Sie am angenehmsten ist, und setzen Sie sich. Gibt es dort irgend etwas, das Ihre Aufmerksamkeit auf sich zieht?

7. Nun werden Sie einige Ihrer inneren Frauen einladen, sich Ihnen in diesem Kreis anzuschließen. Jede der Frauen wird Ihnen ein Geschenk mitbringen.

Als erste kommt Ihre Macht-Frau. Rufen Sie sie herbei und heißen Sie sie wohlgesonnen willkommen, unabhängig davon, wie sie sich zeigt. Kommt sie den Weg entlang? Ist sie alleine? Hat sie ein Tier oder einen Vogel bei sich? Welche Kleidung trägt sie? Wie alt ist sie? Welche Haarfarbe und Haarlänge hat sie? Trägt sie Schmuck? Achten Sie auf jede Einzelheit. Wie ist ihr Gang? Erinnert sie Sie an jemanden, den Sie kennen oder von dem Sie gelesen haben? Welche Gesinnung hat sie? Mögen Sie sie? Gefällt sie Ihnen oder fürchten Sie sich vor ihr? Äußert sie sich irgendwie Ihnen gegenüber? Welches Geschenk hat sie Ihnen mitgebracht? Bitten Sie sie, Platz zu nehmen. An welche Stelle innerhalb des Kreises setzt sie sich?

8. Sie laden als nächstes Ihre Weise-Frau ein, sich einzustellen. Sie wird ebenfalls ein Geschenk mitbringen. Beobachten Sie sämtliche Details, wie bereits bei der Macht-Frau – Kleidung, Alter, Haltung und so weiter. Ihre Weise-Frau und Ihre Macht-Frau kennen einander.

Mögen die beiden sich? Welche Gesinnung hat die Weise-Frau? Nehmen Sie ihr Geschenk entgegen und all die Worte, die sie an Sie richtet. Laden Sie sie anschließend ein, sich im Kreis niederzulassen. Wohin setzt sie sich? Sitzt sie rechts oder links von Ihnen oder gegenüber? Welchen Platz nimmt sie in bezug auf die Macht-Frau ein? Welche Gefühle kommen bei Ihnen auf, wenn diese beiden Frauen mit Ihnen zusammen sitzen?

9. Nun werden Sie Ihre Angst-Frau treffen. Sie fürchten sich vor dieser Begegnung. Laden Sie sie ein, in den Kreis zu kommen, und begegnen Sie der Weise, wie sie sich darstellt, ohne Widerstände. Auch sie wird ein Geschenk mitbringen. Stellen Sie die gleichen Beobachtungen an, wie bei den beiden anderen. Achten Sie besonders darauf, was Sie mögen oder was Ihnen mißfällt – ihr Gang, ihre Einstellung, ihre Kleider. Bemerken Sie alles! Welche Beziehung hat sie zur Macht-Frau und zur Weisen-Frau? Welche der beiden reagiert auf sie, in welcher Weise läuft die Reaktion ab? Wie verhält sich die Angst-Frau Ihnen gegenüber? Welches Geschenk bringt sie mit? Bitten Sie sie, sich im Kreis niederzusetzen. Was macht sie, und wo nimmt sie Platz? Hat sie irgend etwas zu sagen? Wie fühlen Sie sich ihr gegenüber?

10. Die nächste Einladung geht an die Unbekannte-Frau, die Frau, von der nicht einmal Sie wußten, daß sie in Ihrem Inneren wohnt. Sie kommt, wie die anderen auch, mit einem Geschenk. Stellen Sie dieselben Beobachten an, wie zuvor bei den anderen. Erinnert sie Sie an irgend jemanden? Welche Gedanken kommen Ihnen in den Sinn, wenn Sie sie sehen? Achten Sie auf jede Einzelheit, bemerken Sie auch, mit wem sie sich beziehungsmäßig einläßt und mit wem nicht. Kennt sie die anderen überhaupt? Sind Sie von ihr überrascht? Haben Sie Angst vor ihr? Welches Geschenk hat sie Ihnen mitgebracht? Bitten Sie sie, sich in Ihren Kreis zu setzen, und stellen Sie fest, wo sie sich am wohlsten fühlt.

11. Noch jemand muß diesem Kreis zugeführt werden, nämlich Ihr kleines Mädchen. Rufen Sie es herbei, damit es sich dem Kreis anschließt. Kommt es bereitwillig, oder müssen sie ihm etwas nachhelfen? Wie alt ist es? Wie ist es angezogen? In welcher Gesinnung kommt es? Bei welcher der Frauen in diesem Kreis fühlt es sich am geborgensten? Fürchtet es sich vor irgendeiner der Frauen? Ist es begeistert davon, im Kreis dabeizusein? Oder ist es mißtrauisch? Wohin geht es, nachdem Sie es bitten, sich in den Kreis zu setzen? Bitten Sie jetzt die Frauen, es zu segnen, jede in ihrer eigenen Weise. Führen sie das gerne aus? Wie fühlt sich das kleine Mädchen?

12. Schauen Sie nun aufmerksam im Kreis umher. Drücken Sie Ihre Dankbarkeit aus, daß jede der Frauen gekommen ist. Teilen Sie Ihnen mit, daß Sie vorhaben, zukünftig dem Kreis schwierige Entscheidungen vorzulegen, um zu hören, was jede dazu zu sagen hat. Bitten Sie die Gruppenmitglieder, falls es möglicherweise noch andere Frauenaspekte gibt, die Sie treffen sollten, diese bei der nächsten Zusammenkunft mitzubringen.

13. Nachdem Sie sich bei jeder Anwesenden bedankt haben, machen Sie sich auf, den Kreis zu verlassen. Bevor Sie den Rückweg durch den Wald antreten, werfen Sie noch einen letzten Blick auf die Gruppe um das Lagerfeuer und drücken Sie Ihren Dank aus. Je mehr Sie alle Facetten von sich selbst annehmen und zu schätzen wissen – den Schatten und das Licht –, desto mehr Seiten Ihres Selbst werden an die Oberfläche kommen.

Dies ist Ihr Kreis und Ihre persönliche Gruppe. Sie können jederzeit dorthin zurückkehren. Jetzt müssen Sie allerdings gehen. Bald bricht die Morgendämmerung herein.

14. Folgen Sie dem Weg über die Brücke. Die Sonne geht bereits auf, als Sie Ihren Fuß auf das Festland setzen. Nehmen Sie einige tiefe, kräftige Atemzüge und lenken Sie die Energie in Ihre Füße und Beine, in Ihren Rumpf und in Ihren Kopf. Werden Sie sich Ihrer physischen Umgebung bewußt, und fühlen Sie sich wohl darin. Öffnen Sie jetzt Ihre Augen. Erklären Sie, daß Sie ausgeglichen, in Harmonie und einsatzfähig sind.

Beachten Sie: Wahrscheinlich werden Sie bei der ersten Zusammenkunft Ihres Komitees zu müde sein, um eine Beratungsrunde abzuhalten, doch in der Zukunft können Sie diesen Kreis wiederherstellen und ihm die Probleme vorlegen. Indem Sie zuhören, was jede dazu zu sagen hat, können Sie entdecken, wo Ihre Ambivalenzen liegen, können Sie mit den Mitgliedern der Runde »Vereinbarungen« treffen und Ihre Vorstellungskraft einsetzen, um eine Zusammenarbeit mit allen Ihren Teilen zu fördern.

B. Zusammenkunft mit dem männlichen Komitee

Dieser Teil Ihrer Visualisierung verläuft nach einem ähnlichen Muster wie das Treffen mit Ihrem weiblichen Komitee. Sie fangen dabei jedoch in der Morgendämmerung an, steigen auf einen Berg und kommen zu einer Lichtung auf dem Gipfel. Es ist genau Mittag. Sie sitzen nun in Ihrem Kreis und fangen an, den Macht-Mann, den Weisen, den Mann, vor dem Sie sich fürchten, den unbekannten Mann und den Knaben herbeizurufen. Stellen Sie sich vor, daß jeder Mann statt eines Geschenks eine Flagge mitbringt, die ein bedeutsames Symbol trägt. Er wird sein Banner hinter seinem Sitzplatz aufpflanzen. Achten Sie äußerst aufmerksam auf jedes Detail hinsichtlich der Kleidung, der Gemütsverfassung und der Beziehung der Männer untereinander. Falls Ihnen nicht sofort intuitiv einfällt, für was die Symbole stehen, rate ich Ihnen nicht, deren Bedeutung herauszuknobeln. Später werden Sie genügend Zeit finden, daran zu arbeiten. Seien Sie dieses Mal bloß der Beobachter, und empfangen Sie aus Ihrem eigenen schöpferischen Geist.

C. Zusammenkunft mit dem gemeinsamen Komitee

Sobald Sie sich mit Ihren männlichen und weiblichen Komiteemitgliedern rundherum wohl fühlen, können Sie gemeinsame Zusammenkünfte einberufen. Es ist sehr enthüllend, zu entdecken, wer die Macht innehat, wer spricht und wer schweigt. Sie können sehr viel über die Spaltungen in Ihrem dualen Wesen lernen, und wie sie zu heilen sind.

Fünfter Schritt: Das Engagement

Wissen allein reicht nicht aus. Riskiere es, dein Wissen in die Tat umzusetzen, dann wirst du erkennen, ob es echt ist, ob es Anmaßung ist oder nur Information.

Sri Gurudev Chitrabhanu

Während wir die Freuden des Erwachens erforschen, verliert unsere alte Form nach und nach ihren Einfluß auf uns. Sobald sich aber der aufgewirbelte Staub der Aufregung über die neuen Erkundungen gesetzt hat, müssen Entscheidungen getroffen werden. Und das führt uns in die nächste Stufe unserer Odyssee – in das Engagement – den Vertragsstatus mit der Veränderung.

An dieser Stelle beginnen wir, ernsthaft unsere Gewohnheiten und Einstellungen zu untersuchen, die mit unserer ursprünglichen Form tief verwoben waren. In uns lebt ein klares Wissen darüber, wie wir selbst unseren eigenen Pfad suchen, anstatt einfach den Weg zu übernehmen, den wir von den anderen geerbt haben. Die Aufforderung »Mensch, erkenne dich selbst« nimmt einen wichtigen Stellenwert ein. Es kann bei gewohnheitsmäßigen Abläufen zu Veränderungen in unserer Nahrung kommen, und bei unseren Entscheidungen zeigt es sich, wo, wie und mit wem wir unsere Energie ausgeben. Während der Engagementphase suchen die Menschen häufig ein System oder eine Disziplin, die der neuen Richtung Struktur verleiht, manchmal nehmen Sie Unterricht oder besuchen Seminare, oder Sie widmen sich ausgiebig zahlreichen Therapieformen, die die Vergangenheit bereinigen. Im Hinblick auf unsere spirituelle Entwicklung entspricht das Engagement der Zeitperiode, in der wir uns innerlich erweitern, um Gott zu entdecken.

Wort und Tat

Das Erwachen sagt: »Ich sehe es, ich verstehe es!«

Das Engagement meint: »Großartig! Und was hast du jetzt vor, zu tun?« René Daumal drückt dies in *Mount Analogue* so aus: »Man kann nicht immer auf dem Gipfel bleiben, man muß auch wieder heruntersteigen. Warum soll man sich also überhaupt anstrengen? Es gilt nur folgendes: Was oben ist, weiß auch, was unten ist, doch das Untere weiß nicht, was oben ist. Man klettert hoch, man sieht sich um, und man steigt herunter. Man sieht nichts mehr, doch man hat gesehen.«

Sobald wir einmal ein Erwachenserlebnis erfahren haben, sind wir nie mehr die alten. Wir können nicht mehr leben wie zuvor, weil wir nicht so tun können, als hätten wir nicht eine neuere und höhere Wahrheit für uns erkannt. Der Trick ist, nicht süchtig am Erwachenszyklus selbst haften zu bleiben – er ist nicht das Ende der Reise.

Wenn sich die Menschen an den Erwachenspart des Veränderungszyklus klammern, können sie sich zu Wachstumssüchtigen entwickeln, die von einem Erlebnis zum anderen hetzen – auf zur neuesten »heißen« Technik, zu dem Lehrer, der etwas »Neues« zu sagen hat, zu dem Erlebnis, das das Gipfelhochgefühl immer wieder neu schafft. Es geschieht auch leicht, sich auf den »Weg der Äußerlichkeiten« zu begeben, wo man sich nur noch mit Klangschalen, Kristallen, Pyramiden, Rosenkränzen, Büchern, Kassetten und Tausenden von Zitaten eindeckt.

Jeder dieser Wege und jede Technik hat einen innewohnenden Wert, aber es geht nicht darum, anstelle von Substanz weiterhin Symbole zu setzen. Einsicht und Erwachen sind mit Integration nicht identisch. Jegliche neugefundene Wahrheit entwickelt sich nur zu einer wirksamen Kraft, wenn wir sehen können, wie sie arbeitet.

Es ist eine leichte Sache, im Verlaufe einer Meditationswoche in den Augen eines Mitsuchers Göttlichkeit zu finden. Es ist jedoch etwas ganz anderes, Göttlichkeit in Ihrem Tankwart, dem Trainer Ihres Kindes oder in einem Finanzbeamten zu sehen.

Sobald wir von dem *berauschenden* Bergerlebnis wieder auf den Boden gekommen sind, entdecken wir gewöhnlich, daß unsere materielle Welt ziemlich unverändert geblieben ist, seit wir sie verlassen haben. Wenn wir jetzt zu dem werden wollen, was wir glauben, müssen wir uns ernsthaft verpflichten, sämtliche eigenen Anteile neu zu erziehen.

Es verlangt eine Menge Engagement, unsere Drehbücher umzuschreiben, weil die alte Form nachhaltig in den Archiven unseres Unterbewußtseins eingraviert ist. Andererseits sind wir jedoch auch für Veränderung offen. In unseren Gehirnzellen bestehen zwei Billionen Nervenverknüpfungen.

Der Astrophysiker Carl Sagan meint, daß diese Tatsache mehr potentielle mentale Zustände in einem einzigen menschlichen Gehirn auslösen kann, als Atome in dem uns bekannten Universum vorhanden sind. Wir sind nicht an die

Muster unserer alten Form gebunden, es sei denn, wir entscheiden uns dafür.

In dem Buch *Die sanfte Verschwörung* schreibt Marilyn Ferguson: »Der Unterschied zwischen zufälliger Transformation und systematisch veranlaßter Veränderung ist dem Unterschied zwischen einem Blitz und einer Lampe gleichzusetzen. Beide erhellen unsere Umwelt, doch erstere ist gefährlich und unberechenbar, während die andere Art relativ sicher, zielgerichtet und verfügbar ist.«

Indem wir Entscheidungen treffen, werden wir die Wahrheit, die wir jetzt wahrnehmen. Wir fällen stets Entscheidungen, obwohl wir uns dessen nicht immer bewußt sind. Selbst das Nichtstun ist eine Wahl. Hassen, lieben, kritisieren, sprechen, schweigen – alle diese Verhaltensweisen basieren auf Entscheidungen. Sagt man: »Ich konnte nicht anders«, hat man gewählt, seine Entscheidungsmöglichkeit nicht in Anspruch zu nehmen.

Ein gelähmter Mann erzählte einmal in einem Interview, daß er vor seinem Unfall stark trainiert hätte, um ein Weltklasseathlet zu werden. Der Interviewer fragte ihn anschließend, ob seine Behinderung sein Leben denn nicht gefärbt hätte. Die rasche Antwort lautete: »Ja, aber ich habe die Farben ausgesucht.«

Während der Engagementphase im Veränderungszyklus treffen wir die Entscheidung, die neue Vorstellung über uns selbst in die Tat umzusetzen. An dieser Stelle müssen wir uns allerdings daran erinnern, daß die materielle Welt, der wir zum Zeitpunkt unserer anfänglichen Verpflichtung begegnen, das Ergebnis von viel früher getroffenen Wahlentscheidungen ist. Zu dem Zeitpunkt, wo wir das Licht eines Sternes wahrnehmen, ist er schon um Tausende von Lichtjahren weitergerückt. Im Verlauf des Veränderungsgeschehens neigen wir verhältnismäßig früh dazu – gewöhnlich während der Widerstandsphase –, uns von den äußeren Erscheinungsformen, von der Offenkundigkeit der alten Form, blenden zu lassen. Während der Periode des Engagements treffen wir die Entscheidung, trotz aller Widrigkeiten die neue Vision stetig und geduldig in die materielle Welt einzubringen. Die alte Binsenwahrheit, besser eine Kerze anzuzünden als die Dunkelheit zu verfluchen, drückt eine dieser Wahlmöglichkeiten aus. Das Licht durchdringt die Dunkelheit nicht, indem es ihr Widerstand entgegenbringt, sondern dadurch, daß es schlicht seine Wesensart lebt – nämlich Licht ist.

Indem wir uns unsere Macht eingestehen, bewußt den gewünschten Einsatz unserer Energie zu wählen, schärfen wir unser spirituelles Können. Wir vermögen nicht zu bestimmen, was ein anderer tun wird, wohingegen wir die volle Macht über unser Verhalten besitzen. Die Gestaltung unserer Antworten verstärkt sich, wenn wir den Unterschied zwischen Beobachten und energischem Handeln kennenlernen.

Wir beobachten, daß die Welt ihre Verwirrung im Hinblick auf die Veränderungen auslebt. Wir können uns dafür entscheiden, einem Bild des Friedens Kraft zu verleihen. Wir beobachten, daß jemand unter einer Krankheit leidet. Wir können wählen, das Bild seiner Heilung zu energetisieren.

Wir beobachten, daß einige unserer herkömmlichen »Programme« noch immer in voller Stärke laufen. Wir können uns dafür entscheiden, unserer erwachten Vision Nachdruck zu verleihen. Zu einem frühen Zeitpunkt im Veränderungsprozeß können die Herausforderungen an unsere alte Programmierung auf uns bedrohlich wirken. Im Verlauf der Engagementphase jedoch lernen wir, unsere Reaktionen zu beobachten. »Achtung, ich reagiere schon wieder auf dies oder das.« Die alten, automatischen Reaktionen erweisen sich als Auslöser, die uns zu verstehen geben, welche alte Programmierung noch immer unserer Aufmerksamkeit bedarf. Wir erziehen unsere alten Reaktionsmuster um, nicht, indem wir sie verleugnen, sondern indem wir sie wiedererkennen.

Wenn Sie sich beispielsweise zornig fühlen, dann seien Sie auch zornig. Es ist weitaus besser, sie gestehen sich die Wut ein, als daß sie sich krank machen, indem sie sich dieses Gefühl verkneifen oder sich selbst durch eine falsch verstandene Frömmigkeit beschummeln, die den Zorn leugnet. Versuchen Sie zu sagen: »Na, was schon, ich bin noch immer wütend darüber. Was sagt mir der Zorn über mein eigenes Selbstbild? Wie entscheide ich mich jetzt, mit dem Zorn umzugehen? Wird er über mich Gewalt haben, oder werde ich ihn beherrschen?«

Zorn ist schließlich nur Energie. Wir erleben die Wut; wir sind nicht die Wut. Sobald wir den Zorn einmal ins Auge gefaßt und ihn uns eingestanden haben, kann er schöpferisch umgesetzt werden. Nehmen wir an, jemand ist zornig, weil er im Fernsehen eine Dokumentation über die Tierquälerei an Babyrobben gesehen hat. Diese Person kann sich entscheiden, die Sendung auszuschalten und sagen: »Ich will mir das nicht anschauen, es verletzt mich zu sehr.« Wenn Sie jedoch so handeln, besteht die Möglichkeit, daß diese Wahl in Ihr Unterbewußtsein eingeht und Ihr Gefühl der Machtlosigkeit nährt, das mit allen anderen wahrnehmbaren Brutalitäten auf dem Planeten und noch dazu mit ihren persönlichen Erfahrungen verknüpft sein mag. Vielleicht steht der Zorn für eine unbewußte Ambivalenz. Ich weiß, daß meine eigene

Fähigkeit, meinem Zorn über Tiermißhandlung Ausdruck zu geben, geradliniger wurde, als ich meinen Pelzmantel weggab, der meiner Schlußfolgerung nach ein Prinzip symbolisierte, hinter dem ich nicht mehr stand.

Eine andere Person, die der gleichen Wut begegnet, könnte sich die Tatsachen anschauen, sich über ihren Ärger im klaren sein und sich fragen: »Was werde ich nun diesbezüglich unternehmen, sofern ich mich überhaupt dafür entscheide? Wie setze ich bestenfalls die Energie meiner Wut um? Indem ich gegen die Robbenjäger vorgehe; indem ich dazu beitrage, daß mehr Bewußtsein über die Rechte der Robben entsteht; indem ich helfe, ein Bewußtsein zu schaffen, das sämtliche Lebewesen weit mehr mit einbezieht; indem ich an einen Kongreßabgeordneten schreibe; indem ich ein Dankgebet spreche für die Opferung der Robben, wodurch uns unsere kollektive Gleichgültigkeit vorgespiegelt werden kann?«

Es gibt zahllose Wahlmöglichkeiten.

Bewußt oder unbewußt treffen wir ständig Entscheidungen, wie wir mit der Energie aus irgendeiner gegebenen Situation umgehen. Es mag uns vielleicht nicht gelingen, die negative Einstellung eines Kollegen zu verändern, aber wir können wählen, ob wir uns mit gleich starker Negativität mit ihr messen oder ob wir dies unterlassen können, weil es den Tanz ohne Ende fortsetzen würde. Mahnende Zeigefinger polarisieren, und Widerstand verstärkt den Kampf. Wir könnten auch unsere reaktive Energie zurückziehen und uns aussuchen, wie wir in diesem Fall vorzugehen wünschen.

Durch die Lehrerin und Sprecherin Patricia Sun sah ich dies einmal perfekt demonstriert. Im Verlauf eines schönen und kraftvollen Vortrages ging sie genau auf dieses Prinzip ein. Einige Minuten später, als sie sich erkundigte, ob Fragen vorhanden seien, stand ein Mann aus dem Publikum auf und erzählte einen geschmacklosen, »dreckigen« Witz. Frau Sun blieb ungerührt – ohne Worte, ohne Körpersprache und ohne Gesichtsausdruck, sie ging überhaupt nicht darauf ein. Da sie auf die beabsichtigte Verhöhnung nicht reagierte, verfehlte der Witz seine Wirkung, und er wurde von der gesamten Zuhörerschaft ignoriert. Es gab kein aufgebrachtes Flüstern, kein Kopf drehte sich herum, der prüfen wollte, von wem die grobe Beleidigung ausging. Es war, als ob nichts geschehen wäre. Hätte sie mit Entrüstung, Zorn, Beschimpfungen oder Verletztheit darauf geantwortet, hätte das Publikum ebenfalls reagiert, und der schlechte Witz hätte die Energie dieses Momentes aufgenommen. Tatsache war, daß er natürlich unterging aufgrund von mangelnder Energiezufuhr.

Wenn wir uns entscheiden, was wir mit unserer Energie anfangen, nehmen wir unsere wirkliche Macht in Anspruch. Wir fangen an zu handeln, nicht mehr nur zu reagieren. Wir fordern unser Geburtsrecht, schöpferisch zu sein, indem wir die Worte, Bilder, Wünsche und Handlungen wählen, die neue Urideale auf der Kausalebene errichten.

Viele entdecken, daß wir keinerlei Fortschritte machen, wenn wir den Energien mit einem kriegerischen Bewußtsein begegnen. Dies bestärkt dieselbe Sache um so mehr, die es zu überwinden gilt. Immer mehr Menschen finden statt dessen heraus, daß es besser ist, keinerlei Energie aufzuwenden, um gegen etwas zu sein; es ist bei weitem wirksamer, für etwas zu sein. Dies ermöglicht uns, die Energie umzulenken auf ein neues planetarisches Bewußtsein, das groß genug ist, alle unsere Unterschiede wie auch unsere Gemeinsamkeiten als Bürger des Planeten Erde zu beinhalten und zu feiern.

Es erfordert eine Menge Disziplin und Beharrlichkeit, unsere erlebten Einsichten in die Tat umzusetzen. Es sind immer genügend alte Ansichten vorhanden, die uns entmutigen. »Richte dich lieber nach der Nummer eins.« »Es wird immer Kriege geben.« »Frauen sind von Natur aus (...). Männer sind von Natur aus (...).« Und schließlich kommt noch die letztgültige Aussage hinzu: »Das ist halt menschlich!«

Wenn wir uns einer neuen Betrachtungsweise anvertrauen, bietet uns diese die Gelegenheit, innezuhalten und diese Ansichten zu untersuchen. Stimmen sie denn wirklich? Bin ich denn tatsächlich so? Sind wir denn so? Oder handelt es sich hier nur um über Generationen weitergereichte stammesbezogene Vermutungen, die dermaßen viel Autorität besitzen, daß sie für wahr gehalten werden?

Wenn ich Geschichten über kreative, neue Lösungen höre, denke ich an den Begriff *Jehova,* einer der Namen, die wir Gott gegeben haben. Er bedeutet: »Ich bin Vorstellung und Manifestation.« Jeder von uns trägt die Macht des *Ich bin* in sich. Das Universum ist nicht verantwortlich dafür, wie wir uns entscheiden, die *Ich bin*-Kraft anzuwenden – es liegt bei uns. Es zeugt von guter Disziplin, darauf zu achten, wie wir diese Kraft einsetzen. Immer wenn wir »Ich bin ...« sagen, setzt das Unterbewußtsein die Maschinerie in Bewegung, um die abgegebene Erklärung wahrzumachen. Jedesmal wenn wir aussprechen: »Ich habe Angst«, vergrößern wir die Furcht. Und jedesmal wenn wir: »Ich bin zuversichtlich, die Lösung kommt«, sagen, bestärken wir das Unterbewußtsein, die Lösung anzuziehen.

Ich habe einmal mit einer Frau gearbeitet, die von Arzt zu Arzt und von Heiler zu Heiler rannte. Ihr konnte nie geholfen werden. Obwohl es wahrscheinlich viele Gründe dafür gab, war einer der wichtigsten, daß sie keine Verantwortung für ihre Aussagen übernahm. Während einer Unterhaltung begann sie ihre Sätze zweiundzwanzigmal mit: »Ich befürchte, ...« Indem sie ständig ihre Angst bestätigte, verschloß sie sich, die Hilfe entgegenzunehmen, die sie angeblich wollte. Zwiespältigkeit ist eine Energie genau wie jede andere auch. Wenn Sie eine ambivalente Energie erzeugen und sie in den Kosmos hinausschicken, erhalten sie genau das gleiche zurück – zweideutige Botschaften.

Es gibt keinerlei Schranke dafür, was wir alles tun können, wenn wir das *Ich bin* in Anspruch nehmen, wenn wir vergangene Grenzen fallenlassen, neue Träume haben und uns dann dafür engagieren, die neue Vision auf Erden zu verwirklichen. Stehen wir inmitten unserer Göttlichkeit und unserem Menschsein, werden wir zu einem »Pendler zwischen Himmel und Erde«, wie sich der Talmud-Gelehrte Rabbi Adin Steinsaltz selbst bezeichnete.

Die Stimme des Zweifels

Unsere Durchbrüche werden in dem Maße zur Wirklichkeit, wie wir uns der neuen Vision hingeben. So wie sich ein junger Planet nach der Sonne reckt, brauchen wir fruchtbaren Boden und Nährstoffe, um unser volles Potential zu erreichen.

Als erstes müssen wir unseren eigenen Glauben an unsere höchste innere Führung nähren. Der dänische Philosoph Sören Kierkegaard sagte: »Jeder kommt mit versiegelten Aufträgen auf die Erde.« An unseren Lebensweg zu glauben, hilft uns, jene Aufträge zu entziffern.

Vielleicht fühlen Sie sich nicht bereit für das Engagement. Nur bei wenigen ist das der Fall. Die heiligen Schriften erinnern uns in vielfachen Allegorien an diese Dynamik der Veränderung. Es wird uns berichtet, daß Moses sich anfangs seiner Mission widersetzte, indem er Gott mitteilte, er sei nicht der richtige Mann für die Aufgabe, sein Volk aus Ägypten zu führen. Er wandte sogar ein, er tauge nicht als beredter Sprecher, da er stottere. In dem hinduistischen Epos *Mahabharata* tritt die gleiche Dynamik zutage, als der junge Krieger Arjuna vor dem Gott Krishna argumentiert, er sei noch nicht bereit, ein Führeramt zu übernehmen.

Wenn wir dabei sind, ein neues Glaubensgerüst um unsere Wahrheit zu errichten, stellen wir häufig fest, daß sich unsere althergebrachte Version der Wirklichkeit aufbäumt und uns mit Gefühlen der Verlegenheit quält. »Wer bin ich denn eigentlich, zu glauben, ich könnte so leben? Wie kann ich ein Werkzeug für eine neue Vision sein?«

Wir neigen zu der Vermutung, andere durchliefen nicht die Erfahrung des Selbstzweifels, sobald sie vor einer neuen Verpflichtungsebene stehen. Ich glaube, es geht fast jedem so; ich konnte es in der Anfangszeit meiner Heiltätigkeit erfahren. Egal, wieviel ich durch meinen eigenen Entwicklungsweg oder die Heil- und Beratungsarbeit lernte, hatte ich dennoch das Bedürfnis, meine eigenen Entdeckungen durch die Darstellungen anerkannter Autoritätsträger zu untermauern. Es hat lange gedauert, bis ich einfach sagen konnte: »So sieht meine Erfahrung mit der geistigen Welt aus. Sehen Sie selbst, was es für Sie bedeutet.«

In den Anfangsmonaten meiner spirituellen Tätigkeit habe ich oft gesagt: »Ich fühle mich nicht wert, diese Arbeit zu verrichten«, wobei ich glaubte, ich sei demütig. Ich habe mich geweigert, Seminare zu halten, indem ich darauf beharrte, nicht vorbereitet zu sein. Schließlich hat mir eine gute Freundin, die genügend Liebe für mich empfand, folgendes gesagt: »Hier spricht einfach nur dein Ego.« Sie hatte recht. Seither habe ich gelernt, daß die wahre Demut der inneren Führung folgt, sogar wenn das äußere Selbst sich nicht sicher ist. »Meine Führung sagt, ich solle mit diesen beiden Kindern zu Hause bleiben? Gut, das werde ich machen.« »Meine innere Führung will, daß ich mich auf die Bühne stelle und das Wort ergreife? Ich werde es tun.« »Das Bild malen ... die Kleider sammeln ... die Negativität aufgeben ... was immer die Führung will, ich werde es erfüllen.« So sieht wahre Demut aus.

Ein vielversprechender junger Lehrer aus meinem Bekanntenkreis drückte einem erfahrenen Kollegen gegenüber seine Befürchtung aus, nicht bereit und nicht wert zu sein. Dessen Ratschlag war: »Keiner von uns fühlt sich bereit oder wert genug, doch die Wahrheit ist stets bereit und wert, ausgesprochen zu werden.«

Meine geistige Führung hat mir einmal gesagt: »Erniedrige dich selbst für die Macht.« Es brauchte eine Weile, bis ich dies wirklich verstehen konnte. Die meisten gehen von einem verdrehten Machtbegriff aus, wir begreifen die Macht nach Menschenart als politische, gesellschaftliche oder wirtschaftliche Kopfnuß. Die Macht Gottes wird oft als außenstehende Kraft angesehen, die uns entweder überwältigen oder segnen kann, anstatt als die Macht, die sich durch uns bewegt und sich über uns ausdrückt. Sobald das persönliche Ego diese Kraft an sich reißt, um seinen eigenen Nutzen daraus zu ziehen, handelt es aus Unwissenheit so. Ich kann wohl ganz selbstzufrieden zu einem Schlag auf die Welt ausholen und mich dabei zeitweilig als Kraftprotz aufspielen, aber sämtliche daraus entstandenen Schöpfungen – ob gut, schlecht oder mittelmäßig – fallen auf mich zurück. Das Prinzip der Wiederkehr – »Alles, was ausgeht, kehrt zurück« – ist ein sehr unpersönliches, jedoch liebevolles Gesetz.

Wenn wir uns für einen anderen Aspekt unserer Wahrheit engagieren, stimmen wir mit der wirklichen Macht überein. Es spielt keine Rolle, wie gering uns die Bewegung erscheinen mag, wir befinden uns dennoch im Training, uns selbst nach dem universellen Fluß auszurichten.

Die schöpferische Macht des Glaubens

Jeder von uns ist eine Zelle im gemeinsamen Körper. Wenn wir uns schöpferisch dafür entscheiden, die Göttlichkeit in uns zu aktivieren, betrifft und beeinflußt dies das Gesamte. Bis wir dies jedoch tatsächlich auf Zellebene begriffen haben, bleibt unser Engagement für unser eigenes Erwachen ein Akt des Glaubens. Glauben ist eine der mächtigsten Kräfte, die unserer Herrschaft unterstehen. Wir sind überzeugt von dem, worauf wir unseren Glauben richten – und Überzeugungen bilden die Grundlage unserer Realität. Der Glaube enthüllt uns unsere jeweiligen versiegelten Aufträge. Glauben heißt, daß wir die Verantwortung für unsere Entscheidungen übernehmen und daß wir auf unsere innere Führung achten.

Einer der besten Heiler und Lehrer aus meinem Bekanntenkreis lebt auf dem Land in der Nähe einer Kleinstadt in Mississippi. Sein Wohnort ist wirklich entlegen. Er wurde geführt, sich dort anzusiedeln. Zuvor lebte er mehrere Staaten entfernt, doch inzwischen kommen die Menschen aus dem gesamten Land und suchen ihn auf. Bei einem stundenlangen Gespräch, das wir einmal miteinander führten, platzte ich in einem Anflug von Begeisterung heraus: »Sie sollten überall Seminare und Vorträge halten.« Er lächelte mich freundlich an und meinte: »O nein, meine Liebe, meine Aufgabe liegt hier.« Der Glaube führt uns Schritt für Schritt unserem Auftrag zu. Ihre Aufgabe in dieser Welt fällt Ihnen in einzigartiger Weise zu. Andere können sie ermutigen, inspirieren und Ihnen Spiegel sein, aber keiner – nicht einmal das klarste Medium, noch der beste spirituelle Lehrer – kann Ihnen sagen, was für Sie richtig ist.

Daran wurde ich vor Jahren erinnert, als ich den Streßexperten Dr. Hans Selye vortragen hörte. Er sagte, wenn man eine Schildkröte dazu veranlaßt, wie ein Rennpferd zu laufen, erzeugt dies Streß; bringt man aber das Rennpferd dazu, sich auf das Schrittempo der Schildkröte zu verlangsamen, bewirkt dies genausoviel Streß. Ich war versucht, sofort auf die Bühne zu stürmen und ihn zu umarmen. Während meines ganzen Lebens wurde mir von anderen immer wieder gesagt, ich solle mich zügeln, doch meine innere Führung wußte, daß mein Geschwindigkeitsanzeiger nicht auf das Schrittempo einer Schildkröte geeicht war. Ich glaube, damals akzeptierte ich zum ersten Mal wirklich meine mir eigene Gangart.

Sobald wir einmal auf das Geschehen in unserer Umgebung aufmerksam geworden sind, fangen wir an, zu sehen, daß das Universum uns allerhand Hinweise über unseren Weg liefert. Wenn wir an die Liebe glauben und uns dafür engagieren, Liebe zu sein, besteht große Wahrscheinlichkeit, daß das Universum uns hintereinander dreißig Personen über den Weg schicken wird, die wir nicht lieben. Unsere Aufgabe ist es, diese dreißig Menschen zu lieben. Vielfach bitten wir

Gott, uns zu lehren, doch sobald die Lektion eintrifft, sagen wir, daß wir uns etwas weniger Anspruchsvolles vorgestellt haben. Oder es entgeht uns völlig, weil wir nicht aufpassen.

Nach einer zweijährigen Periode eines spirituellen Trainings in den Bergen kehrte ich voller Einsichten und Erwartungen in die Stadt zurück. Doch kaum drehte ich mich um, wurde meine Zeit und Energie für materielle Belange aufgewendet. Ich war dermaßen damit beschäftigt, Seminare und Beratungen durchzuführen, daß ich oft fühlte, wie wenig Zeit mir für meine eigenen geistigen Übungen blieb. Schließlich wurde ich auf wenige der Hinweise aufmerksam, die so zahlreich vorhanden waren: meine neue Kontonummer bei der Bank, meine neue Hausnummer, mein Kraftfahrzeugschein und meine neue Telefonnummer ergaben alle die Quersumme vier. Vier ist die Zahl der physischen Manifestation. Erwiesenermaßen war dies keine Zeit neuer Inspirationen – es ging in dieser Phase darum, meine Einsichten in der materiellen Welt zu verankern.

Betrachten wir uns die Geschichte von dem Mann, der einer Überschwemmung ausgesetzt war, der sich jedoch keine Sorgen machte, weil er dachte, sein Glaube sei stark. Als das Wasser zu steigen anfing, kam zuerst ein Motorradfahrer des Weges und bot ihm eine Mitfahrgelegenheit an, um sich in Sicherheit zu bringen. Er lehnte ab und erklärte, er sei festen Glaubens, daß Gott ihn retten würde. Das Wasser schwoll weiter an, und bald kam ein Mann in einem Ruderboot vorbei. Auch diesen schickte er fort. Gott würde ihn retten; er sei stark im Glauben. Schließlich war er gezwungen, sich auf das Dach seines Hauses zu begeben. Bald flog ein Hubschrauber vorbei, und der Pilot rief ihm zu, er würde ihm ein Seil hinunterwerfen und ihn in Sicherheit bringen. Doch der Mann lehnte erneut ab, indem er seinen Glauben an Gottes Schutz erneuerte.

Nun denn, er ist gestorben. Und er war wutentbrannt. Als er im Himmel ankam, verlangte er Gott zu sprechen und fing an, über das Vergehen an seinem Glauben zu protestieren.

Gott erwiderte: »Ich weiß wirklich nicht, was schiefgelaufen ist. Ich habe dir doch einen Motorradfahrer, ein Ruderboot und einen Hubschrauber vorbeigeschickt.«

Sobald wir uns dem Glauben hingeben, verwandeln wir unseren Lebensfluß aus der Kontrolle des Egos zur göttlichen Herrschaft, und »unmögliche« Dinge geschehen. Türen öffnen sich von magischer Hand. Die richtigen Leute tauchen synchronistisch in unserem Leben auf. Wir lernen sogar, uns weniger Sorgen zu machen. Einer meiner Freunde antwortete auf die Besorgnis, wie Schwierigkeiten beigelegt werden können, mit folgendem Satz: »Das ist Gottes Problem. Ich arbeite hier bloß.«

Wenn wir glauben, werden Synchronizitäten zu einer Lebensweise. Wie uns der *Kurs in Wundern* lehrt: »Bei Wundern gibt es keinen Schwierigkeitsgrad. Keines ist anstrengender oder größer als das andere. Sie sind alle gleich.«

Man kann seinen Glauben nicht heucheln. Er ist nicht mit einem kalkulierten Risiko vergleichbar. Er ist keine Idee, die wir einfach nur mal ausprobieren und dann wieder verwerfen. Er verläuft als Prozeß, der Tag für Tag jede zweifelnde Zelle unseres Körpers umerzieht, bis unser ganzes Wesen im Glauben lebt. Die Zweifel stellen sich ein. Statt sie jedoch zu verleugnen, lernen wir, sie einzusetzen, um zu entdecken, woran wir immer noch festhalten. Unser Glauben erweist sich oft als dünnhäutig, weil wir an überkommenen Ideen über Gut und Böse kleben bleiben.

Sobald sich einer für den Glauben engagiert, ist es nicht ungewöhnlich, daß sein Glaube bis zum Geht-nicht-mehr geprüft wird. Der Glaube ist freiwillig, wenn alles reibungslos nach Plan verläuft. Doch der Glaube wird oft im Kreuzfeuer der Verwirrung und des Zweifels vergessen. Während solcher Momente kann die Psyche in die dunklen und angsterfüllten Orte untertauchen, wo keinerlei Glaube existiert.

Ich erinnere mich, daß ich vor Jahren mitten in der Nacht aufgewacht bin, erfaßt von kaltem Schrecken in meiner Sonnengeflechtgegend, und plötzlich zweifelte mein Verstand, ob alles, was ich für wahr hielt, vielleicht falsch sei. Ich versuchte zu beten. Es ging nicht. Ich versuchte zu meditieren. Es gelang nicht. Ganz egal, was ich machte, ich erhielt keine Einsichten, noch konnte ich Trost oder Erleichterung fühlen, und ich erhielt keinerlei Antworten von meiner geistigen Führung. Ich wurde wütend auf Gott, versuchte zu verhandeln – ich tat alles, was üblich ist. Nichts half.

Schließlich habe ich mich einfach hingegeben, und ich ließ die Dunkelheit sein, was sie war. Ich hörte auf, sie zu bekämpfen. Und aus dieser Dunkelheit tauchten allerlei Dinge auf, die ich versteckt hielt, Fragen, von denen ich glaubte, sie umgehen zu können.

Das Universum erinnerte mich noch einmal, daß es uns nicht möglich ist, mit ein bißchen Glauben zu wandeln, genausowenig, wie wir nur ein bißchen schwanger sein können. Je mehr ich mir selbst erlaubte, der Dunkelheit entgegenzutreten und sie anzunehmen, um so mehr wurde sie vom Licht durchdrungen. Ich lernte zu bejahen, daß in jener Dunkelheit sich der Geist bewegte, selbst wenn ich es damals nicht sehen konnte.

Die Wehen vor der Geburt des Glaubens sind nicht immer

leicht zu durchstehen. Sobald der Glaube geboren ist, wundern wir uns, wie es vorher überhaupt gelungen ist, zu funktionieren. Der Glaube befreit unsere Fähigkeiten und Beziehungen von der Tyrannei der Manipulation. Der Sprung verlangt von uns, zu akzeptieren, daß unserem Leben ein Plan zugrunde liegt, und daß jeder Mensch und alle Situationen, die wir zum jeweiligen Zeitpunkt in unser Leben gebracht haben, in diesem Plan einen Zweck erfüllen, selbst wenn wir uns auf das aktuelle Geschehen keinen Reim machen oder keinen Grund dafür erkennen können.

Ich wurde einmal dazu geführt, auf einen wesentlichen Teil meines Einkommens zu verzichten, damit ich die nächste Stufe in meiner Reise einnehmen konnte. Mein Ego hat diesen Umstand nicht besonders geschätzt, da es nicht einsehen konnte, wie ich sonst für meinen Lebensunterhalt aufkäme. Natürlich habe ich anfangs versucht, die Ereignisse dementsprechend zu manipulieren, um sicher und geschützt bleiben zu können. Damals hatte meine Angst, nicht meine Führung das Kommando.

Im Verlauf einer Meditation sah ich in einem Bild, wie ich an einem Trapez schwang, während ein zweites auf mich zukam. Mir wurde klar, daß ich ein Trapez loslassen mußte, um das andere zu ergreifen. Gleichzeitig war mir bewußt, daß es einen Augenblick des freien Falls geben würde, wo ich mich an keinem der beiden Trapeze festhielt. Ich konnte fühlen, wie mein Sonnengeflecht schrumpfte, als ich fragte: »Was ist, wenn ich falle?« Ich erhielt zur Antwort: »Wenn du an die Gesetze der Menschen glaubst und fällst, wirst du dich verletzen. Glaubst du jedoch an Gottes Gesetze und fällst, so wirst du immer von einem goldenen Netz aufgefangen werden.«

Seit damals mußte ich viele Sicherheitstrapeze aufgeben, und ich habe entdeckt, daß dies durchweg zutrifft. Lösungen, Unterstützung, Geld, Menschen und Gelegenheiten – sie stellen sich alle irgendwann während des freien Falls ein. Sie sind nicht immer dann gekommen, wenn mein Ego meinte, es sei an der Zeit, und nur selten haben sie sich in der Gestalt gezeigt, in der sie von meinen vorgefaßten Gedanken entworfen wurden. Doch im Rückblick erkenne ich, daß sie genau rechtzeitig und »verpackungsgerecht« eingetroffen sind.

Hier möchte ich ein Erlebnis mitteilen, das mir diesen Umstand verdeutlicht hat. Ende 1987 erhielt ich einen Scheck, den ich als Einkommen vorgesehen hatte für die Zeit, in der ich vorliegendes Buch schrieb. Statt dessen begab ich mich in einen langen, körperlich schmerzhaften Prozeß, der mich fünf Monate lang nur hilflos sein ließ. Ich war arbeitslos, und mein Körper durchlebte mysteriöse Symptome, die niemand zu diagnostizieren verstand, und ich mußte wirklich alles aufgeben, außer meinem Glauben. Täglich, sogar stündlich, affirmierte ich, daß es nur Gott gab. Ich fühlte, daß wenn ich jemals irgendeine andere Macht anerkannt hätte, ich meinen Glauben verlöre.

Das Geld, das ich erhalten hatte, reichte für diesen Zeitraum. Es war jedoch genauso wichtig – wenn nicht noch wichtiger –, daß Menschen auf die erstaunlichste Weise in mein Leben traten. Mir stand nicht nur meine Mutter zur Verfügung, sondern auch zwei Freundinnen, die sich beide zwischen neuen Jobs befanden (an sich schon ein machtvoller »Zufall«) und buchstäblich die nie endenden Aufgaben übernahmen, die der Alltag und die Krankheit insbesondere fordert. Sie kochten, putzten, erledigten Bankangelegenheiten, kauften ein und fuhren mich zum Arzt. Sie waren meine

Krankenschwestern, Sekretärinnen, Nachrichtenübermittlerinnen, und sie unterstützten mich rundherum. Eine weitere Freundin, die ich bis dahin nur beiläufig gekannt hatte, tauchte auf. Sie erstellte ihre Doktorarbeit für die örtliche Universität, und ihre Freizeit opferte sie über ein Jahr lang dafür, zahlreiche Aufgaben für mich zu erledigen, da ich nur langsam meine Stärke wiedererlangte.

Jedes Bedürfnis, das ich während dieser Periode hatte, wurde erfüllt. Meine Lektorin kümmerte sich um mich, ihr ging es nicht um den Abgabetermin. Mein Verleger hat mich nicht einmal zur Eile gemahnt. Als der Vertragsabschluß für das neue Haus eine finanzielle Überraschung bot, stand mir ein Freund hilfreich zur Seite. Immer wenn ich starke Schmerzen hatte, war ein Heiler zur Hand. Auch als bei mir die seltsamsten Symptome auftraten, behandelte mich mein Arzt stets sorgfältig, intuitiv und freundlich. Wenn ich schon fast aufgeben wollte, traf immer ein unterstützender Brief ein. In dieser Zeit habe ich häufig Briefe aus verschiedenen Teilen des Landes und sogar aus dem Ausland von Menschen erhalten, die keine Ahnung hatten, daß mit mir etwas nicht stimmte, die sich aber nach mir erkundigten und das Bedürfnis verspürten, mir zu schreiben. Mehrere der Briefeschreiber hatten von mir geträumt.

Mir geht es nicht darum, alles hervorzuheben, was ich in dieser Phase gelernt habe. Sie war eine überzeugende und reichhaltige Schulung, angefüllt mit Lektionen über Empfangen und Hingabe, Dankbarkeit und Mitgefühl. Sie hat mich aber vor allem mit Bestätigungen des Glaubens überschüttet. Ich konnte die Lektionen nicht vermeiden, die für mich vorgesehen waren, doch während meines Prozesses erhielt ich alles, was ich brauchte.

Die geistige Weisheit rät uns, bei unseren Verpflichtungen sehr klar und kompromißlos zu sein, indem sie uns gemahnt: »Ihr könnt nicht zwei Herren dienen.«

Es gibt eine Menge gewöhnlicher Wege, wie wir unsere zweideutigen Botschaften an das Universum überprüfen können. Wir sagen, wir wollen wirklich für den Weltfrieden arbeiten. Wen bekämpfen wir demnach in unserer Welt? Wir sagen, wir engagieren uns, die Welt aufzuräumen. Aber ist nicht unser eigenes Zuhause ein Saustall? Wir sagen, wir verpflichten uns, Schönheit in die Welt zu bringen. Haben wir unsere eigene Umgebung mit Gegenständen gefüllt, die uns beleidigen?

Alles, was wir tun, trägt unseren Stempel, der alles wiedergibt, an was wir glauben und um was wir uns deshalb ehrlich bemühen. Unsere Umgebung gibt uns ständig Rückkoppelungen. Und manchmal ist die Veranstaltung eines Flohmarktes die bewußteste Vorgehensweise!

Die konzentrierte Absicht ist ein Energiegesetz – sie ist kein sentimentaler Begriff. Sie kann verwendet werden, und dies ist häufig der Fall, um selbstsüchtigen und grausamen Zwecken zu dienen. Oft stellt sich bei denjenigen, die scheinbar in negativer Weise vorgehen, Erfolg ein, weil sie ihre ungeteilte Aufmerksamkeit auf ein Ziel richten. Diese Leute haben die Macht der Konzentration in sich entwickelt, unabhängig davon, was andere zu ihrer Vorgehensweise meinen. Ihnen kommt ein Mißlingen überhaupt nicht in den Sinn. Sie locken die Rohenergie zur Erfüllung ihrer Wünsche so mühelos an, wie ein Magnet Eisenspäne anzieht.

Es gibt die Geschichte eines Mannes, der seinen Sohn auf

eine sonnige Wiese führte. Er hielt so lange ein Brennglas über eine Stelle, bis ein Feuer entstand, und lehrte dadurch seinen Sprößling, wie die Macht konzentrierter Aufmerksamkeit Energie ansammeln kann.

Genau das Umgekehrte geschieht bei wohlgesonnenen Menschen, die wirklich dem Guten dienen wollen, doch ambivalent eingestellt sind. Je mehr wir verstehen wollen, um so mehr sind wir gezwungen, unseren ältesten, gemeinschaftlichen Konflikten ins Auge zu blicken. Die Macht und das Geld rangieren ganz oben auf der Liste.

Geld und Macht

Es scheint, wir haben die Warnung vor der Verherrlichung des Geldes verwechselt mit der Fähigkeit, Geld als Hilfsquelle einzusetzen. Nahezu jeder mir bekannte Mensch, dem geistiges Wachstum ein Anliegen ist – einschließlich meine Person – hat sich mit Fragen betreffs des Geldes auseinandersetzen müssen. Unsere geistigen Fabeln sind randvoll mit Richtlinien, aus Liebe zu Gott auf Geld zu verzichten.

Einer der Schwerpunkte der Entsagung ist die Auslöschung von Suchtverhalten und Illusionen. Es steht außer Zweifel, daß Geld sehr zur Sucht verleiten und eine potentielle Identitätsfalle sein kann.

Allerdings kann der Verzicht auf Geld eine genauso große Falle wie die Verlockung des Geldes selbst sein. Diese Einstellung verweist Geld vom Platz und behauptet: »Du bist nicht von Gott.« Ich bin argwöhnisch, ob nicht jedes Hilfsmittel, das wir aus der Ganzheit ausschließen, viel weniger Gott betrifft und mehr die Polarisierung anspricht, die unseren Ängsten entwächst. Historisch gesehen haben wir das Geld dem einen oder anderen moralischen Stellenwert zugeordnet. Entweder gingen wir davon aus, Geldbesitz sei ein Zeichen für Gottes Segnungen, oder es galt vorrangig als Erzfeind der Spiritualität. Anstatt die Neutralität zu wahren, indem wir Geld als eine menschliche Schöpfung betrachten, als die vereinbarten Wertsymbole, behandeln wir das Geld als Schlachtfeld zwischen Geist und Materie. Wenn Ihr Engagement Geld fordert, wird es magnetisch von ihnen angezogen, sofern Sie in Ihrem Glauben, was Sie dazu benötigen, kompromißlos sind. Sie können den Geldfluß auch blokkieren, wenn Sie unterbewußt denken, es steht Ihnen nicht zu.

An dieser Stelle sollten Sie sich selbst einige entscheidende Fragen vorlegen:

Kann ich mit Geld verantwortungsvoll, jedoch unbeeindruckt umgehen?

Sehe ich Geld wirklich nur als eine weitere Hilfsquelle – wie meine Talente, Zeit oder Energie?

Versuche ich Gott aus meinen persönlichen Geldangelegenheiten herauszuhalten, und gehe ich sie allein an?

Glaube ich tatsächlich, daß wer ich bin, nichts damit zu tun hat, wieviel Geld ich besitze?

Ist meine Identität als spiritueller Mensch klar genug, daß ich es mir leisten kann, Geld zu besitzen?

Glaube ich insgeheim, daß jemand dort draußen mich entweder mit Geld segnet oder es mir verweigert.

Ist meine Einstellung zum Geld wirklich die meinige, oder habe ich bloß die Meinung anderer verinnerlicht?

Wenn Sie sich für Ihr allerhöchstes Ziel engagieren, kann eine riesige Machtflut ausgelöst werden, die durch sie fließt. Hier handelt es sich nicht um Ihren persönlichen Einfluß, es ist die universelle Macht – die Macht Gottes sozusagen. Diese kommt jedoch durch sie persönlich. Ich kenne einen Lehrer, der sagt, daß die Menschen viel bereitwilliger sind, Gottes Liebe auf Erden zu verkörpern, als seine Macht. Stellen die sich selbst folgende Fragen:

Ist es mir recht, daß spirituelle Macht durch mich ausgeübt wird?

Findet ein Teil von mir es nicht in Ordnung?

Habe ich Angst vor spiritueller Macht?

Befürchte ich, daß ich sie mißbrauche?

Verdiene ich sie nicht?

Kann mein Ego neutral damit umgehen, falls mich mein Engagement in eine Schlüsselfunktion führt, die Einfluß auf andere Menschen nimmt und Veränderungen bewirkt?

Als ernsthafte geistige Schüler müssen wir unsere persönliche Ambivalenz zu Geld, Macht und einer Reihe von anderen Themen auflösen. Genau dies kann sich im Verlauf eines Engagementzyklus einstellen. Um die von uns eingegangene Verpflichtung, zu der wir geführt wurden, vollends zu verankern, müssen wir einen klaren Fokus entwickeln – das Einauge.

Eine gute Methode, das Engagement zu verstärken, kennzeichnet eine meiner Freundinnen mit »es sich darin gemütlich machen«.

Meine Freundin ist Sängerin. Sie war nach New York gezogen und hatte sich den Gedanken an Ruhm in den Kopf gesetzt. Schon sehr bald hat sie einen Mann getroffen, und sie wurden gute Freunde. Als sie ihm sagte, sie kenne genau die Schallplattenfirma, mit der sie gerne zusammenarbeiten wolle, riet er ihr, es sich in dieser Firma »gemütlich zu machen«. Sie stellte sich also jeden Tag vor, wie sie unter dem Logo dieser Schallplattenfirma sang. Sie fing an, sich selbst als eine von ihren Künstlerinnen zu sehen. Sie lebte und atmete diese Gedanken. Und innerhalb eines Jahres hatte sie einen Vertrag bei jener Firma.

Es gibt allerdings noch eine Folge dieser Geschichte, die wert ist, gehört zu werden. Die Schallplattenfirma konnte keine Sparte finden, in die ihre Stimme gepaßt hätte. Sie war also vertraglich an die Gesellschaft gebunden, aber sie sang nicht. Es dauerte ein Jahr, bis sie den Vertrag lösen und ihre Karriere auf neue Bahnen lenken konnte.

Diese Geschichte dient als gutes Beispiel, sich mit Hilfe des Einauges zu konzentrieren. Bitte erlauben Sie mir, hier einen Aufruf zur Vorsicht anzubringen: Seien Sie sich im Gebet sehr klar, und legen Sie sorgfältig dar, worum Sie bitten, weil die Wahrscheinlichkeit besteht, das Gewünschte zu erhalten. Ihr Gebet ist, wofür auch immer Sie sich engagieren.

Gebet, Geduld und Stehvermögen

Geistige Handwerker beten. Unsere Gebete sind keineswegs vergleichbar mit teilnahmslos auswendig Dahergeleiertem. Unsere Gebete formen sich aus den Bildern in unserem Kopf, unseren Herzenswünschen, unserer Willensabsicht und über die Worte aus unserem Mund. Machen wir uns Sorgen, so beten wir wirksam, daß das Unerwünschte geschehen möge.

Ein mir vor langer Zeit gezeigtes Gebetsbild habe ich mit vielen Menschen geteilt. Das Bild stellt einen Ballon dar. Der Gegenstand unseres Gebetes ist das Äußere des Ballons, seine Gestalt, Farbe und seine Ausmaße. Die Luft in dem Ballon, die ihn aufsteigen läßt, ist unsere Leidenschaft. Ohne Beimengung von echten Gefühlen würde sich der Ballon nicht mit Luft füllen. An dem Ballon sind Haltestricke angebracht, die aus dem Material der Sorgen und Ängste geflochten sind. Wenn man sie fest in der Hand behält, bleibt der Ballon an den Boden gefesselt. Man muß die Haltestricke loslassen, damit der Ballon fliegen kann.

Kurz nachdem ich das Bild des Ballongebetes empfangen habe, kam mir die Geschichte eines kleinen Mädchens aus Florida zu Ohren, das sich sehr wünschte, bei der Olympiade dabeizusein. Sie ging am Strand spazieren, als ein Ballon vor ihr herunterschwebte, auf dem geschrieben stand: »Willkommen bei der 23. Olympiade«.

Das Erwünschte visualisieren

Ein gewünschtes Bild dauerhaft beizubehalten – es zu visualisieren – ist eine der machtvollsten Techniken, die wir entwickeln können. Visualisierung ist kein philosophisches Konzept. Sie ist ein Prinzip, wie man Energie verwenden kann. Sie kann für gute oder weniger vorteilhafte Zwecke eingesetzt werden. Was wir erschaffen, kehrt allenfalls zu uns zurück

Wenn wir wirksam Gebetsbilder verwenden, um eine Heilung zu unterstützen, müssen wir lernen, sorgfältig die Bilder zu wählen. Ich erinnere mich an ein aufgeregtes Telefonat, das ich mitten in der Nacht erhielt. Ein junger Mann verglühte schier an einem Fieber mit einer Temperatur von über 42 Grad Celsius, und sämtliche Lebenszeichen waren unberechenbar. Als erstes machte ich mich daran, mich auf das geistige Prinzip auszurichten und ein Bild zu erhalten, das half, ihn zu stabilisieren. Ich überlegte, welches Bild in diesem Fall wohl angebracht sei, da ich weiß, wie machtvoll Bilder wirken können. Gewiß gab es einen Grund, weshalb sein Körper Fieber erzeugte. Ich entschied mich dafür, mich auf folgendes Bild zu konzentrieren: Ich schaue über die Schulter eines Arztes auf den jungen Mann, der friedlich schläft. Der Arzt schreibt den Satz: »Alle Systeme stabilisieren sich.«

Als ich mich mit diesem konzentrierten Bild auf den jungen Mann einstimmte, war mir bewußt, daß seine Eltern sein Bett mit Angstenergie umhüllten. Ich empfahl ihnen, sich auf den Machtreichtum ihrer eigenen Energie und auf den unbegrenzten Energievorrat ihres Sohnes zu besinnen. Anschließend sollten sie sich wieder an seine Bettkante begeben und ihm reine Liebe und Zuversicht übermitteln. Innerhalb einer halben Stunde fiel die Fiebertemperatur des jungen Mannes um mehr als ein Grad, und innerhalb einer Stunde begannen sich seine Körperfunktionen wieder einzupendeln.

Die Menschen, die Visualisierung als Unterstützung zur Behandlung von Krebs und andere lebensbedrohlichen Krankheiten verwenden, haben die Wichtigkeit der sorgfältigen Bildauswahl erkannt. Ein Beispiel: Nachdem bei Carl Krebs diagnostiziert wurde, fing er an, zu visualisieren, wie die Krebszellen von Soldaten getötet werden. Erst nachdem er mit seinem Therapeuten gearbeitet hatte, erkannte er, daß diese Methode bei ihm nicht anschlagen konnte, da er schon über lange Zeit ein überzeugter Pazifist war. Sein Unterbewußtsein hätte ein kriegsähnliches Bild nicht ohne weiteres zugelassen. Sie kamen überein, folgendes Bild zu verwenden, in dem die Krebszellen auf ihrem Weg der Zerstörung von Engeln gerettet und an einen Umschulungsort geführt wurden, wo sie sich in »gute« Zellen umwandeln konnten. Dieses Mal klappte es, und Carl ist überzeugt, daß sein Glaube an das Prinzip und die konsequente Durchführung seine medizinische Behandlung und Kur in günstiger Weise unterstützte.

Ich kenne einen Mann, der sich ein neues Auto wünschte. Er heftete das Foto eines blauen Chevrolets an seine Pinnwand. Tatsächlich wollte er jedoch einen roten Toyota, doch davon konnte er kein Bild auftreiben. Demzufolge vermutete er, daß jede Art von Abbildung eines neuen Wagens genügen würde. Und er fing an, zu affirmieren, das neue Auto sei unterwegs. Er hegte keinerlei Zweifel über seine Ankunft. Seine Gebete wurden erhört, als er sich laut Umsatzstatistik seiner Firma als Spitzenverkäufer erwies und dafür mit einem neuen Wagen belohnt wurde – mit einem blauen Chevrolet.

Ich bin vorsichtig, derartige Geschichten zu wiederholen, denn sie vereinfachen komplexe Kräfteverhältnisse zu sehr. Wir leben offensichtlich in einer allseits sinnlich erfahrbaren Realität, die von allen in ihr existierenden Lebewesen gemeinsam geschaffen wird, wobei nicht jeder das gleiche Bild in sich trägt. Wir müssen äußerst engagiert sein und unzweideutig vorgehen, um ein Bild unablässig nähren zu können, das sich von dem unseres Partners, unserer Familie oder unseres Kulturkreises unterscheidet.

Wenn es uns trotz alledem nicht gelingt, das Bild in unserer Vorstellung zu sehen, können wir es auch nicht erschaffen. Eine friedliche Welt muß beispielsweise genügend lange von einer großen Anzahl Menschen visualisiert werden, damit sie unsere eingefleischte Überzeugung, Krieg sei unvermeidbar, ersetzt. Hierfür ist echte Verpflichtung erforderlich.

Die Visualisierung ist nicht so mühelos zu meistern, wie es den Anschein haben mag. Das Gehirn speichert Erinnerungen in Traubenbündeln. Nimmt man nur eine Traube aus diesem Bündel, kommen auch die restlichen Erinnerungen zum Vorschein. Um erfolgreich visualisieren zu können, muß man diesen Vorgang unterbinden und das Vorstellungsvermögen exakt auf das gewünschte Bild heften. Der Verstand, der häufig mit einem energiegeladenen Affen verglichen wird, wird frenetisch seinem eigenen Terminplan hinterherhetzen, sofern man ihn sich selbst überläßt.

Die Zähmung des Affen

Bei der Übung zur Zähmung des Affens wählen Sie einen einfachen Gegenstand aus, den Sie gerne visualisieren wollen, etwa das Zifferblatt einer Uhr. Bevor Sie zu üben anfangen, legen Sie exakt fest, wie die Uhr nach bestem Ermessen detailgerecht aussehen soll. Sobald Sie sich einmal entschieden haben, verändern Sie nichts mehr. Anschließend entspannen Sie sich, atmen Sie langsam und stellen Sie sich die Uhr vor.

Beim ersten Anzeichen, wo der »Affe« Anstalten macht, einen Übergriff zu starten und das Zifferblatt der Uhr zu verändern, lassen Sie das Bild fallen. Greifen Sie den »Affen« nicht an, knirschen Sie auch nicht mit den Zähnen, oder versuchen Sie nicht krampfhaft, am Bild der Uhr festzuhalten. Entziehen Sie der Störung einfach sanft jegliche verstandesorientierte Aufmerksamkeit – denken Sie eine Sekunde lang an graues Nichts –, danach stellen Sie sich die Uhr genauso mühelos wieder vor.

Es erfordert Geduld, eine neue Idee in das Unterbewußtsein zu pflanzen, und Geduld ist ein erworbenes Vermögen. Sie ist auf Glauben gegründet. Nachdem wir unsere Verpflichtung eingegangen sind, sehen wir im Hinblick auf unsere neue Entscheidung wahrscheinlich längere Zeit nicht so viele Ergebnisse, wie die alten Muster sie uns zahlreich lieferten. Lassen Sie sich jedoch von der Vergangenheit oder vom Anschein nicht irreführen. Das Energiegesetz wird arbeiten. Wir müssen einfach daran glauben und unser neues Engagement geduldig mit positiven Bildern, Wünschen und Worten füttern.

Unterschätzen Sie nie die Macht der Worte. Sie bilden einen Hauptweg, durch den wir die neue Wirklichkeit aufbauen. Worte instruieren unser Unterbewußtsein. Wenn wir sagen, wir wollen eine Sache und verstärken gleichzeitig durch unbesonnene Worte deren Gegenteil, verwirren wir unser Unterbewußtsein total. Alle heiligen Schriften bestätigen ausdrücklich die Wichtigkeit des gesprochenen Wortes. Der Vers: »Was du beschließest, das wird dir gelingen«, (Hiob 22.28) scheint dies zusammenzufassen.

Etwas zu *affirmieren,* heißt etwas »festmachen«. Wir können das, was uns guttut, bestärken oder unsere Negativitäten bestärken. Sobald wir aufhören, darüber zu reden, was wir auf keinen Fall wollen und statt dessen das von uns Gewünschte bestärken, hinterlassen wir ein deutliches Bild des Guten im Äther.

Selbst unbelebte Gegenstände reagieren positiver auf unseren Segen als auf unseren Fluch. Ich erinnere mich, daß mein Kühlschrank einmal von einem Kundendienstmann repariert wurde. Als ich ihn fragte, was er zu richten hatte, sagte er, er habe mit dem Gerät gesprochen: »Es ist ja auch nichts anderes als ein Haufen von Molekülen, wissen Sie.«

Mit Hilfe unseres neuen Engagements erschaffen wir uns einen neuen Prototyp. Und wie es bei jedem Prototyp der Fall ist, wird er zunächst seltsam anmuten, ja, anfangs wird er unbeholfen sein, und er wird höchstwahrscheinlich ziemlich viele Unebenheiten haben, die geschliffen werden müssen. An dieser Stelle ist es leichter, zu sagen: »So bin ich einfach«, als zu sagen: »Ich habe mich entschieden, so zu sein.«

Die Vorstellung von Frieden auf Erden

Viele Menschen in der ganzen Welt sind heutzutage als Prototypen für die Menschheit tätig. Als die Vertreter der Veränderung sagen sie sogar den am meisten gehätschelten Mythen über das Menschsein den Kampf an. Jedesmal, wenn einer von uns sich für eine neue Möglichkeit engagiert, wird diese unmittelbar an uns alle weitergegeben. Es braucht allerdings seine Zeit, bis die neuen Ideen überhaupt erst anerkannt werden.

Aus den Schlußfolgerungen der Gehirnforschung wissen wir, daß das Gehirn wie ein Computer funktioniert, der »Neuronen-Mikrochips« verwendet. Diese individuellen Zellen arbeiten in einer komplex angelegten Netzwerkstruktur, deren Teile voneinander abhängig sind. Es kommt nicht auf jede einzelne Zelle, sondern auf das Netzwerk der zusammenwirkenden Neuronen an, das für optimales Funktionieren entscheidend ist.

Die Implikationen lassen uns erschauern, wenn wir in Betracht ziehen, daß jeder von uns im planetarischen Gehirn ein Neuron darstellt. Das Kind in Bangladesh ist eine unserer Gehirnzellen, ebenso der Börsenmakler an der Wallstreet in New York und der politisch verfolgte Gefängnisinsasse in Mittelamerika. Und Sie selbst sind es auch. Ihre Gedanken entsprechen einem Neuron, das Informationen an das globale Gehirn auswirft. Die Richtung unserer Evolution hängt davon ab, wie wir uns zusammenraufen bei der Bildung neuer Musterformen, neuer Wirklichkeitsmythen und neuer Programme, die in der Lage sind, das Leben auf neuen Wegen zu erkennen. Erneut stoßen wir hier auf die morphogenetischen Resonanzfelder von Dr. Rupert Sheldrake. Er sagt nämlich: »Sobald eine Sache entsteht, ein Kristall zum Beispiel, oder sobald irgendein Tier ein neues Verhalten lernt, beeinflußt dies nachfolgend die Bildung aller anderen Kristalle oder das Lernvermögen sämtlicher Tiere der gleichen Gattung.«

Den Punkt, an dem die Einheit als der vereinigende Hintergrund für alles Leben anerkannt wird, bezeichnet der Physiker David Bohm als das Feld der »eingefalteten Ordnung«. Im Gegensatz dazu entspricht alles, was wir als einzelne Gegenstände sehen oder als individuelle Persönlichkeiten anerkennen, der »entfalteten Ordnung«.

Jedermann, der wünscht, Harmonie, Frieden und Liebe auf die Erde zu bringen, muß lernen, seine persönliche Bewußtheit an jene Stelle der »eingefalteten Ordnung« zu setzen. Genau dies zu tun, heißt, über den Anschein der Getrenntheit hinauszuwachsen. Zeit und Raum sind bedeutungslos, weil es kein Hier und Dort gibt, kein Gestern und kein Morgen. Es gibt nur das Hier und Jetzt. Auf dieser Ebene verschmelzen wir mit jemandem, der in Japan oder Australien lebt genauso mühelos wie mit unserem besten Freund oder Hausnachbarn.

Meditation: Der Ort der inneren Verbundenheit

Für jeden, der Übereinstimmung mit dem geistigen Selbst sucht, ist Meditation in irgendeiner Form wesentlich. Meditation wird oft als »Gott-Zuhören« bezeichnet, wohingegen das Gebet als das Gespräch mit Gott gilt. Während der Meditation wendet sich das Bewußtsein von der ausschließlichen Beschäftigung mit den unsteten Wellen an der Oberfläche unseres Lebens den tieferen Rhythmen und Strömungen zu, die uns durchziehen und die uns allmählich an die Stelle führen, wo wir Verbundenheit mit allem Leben empfinden.

Bei der Meditation geht es nicht darum, Bilder zu sehen und Stimmen zu hören. Es handelt sich hierbei höchst selten um eine Lichter-und-Protz-Schau. In der Meditation wird unser äußeres Selbst auf unser inneres Selbst eingestimmt, damit uns bewußt wird, wie Gott mit uns durch alle Dinge spricht.

Paramahansa Yogananda hat einmal gesagt: »Der weise Mann versteht, daß, obwohl das sterbliche Leben ein Traum ist, es trotzdem Schmerzen enthält. Er nimmt sich wissenschaftliche Methoden zu Hilfe, um aus dem Traum aufzuwachen.« Die Meditation ist eine wissenschaftliche Methode. Dutzende von Techniken stehen uns zur Verfügung, die sich aus den zahlreichen Ansätzen der spirituellen Wissenschaft entwickelt haben. Falls Sie gegenwärtig nicht meditieren, empfehle ich Ihnen, nach einer Methode Ausschau zu halten, die positiv auf Sie wirkt. Bedenken Sie, daß das Gesetz der Anziehung immer aktiv ist. Wollen Sie ganz ernsthaft die für Sie geeignete Methode finden, hegen Sie diesen Wunsch in Ihrem Herzen, Ihrem Verstand und Ihrer Absicht. Wenn Sie sich über ihre Bitte ganz klar sind, werden Sie etwas über eine Gruppe hören, oder das richtige Buch wird Ihnen in die Hände fallen.

Sobald Sie einmal die Techniken gefunden haben, die bei Ihnen wirken, bleiben Sie dabei. Ihr Unterbewußtsein wird nach und nach mit Ihnen zusammenarbeiten und Sie unterstützen, wenn Sie beständig sind. Bedenken Sie, daß Sie nichts suchen, was außerhalb liegt. Der Mystiker Thomas Merton hat einst beobachtet: »Wir haben, was wir suchen. Es ist stets vorhanden, und wenn wir uns dafür Zeit lassen, wird es sich uns bemerkbar machen.«

Durch Meditation können Sie zu dem Verständnis gelangen, daß Sie tatsächlich »in der Welt, doch nicht von ihr sind«. Ihre Inkarnation ist vergänglich, aber Sie – Ihr wahres Ich, das nach dem Bilde Gottes erschaffen wurde, das mit allem Leben verbunden ist – wird niemals vergehen. Sobald Sie einmal wissen, daß Sie nicht die Rolle sind, die Sie spielen, tritt ein interessantes Phänomen auf: Sie fangen an, Ihren Part mit größerer Liebe und mit mehr Geschick zu spielen. Ihr Geist ist »himmlisch«, ihre Aufgabe haben Sie jedoch auf der Erde. Und wir brauchen Sie.

Wir achten die Welt nicht weniger, weil wir ihre vergängliche Eigenschaft erkennen. Im Gegenteil, wir schätzen die Welt noch mehr – jedoch in einer anderen Weise – als der heilige Ausdruck des Lebens. Ein Regenwald, der zerstört wurde, ist jetzt nicht noch eine zusätzliche schreckliche statistische Angabe über die Umwelt, sondern er ist eine entweihte Kathedrale. Wölfe und Tiger, Reiher und Wale sind nun nicht bloß niedere Lebewesen, sondern geschätzte Teilnehmer im Erdendasein. Und die extravagante Vielfalt der menschlichen Schöpfungskraft braucht nicht gefürchtet zu werden; sie muß gefeiert, geschützt und geachtet werden.

Die Frage, die sich daraus stellt, heißt nicht, wie rette ich die Welt, sondern, wie diene ich ihr am besten. Eine Freundin berichtete mir, sie habe sich Sorgen gemacht, wie die Welt zu retten sei. Sie zog sich in Meditation zurück. Ihren eigenen Worten nach sagte Gott zu ihr: »Du brauchst nur die Leute lehren, die ich dir schicke. Ich sorge dafür, daß die Welt gerettet wird.«

Im Frühstadium unserer geistigen Reise denken wir, wir wollen hier nur fertig werden mit dem, was es zu tun gibt, und weggehen. Sobald wir aber unsere Aufgaben erledigt haben, sind wir dermaßen von Liebe erfüllt, daß es uns nicht in den Sinn kommt, zu gehen, solange wir eine Stütze für diejenigen sein können, die noch in der Dunkelheit sind.

Man erzählt sich die Geschichte von Abraham Lincoln, der seinem Kutscher anzuhalten befahl, damit er einen Dorn aus dem Fuß eines Schweins entfernen konnte, das er die Straße entlanghinken sah. Der Kutscher war ziemlich beeindruckt, aber Lincoln meinte dazu: »Der Dorn steckte in meinem Herzen.«

Während dieser intensiven Läuterungszeit auf der Erde müssen wir lernen, unser Engagement mit großer Sorgfalt einzusetzen. Keine spirituelle Tradition unterstützt naives Verhalten. Mein indianischer Freund rät mir: »Trage deine

Mokassins.« Die Bewohner des Nahen Ostens empfehlen: »Vertraue auf Gott, und binde dein Kamel an.« Und die Bibel hält uns dazu an: »Seid klug wie die Schlangen und harmlos wie die Tauben.«

Einige der Anhänger Yoganandas haben sich gegen seinen Ratschlag gesträubt, ihr Auto zu verschließen, während sie an den Gottesdiensten im Zentrum für Selbstverwirklichung in Los Angeles teilnahmen. Eines Nachts wurde in jedem Auto auf dem nahegelegenen Parkplatz eingebrochen, und alle Betroffenen gingen sich bei Yogananda beschweren. Sie protestierten: »Wie konnte dies bloß geschehen? Jedermann ist doch Gott.«

Seine Antwort lautete: »Ja, nur weiß nicht jeder, daß er Gott ist.«

Ein Meister hat alle Tiere im Urwald belehrt, nicht gewalttätig zu sein. Die Schlange bemühte sich sehr, bewußt zu werden, deshalb nahm sie sich den Rat zu Herzen. Als die anderen Tiere herausfanden, daß die Schlange inzwischen gewaltlos geworden war, spielten sie ihr übel mit. Die arme Schlange kehrte geschunden und wund zum Meister zurück. »Ich kann es nicht verstehen, Meister. Ich habe mich wirklich gewaltlos verhalten, genau wie du gesagt hast, und schau nur, was mit mir passiert ist.« Darauf gab der Meister zur Antwort: »Ich riet dir, aufzuhören mit dem Beißen; ich habe dir nicht empfohlen, das Zischeln einzustellen.«

Sehr viel Stehvermögen wird verlangt, um eine Umgebung mit neuen Möglichkeiten zu schaffen. Es bedarf Geduld, die Kräfte umzulenken, die unsere alten Gehirnwindungen in Gang gehalten haben mit den Gedanken an Krieg und Rivalität und der Einstellung, »den anderen« als Feind zu sehen.

Es erfordert Gelassenheit, sich während des Aufruhrs der planetarischen Veränderungen aufrecht zu halten. Jemand prägte den Ausspruch: »Sei so unerschütterlich wie eine Möwe im Sturm.«

Übung: Die eigene schöpferische Macht in Anspruch nehmen

Gewöhnlich nenne ich diese Übung »sich wie daheim fühlen«. Um etwas zu erreichen, muß man sich sehr klar darüber sein, was man erschaffen will, und man muß äußerst beständig mit unseren Bildern und Gefühlen sein, mit denen wir das Unterbewußtsein füttern. Sich im klaren zu sein, ist kein unbestimmtes, sehnsüchtiges Tagträumen. Es ist statt dessen sehr spezifisch, und es erfordert die Beteiligung aller Sinne – sehen Sie Ihre Vision, schmecken Sie sie, umarmen Sie sie in jeder Weise, und schließlich das Wichtigste, glauben Sie unerschütterlich an Ihre Fähigkeit, sie zu erzeugen.

Wenn Sie sich genau entschieden haben, was Sie erschaffen wollen, stellen Sie sich einige grundlegende Fragen. Geben Sie wirklich ehrliche Antworten.

* Bin ich bereit, alles Abrechnen, obwohl dieses sich nachteilig ausgewirkt haben mag (wie beispielsweise das Opferdasein), aufzugeben?

* Wird die Entscheidung, die ich treffe, irgendeinem anderen Leid zufügen? (Die Frage ist nicht, ob andere sie mögen oder nicht, sondern ob sie Schaden anrichtet.)

* Bin ich bereit, mich mit meinen Gedanken, meinen Gefühlen und mit meinen materiellen Entscheidungen dafür zu engagieren?

* Habe ich die vorhersehbaren Konsequenzen dessen, was ich zu erschaffen wünsche, untersucht und angenommen?

Nachdem Sie sich diese Fragen nach bestem Gewissen und zufriedenstellend beantwortet haben, richten Sie sich bei Ihrer Vision häuslich ein, indem Sie das Erlebnis so schriftlich festhalten, als ob es bereits vorhanden sei. Schreiben Sie in der Gegenwartsform. Wie sieht es aus, wie fühlt es sich an, wie schmeckt es, wie ist es in jeder erdenklichen Weise? Gestalten Sie es so lebendig und vital wie nur irgend möglich.

Gehen wir beispielsweise davon aus, Sie wünschen abzunehmen. In diesem Falle wollen Sie nicht nur ein Bild von sich selbst haben – wie Sie vielleicht in einem schmalen, kurzen Kleid auftreten oder an Sportarten teilnehmen, die vorher nicht in Frage kamen –, sondern Sie wollen sich ebenfalls schlank fühlen. Sie wollen tatsächlich die Gefühle und Einstellungen erleben, die bei dem gewünschten idealen Gewicht in Ihnen aufkommen. Sie könnten anfangen zu schreiben: »Heute springe ich aus dem Bett und fühle mich wirklich gut. Im Vorbeigehen erhasche ich einen Blick meiner Figur in Spitzenwäsche und denke, Mädchen, du siehst aber gut aus! Mit großer Leichtigkeit mache ich meine Gymnastik. Die Beanspruchung meiner Muskeln fühlt sich so gut an. Ich füge noch fünf zusätzliche Kniebeugen hinzu. Das Frühstück ist köstlich – jetzt bevorzuge ich tatsächlich gesunde Kost. Ich kann die Aufwertung meines Körpers fühlen. Ich schlüpfe in meine neuen Kleider (vielleicht führen Sie hier die Einzelheiten näher aus), die einzukaufen mir viel Spaß bereitet hat, weil mir jetzt so viele Stücke passen!

Ich gehe in die Arbeit. Ich muß lächeln, weil jetzt so viele mit mir flirten, aber in Wahrheit brauche ich das wirklich nicht. Ich liebe einfach die Tatsache, daß ich mein eigenes Leben in der Hand habe. Ich schaffe mir aktiv, was ich will, und ich reagiere nicht nur.«

Ein warnender Hinweis: Geben Sie acht, wie Sie Ihre Schaffenskraft verwenden, weil die Chancen günstig stehen, daß Sie genau das, worum Sie bitten, auch bekommen. Wenn Sie praktizieren, wie Sie das Gewünschte in der Tat verwirklichen, ist es wichtig, jede Einzelheit und Möglichkeit sorgfältig abzuwägen. Zum Beispiel, Sie fangen an, Gewicht zu verlieren. Das bedeutet, Sie müssen mit allen gefühlsbeladenen und selbstwertbedingten Problemen fertig werden, die ursächlich das Gewicht entstehen ließen. Falls Ihr Körpergewicht an einen Familienmythos, an Selbstschutz oder an die Vermeidung Ihrer Sexualität geknüpft war, muß das jeweilige Problem behandelt werden, egal aus welchem Grund es entstand. Ansonsten könnte es sein, daß Sie dem Unterbewußtsein doppeldeutige Botschaften schicken. Dadurch werden Sie frustriert, da sich die Meldungen gegenseitig entkräften. Wenn Sie etwas verändern wollen, muß die Motivation hinter der ursprünglichen Entscheidung vollständig von der Veränderungsabsicht erfüllt sein. Veränderungen können nur durch persönliches Bewußtsein auf allen Ebenen entstehen.

Übung: Liebevolles Losgelöstsein entwickeln

Ich empfehle Ihnen, diese Übung sechs Wochen lang jeden Tag zu praktizieren, weil es eine Weile dauert, das neue Programm im Unterbewußtsein zu festigen. Diese Übungen erfordern insgesamt nur fünf Minuten täglich, aber ihre Wirksamkeit steigert sich.

1. Die erste Stufe setzt ein, sobald Sie aufgewacht sind. Während Sie noch im Bett liegen und nachdem Sie funktionsfähig sind, schließen Sie Ihre Augen und nehmen Sie einige tiefe Atemzüge voller Licht und affirmieren Sie folgende Sätze:

Ich bin ein Lichtwesen, eine Tochter (ein Sohn) von Mutter–Vater–Gott.

Am heutigen Tag soll nur das auf mich zukommen, was meinem höchsten Wohle entspricht.

Nur Lichtvolles soll von mir ausgehen.

Danke, Mutter–Vater–Gott.

Das mag recht vereinfacht klingen, aber es bestätigt viele grundlegende und machtvolle Prinzipien. Sie nehmen Ihre wahre Identität in Anspruch, wenn Sie affirmieren, ein Lichtwesen zu sein. Im reinsten Geisteszustand sind Sie in Ihrem Wesen weder männlich noch weiblich, sondern Sie sind ein Wesen, das beide Polaritäten umfaßt. In diesem Leben befinden Sie sich jedoch entweder in einem männlichen oder weiblichen Körper, und es ist wichtig, mit Stolz auf die gegenwärtige Inkarnation zu blicken. Es ist gleichsam von Bedeutung, daß Sie sich darauf berufen, ein Sohn oder eine Tochter Gottes zu sein.

Wenn Sie beschließen, daß nur das geschehen möge, was Ihrem höchsten Wohle entspricht, kündigen Sie damit nicht an, Ihnen werde nichts »Schlechtes« passieren. Sie erkennen vielmehr, daß alles, was geschieht – sei es Ihnen bewußt oder nicht –, aus ganz bestimmten Gründen von Ihnen angezogen wurde und Ihnen die Gelegenheit zu lernen gibt. Dies zu bestätigen, hilft uns, jegliche Art von verbliebenem Opferbewußtsein auszumerzen oder das verzweifelte Gefühl in uns auszulöschen, daß nichts einen Zweck oder eine Bedeutung hat. Es liegt allem ein Sinn zugrunde.

Als nächstes affirmieren Sie, daß nur Licht von Ihnen ausgehen soll. Das bedeutet, Sie übernehmen die Verantwortung für Ihre Macht, frei zu wählen. Die gewöhnlich automatisch ablaufende Reiz-Erwiderung verwandelt sich dann in Reiz-Aufmerksamkeit-und-bewußt-getroffene-Wahl-der-Reiz-Erwiderung. Die letzte Zeile, der Ausdruck der Dankbarkeit, ist äußerst wichtig. Dankbarkeit ist eine Energie, die die Macht der bewußten Veränderung aufschließt. Dankbarkeit versorgt Ihre Gebete und Absichten tatsächlich mit Energie.

2. In der zweiten Stufe geben Sie die Menschen nacheinander frei, mit denen Sie im Laufe des Tages zu tun haben werden. Nachdem ein innerer Austausch mit einer Person stattgefunden hat, visualisieren Sie mental, daß die Person in ihrer eigenen Lichtkugel steht, während Sie in Ihrer Lichtaura sind. Gleichzeitig sprechen Sie: »Ich entlasse alle Energien, die mit (Name der Person) verbunden sind.«

Falls Energie haften bleibt, bedeutet das, daß Sie sich selbst mit den Problemen dieser Person quälen oder daß diese versucht, sich an Sie zu hängen. Waschen Sie sich im Geiste die Hände, und wiederholen Sie die Affirmation. Das ist kein liebloses Vorgehen. Es macht Sie vielmehr frei, klarer zu sehen, welche Handlung in jeder gegebenen Situation korrekt ist.

3. Duschen Sie sich am Ende des Tages. Während Sie Ihren Körper waschen, stellen Sie sich vor, wie Ihr gesamtes Aurafeld von allen Überresten des Tages gereinigt wird. Sehen Sie einfach, wie alles Haftende in den Abfluß gespült wird.

4. Wenn Sie schließlich zu Bett gehen, nehmen Sie die Personen, die Ereignisse und die Sorgen des Tages, und legen Sie sie nacheinander auf den Altar des Lichtes. Mit dieser Loslösung überlassen Sie es Ihrem höchsten Aspekt, sich weiter darum zu kümmern. Sie mit in den Schlaf zu nehmen, hieße, Sie erheben Anspruch darauf und binden sie an sich. Beziehungsprobleme, Probleme mit Geld und bei der Arbeit lösen sich nicht auf, wenn wir versuchen, unser Bewußtsein daran nagen zu lassen. Bedenken Sie, sich Sorgen zu machen, bedeutet, für das Unerwünschte zu beten.

Wenn Sie diese kombinierten Schritte einige Wochen lang durchgeführt haben, werden Sie entdecken, daß Sie sich leichter fühlen, daß Sie klarer sind und sich angesichts der Herausforderungen gelassener verhalten und deshalb mehr in ihrem Leben bewirken.

Sechster Schritt: Die Läuterung

Ich muß mich entscheiden, entweder authentisch aus meiner Vergangenheit zu sterben oder unrecht zu sterben, indem ich mich auf eine vergangene Form fixiere, die mich stagnieren läßt.
Ira Progoff

Während der Läuterung scheint es, als ob alle vorausgegangenen Ereignisse der Vorbereitung dienten. In diesem Zeitraum wird das Alte tatsächlich umgewandelt. Sie ist das Loslassen. Sie ist anders als die Widerstandsphase, da sie weniger einen Seinszustand spiegelt. Vielmehr konfrontiert sie Teilelemente unserer Psyche, die sich noch nicht auf das neue Programm umgestellt haben. Im Verlauf der Läuterung werden Probleme der alten Form nicht mehr erörtert; sie sind tatsächlich vergangen.

Während dieser Zeit, die der schmerzlichste und einsamste Teil des Prozesses sein kann, tauchen immer wieder alte Probleme und Ängste an die Oberfläche, damit sie völlig bereinigt werden. Wir finden uns vor Probleme gestellt, von denen wir überzeugt waren, sie längst bewältigt zu haben. Wir entdecken, daß wir im Verlauf der früheren Stufen des Veränderungsgeschehens vielleicht Teilbereiche des Problems untersucht haben, die wir bereit waren, anzugehen. Doch jetzt erst ist unsere Psyche ausreichend gerüstet, sie gänzlich umzuwandeln. Oft sind wir gezwungen, zu lernen, ohne Widerstand auf die Herausforderungen einzugehen, die wir zur Auflösung in unser jetziges Leben geholt haben.

Die Läuterung verlangt totale Konfrontation und Umwandlung. In dieser Zeit lösen wir uns aus allem Alten und unseren Glauben an die neue Richtung unterziehen wir einer Prüfung. Wenn uns die Feuer der Läuterung auf die Probe stellen, tut es gut, sich daran zu erinnern, daß es sich um heiliges Feuer handelt, das unsere früheren Begrenzungen verbrennen wird.

Alles aufgeben und dadurch alles gewinnen

Während eines Interviews wurde ein Schriftsteller gefragt, ob er gerne schreibe. Er zögerte einen Augenblick und antwortete dann: »Ich liebe es, geschrieben zu haben.«

Die meisten empfinden bei diesem Zyklus der bewußten Veränderung ebenso. Wir lieben es, geläutert worden zu sein. Der Vorgang an sich ist kein Vergnügen. Wichtig ist, zu bedenken, daß die Läuterung ein natürlicher, vorhersehbarer, gesunder und notwendiger Teil des Prozesses ist. Und wieder gilt, sie ist ein Prozeß, nicht das, was Sie sind. Sie sind das Wesen, das den Prozeß durchlebt.

In einer Vision sah ich einmal den Querschnitt eines Gebirges. Wie ein Blitz durchzog eine reichhaltige glühende Goldader den riesigen, weitgespannten Erdwall. Sie war allerdings vom Erdreich fest umschlossen, während überall in sorglosem Überfluß Glimmer umherlag. Dieses Bild löste sich auf und ein anderes erschien. Ich sah, wie das aus der Erde geförderte Gold in rasendes Feuer geworfen wurde. Auf einem dritten Bild erkannte ich, wie ein Goldklumpen, der schon gereinigt, doch noch ungeformt war, auf einen Altar gelegt wurde. Schlag auf Schlag schufen nun Hammer und Meißel aus der unförmigen Masse einen Pokal, der wie die Sonne glühte.

Als die Bilder vor meinem inneren Auge tanzten, sagte eine sanfte Stimme zu mir: »Sei still, und ich erkläre dir, was es bedeutet!

Du bist in einem öden Gebirge umhergestiegen und hast nach deinem Reichtum gejammert. Die Erde unter deinen Füßen hat indessen darauf gewartet, daß du der äußeren Welt den Rücken kehrst und nach den inneren Bereichen strebst. Der Reichtum ist stets im Inneren vorhanden. Dort findest du deine Essenz, die sich als leuchtende Wahrheitsmine durch die dunkle Erde deines eigenen Materialismus zieht. Als erste Aufgabe gilt es, deine Mine zu Tage zu fördern, und hüte dich vor dem Glimmer, der dich mit seiner bequemen Falschheit versuchen könnte.

Mit Hilfe der göttlichen Alchimie werden die Feuer der Läuterung die Lügen verbrennen. Habe Geduld. Gottes Feuer ist Gnade. Und auch die Disziplin ist Gnade, die dich in ein reines Gefäß formen und gestalten wird, das den Geist auffängt. Der Gral liegt in dir, und sein Geheimnis besteht darin, daß er sich mit jedem Ausgießen in die Welt immer und immer wieder auffüllt.«

»Bedenke«, riet mir die geistige Führung freundlich, »du bist das Gold, nicht das Geschehen. Deine Suche, dein Feuer und deine Disziplin sind einfach die Mittel, mit denen du zu dem wirst, was du schon immer warst. Es ist ein uralter, geheiligter Weg. Sei nicht entmutigt, wenn deine Masken durch das Feuer dahinschmelzen oder wenn dein innerer Geist dich immer wieder diszipliniert. Erfreue dich. Es bedeutet, du hast dich untergeordnet, und die wunderbare Umwandlung ist bereits am Werk. Gehe sacht mit dir um; sei freundlich zu den anderen. Der Gral, den du erschaffst, kann nicht zerstört werden, und sein süßer Wein wird deinen Durst auf ewig löschen.«

Ich habe viele engagierte Menschen getroffen, die während der Läuterungsphase ziemlich entmutigt waren, weil sie das, was sie erlebt haben, nicht von dem, was Sie sind, trennen konnten. Sie fragen fortwährend: »Was mache ich bloß falsch?«

Nichts! Wir machen es richtig, da wir uns in der Läuterungsstufe befinden. Es bedeutet, wir sind ausreichend herangewachsen, und unsere Ego-Persönlichkeit ist inzwischen stark genug, um ein weiteres Stück der Unbewußtheit in Angriff zu nehmen.

In dem Augenblick, wo wir uns entscheiden, der Autorität einer Überzeugung den Kampf anzusagen, haben wir die Energie in Bewegung gesetzt, die zu ihrem Tode führen wird. Sobald wir uns in den Dienst einer höheren Wahrheit stellen, setzt das gleiche magnetische Prinzip ein, das zuvor den alten Glauben bestärkt hat, und zieht neue Erfahrungen und Informationen heran. Es wird uns ebenfalls zeigen, wo und wie die alten Illusionen stets noch in unserem Leben gegenwärtig sind.

Auf den ersten Blick sieht der Läuterungszyklus dem Widerstand ähnlich, es handelt sich aber hier tatsächlich um ein sehr unterschiedliches Kräftespiel. Während der Widerstandsphase haben wir alles vor Augen geführt bekommen, was uns zur Veränderung im Wege stand. Uns wurde geholfen, unsere Konflikte zu erkennen. Dadurch wurde uns perfektes Studienmaterial über Unentschiedenheit geliefert, bis wir das Erwachen erlebt haben, das uns wiederum geholfen hat, die entscheidende Wahl zu treffen, die uns danach in das Engagement führen konnte.

An dieser Stelle verbrennt die Läuterung gänzlich die Vergangenheit. Sie befreit uns aus jeder Gefahr, in die uns unsere alten Muster wieder festhaken könnten, und sie bereitet uns auf die noch bevorstehende völlige Hingabe vor.

Das verschwenderische Universum

Wir können uns durch ein physikalisches Prinzip ermutigen lassen, das von Ilya Prigogine, einem Nobelpreisträger der Chemie, entdeckt wurde. Er nennt es die Theorie der verschwenderischen Strukturen. Dr. Prigogine sieht die Natur als offenes System, in dem alle Teile einen ständigen Energieaustausch mit ihrer Umgebung erfahren. Marilyn Ferguson geht in ihrem Buch *Die sanfte Verschwörung* auf diese Theorie ein und schreibt, daß ein offenes System sich durch ständige Ableitung und durch ständigen Verbrauch der Energie erhält, »ähnlich wie Wasser durch einen Whirlpool sprudelt und sich gleichzeitig erneuert ... Eine verschwenderische Struktur könnte man sehr wohl als fließende Ganzheit bezeichnen ..., die in höchstem Maße geordnet abläuft, sich jedoch stets in einem laufenden Prozeß befindet.«

Je komplexer ein System angelegt ist, desto mehr Energie benötigt es, um alle seine zahlreichen Verknüpfungspunkte in Betrieb zu halten. Das wiederum setzt sowohl eine ständige Veränderung voraus, und durch den Wechsel ist es auch gleichzeitig bedroht. Das bedeutet allerdings auch, daß das System etwas Neues in sich eingebaut hat.

Während Energie durch eine verschwenderische Struktur fließt, treten Störungen auf. Geringere Störfaktoren werden durch das System aufgefangen. Falls sie jedoch in größerem Maße vorkommen, nimmt die Anzahl der notwendigen Berichtigungsmaßnahmen im System zu. Eine größere Serie von Berichtigungen kann das gesamte System ins Wanken bringen. Falls dies geschieht, müssen alle Teile ihre Verträge untereinander wieder neu aushandeln und nach neuem Vorbild zusammenkommen. Wirklich interessant dabei ist, daß sie sich jeweils nach einer höheren Seinsordnung wieder neu gruppieren. Außerdem gilt, je komplexer das System sich entwickelt, um so wahrscheinlicher wird es, daß es sich erneut umwandelt. Menschen sind von Natur aus komplex angelegt. Während der Läuterungsphase des Veränderungszyklus werden wir total aufgerüttelt. *Sobald wir uns allerdings nach der Läuterung neu ordnen, wird unser gesamtes System auf einer höheren Ebene funktionieren.*

Am Anfang steht aber die Zerstörung – sie ist der erste Schritt der Schaffenskraft. Wenn ich auf derselben Stelle ein neues Haus bauen möchte, wo derzeit ein anderes steht, muß als erstes das alte Haus weichen. Wenn jemand nicht weiß, was hier vorgeht, erscheint es ihm wie mutwillige Zerstörung. Hier ist jedoch die gleiche explosive Kraft wirksam, die neues Land aus der Lava hervorbringt, die ein ausgebrochener Vulkan ausgespuckt hat.

Entleert, um gefüllt zu werden

Ruckweise und Stück für Stück übergeben wir die vermeintlich wertvollen, ego-betonten Besitztümer unserer Persönlichkeit an unser höheres Selbst. Allmählich lernen wir, aus allem zu sterben, wofür wir uns einst vermeintlich eingeschätzt haben, um alles einzufordern, was wir sind. Reshad Field drückt es in seinem Buch *Spuren im Sand* so aus: »Du stirbst nicht, solange du nicht lebst, und du lebst nicht, solange du nicht stirbst. Wenn du einmal für dich gestorben bist, gibt es nur noch den gegenwärtigen Augenblick, und du bist in die Ewigkeit hineingeboren.«

Das Leben hat die Angewohnheit, sich unmittelbar nach einer bedeutenden Offenbarung wieder den alltäglichen Dingen zuzuwenden. Während einer dieser »alltäglichen« Perioden in meinem Leben zog ich mich zur inneren Einkehr in ein entzückendes katholisches Nonnenkloster zurück. Ich kam dort mit allerhand vorgefaßten Meinungen an: »*Jetzt* bin ich nicht mehr so beschäftigt, *jetzt* wird mein Denken klar; *jetzt* kann der Geist zu mir sprechen.« Ich hatte mich zu einer Verabredung eingefunden!

Mit großer Vorfreude ging ich in den Meditationsraum und setzte mich nieder. Und ich fing an zu weinen und weinte unablässig weiter. Ich weinte zwei Tage lang. Es waren seltsame Tränen, da mir kein besonderes Unglück widerfahren war, weswegen ich hätte trauern können. Ich fühlte keine Geistgegenwart um mich, ich war nicht überschattet, es geschah nichts außer Weinen.

Schließlich hatte ich mich am Abend des zweiten Tages ausgeheult. Mit geschwollenen Augen und innerlich leer saß ich nun im Meditationsraum. Dann fühlte ich allmählich eine wachsende Wärme um mich herum. Ein Frieden überkam mich, und ich hörte die liebevollen Worte meiner geistigen Führung: »Wen ich auffüllen möchte, muß ich erst leermachen.«

Ein großer Teil des Prozesses, uns wieder an unsere Ganzheit zu erinnern und sie dann zu leben, erfordert von uns einfach, uns leerzumachen, loszulassen und zu sterben.

Wir rufen zu Gott: »Ich will die Wahrheit.«

»Gut«, antwortet Gott, »dann mußt du erst sterben.«

Wir erwidern: »Eigentlich hatte ich mir etwas weniger Schmerzhaftes vorgestellt.«

Wir neigen dazu, ähnlich wie der jugendliche heilige Augustin zu beten: »Herr, mach mich keusch – nur nicht schon jetzt.«

Im Verlaufe unserer Lebensreise feiern wir sowohl Beerdigungen als auch Geburten – oder auch »zukünftige Begräbnisse« (futurals), wie sie ein isländischer Freund von mir nennt. Ein Kind, das zum erstenmal zur Schule geht, stirbt aus seiner früheren Lebensweise, um in eine andere geboren zu werden. Junge Eltern sterben aus ihrer eigenen Kindheit. Ein Umzug in eine andere Stadt, eine berufliche Beförderung, eine Pensionierung – in jedem Falle wird etwas aufgegeben, um Neues zu erwerben.

Wo Tod ist, ist auch Trauer. Es spielt keine Rolle, wie sehr wir uns für eine neue Richtung einsetzen mögen, ein Teil von uns wird sicherlich um das Zurückgelassene trauern. Mein heftigster Kummer, den ich jemals durchlitten habe, war, als der Geistlehrer, der mich sieben Jahre lang in meiner Heiltätigkeit unterstützt hatte, mich »beförderte« und ich seine Gegenwart nicht mehr bewußt um mich spurte.

Ich war erst fähig, meine Wahrnehmung, daß ich etwas Wertvolles verloren hatte, zu verändern, als mich eine Freundin darauf hinwies: »Er ist doch überhaupt nicht verschwunden. Wohin soll er denn gehen? Es gibt doch nur ein Universum.«

Selbst in spirituellen Kreisen liegt es nicht »im Trend«, über das Sterben als Teil der Veränderung zu sprechen. Im Westen wachsen wir mit der Überzeugung auf, daß wir fähig sind, Dinge sofort zu richten: »Ich sehe es, ich kapiere es – was kommt als nächstes?« Im Osten werden die Schüler angehalten, die Läuterungsstufe innerhalb der Transformation zu respektieren und zu akzeptieren.

Natürlich ist es auch theoretisch möglich, daß die Umwandlung augenblicklich geschieht. Bei den meisten ist es allerdings nicht der Fall, daß sie die Wahrheit sehen und sie in einem Zug verwirklichen. Die meisten Menschen neigen dazu, sich ziemlich beharrlich an ihr Selbstbild und ihr Suchtverhalten zu klammern.

Solange wir noch an irgend einem Bedürfnis festhalten, einer alten Sucht nachzugehen, gestattet das Universum uns auch dieses Verhalten. Es fließt einfach weiter und füllt die Muster auf, die wir willentlich errichtet haben, ungeachtet der Tatsache, wie deplaziert sie sind. Diese stetige Energiezufuhr an unsere Werke, guter oder schlechter Art, ist ein Liebesgeschenk – die Gnade wird uns nicht vorenthalten. Ein Teil der Gnade vermittelt uns das bedingungslose Privileg, bewußt zu werden.

Neuer Wein wird nicht in alte Schläuche gefüllt. Die alten Weinschläuche müssen verschwinden – seien es Gewohnheiten, Denkrichtungen oder emotionale Verhaltensmuster. Und gewöhnlich treten sie nicht mit Anmut ab. Mit jedem Verlust und mit jedem Tod lernen wir jedoch, die angehäuften Lügen über uns selbst abzustreifen.

Als wir uns verpflichtet haben, schien alles so leicht zu sein. »Tu' es einfach«, meint die Werbung. Gewöhnlich müssen wir allerdings eine Menge komplexer Windungen durchlaufen, bis wir bei der Einfachheit angelangen. Und häufig verschlechtert es sich zuerst, bevor es besser wird.

Der Entleerungsprozeß kann zermürbend, ermüdend und schmerzhaft verlaufen. Er kann jahrelang dauern und ganz unerwartet auf tausenderlei Weisen auftreten. Schwierige Ehen, langwierige Krankheiten, Bankrott – sie sind das potentielle Rohmaterial einer langfristigen Einweihung. Dr. Dianne Connelly sagt, unser Schmerz sei wie eine Klosterglocke, die uns immer wieder ruft, »bis wir das Altvertraute mit neuem Staunen aufnehmen. Unsere Verlorenheit fordert, daß wir den Heimweg finden.«

Die Gelehrte und Initiatorin einer Mysterienschule Jean Houston schreibt, daß diese »geheiligten Wunden eine Einladung für deine Wiedergeburt« sind. Sie zitiert den Dorn in der Seite des Heiligen Paulus, Hiobs Geschwüre und das verkrüppelte Bein von Aeskulap, des griechischen Halbgotts der Heilkunst, und bezeichnet derlei Verwundungen als »Seelenwerkstatt«.

Die Läuterung stellt sich nicht augenblicklich ein, bloß weil wir ein Dutzend Mantras gesungen oder drei Gegrüßet-seist-du-Maria aufgesagt haben. Sie kann sich nach C. G. Jung zu »einer Leidenschaft des Egos« entwickeln. Wir erweisen uns gegenseitig einen schlechten Dienst, wenn wir uns nicht eingestehen, daß die Läuterung wirklich stattfindet und bei der Veränderung unumgänglich ist. Wir verurteilen einander, einsame und verwirrte Übergänge zu beschreiten, wenn wir mit derartigen Klischees aufeinander eindreschen wie: »Denke niemals einen negativen Gedanken«; »Du hast diese Wirklichkeit geschaffen«; »Hier ist bloß dein Karma in Gang gesetzt worden.« Wie wahr diese Sprüche auch sein mögen, sie drücken nicht nur fehlende Feinfühligkeit für denjenigen aus, der unter einer tiefen Reinigung leidet, sondern sie enthüllen wahrscheinlich auch die eigene tiefsitzende Angst vor dem Teil des Sterbens während des Transformationsprozesses. Ein Teil der Angst beruht darauf, daß wir vielleicht nicht mehr wissen werden, wer wir sind, sobald wir loslassen. Und doch müssen wir häufig erst eine Ebene aufgeben, um zu entdecken, was wir wirklich fallenlassen müssen.

Wenn wir etwas aufgeben, entdecken wir, was eigentlich dahintersteckte und *wirklich* verschwinden muß. Ich kenne eine hochgebildete Frau, deren spirituelles Leben so lange stillstand, bis sie zu ihrer großen Überraschung erkannte, daß sie an einem finsteren, patriarchalischen Gottesbild festgehalten hatte. Ihr eigener Vater war ein Priester, und ihre unbewußte Angst besagte, daß sie ihren Vater im Stich ließe, wenn sie dieses einschnürende Gottesbild fallenlassen würde.

Ein uralter Lebensgrundsatz des Zen rät uns: »Fasse nur leicht zu, und lasse fest los.«

Ein Grund, warum uns die Läuterungsstufe oft so schmerzhaft vorkommt, liegt darin, daß wir bereits das Erwachen hinter uns haben, das uns versichert hat, der Wechsel sei angebracht, und daß wir in der Periode des Engagements hart für dessen Zustandekommen gearbeitet haben. Setzt jedoch die Läuterung ein, kann es für uns so aussehen, als ob wir versagt haben. Wir verfangen uns sehr leicht in Frustration. »Was willst du eigentlich von mir, Gott? Laß mich in Ruhe!«

Die mystischen Traditionen in der ganzen Welt bieten eine Fülle von Geschichten, die von der »dunklen Nacht der Seele« berichten, wo sich der total verpflichtete Jünger im Kampf mit seinen inneren Feinden verlassen fühlt.

Sobald wir uns einmal dafür engagiert haben, ein größeres Stück unserer Wahrheit zu leben, sind wir nicht mehr in der Lage, mit den gleichen Sachen, die wir zuvor gemacht haben, davonzukommen. Wir wechseln nun buchstäblich, nicht nur symbolisch, von einer Energieoktave zur anderen, und sämtliche Inhalte, die auf der unteren Ebene noch unerschüttert waren, werden in der oberen Oktave aus dem Gleichgewicht gebracht. Sie wollen dort einfach nicht mitschwingen. Die Läuterung tötet sämtliche Anteile der alten Form ab, die nicht in die neue, komplexere Struktur passen. Die Energie, die von der alten Form ausging, muß vollständig verwandelt werden. Sie muß reformiert werden.

Die Geschichte von John

John ist ein Arzt, der auf die Vierzig zugeht. Er nahm an einem Seminar teil, in dem ich dieses Modell vorstellte. Ihm erging es in einer seiner Veränderungsstufen folgendermaßen.

Seine *Form* beinhaltete, daß es die Aufgabe der Frauen ist, den Männern zu dienen. Alle Frauen in seiner Familie haben es so gemacht.

Seine *Herausforderung* kam, als er anfing, sich mit Frauen zu verabreden. Er erkannte, daß alle Frauen, die ihm gefielen, klug und kreativ waren und keineswegs begeistert davon, den Männern zu dienen.

Der *Widerstand* setzte ein, als er feststellte, daß er sich gegenüber den Frauen, die er als intellektuell gleichrangig einstufte, eingeschüchtert fühlte, obwohl er sich gleichzeitig zu Ihnen hingezogen fühlte. Nach mehreren Rendezvous mit einer liberalen Frau eilte er immer wieder in die Sicherheit zurück, die er bei einer Frau empfand, die auf jede seiner Forderungen mit »Ja, mein Herr« einging.

Sein *Erwachen* kam, als er Susan traf und sich in sie verliebte. Susan studierte Medizin, und sie hatte die unerschütterliche Absicht, ihr Ziel, Ärztin zu werden, zu erreichen.

Sein *Engagement* begann, als er Susan heiratete.

Seine *Läuterung* vollzog sich im Alltag seiner Ehe. Obwohl er sich seiner Frau völlig widmete, mußte er sich trotzdem der Tatsache stellen, daß er immer noch eine Menge voraussetzte, was eine Ehefrau tun, beziehungsweise nicht tun sollte. Er sagte mir, daß ihm das selbst nicht bewußt war. Die Vorurteile traten meist auf, wenn es um größere Entscheidungen ging, wie beispielsweise um karrierebedingte Umzüge, Geldanlagefragen und um andere Bereiche, von denen er annahm, sie seien der Entscheidung des Mannes vorbehalten. In den anderen Fällen zeigte sich seine Einstellung subtiler und heimtückischer – er grollte, weil sie erst spät von der Arbeit nach Hause kam, daß er Hausarbeiten übernehmen mußte, daß er nach seiner Aussage »nicht in allem das letzte Wort behielt«.

Er brauchte mehrere Jahre Therapie, um die enge Pforte der Läuterung zu passieren. Er sagte, daß er viele Male aufgeben wollte, und wenn sich nur einer der beiden Ehepartner weniger für den anderen eingesetzt hätte, wäre es beiden niemals gelungen, die Läuterungsphase durchzustehen. Sie haben es aber gemeinsam geschafft, und als er dies berichtete, meinte er, er könne sich heutzutage nicht mehr vorstellen, ohne gleichwertige Partnerin in der Vertraulichkeit einer Ehe zu sein. Sein ganzes Wesen, seine neue Form, geht jetzt in der gegenwärtigen Überzeugung einer gleichberechtigten Partnerschaft auf.

Nach der Läuterung verkörpern wir tatsächlich die neue Überzeugung. Wir atmen sie gleichsam aus, und sie wird zu einem Eckpfeiler unserer Weltanschauung. In einer früheren Phase haben wir vielleicht festgestellt, daß wir mit »inneren Feinden« leben, nämlich jenen Gewohnheiten, die die alte Form aufrechterhalten. Als wir seinerzeit einer anderen Überzeugung die Priorität eingeräumt haben, sind sie wahrscheinlich nur vorläufig verdrängt worden. Im Verlauf der Läuterung müssen diese alten Gewohnheiten mitsamt der Wurzel ausgerissen werden. Und mehr als das, Sie müssen sterben, um sich zu verwandeln.

Es darf aber kein Gewaltakt sein. Ein altes Abhängigkeitsmuster wird nicht transformiert, indem Sie es brutal angehen. Tatsächlich wird es dadurch nur energetisch bestärkt. Wenn wir mit den Zähnen knirschen und schwören, wir würden uns niemals mehr dem Spielzwang unterwerfen, uns nicht mehr mit den Vorurteilen unserer Mutter auseinandersetzen oder uns mit Leuten abgeben, die uns nicht guttun, können wir an nichts anderes mehr denken als an die Spielbank, an Mutters Voreingenommenheit und an die schlechte Gesellschaft. Je grimmiger wir darauf bestehen müssen, eine Sache niemals wieder zu tun, um so wahrscheinlicher sitzt sie noch immer in uns und wartet. Solange wir diese Gewohnheiten nicht umgewandelt haben, werden sie stets wieder auf die eine oder andere Weise zum Vorschein kommen. Manchmal zeigen sie sich in Form von starken Vorlieben oder Abneigungen.

Wenn Sie äußerst gefühlsbetont reagieren, sobald Sie Ihr »altes« Verhalten in anderen erkennen, können Sie auf diese

Weise feststellen, ob das Verhaltensmuster in Ihnen noch immer vorhanden ist. Sie zeigen es vielleicht selbst nicht, doch Sie haben es noch immer. Die Energie, die in jenem Suchtverhalten eingeschlossen ist und es aufrechterhält, hat sich keineswegs verändert. Sie haben sich vielleicht dazu entschlossen, sich der Symptome zu entledigen, wenn sie der Sache aber nicht völlig auf den Grund gehen, wartet sie nur darauf, sich auf andere, noch heimtückischere Weise auszudrücken.

Der Körper ist ein Ausdruck unserer Überzeugungen

Ich habe vor Jahren erkannt, daß ich, obwohl ich frustriert war, weil die Dinge nicht so rasch vorankamen, wie es mir gepaßt hätte, ich doch oberflächlich recht gut damit klarkam. Mein Körper aber wußte mir die Wahrheit zu enthüllen – ich verspannte mich völlig in meinen Oberschenkeln, im Gesäß und im unteren Teil der Waden. Ich habe nicht verstanden, warum mein Körper auf diese besondere Weise reagierte, aber ich wußte auch nicht, daß der Körper gefühlsmäßige und mental geprägte Gewohnheiten ausdrückt. Im Verlauf von mehreren Behandlungen bei einem Körpertherapeuten und in persönlichen Meditationen richtete ich an mein Unterbewußtsein eine Zeitlang die Bitte, daß ich wirklich gerne die Ursache für diese Neigung verstehen möchte.

Mehrere »zufällige« Erinnerungen stellten sich sein, die gemeinsam ein Muster bildeten. Ich erinnerte mich an eine Bemerkung, die mein Vater über die Frau fallengelassen hatte, die mich als Baby tagsüber in den ersten achtzehn Monaten meines Lebens betreute: Er habe gefühlt, sie gehe zu streng vor. Dann erinnerte ich mich an ein Traumbild. In dem Traum befand ich mich auf einem Teppich und war enttäuscht, weil ich jedesmal, wenn ich mich in der Randzone bewegte, zurückgezogen wurde. Meine Mutter war ziemlich überrascht, als ich dies erzählte. Sie erklärte mir, daß die Frau, die damals für mich sorgte, mich dazu erzogen hat, nicht über den Rand des Teppichs hinauszugehen. Als ich dies mit meiner feurigen Energie des Schützen in Verbindung brachte, der seinen Forscherdrang ausleben will, wurde mir das Verhaltensmuster klar.

Mit dieser Information fing ich an, zu arbeiten, indem ich zunächst einmal versuchte, das Muster zu verstehen. Als Baby hatte ich kein Verständnis für Einschränkungen, und deshalb war ich sehr frustriert, als sie mir auferlegt wurden. Die Spannung, die ich in meinen beim Krabbeln beanspruchten Muskeln aufbaute, stand symbolisch für diese Frustration – diese emotionale Reaktion hatte exakt ich meinem physischen Körper aufgeprägt. Meine Gewohnheit, in diesen Muskeln Spannung festzuhalten, löste sich aber nicht einfach dadurch, weil ich ihre Herkunft erkannt hatte.

Beim nächsten Schritt mußte ich sorgfältig aufpassen, welche Reize die alte Reaktion auslösten. In der Sekunde, in der ich mich frustriert fühlte, hörte ich mit meiner jeweiligen Beschäftigung auf und atmete tief in diese Muskeln hinein. Dann programmierte ich die Krabbelphase neu ein, indem ich mir die gesamte Szene vorstellte, nur mit dem Unterschied, daß ich im ganzen Zimmer umherkrabbelte.

Der wichtigste Schritt war, der Frau, die meine Babysitterin war, zu vergeben, da ich wußte, daß ich wahrscheinlich meine Enttäuschung über sie ebenfalls verinnerlicht hatte. Es erforderte einige Jahre der Aufmerksamkeit und Neuprogrammierung, bis sich das Muster veränderte. Inzwischen verspannen sich diese Muskeln als Reaktionsfolge auf eine Enttäuschung nicht mehr.

Es ist ratsam, uns zu erinnern, daß unser Geist, unser Verstand, unsere Gefühle und unser Körper innerhalb eines lückenlosen Zusammenhangs funktionieren. Innerhalb dieses Kontinuums treten verschiedene Frequenzen auf, angefangen bei der sehr schnellen Schwingungsrate des spirituellen Körpers bis hin zu den langsam vibrierenden Wellenmustern des physischen Körpers – doch sie arbeiten innerhalb des Kontinuums alle zusammen. Irgend etwas, das an irgendeiner Stelle innerhalb des Frequenzbereiches einen Schock oder ein Trauma auslöst, wird im gesamten Kontinuum nach oben und unten ebenfalls gespürt. Der Schock wird sofort erlebt, ungeachtet dessen, ob er »wirklich« war oder nicht. Es zählt nur, daß Sie von der Realität überzeugt sind.

Wenn ein Trauma auftritt, sei es wirklich oder eingebildet, neigen wir dazu, es in ein Reaktionsmuster einzuschließen, das in dem jeweiligen Lebensalter akut ist. Dieser Teil von uns kann nicht wachsen. Er ist blockiert. Wenn nach Jahren etwas geschieht, das uns an das ursprüngliche Erlebnis erinnert, reagieren wir in derselben Weise wie in dem Alter, als das Schockerlebnis zum erstenmal geschah. So ist es zu erklären, daß wir uns mit fünfunddreißig Jahren plötzlich dabei erwischen, daß wir wie ein dreijähriges Kind auf eine Bedrohung reagieren.

Ich denke an alle die Menschen, die ich gesehen habe, die an ihrer eigenen unterdrückten Wut und Enttäuschung erkrankt sind: bei der siebzigjährigen Martha, deren künstlerische Talente keinen Weg fanden, sich in der Welt auszudrücken, sammelt sich jetzt die blockierte Energie in schmerzhaften Kristallisierungen in ihren Schultern, Ellbogen und Armgelenken; der sechsundvierzigjährige Alan, der daran glaubte, daß »große Jungs nicht weinen«, und dessen Körper unter chronischen Stirnhöhlenkopfschmerzen leidet, weil er noch immer um seine Mutter trauert, die er in der Kindheit verloren hat; die dreißig Jahre alte Barbara, die vergeblich versucht, die nährende Fürsorge zu bekommen, die ihr nie zuteil wurde, und die zuviel ißt, um zu vergessen.

Eileen bat um Heilung bei einem Magengeschwür. Als ich mit ihr arbeitete, sah ich ein Verhaltensmuster der Eifersucht, das in ihrer Kindheit entstand. Sie hatte eine ältere Schwester, die sehr hübsch war. Sie wurde gescholten, weil sie als Kind eifersüchtige Gefühle entwickelte. Sie schluckte ihre Gefühle, anstatt sich mit ihnen auseinanderzusetzen. Ihr Speicherplatz für unterdrückte Gefühle war ihre Magengegend. Als sie heranwuchs, projizierte sie jene Gefühle auf alle schönen Frauen. Da die Welt voller liebreizender Damen ist, bekam ihre Angst stets Nahrung. Das Resultat: ein Magengeschwür.

Diese Geschichte bekommt noch einen sehr interessanten Zusatz. Monatelang hatte ich nichts mehr von ihr gehört. Dann rief sie mich an und warf mir vor: »Mein Magengeschwür ist wiedergekommen!« Ich fragte sie, ob sie sich einer Therapie unterzogen habe, ob sie sich selbst, ihrer Schwester und ihrer Familie vergeben habe. Wie war sie mit den Techniken und Affirmationen umgegangen, die wir besprochen hatten? Sie reagierte mit Schweigen, dann gab sie zu, nichts unternommen zu haben. Natürlich kam das Magengeschwür wieder. Sie war nicht bereit gewesen, die alte Überzeugung auszulöschen, die von Anfang an zu dem Magengeschwür geführt hat.

Hier will ich klar zum Ausdruck bringen, daß mich meine

Erfahrung gelehrt hat, daß sich im Laufe der Zeit alle Überzeugungen im Körper niederschlagen. Wir wissen nur nicht genau, an welcher Stelle und in welcher Form sie auftreten werden. Ich halte nichts davon, über einen gewissen Punkt hinaus zu verallgemeinern; dafür sind die Menschen zu komplex angelegt. Wie in allen Aspekten des Wachstums müssen wir auch hier uns selbst und unsere Anfälligkeiten kennenlernen.

Sobald wir alte Verhaltensmuster aufgeben, kann dies vertraute körperliche Angewohnheiten und Rhythmen stören. Als gute Faustregel gilt, wenn wir unseren Verstand und unsere Emotionen freimachen, wird unser Körper ebenfalls darauf reagieren. Viel Wasser zu trinken, ballaststoffhaltige Nahrung zu essen, sich durch Sauna und Dampfbäder zu reinigen, sich mit Hilfe von Gymnastik ins Schwitzen zu bringen – alle diese Methoden helfen Ihren Ausscheidungsorganen, in einer erstklassigen Verfassung zu bleiben. Dies wiederum erleichtert die Körperabläufe und kann dazu beitragen, die Zeit der Prüfung zu überstehen, ohne krank zu werden.

Die eigene Dunkelheit lieben

Der Weg der bewußten Veränderung umfaßt alle unsere Erlebnisse, sowohl die guten als auch die schlechten. Je mehr wir uns in unsere Ganzheit ausdehnen, um so schärfer spüren wir die angsterfüllten Teile des Selbst. Wenn die Sonne am Mittag hell scheint, sind die Schatten dunkler, sie zeigen deutlichere Umrisse.

Jung hat die Wahrnehmung über das oft von uns verleugnete Schattenselbst unseres Weges betont. In seinem Buch

Die Archetypen und das kollektive Unbewußte sagt er: »Der Schatten personifiziert alles, was sein Untertan in bezug auf sich selbst anzuerkennen ablehnt, und dennoch drängt er sich ihm direkt oder indirekt auf – beispielsweise in schwächer ausgeprägten Charakterzügen und anderen unverträglichen Neigungen.«

Später kommentiert er in seiner Autobiographie *Erinnerungen, Träume und Gedanken,* daß »der Konflikt zwischen den Gegensätzen unsere Psyche bis an den Punkt des Zusammenbruchs zermürben kann, sofern wir sie ernst nehmen, oder sie uns ernst nehmen ... Wenn alles gut verläuft, taucht die Lösung, scheinbar aus eigenem Antrieb, aus der Natur auf. Dann und erst dann ist sie überzeugend. Sie wird als ›Gnade‹ empfunden.«

Jedesmal, wenn wir einen weiteren Teil von uns selbst annehmen, öffnen wir uns, um mehr Gnade zu empfangen. Sie ist eine allgegenwärtige Quelle des Lichtes, die stets bedingungslos fließt. Das Problem liegt darin, daß wir oft durstig und verlangend mit der Bettelschale neben dem heiligen Brunnen sitzen und uns selbst und andere dazu verurteilen, nicht würdig zu sein, uns daran zu laben.

Solange noch Verleugnung vorherrscht, ist die Transformation nicht möglich. Die Entscheidung, nicht wahrhaben zu wollen, heißt, unbewußt zu bleiben. Doch dies ändert nicht die magnetisierende Wirkung, die von den alten Überzeugungen ausgeht. Ob wir nun unsere Überzeugungen eingestehen oder nicht, sie gestalten die von uns erlebte Wirklichkeit. Sie bestimmen unsere Erwartungen. Sämtliche Zwölf-Schritte-Programme, die sich mit Alkohol- und Drogensucht befassen, setzen als hauptsächlichen Schritt voraus, daß das Vorhandensein der Sucht zugegeben wird. Den

»Dämon« beim Namen zu nennen, ist der erste Schritt, uns selbst von ihm zu befreien.

Anna war eine liebenswürdige junge Frau, die in meine Beratung kam. Sie fühlte sich in ihrer Spiritualität blockiert, und wußte nicht, weshalb dies so sei. Als ich mich auf sie einstimmte, wurde mir bewußt, daß sie seit kurzem schwanger war. Sie kicherte und bestätigte die Schwangerschaft. Dann war ich überwältigt von der Botschaft, daß sie an ihren Schuldgefühlen wegen einer Abtreibung zäh festhielt, die sie in jungen Jahren gehabt hätte. Dies war die Blockade in ihrem Unterbewußtsein. Obwohl sie dieses Mal sogar glücklich schwanger war, schien es ihr nicht möglich, die unterbrochene Schwangerschaft loszulassen. Unbewußt fühlte sie, daß sie eine schwerwiegende Missetat gegen das Geistige begangen hatte. Solange sie sich die Schuld nicht eingestand und sie ausmerzte, wirkten sich alle ihre spirituellen Übungen so aus, als ob sie bei gezogenen Bremsen auf das Gaspedal drückte.

Dr. Elisabeth Kübler-Ross, die Pionierarbeit über den Tod und den Sterbevorgang geleistet hat, setzt den Zustand der Verleugnung an den Anfang ihres progressiven Modells für bewußtes Sterben. Sie behauptet, daß wir die anderen Zustände – Zorn, Depression, Verhandeln und schließlich die Ergebung – nicht durchlaufen können, solange wir nicht zugegeben haben, daß wir das eigene Sterben nicht wahrhaben wollen, und solange wir nicht die Ablehnung überwunden haben. Sie meint außerdem, daß wir nicht wirklich zu leben anfangen, solange wir uns nicht mit unserer eigenen Sterblichkeit auseinandergesetzt haben. Wenn wir dem Tod nicht ins Auge sehen, verschwenden wir nur eine Menge Energie damit, ihm auszuweichen.

Es erfordert ebenfalls eine Menge Energie, unsere Verteidigungsmaßnahmen gegen den Tod des Schattens beizubehalten. Es besteht ein sehr großer Unterschied zwischen der Verleugnung des Schattens und seinem Einfluß auf uns. Solange wir den Schatten verneinen, könnten wir sagen: »Ich habe keine Angst davor, verlassen zu werden.« Die Angst vor dem Verlassenwerden ist jedoch nach wie vor unbewußt am Werk und sabotiert die Beziehungen vielleicht mit dem Winkelzug: »Bevor du es mir antust, werde ich es dir antun.« Die Autorität des Schattens zu verleugnen, heißt, ihm Raum zu geben und seine Macht zu verschleiern.

Wenn die Identität sich vom Ego zum Geist hin verändert hat, werden die Schatten zu Aspekten des Selbst, die geliebt, statt verurteilt werden wollen. Wenn wir vor dem Schatten Reißaus nehmen, geben wir ihm Macht über uns. Wenn wir ihm gegenübertreten und ihn umarmen, nehmen wir unsere Macht zurück; wir versagen dem Schatten die Vollmacht. Wir lernen, wie es der Romanschriftsteller Nikos Kazantzakis ausdrückte, »geraden Blickes ungehindert auf alles Dunkle zu starren«.

Vielfach springen die Menschen in unserer Umgebung für unseren eigenen Schatten ein. Sofern wir unsere eigenen Vorurteile nicht wahrhaben wollen, können wir darauf wetten, daß sie uns durch die Menschen in unserer Umgebung veranschaulicht werden. Wollen Sie feststellen, wie geschickt die Ego-Persönlichkeit sich selbst rechtfertigt, versuchen Sie in folgender Übung, ehrlich mit sich selbst zu sein.

Stellen Sie eine Liste von allen Personen auf, die Sie nicht mögen, legen Sie genau fest, was Sie an ihnen nicht leiden können. Und tun Sie der Übung halber so, als ob es sich um Ihre Eigenschaften handelt. Gehen wir davon aus, daß es nicht deren Selbstsüchtigkeit, Grobheit, flegelhaftes Benehmen oder Vorurteile sind, die Sie nicht tolerieren können, sondern die Schattenseiten, die Sie bei sich selbst nicht akzeptiert haben. (Vielleicht mögen Sie hier gern die Übung »Die Zusammenkunft mit dem Komitee« (siehe Seite 258) anwenden, um zu entdecken, wer in Ihrem Drama die Rolle des Schurken übernimmt.)

Im tibetischen Buddhismus wird den Schülern beigebracht, wie man auf dreierlei Weise mit einem Schatten verfahren kann: Der Schüler kann eine niedrigere Schwingungsenergie (das Problem) umwandeln, indem er genügend starke, höhere Energie erzeugt, um die Veränderung zu erzwingen. Zweitens kann der Schüler das Problem adeln und es als Notwendigkeit behandeln. Die dritte Vorgehensweise besagt, direkt in das Problem hineinzugehen und dem Schatten zu erlauben, seinen Lauf zu nehmen. Dieses Verfahren erlaubt dem Schüler, innerlich einen Teil seines Selbst zu entwickeln, das die ganze Angelegenheit nur mit einem höheren und erweiterten Bewußtsein beobachtet.

Ehrlichkeit und Geduld

Genau die Tatsache, eine Schattenseite anzunehmen, bricht ihre Macht; sie hat nun nicht mehr die Belastung einer unbekannten Kraft. Das Ziel ist, unsere Schatten zu integrieren und sie nicht einfach zu verscheuchen. Da ein Schatten in neuer und anderer Form zu uns zurückkehrt, gewöhnen wir uns an ihn und schöpfen schließlich alles aus, was er uns zu lehren hat.

Ein einigermaßen gesundes menschliches Ego besitzt ein

eingebautes Verteidigungssystem. Falls ich versuchte, die volle Wucht einiger unserer tiefsitzenden Ängste auf einmal auf mich zu nehmen, würde sich das Ego vor Schrecken selbst zerstören. Demnach nimmt das Ego jeweils nur soviel an, wie es nacheinander integrieren kann. Wenn ein altes Muster wieder auftaucht, heißt das nicht notwendigerweise, daß wir ihm ausgewichen sind oder daß wir versagt haben; es könnte bedeuten, wir sind nunmehr bereit, einen weiteren Brocken von ihm abzubeißen. In dieser Zeit müssen wir sehr geduldig mit uns umgehen. Geduld ist eine Bestätigung der Selbstliebe. Die Liebe zu sich selbst ist eine Fackel, die wir in die Dunkelheit der Ängste mitnehmen sollen – in Ihre und in meine Ängste. Ich weiß, daß Sie mit meiner Angst nicht geduldig umgehen werden, wenn Sie für Ihre eigene keine Geduld aufbringen. Geduld heißt, daß wir uns bewußt dafür entscheiden, die Vorurteile über uns selbst und andere aufzugeben. Geduld reicht weiter als das Eingeständnis, daß Veränderung nicht von außen auferlegt werden kann. Sie gibt als erstes die Ansicht auf, man könne wissen, was für eine andere Person das Richtige ist. Sie erzeugt ein losgelöstes Mitgefühl, das besagt: »Ich fühle deinen Schmerz mit dir, und ich mache mich frei von meinem Urteil, weshalb du ihn erfährst.«

Die Dinge sind nicht das, was sie angeblich sind. Was tragisch erscheinen mag, kann tatsächlich ein wichtiges Ritual oder eine Opferhandlung für das größere Wohl sein. Wer könnte sich anmaßen, über den größeren Plan des Opfers von Martin Luther King jr. oder von Mahatma Gandhi ein Urteil zu fällen?

Sogar der einschränkendste Umstand ist »Schrot für die Mühle«. Die von uns empfundenen Beschränkungen zwingen uns, uns den notwendigen Verbesserungen aufmerksam zuzuwenden, ehe wir überhaupt weiterwachsen können. Sie sind die Schutzkontrolle des Höheren Selbstes.

In der astrologischen Symbolik stellt der Planet Saturn die Energie der Beschränkung und Form dar. Die meisten Menschen betrachten die alle achtundzwanzig Jahre wiederkehrenden Saturnübergänge als schwierig und ernüchternd. Doch der Schüler des Geistes erkennt in Saturn sowohl den Lehrer als auch den Engel. Erst durch die Einschränkungen werden wir gezwungen, unsere spirituelle Wirklichkeit auf Erden zu erleben. Sie behalten uns so lange im Klassenzimmer, bis wir die Lektion völlig gelernt haben.

Das Nervensystem kann mit höheren Energien nicht umgehen, wenn es nicht darauf vorbereitet wurde. Es wäre etwa so, als ob man versuchte, die Energie von 220 Volt durch eine Stromleitung zu jagen, die auf 110 Volt ausgelegt ist. Die Instrumente müssen feiner abgestimmt werden, und dies geschieht im Verlauf der Läuterung. Die von uns erfahrenen Einschränkungen lenken unsere Aufmerksamkeit zwingend auf die Feinabstimmungen, die erst durchgeführt werden müssen, ehe wir uns weiterentwickeln und unser System ausdehnen. Sie liefern die Schutzmaßnahmen des Höheren Selbst.

Ich habe mit zwei Männern gearbeitet, die beide kurz nacheinander einen Herzinfarkt erlitten hatten. Einer nahm hin, was geschehen war. Es hat ihm natürlich nicht gefallen, aber da er sich in sein Schicksal fügte – in einer widerstandslosen unverdrossenen Haltung –, war er in der Lage, seinen Willen für den Heilungsprozeß einzusetzen. Sein Zustand entwickelte sich zusehends besser. Der zweite Mann konnte seinen Groll, daß ihm dies passiert war, nicht aufgeben. Er hat sich ständig gegen die Realität aufgelehnt, die ihm sein Leben bot. Er war noch im Sterben zornig darüber.

Einer der Schlüssel, der den Läuterungsvorgang aufsperrt, ist die Dankbarkeit. Wir sollten allen »lästigen« Personen in unserem Leben wahrhaftig danken. Wir brauchen sie. Sie zeigen uns klar, wo es zu arbeiten gilt. Ohne ihre Gegenwart würden wir in vollkommener Selbsttäuschung dahinsegeln. Gandhi sagte einmal, daß der Verbündete, den man immer suchen sollte, der Teil im Feind ist, der weiß, was recht ist.

Und das genügt noch nicht, wir sollten allen Leuten danken, die für uns leiden. In ihrem Buch *The Outer Planets & Their Cycles* (Jenseits von Saturn) schreibt die Astrologin Liz Greene: »Gegenwärtig agieren alle schwarzen Schafe in unserer Familie, die Schizophrenen, die Appetitlosen und die Depressiven, unseren kollektiven Schmerz aus, während die übrigen in dem Konflikt glimpflich und ungeschoren davonkommen. Sehen wir uns den Aids-Kranken an, das mißhandelte Kind usw. und sagen Danke-Danke, daß sie uns die Gelegenheit geben, zu sehen, wo wir falsch liegen, was nicht im Gleichgewicht und was in Ordnung zu bringen ist.«

Oberflächlich betrachtet, scheint es das Vorrecht der Heiligen zu sein, für jeden Schatten, jede Einschränkung und negative Person dankbar zu sein. Dem ist nicht so. Dankbarkeit ist eine Wahlentscheidung, die zur Gewohnheit wird. In der Alchimie der Transformation ist sie eine wesentliche Zutat und steht mit Liebe in enger Verbindung. Der makrobiotische Meister George Oshawa spricht von sieben Ebenen des Glücks, und die höchste Ebene nimmt die Dankbarkeit ein.

Dankbarkeit erzeugt eine Verbrennungsenergie, die unsere Lebenszellen antreibt. Aus diesem Grunde lehren alle spirituellen Traditionen die Wichtigkeit der Dankbarkeit. Die Gottheit ist gewiß nicht auf Zusicherungen angewiesen. Vielmehr ist es so, daß wir, wenn wir dankbar sind, unseren Glauben an unser höchstes Wohl bestätigen und der lähmenden, zusammenschnürenden Angstenergie die Vollmacht verwehren.

Hermann Hesse hat 1918 seinem Tagebuch anvertraut, wie er im Traum zwei Stimmen gehört hat. Die erste Stimme, die er als die Stimme seiner Eltern und Lehrer wahrnahm, ermutigte ihn, das Leiden zu vermeiden. Die zweite Stimme schien weiter weg zu sein, sie war eher wie eine »elementare Ursache«, und erinnerte ihn, daß das Leiden nur wehtat, weil er sich davor fürchtete. »In deinem tiefsten Inneren weißt du sehr wohl, daß es nur einen einzigen Zauber, eine einzige Macht und eine einzige Rettung gibt ... und ihr kennt sie als Liebe. Nun gut, liebe dein Leiden. Widerstehe ihm nicht, entfliehe ihm nicht. Übergib dich dem Leiden. Es ist nur dein Widerwille, der wehtut, sonst nichts.«

Der kollektive Schatten

Wenn wir alle unsere Schatten zusammentragen, bevölkern wir das kollektive Unbewußte mit allerhand abgelehnten Buhmännern – Wut, Angst, Haß, rassische oder sexuelle Vorurteile. Ihre voll ausgelebte Wahrheit wirkt allerdings wie ein Strahl im kollektiven Schatten, vergleichbar einem

Leuchtturm, der uns den Weg durch die dunkle und stürmische Nacht weist. Doch wir müssen erst einmal das uralte Sprichwort befolgen: »Wer ein Lichtträger sein will, muß erst das Brennen erdulden.«

Die Umbrüche, die wir gegenwärtig auf Erden erleben, haben unsere Schattenseiten aufgewühlt. Es scheint, wir beschleunigen uns, um auf eine weitere Stufe in der Evolutionsspirale zu gelangen, und viele der alten Teile unseres Schattens können dort, wohin wir jetzt gehen, einfach nicht mitschwingen. Wir können nicht Einigkeit fordern und dabei Ausnahmen machen; wir können die Erde nicht schätzen und gleichzeitig erlauben, daß sie verseucht wird; wir können nicht von der Familie der Menschheit reden und Verstöße gegen die Menschenrechte in Kauf nehmen.

Viele Prophezeiungen sagen uns, daß wir einem goldenen Zeitalter entgegensehen. Und das trifft zu. Zunächst aber müssen wir die Läuterungsphase durchleben, die den Weg vorbereiten wird. In den neunziger Jahren und sogar bis in die zweite Dekade des einundzwanzigsten Jahrhunderts werden wir auf unserer kollektiven Reise die Überschneidung zweier wesentlicher Seinszustände erleben. Selbst wenn wir uns nach der Vision des Wassermannzeitalters ausstrecken, werden wir dennoch in die ungelösten und sterbenden Schatten der Fischezeit hinuntergezogen.

Die Astrologin Liz Greene sagte in einem Vortrag: »Es kann sein, daß das Wassermannzeitalter uns das Bewußtsein vermittelt, daß wir in der Tat Teil einer riesigen, lebendigen Wesenheit sind, sowohl biologisch als auch psychologisch. Das Bewußtsein wird jedoch darauf bestehen, daß alles sichtbar wird, was uns abhält, unsere Vision zu leben.«

Die eigene Vision zu leben und sich gleichzeitig in einem

sterbenden Zeitalter zu befinden, hinterläßt in uns zeitweise ein bedrohliches Gefühl. Deshalb müssen wir uns jetzt stets daran erinnern, daß wir diesen Übergang gemeinsam machen. Wir bewegen uns nur durch diese Zeit, wir sind sie nicht.

Vergeben und freisein

Alle spirituellen Wege werden nur von sehr wenigen Regeln untermauert. Vergebung ist eine davon. Sie ist kein Luxus, sie ist eine Notwendigkeit.

Wir wissen das. Warum fällt es uns trotzdem so schwer, all jene Vorurteile aufzugeben und all diesen Menschen zu vergeben? Was ist schon dabei, lieber Gott, ich vergebe diesen zehn Menschen, doch bei jenem hier habe ich noch etwas gut, wie du ja weißt! Willst du wirklich, daß ich mir selbst ganz und gar vergebe, daß ich die Gnade annehme und nicht meine, ich müßte sie mir erst verdienen, und daß ich einfach alles auf sich bewenden lasse und akzeptiere, was ist?

Ja, ja und nochmals ja!

Die Menschen, denen wir in unserem Leben noch nicht verziehen haben, leben so nahe mit uns wie unser nächster Atemzug. Und überdies teilen wir unsere Inkarnation mit ihnen und werden sie in zukünftige Verkörperungen mitnehmen. Ein Geistlehrer hat mir einmal gesagt: »Wen du nicht liebst, sagt nichts über die andere Person aus. Es verdeutlicht nur die Grenzen deines Verständnisses.«

Nachdem ich schon jahrelang Beratungen durchgeführt hatte, erkannte ich, wie dringend notwendig das Verzeihen ist und befahl meinem Unterbewußtsein, es möge mir jede Kleinigkeit, einfach gar alles, was ich zu vergeben hatte, klar enthüllen. Zu diesem Zeitpunkt hatte ich schon eine persönliche Therapie hinter mir und Erfahrung in allerlei spirituellen und psychologischen Wachstumsmethoden. So hielt ich meine Hausaufgaben bei den üblichen »großen Sachen« für erledigt.

Ich konnte kaum glauben, was in den nächsten paar Wochen alles »auf den Tisch« kam, nachdem ich um diese Hausputzforderung gebeten hatte. Eines Tages spülte ich Geschirr und erinnerte mich scheinbar ohne ersichtlichen Grund an meine Lehrerin in der dritten Klasse. Ich hatte mir als Kind vorgestellt, daß sie mich nicht leiden konnte, und schon wieder verspürte ich das alte Gefühl, genauso stark wie ich es als Achtjährige empfunden hatte. Einige Tage später erinnerte ich mich an eine Gruppe von Mädchen aus der sechsten Klasse und an einen Vorfall, bei dem ich mir sicher war, daß sie über mich geklatscht hatten. Mit der Erinnerung kehrte das unglückliche Gefühl zurück.

Wochenlang ging es so – zufällige, vollständig vergessene Ereignisse tauchten auf, die bedeutungslos schienen. Sie waren jedoch alle unerlöste Einzelstücke aus der Vergangenheit. Ich unterzog sie nacheinander einem Vergebungsprozeß. Heute erledige ich alles am selben Tag. Wenn ich nur kurz gereizt auf den Automechaniker reagiert habe, führe ich noch am selben Abend einen Vergebungsprozeß durch.

Das Gesetz der Anerziehung ist immer wirksam, und ein nicht verziehenes Erlebnis ist eine sichere Ausgangsbasis, noch mehr von derselben Art herbeizurufen. Es erfordert eine gewaltige Energiemenge, eine nicht verziehene Handlung zu unterdrücken. Es genügt nicht, aus einer Situation herauszutreten. Natürlich können Sie sich recht lange aus der Affäre ziehen, indem Sie ausweichen, rationalisieren und Nebelwände aufstellen. Die Person, der nicht vergeben wurde, kehrt aber immer wieder zurück. Sie trägt jedesmal einen anderen Namen oder ist eine andere Persönlichkeit, aber sie verlangt, daß Sie mit den ungelösten Problemen fertig werden.

Obwohl David schon um die Vierzig ist, ist er nicht bereit, die Abwesenheit seines Vaters zu vergeben. Bis zum heutigen Tag zieht er an jeder Arbeitsstelle erneut männliche Autoritätspersonen an, die nicht unterstützungswillig sind und mit denen er in Streit gerät. Sharon hatte ein ausgewogenes Geschlechtsleben – bis sie vergewaltigt wurde. Nach mehreren Therapien und nach vielen Einsichten ist sie immer noch verbittert über ihr Alptraumerlebnis und gibt ihrem Zorn stets neue Nahrung, indem sie in allen Männern eine potentielle Bedrohung sieht. Der Vietnamkrieg ist für Mark immer noch so lebendig wie am Tag seiner Heimreise mit dem Schiff, als er einen Arm zurücklassen mußte. Als in Washington das Vietnamdenkmal gebaut wurde, verspottete er es und sagte: »Ich werde niemals vergessen und niemals vergeben.« Er hat sich sein eigenes Gefängnis verordnet.

Menschen, die sich in quälenden Umständen befinden, scheinen ganz einfach Opfer zu sein. Wenn wir nur dieses eine Kapitel in ihrem Buch lesen, sind sie es tatsächlich. Wir kennen aber nicht die ganze Geschichte, wir können es nicht beurteilen. Wir wissen nicht, welchen Teil des kollektiven Wahnsinns sie für uns alle auf sich genommen haben. Wir können nur Mitgefühl haben und sie in den schwierigen Wegbiegungen unterstützen und alles daransetzen, daß sich unser aller Umgebung verändert.

Unterstützung ist aber nicht dasselbe wie Rettung. Die Rettermentalität urteilt. Sie besagt effektiv: »Ich weiß besser als deine Seele, was du brauchst.« Unterstützung bietet mitfühlende Hilfe. Sie ermutigt diejenigen, die die Übergänge erfahren, sich ihnen zu stellen, zu ihren Gefühlen zu stehen und mit ihrer Heilung Geduld zu haben, bis Vergebung möglich ist.

Alles Unverziehene wird im Körper, in den Gefühlen, im Verstand und sogar in der Seele gespeichert. Da es nicht vergeben wurde, verfestigt es sich und stellt genau in den Gängen Hindernisse auf, wo die Energie durchfließen muß. Hatte es ausreichend Zeit, sich zu verhärten, wird es in Krankheit enden. Ich kenne einen äußerst geschätzten Heiler, der seine Behandlungen mit der Frage beginnt: »Wem oder was haben Sie noch nicht verziehen?«

Im Laufe der Zeit werden wir ein Verständnis entwickeln für die Rolle, die Schmerz und Enttäuschung in unserem Leben gespielt haben. Inzwischen ist unsere Fähigkeit, Ketten durch Vergebung zu sprengen, nicht nur auf dieses Leben begrenzt. Im Reich des Bewußtseins ist alles gegenwärtig.

Wenn ein Angstgefühl aus einem anderen Leben stets noch heftig im Bewußtsein wirkt, könnte es genauso gut heute morgen entstanden sein. Im jetzigen Leben verhält es sich gleichermaßen. Man muß sich nicht an bestimmte Vorfälle oder Leute erinnern, die die Angst in Gang gesetzt haben. Die Umstände gruppieren sich einfach exakt um einen Kernmagneten. Entfernen Sie den Magneten – die Angst –, gibt es nichts mehr, woran sich die Erinnerungen heften können, und sie vergehen wie die Schatten der Nacht vor der aufgehenden Sonne.

Für den rationalen Verstand kann es schwierig sein, einen Zweck zu erkennen, besonders bei Geschehnissen wie Krieg und Hungersnot, an denen wir als Teil eines größeren menschlichen Dramas mitwirken. Das Ego nimmt aus einer begrenzten Perspektive wahr und teilt in Kategorien ein: diese Handlung kann vergeben werden, die andere nicht. Verschiedene Schuldgrade werden auf einer Skala festgelegt – ein Vergehen ersten Grades ist nicht so schlimm, eine Sünde der zehnten Kategorie ist unverzeihlich. Natürlich verändert sich die Skala. Die gestrige Sünde mag heute schon tolerierbar sein.

Sam ist ein Mann Mitte Dreißig, der zur Beratung kam, weil er ständig seinem eigenen Erfolg im Wege stand. Als Vater von mehreren Kindern arbeitete er sehr hart und nach seinen Worten suchte er nach »einem Leben, das zählt«.

Als ich mich auf ihn einstimmte, stellte sich die Vermutung ein, daß er entweder ein homosexuelles Erlebnis hatte oder tatsächlich gerne eines haben wollte, und daß dieses Thema als erstes angepackt werden mußte. Als ich es erwähnte, gab er nur sehr widerwillig zu, daß er ein derartiges Erlebnis gehabt hatte und fing an zu weinen. Er fühlte, er habe gesündigt und verdiene es nicht, glücklich zu sein.

Als ich um Führung betete, um ihm helfen zu können, bekam ich hintereinander verheerende Schreckenszenen zu sehen – Krieg, Folterungen, Flüchtlingslager, Krankheit und Hungertod. Doch überall, wo ich hinschaute, war auch Liebe im Spiel, in großen Wellen goldenen Lichts – Liebe, die den Krieg, die Krankheit und alles durchzog.

Und dann zeigten sich aufeinanderfolgende Szenen, wo das Leben seine Freude zum Ausdruck brachte – neues Leben wurde geboren, Freunde lachten, grüne Sommerfelder. Überall, wo ich Schönes erschaute, war das gleiche goldene Licht der Liebe vorhanden.

Anschließend sah ich Sam mit seinem Liebhaber dastehen,

und wieder war dasselbe goldene Licht um beide. Die Botschaft lautete: Es gibt keinen Ort, wo Liebe nicht anwesend ist.

Vergebung wird nicht wie Goldtaler verteilt, als Belohnung für den Gehorsam, der entsprechend der menschlichen Auffassung von Gottes Moralkodex geleistet wird. Bitten wir das Universum, uns zu vergeben, so wird die Antwort wahrscheinlich Stille sein – wir erhalten das gleiche goldene Licht der Liebe, das uns immer umgeben hat. Sobald wir aber uns selbst vergeben können, werden wir dieses Licht erkennen und es schließlich annehmen.

Wir alle erleben Schuld und Scham in bezug auf die Entscheidungen, die wir getroffen haben. Viele dieser Gefühle gründen sich auf die strafenden Stimmen anderer, die wir verinnerlicht haben. Wenn wir danebenliegen (eine gute, einfache Definition für *Sünde*), wird uns die leise, ruhige Stimme unserer eigenen Führung anleiten – sie richtet uns nicht, sie führt uns nur. Scham kann als Spiegel dienen, um das wahrzunehmen, was zu reinigen ist, und das bedeutet gewöhnlich, es muß verziehen werden.

Ein alter ägyptischer Poet sagte dies in Form eines Gedichtes mit der Überschrift »*Nuk Pe Nuk* (Ich bin, der ich bin)«: »... und die Hölle selbst ist nur ein Damm, den ich in meinem eigenen Fluß aufgestellt habe, solange ich mich in einem Alptraum befinde.«

Der erste Schritt der Vergebung ist, sich im klaren zu sein, was und wem verziehen werden muß. Das mag wohl dem Anschein nach eindeutig sein, doch manchmal gibt es sehr subtile Fälle. Zum Beispiel, Sie haben Ihre Trauer überwunden, sind jedoch mit dem Zorn, daß ein Elternteil Sie in der Kindheit verlassen hat, noch nicht fertig geworden. Das

Unterbewußtsein kann das Gefühl des Verlassenwerdens in Verbindung mit der Zornesenergie intakt halten. Einem Verstorbenen kann man genauso leicht wie einem Lebenden vergeben. Oder Sie hatten vielleicht einen »guten« Elternteil, und Ihr inneres Kind ist ihm immer noch böse, weil er es nicht vor dem »bösen« Elternteil beschützt hat.

Beim nächsten Schritt der Vergebung untersuchen Sie die Implikationen des ursprünglichen Schmerzes – klopfen Sie das Erlebnis bezüglich seines Wertes nach allen Seiten ab. Wie hat es sich in Ihrem Leben, Ihrer Gemütslage, Ihren Beziehungen und Ihrem Selbstbild ausgewirkt? Sollte der Knoten schwer zu lösen sein, lieben Sie sich selbst genügend, um sich einen professionellen Therapeuten oder Berater zur Unterstützung zu holen. Was Sie auch unternehmen, machen Sie sich das Leben nicht allzu schwer, indem Sie immer noch über geringfügige Begebenheiten grübeln. Der sanfte Umgang mit sich selbst ist ein Bestandteil der Heiltinktur Vergebung.

Schließlich muß die Entscheidung fallen, es gehen zu lassen. Gewahrsein ist ein erster Schritt, doch es ist nicht Vergebung. Ich habe viele Menschen kennengelernt, die ihre zahlreichen Gründe sehr klar ausdrücken konnten, weshalb sie dies oder das haßten, und trotzdem haßten sie es noch weiter. Zorn und Verletztheit treten während des analytischen Teils des Prozesses auf, und natürlich müssen Sie sich auch dazu bekennen. Beim nächsten Schritt lösen Sie sämtliche Schmerzenergien durch Vergebung vollständig auf.

Übung: Visualisierung der Treppe aus goldenem Licht

Wenn Sie Schwierigkeiten haben, Ihre Perspektive zu verändern, könnten Sie folgende Vorstellungsübung anwenden:

Stellen Sie sich eine wunderschöne Wiese vor und sehen Sie, wie Sie dort jemandem begegnen, dem Sie nur mit Mühe verzeihen können. Verleugnen Sie Ihre Gefühle nicht. Lassen Sie Ihre Gefühle genauso sein, wie sie sind. Während Sie die Person ansehen, können Sie alle unglücklichen Umstände Ihrer Beziehung Revue passieren lassen.

Drehen Sie sich jetzt um. Genau hinter Ihnen liegt eine goldene Treppe. Beginnen Sie nun langsam, die erste von sieben Stufen hinaufzusteigen. Ersteigen Sie entschieden und bewußt jede Stufe. Fühlen Sie, wie Sie von Wärme umgeben sind. Mit jeder weiteren Treppenstufe nimmt die Wärme zu.

Schauen Sie nun hoch. Ganz oben auf der Treppe sehen Sie ein strahlendes Wesen, dessen Hände sich Ihnen entgegenstrecken. Während Sie näher nach oben rücken, reicht Ihnen dieses Wesen die Hand und hilft Ihnen, das letzte Stück zu überwinden. Während Sie nun dastehen und sich an den Händen halten, schaut Ihnen das Wesen tief in die Augen und nimmt Sie anschließend in die Arme. Sie erkennen, daß dieses Wesen über alles, was sie je getan haben, Bescheid weiß und es völlig angenommen hat. Sie werden bedingungslos geliebt.

Erlauben Sie sich selbst, dies ganz und gar zu akzeptieren. Erkennen Sie, daß die Heilung stattfindet.

Während Sie sich aus der Umarmung lösen, sehen Sie, daß auch Sie im goldenen Licht glühen. Drehen Sie sich nun um und blicken Sie die Treppe hinunter, unter der die Person steht, der Sie nicht verziehen haben. Wie sieht die Person von hier oben aus? Können Sie die Menschlichkeit, die Verletzbarkeit dieser Person erkennen?

Sind Sie bereit, die Heilung, die Ihnen gerade zuteil wurde, weiterzugeben? Steigen Sie anschließend die Treppe hinunter, fassen Sie die Person bei den Händen, schauen Sie ihr in die Augen, und nehmen Sie alles wahr. Wählen Sie die Liebe mit den einfachen Worten: »Ich vergebe dir.«

Wird solch eine Übung aufrichtig durchgeführt, ist sie keine Phantasie. Sie verändern tatsächlich die Energie zwischen Ihnen und der anderen Person.

Mit jeder Begebenheit, mit jedem Menschen und mit jeder Enttäuschung setzen wir die Alchimie der bewußten Veränderung in Bewegung. Am Anfang entscheiden wir uns dafür, persönliche Ungerechtigkeiten aufzugeben. Indem wir unser spirituelles Handwerk praktizieren, versetzen wir uns im Laufe der Zeit in die Lage, die Schatten im Massenbewußtsein aufzulösen, bis auch wir eines Tages in totaler Klarheit sagen können: »Vergib ihnen, denn sie wissen nicht, was sie tun.«

In der Zwischenzeit überlassen Sie es dem Himmel. Das universelle Gesetz wird alle Dinge rechtzeitig in ein Gleichgewicht bringen.

Übung: Altar der Vergebung

1. Wählen Sie sich einen Ort und eine Zeit aus, wo sie allein und ungestört sein können.

2. Setzen Sie sich bequem hin, vorzugsweise mit aufgerichtetem Rückgrat, mit unverschränkten Armen und Beinen, damit ein ungehinderter Energiefluß entstehen kann. Entspannen Sie den Nacken und den Schulterbereich. Atmen Sie langsam und tief in Ihren Bauch, bis Sie sich ganz entspannt fühlen. Lassen Sie beim Ausatmen die Verspannungen ausströmen, mit dem Einatmen nehmen Sie goldenes Licht in sich auf.

3. Lenken Sie Ihre Aufmerksamkeit auf Ihr Herz, und fangen Sie an, durch Ihr Herz zu atmen. Atmen Sie Liebe ein ... und atmen Sie Liebe aus. Richten Sie anschließend die folgenden Atemzüge auf die jeweilige Körperstelle, die der Harmonisierung bedarf. Danach lenken Sie Ihre liebevollen Atemzüge auf Ihren Emotionalkörper, und Sie fühlen sich wie eine kühle, besänftigende Brise an. Wenden Sie sich als nächstes ihrem Verstandesselbst zu, das mit jedem neuen Atemzug vermehrte Klarheit spürt.

4. Umgeben Sie sich mit reinem Licht, und seien Sie überzeugt, daß alles, was danach geschieht, vom Universalen Christus gesegnet ist und ihrem höchsten Wohle dient.

5. Stellen Sie sich nun einen Altar aus Licht vor. Entwerfen Sie diesen Altar ganz nach Ihrem Geschmack mit dem Wissen, daß er aus der höchsten und reinsten Substanz des Universums beschaffen ist.

Ihr Unterbewußtsein weiß, daß ein Altar Opfer und Loslösung bedeutet. Ihr inneres Wissen erfaßt dieses Symbol unmittelbar.

6. Stellen Sie nun die von Ihnen ausgesuchte Person, der Sie vergeben wollen, auf den Altar des Lichtes. Visualisieren Sie, wie Licht in jede Zelle ihrer Gestalt dringt. Senden Sie Licht aus Ihrem Herzen um diesen Menschen, während Sie sagen: »Ich vergebe dir alle wirklichen oder eingebildeten, erinnerten oder unerwähnten Vergehen aus diesem Leben oder aus sämtlichen anderen Leben.«

Lassen Sie nun die ganze Szene in Licht aufgehen.

7. Danach legen Sie sich selbst auf den Altar des Lichtes, sehen Sie, wie Sie im Licht gebadet sind, das aus Ihrer Herzensmitte ausströmt. Sprechen Sie nun zu sich: »Ich vergebe mir für jede negative Energie, die ich gegen (Name der Person, der Sie soeben verziehen haben) gehegt habe, sei sie wirklich oder eingebildet, erinnert oder vergessen, dieses Leben oder sämtliche anderen Leben betreffend.«

Danach lösen Sie das Bild von sich vollständig in Licht auf.

8. Der letzte Schritt ist sehr wichtig, denn an dieser Stelle drücken Sie Ihre Dankbarkeit, die Energie der Verstärkung aus. Sagen Sie laut zu sich selbst: »Danke, Mutter–Vater–Gott.«

9. Damit ist die Übung beendet. Bringen Sie Ihre Aufmerksamkeit mit Bedacht wieder in den Wachzustand zurück.

Siebter Schritt: Die Hingabe

Seit mein Haus niedergebrannt ist, habe ich
eine bessere Sicht auf den aufgehenden Mond.
Masahide

Wenn wir aus dem Alten sterben, schaffen wir ein Vakuum für das Neue. Dem ausgefüllten Raum kann nichts mehr hinzugefügt werden. In der Leere liegt das Potential für alle Dinge.

Sobald man tief in die letzte Stufe der sieben Schritte zur bewußten Veränderung einsteigt, beginnt der Integrationsvorgang. Durch die Alchimie der Synthese wird das Neue eins mit unserem gesamten Wesen. Wir theoretisieren, erahnen, kämpfen oder überlegen nicht mehr. Wir wissen felsenfest, daß wir nun das Angestrebte geworden sind. Mit der Hingabe kommt die Erfüllung, und mit der Erfüllung kommt der Friede. Die alte Form scheint so fern wie ein anderes Leben zu sein. Das Gefühl der Losgelöstheit verbreitet sich immer mehr.

Die Hingabe ist der Übergang, der uns lehrt, dem Göttlichen in uns zu vertrauen und zu glauben, daß wir geführt werden. Der niedere Wille – mein Wille geschehe – übergibt sich dem höheren Willen – dein Wille geschehe. Der innere Gral ist bereit, den neuen Wein aufzunehmen, und der tiefere Zweck unseres Lebensweges offenbart sich uns. Wissen wird zu Weisheit, Einsicht führt zur Erleuchtung. Die Jahreszeit des geflügelten Schmetterlings ist angebrochen, der Phönix ist aufgestiegen.

Der Feind ist überwunden

Ich wühlte mich durch die abgelegten Meinungen
der anderen.
Die Phantome der gewonnenen und verlorenen Kämpfe
habe ich neu gemischt.
Wo ist alles hingegangen? Weißt du es?
Ein Strang glänzender Worte, ein weiteres Buch.
Eine immer wieder erzählte Pilgersage.
Das Versprechen eines anderen, der Weg eines anderen.
Sie alle sind wie die Seifenblasen eines Kindes, klar
und vielfarben – doch nach einem Augenblick
verschwunden.
»Ich gebe auf«, schrie ich in den blassen, stillen Himmel.
Hätte ich die Kraft meines entfesselten Schreies gekannt,
hätte ich ihn zu meinem Herzensmantra ernannt.
Ich gebe auf. Ich gebe auf. Ich gebe auf.

In jedem von uns existiert ein geheiligter Ort, wo sich zwei Welten berühren – die Welt des Geistes und die Welt der Materie –, wo das Innere und das Äußere als eins erkannt werden. An dieser Stelle ist der Feind überwunden.

Wer und was ist der Feind? Der Feind ist die Lüge, die behauptet, sie seien auch nur in geringster Weise weniger als der schöpferische Geist. Der Feind ist die Illusion, die tausend Gesichter trägt. Einige sind schreckenerregend, andere packend. Sie alle verführen uns, zu glauben, wir seien die Rolle, die wir spielen. Anstatt zu erkennen: »Ich *erlebe* Krankheit, Wohlstand oder Einschränkung«, glauben wir allen Ernstes: »Ich *bin* Krankheit, Wohlstand oder Einschränkung.« Der Feind kontrolliert ständig unsere Fahrkarte für das karmische Rad, und wir kaufen sie immer wieder.

Es ist jedoch unerheblich, wie fasziniert und identifiziert wir mit unseren Schöpfungen umgehen, wie gut wir unseren Part spielen oder wie viele Mythen wir spinnen, sie zu untermauern, schließlich sterben sie alle. Wir bleiben am Leben.

Die Hingabe führt uns immer näher zum Wechsel von *Ich mache* zu *Ich bin*. Wenn wir uns nach unechten Identitäten ausrichten, verbrauchen wir einen Großteil unserer Energien, diese Illusionen zu nähren. Sobald wir aber den inneren Wechsel auf *Ich bin* vollzogen haben, können wir mit größerer Vorstellungskraft, mit unerschöpflicher Energie und mit mehr Leichtigkeit »machen«. Sind wir einmal an der Stelle angelangt, wo unser göttliches Selbst und unser menschliches Selbst ineinander aufgehen, sind wir imstande, uns mit dem Geist gleichzusetzen, und wir fangen an, mit bewußter Aufmerksamkeit in der materiellen Welt zu schöpfen. Dann haben wir gelernt, in der Welt, doch nicht von der Welt zu sein.

Sobald wir einmal den Feind des illusionären Scheins hinter uns gelassen haben und um die wahre Identität unseres Geistes und Wesens wissen, wissen wir auch, daß wir weder männlich noch weiblich, weder reich noch arm sind. Ab hier ist es belanglos, was in der äußeren Welt geschieht, das innere Selbst bleibt davon unbehelligt. Mit jeder Hingabe erwerben wir mehr Anteile der unerschütterlichen Gelassenheit.

Hinter der Feindeslinie zu leben, heißt, wir haben die

Gnade angenommen. Von dort ist es nur noch ein kleiner Schritt, in allen Auftritten, die wir im Menschendrama spielen, zu einem Ausdruck der Gnade zu werden. Jedesmal, wenn sich eine falsche Identität ergibt, entsteht ein Vakuum, das mit Gnade aufgefüllt wird.

Wenn wir uns bewußt in harmonische Übereinstimmung bringen, wenn wir mit der Gnade eins werden, verwirklichen wir uns selbst, werden erleuchtet – nach den Worten Krishnas werden wir »aus dem unendlichen Meer von Tod und Wiedergeburt gerettet«. Wir fangen an, die bedingungslose Liebe auf Erden zu leben. Wir geben uns nicht mehr mit Trugbildern ab, wir atmen Liebe – und daher Licht – selbst in die stärksten Verdichtungen von Verwirrung und Haß. Wir sind frei, uns zu entscheiden, wo und wie wir die Energie einsetzen.

Da der Geist jede Energieebene und jede Schwingungsfrequenz durchdringt, steht es uns frei, uns die Schöpfungsgesetze nutzbar zu machen, die auf der Verstandesebene wirken, oder unsere Energie auf den emotionalen oder körperlichen Bereich zu richten. Solange wir von den kapriziösen Vorschriften des Feindes gegeißelt werden, schauen wir uns die verwundete Welt an und glauben, es sei nicht zu schaffen. Sobald wir uns aber aus den Illusionen gelöst haben, können wir die Welt mit den Augen des verkörperten Christus betrachten und sagen: »Die Bürde ist leicht.«

Sie fühlt sich nicht so leicht an, wenn wir noch in unseren Täuschungen gefangen sind. Auf diese Weise üben wir, allmählich unsere Begrenzungen aufzugeben. Jede Veränderung, der wir gestatten, ihren Kreislauf zu erfüllen, lehrt uns ein Stück mehr über das Loslassen. Jede überstandene Läuterung rüstet uns für die Preisgabe und bereitet das neue

Gefäß, unsere neu geschaffene Form vor, noch etwas mehr Gnade auffangen zu können.

Die Läuterung verlangt von uns, aus der Vergangenheit zu sterben. Hingabe ruft uns auf, in der Gegenwart zu leben. Im Verlauf der Läuterungsphase rücken wir bis an den Rand des Abgrunds. Und bei der Hingabe springen wir.

Man erzählt sich die Geschichte über einen berühmten Rabbi, der aufgrund seiner geistigen Weisheit sehr häufig aufgesucht wurde. Als ein junger Mann das Heim des Rabbis betrat, war er nach seiner beschwerlichen Reise recht befremdet, nur einen Raum voller Bücher vorzufinden. Die einzigen Möbelstücke waren ein Tisch und ein Stuhl.

»Wo sind deine Möbel?« fragte der Jüngling.

»Wo sind deine?« fragte der Rabbi zurück.

»Meine Möbel?« meinte der junge Mann. »Ich bin hier doch nur zu Gast.«

»Ich auch«, sagte der Rabbi.

Wir neigen dazu, von der Preisgabe – oder »der Hingabe« – zu sprechen, als ob wir uns zu guter Letzt einmal dafür entscheiden, es geschehen zu lassen. Tatsächlich geht es vielmehr um eine Wahl, sich immer wieder zu entscheiden. Unterwegs sagen wir gewöhnlich: »Es geschehe nach deinem Willen, o Gott«, aber flüsternd fügen wir hinzu: »Und auch ein bißchen nach meinem.« Wir trennen uns von einem Stück, stellen uns auf die neue Lage ein und basteln aus dem Übriggebliebenen eine neue Zusammensetzung. Danach leben wir gemäß unserer aktuellen Ausgangsposition, bis wir erneut bereit sind, ein weiteres Stück und später noch eines aufzugeben.

Die Hingabe gibt mehr als nur ein zwanghaftes Verhalten auf, sie gibt auch das Verlangen auf, das die Zwangshandlungen schürt. Die Weisheit des Buddha lehrt uns, daß es unsere Wünsche sind, die uns gefangenhalten. Ehe eine alte Form geläutert ist, drängt sie danach, sich zu erfüllen. Solange auch nur ein Stückchen von ihr übrig ist, wird sie unentwegt fordern: »Ich brauche, ich will.« Während wir lernen, nach und nach die Wünsche einzustellen, empfinden wir regelmäßig die Schmerzen des Reinigungsfeuers. Es ist wirklich ein Segen, daß wir der Läuterung nicht entkommen, solange wir das Verlangen an sich nicht aufgeben. Ansonsten würden sich die Wünsche in das Unterbewußtsein einnisten und fortwährend wie ein Teil des schöpferischen Magneten wirken, der Menschen und Situationen anzieht, ohne daß wir die geringste Ahnung haben, woher sie kommen.

Innerhalb ihrer Trugbilder verzichtet die Ego-Persönlichkeit zuallerletzt auf das Verlangen. Bis zum Schluß hält sie daran fest: »Wenn ich nur noch das bekomme oder jenes erreiche, werde ich glücklich sein.« Wir meinen, sobald wir einmal haben, was wir uns wünschen, sind wir sicher. Helen Keller sagte einst: »Sicherheit ist meistens ein Aberglaube. Der Gefahr aus dem Wege zu gehen, ist auf lange Sicht gesehen keinesfalls sicherer, als sie auf der Stelle zu erleben. Das Leben ist entweder ein waghalsiges Abenteuer oder nichts.«

Das Geheimnis verkörpern

Das Leben läßt sich nicht kontrollieren. Es ist ein Geheimnis, das uns einlädt, daran teilzunehmen, etwas zu riskieren, dem Schicksal zu vertrauen, die Jokerkarte, das Unbekannte zu akzeptieren. Anstelle das Geheimnis zu verstehen, lehrt uns die Hingabe vielmehr, »das Geheimnis zu verkörpern«, wie

Ray Bradbury es einmal ausdrückte. Können wir erst einmal das umfassendere Geheimnis des Lebens verstehen, sind wir imstande, bewußt darin zu schaffen.

Der leere Mutterleib beinhaltet sämtliche Möglichkeiten. Laotse hat einmal gesagt: »Das Nichts macht alles möglich.« Es ist ein Ort für maximale schöpferische Möglichkeiten. In jenem Augenblick des Nichts sind wir frei von Polarisierungen, die uns derart viele Entscheidungen auferlegen. »Ich bin Mutter, deshalb muß ich folgende zwölf Dinge tun«, oder »Ich bin Arzt, und man erwartet das von mir.« Von der Rolle entlastet, tanzen wir mit dem Geist.

Die Tagebücher der Mystiker aller Geistesrichtungen berichten von der Notwendigkeit, sich leerzumachen, um erneut gefüllt zu werden. Darin hallt das Echo dessen wider, was Bruder Lorenz, ein Mystiker aus dem siebzehnten Jahrhundert, gesagt hat: »Ich weiß, das Herz muß sich für seinen rechten Gebrauch von allem freimachen, da Gott das Herz ungeteilt besitzen will. Weil er es nicht allein erfüllen kann, solange es nicht von allem anderen befreit ist, kann er nicht nach seinem Plan darin wirken, außer wenn es ihm frei zur Verfügung steht.«

Während meiner eigenen Entwicklungsreise ist mir aufgefallen, daß bei jeder meiner wesentlichen Veränderungen von mir verlangt wurde, vorgefaßte Meinungen über mich und die Welt aufzugeben. Bereits in der Anfangszeit meiner Tätigkeit mußte ich meine Angst vor der Öffentlichkeit preisgeben. Ich lernte sie aufzugeben, indem ich bekannter wurde. Als ich um meine finanzielle Sicherheit bangte, sah ich mich gezwungen, immer mehr Risiken einzugehen, bis ich schließlich dem Universum vertraute und mein Geld buchstäblich so verdiente, wie es mein Mund sagte. Regelmäßig mußte ich meinem beschränkten Wissen über die Arbeitsweise des Universums gegenübergestellt werden, um überhaupt lernwillig zu sein. Je bereitwilliger ich mich einsetzte, desto mehr Trugbilder kamen an die Oberfläche, die gesehen und aufgegeben werden wollten.

Mir wäre es lieber, zu berichten, daß ich auf all jene Bindungen, besonders auf die angsterfüllten, mit anmutiger Leichtigkeit oder in einem ekstatischen Augenblick verzichtete. Dem war aber nicht so. Ich stellte fest, daß der ego-bestimmte Wille gegen jeden Schritt auf dem Weg ankämpft, um den Status quo zu sichern. Als ich mit starken Schmerzen und einer Reihe von nicht diagnostizierbaren Symptomen, die die Ärzte vor ein Rätsel stellten, ins Krankenhaus eingeliefert wurde, ereignete sich eine der wesentlichsten Preisgaben, die ich je erlebt habe. Zahlreiche Untersuchungen, wie Bluttests, Knochenskandierungen, Röntgenstrahlen und Rückgratuntersuchungen, verliefen alle ohne Befund. Doch die Schmerzen und die Symptome blieben unverändert. Mein Hausarzt beschloß, von einem Computertomographie-Test (magnetische Entsprechungsbilder) abzusehen, weil ich in der Vergangenheit unter Platzangst gelitten habe. Der Kernspintomograph hat Ähnlichkeit mit einem großen Sarg. Er ist eine Röhre von ungefähr 1,90 Meter Länge und bietet gerade genug Platz für eine Person. Als die Symptome dennoch anhielten, entschied mein Arzt sich dafür, einen Spezialisten hinzuzuziehen. Dieser bestand auf der Durchführung der Kernspinuntersuchung.

Am Untersuchungstag, Freitagmorgen, war ich meiner Meinung nach so gut wie möglich gewappnet. Und überdies hatte mir der Arzt ein stark wirkendes Beruhigungsmittel verordnet, das mir bei der Bewältigung meiner Angstzustände helfen sollte (das übrigens keinerlei Wirkung zeigte). Obwohl ich von den Ärzten, den Radiologen, den Schwestern und meinen Freunden wunderbar unterstützt wurde, begann mein Herz wild zu rasen und mein Körper zitterte. Als ich vor dem Gerät stand, konnte ich mich einfach nicht dazu überwinden, hineinzugehen. Mit meinem Willen wollte ich es durchsetzen, aber mein Körper vermochte es einfach nicht. Niemals zuvor in meinem Leben hatte ich die Grenzen meines persönlichen Willens erfahren. Es war mir einfach unmöglich, mich dazu zu bewegen. Willentlich konnte ich mich von der Angst nicht befreien, die nicht logisch nachvollziehbar war, und von der ich allerdings gänzlich erfaßt wurde.

Als ich nach diesem Fehlschlag in mein Zimmer zurückkehrte, rief mich der behandelnde Arzt an. Er war sehr bemüht um mich und versicherte mir, Klaustrophobie sei nicht in den Griff zu bekommen. Es half nichts, er war trotzdem auf das Untersuchungsergebnis angewiesen, das nur über den Computertomographie-Test zu bekommen war. Infolgedessen sollte ich es am folgenden Montag erneut versuchen.

An jenem Abend war ich völlig niedergeschlagen. Ich wußte, daß ich kein Mittel zur Hand hatte, das helfen konnte. Als ich wieder allein war, wandte ich mich an Gott und gab alles auf. Wenn Gott wollte, daß ich mich der Untersuchung unterzog, würde Gott es für mich tun. Mit meinem Willen vermochte ich es nicht. Als ich mich schließlich in tiefer Meditation entspannte, wurde mir von geistiger Seite mitgeteilt, daß meine frühere Schlußfolgerung zutraf, daß nämlich meine eigene Zangengeburt meinen Zellen die Angst vor geschlossenen Räumen aufgeprägt hatte. Mit dem Verstand war meiner Platzangst nicht beizukommen, sie war in das Erinnerungsvermögen der Zellen eingebunden. Mir wurde mitgeteilt, daß sie ursprünglich aus einem Leben rührte, wo man mich lebendig begraben hatte. Und in meinem jetzigen Leben wurde sie durch die Zangengeburt wieder aktiviert. Ich erhielt die Weisung, das ganze Wochenende lang den Computertomographen zu segnen und aus allen meinen feinstofflichen Körpern Energie zu sammeln, die einen Fötus bildete, den ich in mein Herz einschließen sollte. Dadurch sei es mir möglich, tatsächlich »das Herz der Lotusblüte« zu betreten, sobald ich mich in das Gerät hineinbegeben würde. Dort würde ich dem Christus begegnen.

Und es geschah folgendermaßen. Am Freitag hatte ich mich durch Willenskraft um keinen Preis zwingen können, in das Kernspingerät einzusteigen. Am Montag verbrachte ich eineinhalb glückselige Stunden darin und ruhte währenddessen in Christus. Das Krankenhauspersonal war verblüfft. Klaustrophobie kann man nicht einfach innerhalb eines Wochenendes kurieren. »Ich« habe es ja auch nicht gemacht. Ich habe nur meinen persönlichen Willen einem höheren Willen übereignet. Der Computertomograph wurde für mich zur Einweihungszelle, und das Erlebnis veränderte mein Innenleben.

Natürlich fiel das Untersuchungsergebnis vollkommen normal aus. In dieser Erfahrung ging es nie wirklich darum, eine Gesundheitsstörung zu finden. Das Universum setzte das vorhandene Material entsprechend ein, mich in eine tiefer empfundene Hingabe zu führen. Wenn ich jetzt zurückschaue, wie viele Begebenheiten diesem Augenblick vorausgingen, weiß ich, daß ich mich sorgsam darauf vorbereitete, mich geschlagen zu geben. Wäre ich nicht durch wochenlange Schmerzen und die Angst vor dem Unbekannten derart erschöpft gewesen, wäre es mir vielleicht nicht möglich gewesen, meinen Willen aufzugeben. Hätte ich mich in meinem eigenen Willen stark gefühlt, hätte ich mich wahrscheinlich geweigert, die Untersuchung an mir durchführen zu lassen und hätte damit eine entscheidende Gelegenheit zur Hingabe aufgeschoben.

Als ich nach dem Krankenhausaufenthalt zu Hause ankam, fand ich eine Karte vor, auf deren Vorderseite ein Schweizer Freund eine Lotusblüte aufgemalt hatte. Innen schrieb er mir: »Als ich über dich meditierte, sah ich, daß, sobald du diesen mächtigen Umwandlungsprozeß vollzogen hast, aus dem ›Herzen des Lotus Blumen wachsen‹.« Er hatte die Karte eine Woche vor dem Zeitpunkt der Untersuchung abgeschickt. Es war, als ob Gott gleichzeitig den springenden Punkt mit Rot unterstrichen hatte, falls mein menschliches Denken den Versuch wagen sollte, das Geschehene zu verleugnen.

In der Hingabe entdecken wir die Macht von *Ich weiß nicht* oder sogar von *Ich kann nicht*. Erst an dieser Stelle sind wir lernwillig. Ich vermute, daß wir uns an starre, unverrückbare Vorstellungen über das Wesen der Wirklichkeit klammern, da sie aufzugeben bedeuten würde, unsere Schutzbezüge abzustreifen und mit nackten Augen in die unendliche Weite der Möglichkeiten zu blicken.

Die Hingabe stellt uns frei, zu akzeptieren, daß wir möglicherweise keine Ahnung haben, was das Universum mit uns vorhat. Ich erinnere mich, wie ich an einer Frau mit einem Gehörschaden, die mehrere Staaten entfernt wohnte, eine Fernberatung durchführte. Als ich spürte, wie die Arbeit über mich vollzogen wurde, hörte ich inwendig: »Einundzwanzig

Tage.« Später berichtete mir die Klientin, daß sie nach der Heilbehandlung einige Tage lang sehr viel Wärme und Prikkeln in ihren Ohren empfunden habe, daß sie aber nicht einwandfrei hören konnte. Allerdings erhielt sie nach Ablauf von einundzwanzig Tagen einen Anruf von jemandem, der an ihrer Arbeit interessiert war und sie treffen wollte. Es stellte sich heraus, daß dieser »Jemand« ein Hals-Nasen-Ohren-Chirurg war. Der langen Rede kurzer Sinn, der Spezialist erledigte das, was zur vollständigen Heilung auf materieller Ebene noch zu tun blieb. Die Geistheilung hatte die Hindernisse beseitigt und den Boden vorbereitet. Es gab aber noch mehr zu tun. Der Chirurg und die Klientin freundeten sich an und planten die Durchführung mehrerer gemeinsamer Projekte. Wie hätte einer von uns wissen können, daß die Dinge sich in dieser Weise entwickeln würden? Wenn wir uns hingeben, erledigen wir schlicht die nächstliegende Aufgabe und verzichten auf die Vorliebe der Ego-Persönlichkeit, den Ausgang der Geschichte nach ihrer Erwartung zu manipulieren.

Sich dem natürlichen Wissen öffnen

Wenn wir unsere Schlußfolgerungen, wie die Dinge laufen sollten und was erfolgreich wäre und was nicht, beiseite lassen können, machen wir uns das Geschenk des »Anfängergeistes« der Zen-Buddhisten, da wir uns gestatten, das Leben auf frische, neue Weise aufzunehmen. Mit unvoreingenommenen Augen können wir die Welt sehen. Emmet Fox nennt dies das »staunende Kind«, C. G. Jung spricht vom »göttlichen Kind«. Vielleicht sprach der verkörperte Christus vom gleichen Prinzip, als er uns anhielt: »Ihr müßt werden wie die Kinder«, um in den Bewußtseinszustand einzutreten, den man als Himmel bezeichnet.

Vielleicht bringt uns das auf das natürliche Wissen, von dem der Biologe Lyall Watson spricht. Wir wissen – wir vergessen nur, daß wir wissen. Die Hingabe bringt uns der Erinnerung näher.

Natürliches Wissen ist intuitives Wissen. Hierbei geht es nicht darum, mit Hilfe der vorhandenen Informationen alles auszutüfteln und die bekannten Tatsachen in vorgefaßte Verpackungen umzuschichten. Denn genau das führt immer nur im Kreis herum. Der natürlich Wissende versteht, indem er das Wissen aus seiner totalen Ganzheit bezieht, die mit allem anderen Seienden Austausch hat. Wie erfassen wir sonst intuitiv die Existenz Gottes?

Intuition ist eine höhere verstandesorientierte Ausdrucksform als das sogenannte Denken. Sie umfaßt die Funktionen der linken und rechten Gehirnhälfte. Sie beinhaltet ebenso die Weisheit des Herzens wie die Logik. Sie umschließt sowohl das »maskuline« spezifische als auch das »feminine« verbindende Wissen. Sie erkundigt sich einerseits nach dem Kern einer Sache und andererseits fragt sie, wie ihre Beziehung zum Ganzen aussieht. Das natürliche Wissen muß nicht zwischen beidem wählen. Der analytische Verstand folgert: »Hier ist ein Zimmer, dort ist die Decke, der Fußboden, der Schreibtisch und die Lampe.« Das intuitive Verstehen meint: »Ich sehe das. In welcher Beziehung stehen sie zueinander, und was bedeutet es?«

Meine geistigen Führer haben mir einst mitgeteilt, daß eine entwickelte Intuition das Merkmal einer integrierten Intelligenz sei, in der alle Aspekte des Verstandes, das Reptilgehirn, das Säugetiergehirn und das Menschengehirn mit der imaginativen rechten und analytischen linken Gehirnhälfte, der Welt auf einer Verstandesebene begegnen, die nur für einen Verstandesanteil unerreichbar ist. Intuition ist ein höherer Ausdruck übersinnlichen Wissens, da sie sich nicht vom Gesamtselbst trennen muß, um zu verstehen. Beim natürlichen Wissen ist es nicht nötig, Hirnspalterei zu betreiben, um sich zu entscheiden, welche Denkweise richtig ist.

Das intuitive Verstehen verändert unsere Wahrnehmung. Mit seiner Hilfe fällt es uns leichter, das »Ich« hinter allem zu erkennen, was uns begegnet. Beim Erleben der bewußten Veränderung fangen wir an zu begreifen, daß es unerheblich ist, welch schwierige Proben uns auch immer gestellt worden sind. Denn hinter allem steht irgendwo das beobachtende Selbst, das die Situation nicht nur erschaffen hat, sondern sie auch erlebt, und das nach der bewältigten Herausforderung weiterbesteht. Nachdem eine Freundin eine schier unerträgliche Passage überstanden hatte, eröffnete sie mir: »Ich habe hauptsächlich gelernt, daß ich noch immer hier bin. Ich bin immer noch ich.«

Das natürliche Wissen ist ein organisches Erkennen der Richtigkeit. Wenn die Hingabe in unserem Veränderungszyklus einen Platz eingenommen hat, wissen wir es. Ohne irgendeine bewußte Anstrengung verlagern sich die Komponenten unserer Psyche, und wir fühlen uns plötzlich anders, sehen mit neuen Augen und verstehen mühelos.

Es kann sein, daß wir auf ein Ereignis zurückschauen, das vor unserer Hingabe lag, und das uns dann fast vorkommt, als ob es in einem anderen Leben geschehen ist. »Habe ich wirklich so gedacht?« fragen wir uns. »Wie konnte ich bloß nicht wissen, was ich jetzt weiß?« Denken wir an einen vergangenen Schmerz, geht es uns, als ob wir einen Nachruf lesen. Die gefühlsgeladene Energie, die den Schmerz wiederaufleben und fortbestehen läßt, ist nicht mehr vorhanden. Wir wissen, daß es geschehen ist, hoffentlich schätzen wir den Part, den es in unserem Leben gespielt hat, doch jetzt fühlen wir uns davon in zunehmendem Maße losgelöst.

Eine mir bekannte Frau sah sich vor eine entscheidende Lebensveränderung gestellt, als ihr Ehemann sie wegen einer anderen Frau verließ. Mehrere Jahre lang hat sie diesen Umstand wirklich zu ihrem persönlichen Wachstum eingesetzt und arbeitete sich durch verschiedene Wachstumszyklen, die mit viel Wut und Kummer beladen waren. Sie erkannte, daß sie sich allen Ernstes ihrem eigenen Prozeß preisgegeben hatte, als sie eines Abends ihre Eltern ins Theater ausführte und ganz unerwartet »der anderen Frau« begegnete. Ohne überhaupt nachdenken zu müssen, merkte sie, daß sie als einzige Emotion aufrichtiges Mitgefühl für das Unbehagen dieser Frau empfand, für die sie noch vor einigen Monaten nichts als blanken Haß verspüren konnte. Das Mitgefühl stellte sich spontan und mühelos ein.

Solange wir noch die Zähne zusammenbeißen müssen, um uns zu irgendeinem Verhalten zu bewegen, können wir davon ausgehen, daß die alte Energie noch immer in uns aktiv ist. Während der Läuterung ist es für die meisten nötig, dem Kern des Problems vorsichtig auf den Leib zu rücken und uns auf bestimmte Weise zu engagieren, wohingegen es sich im Verlauf der Hingabephase zu einer instinktiven und natürlichen Reaktion entwickelt.

Das plötzliche »Wissen« in der Hingabe hat Ähnlichkeit mit der Erwachensphase. Der Unterschied ist, das, was wir während des Erwachens sehen können, werden wir im Hingabezyklus.

Das Wissen folgt keinem methodischen, linearen Prozeß. Solange wir mit der neuen Idee liebäugeln und uns ihr scheinbar entziehen, kreisen wir um unsere Ambivalenz. Dann erkennen Sie blitzartig, wie bei einem Kinderpuzzle, das verborgene Bild – eine Minute lang gelingt es Ihnen nicht, die Hasen und Füchse zu sehen, in der nächsten ist es unvermeidlich, sie zu erkennen. Ehe Sie lesen gelernt haben, bestand das Alphabet aus durcheinandergewürfelten Teilstücken. Nachdem Sie es beherrscht haben, war es unmöglich, sie nicht zu lesen.

Mystische Traditionen in der ganzen Welt bergen eine Fülle von Geschichten über Menschen, deren Leben sich durch eine plötzliche Eingebung oder Einsicht verändert hat. Ehe uns eine solche Eingebung zuteil wird, neigen wir dazu, stückweise zu Erkenntnissen zu gelangen. Manchmal hat es den Anschein, als ob wir Note für Note Musik hören. Während eines Wahrnehmungssprungs hören Sie das ganze Musikstück auf einmal.

Ich erinnere mich an einen Traum, in dem ich plötzlich von einem großen rosa Fisch verschlungen wurde. Wochenlang lebte ich wie ekstatisch und fühlte mich so beschwingt wie eine Verliebte. Obwohl ich mir über den Symbolgehalt im klaren war – der Fisch ist ein uraltes Sinnbild des Christentums und Rosa ist die Farbe der allumfassenden Liebe – entstand mein Hochgefühl nicht durch die intellektuelle Erkenntnis. In jenem Augenblick erlebte ich meine totale Hingabe an die reine Liebe, und diese Liebe hat mein ganzes Sein auf einmal in sich aufgenommen.

Meine Erfahrung hat mich gelehrt, daß wir, wenn wir bereit sind, unsere Wahrnehmung sogar bei den gewöhnlichsten Dingen zu verwandeln, uns den Antrieb geben, der den

»Klick« auslöst, was zu einer größeren Erkenntniskette führt. Während einer Zeit, in der ich meinen eigenen Materialismus peinlich genau untersucht habe, besuchte ich das Guggenheim-Museum in New York. Ein älterer Herr und ich bewunderten dasselbe Gemälde. In meinem Enthusiasmus sagte ich zu ihm: »Wären Sie nicht gerne Besitzer dieses Bildes?« Er lächelte, zeigte auf seinen Kopf und sagte: »Es gehört mir doch bereits, gnädige Frau.« Plötzlich ging mir etwas auf – nicht nur über das Gemälde, sondern auch über den »Besitz« aller schönen Dinge: Haben wir sie einmal im Geiste aufgenommen, besteht keine Notwendigkeit, sie auf der materiellen Ebene festzuhalten. Seine einfache Bemerkung war ein Geschenk an mich, das ich nie vergessen werde.

Eine neue Wahrnehmung bleibt uns erhalten – sie ist ein wesentlicher Paradigmenwechsel. In der englischen Sprache gibt es keinen passenden Begriff, der diesen Sprung sehr gut beschreibt. Unsere Sprache scheint zu linear aufgebaut zu sein und ist nicht imstande, die Ganzheitlichkeit von Ursache und Wirkung in einem Wort aufzufangen. Einige andere Sprachen kommen der Sache näher. Die Hopi-Indianer sagen zum Beispiel *reh-pi,* was sowohl »Licht« als auch »Blitz« bedeutet. Wir sagen: »Das Licht blitzte auf.« *Reh-pi* entspricht mehr dem Erlebnis, das wir während eines Quantensprunges unserer Wahrnehmung haben.

Wir wissen nie, ob jemand in unserer Nähe kurz vor einer blitzartigen Eingebung steht. Das ist ein wichtiger Grund, weshalb wir unsere spirituellen Erlebnisse einander mitteilen sollten. Irgendwann könnte ein anderer einen Sprung machen, weil Sie eine Wahrheit aussprechen und leben, die zu fassen er reifgeworden ist.

Die Kontrolle aufgeben, nicht das Können

Hingabe verlangt, die Kontrolle aufzugeben, was aber nicht heißt, wir sollen uns passiv unverantwortlich verhalten. Unser Können geben wir nicht auf. Wir verzichten jedoch darauf, es zu Manipulationszwecken in der Welt einzusetzen. Unser Können will gewissenhaft verwaltet werden, es soll nicht für unsere Inkarnation verantwortlich sein.

Der geschickte Segler oder Windsurfer weiß, daß die Beherrschung des Meeres nicht erlernt werden kann. Man lernt die Grundlagen des Segelsports und integriert dieses Wissen dann so gut, daß man seinen Reaktionen vertrauen kann, sobald man sich dem Wind und den Wellen aussetzt. Ein guter Segelausflug ist die fein abgestimmte Mischung von Kontrolle und Zulassen.

Keiner kann uns eindeutig sagen, wie es sich anfühlt, gleichzeitig die Kontrolle zu haben und sich fallenzulassen. Wenn wir Fallschirmspringen lernen, ist es genauso. Wir können alles Mögliche über die Ausrüstung, die Sicherheitsmaßnahmen und die Technik lernen. Solange wir die anderen aber nur beobachten und die Gebrauchsanweisungen lesen, werden wir nie zum Springer, selbst wenn wir theoretisch ein Experte im Fallschirmspringen sind. Irgendwann müssen wir aus dem Flugzeug springen, wobei wir sowohl unserer eigenen Fertigkeit als auch dem Wind vertrauen, über den wir keine Kontrolle haben. Es klingt etwas ironisch, aber um an den Punkt der Kapitulation gelangen zu können, müssen wir erst die Kontrolle über unser Leben von anderen Menschen zurückholen. Solange wir noch von den inneren Stimmen und den Vorschriften anderer dirigiert werden, sind wir nicht mit unserem eigenen Willen in Berührung; wir bestimmen nicht über uns selbst. Wir agieren nicht, sondern wir reagieren.

Kaum haben wir uns allerdings in die schöpferische Kraft unseres eigenen Willens vorbewegt, sehen wir auch schon die Notwendigkeit, diesen Willen einer noch höheren Weisung zu unterstellen, uns dem einen Willen zu überantworten. Auf dieser Ebene erkennen wir unseren Platz im höheren Plan.

Die meisten geben ihre Kontrolle nur zentimeterweise auf. »Ich stelle dir meine Begabung zur Verfügung, lieber Gott, aber in meinen Beziehungen behalte ich das Sagen.« »Ich vertraue dir bis hierher, aber ich kümmere mich lieber selbst um die anderen Dinge.« Es klingt albern, doch wir erklären damit sowohl unsere individuelle Macht als auch unsere tiefsitzende Überzeugung der Getrenntheit.

Sich zu überantworten, heißt nicht aufzugeben. Aufzugeben bedeutet üblicherweise, daß trotz des immer noch lebendigen Wunsches kein Ansatz gefunden werden kann, mit der alten Form zu arbeiten. Sich zu überlassen heißt, daß sogar das Verlangen für die Form vergangen ist. Manchmal ist es verzwickt, den Unterschied zu erkennen.

Amys Übergangsritus drehte sich um ihren intensiven Wunsch, zu schreiben. Sie war ein aufgewecktes Kind und lebte in einer gebildeten Familie, in der wissenschaftliches Denken mitunter den höchsten Rang einnahm. In ihrer Jugend entfaltete sie den Wunsch, zu schreiben, aber nebenbei hatte sie eine geheimgehaltene *Form* entwickelt, die sich etwa so anhörte: »Als Schriftstellerin möchte ich auch beweisen, daß ich ein wertvoller Mensch bin.«

Sie wuchs heran und war in vielen Gebieten sehr bewandert. Sie lehrte, war als Laienpriesterin tätig und schrieb obendrein. Ihre geheime Überzeugung wurde nie offenbar, bis sie Gott sagte, sie wolle völlig bewußt werden. An dieser Stelle stieß sie auf die *Herausforderung*. Obwohl sie versuchte, ihre Welt so zu beeinflussen, daß ihr Zeit zum Schreiben blieb, ließen ihr die Anforderungen ihres Lebens wenig Zeit und Energie dafür. Ihr reifendes geistiges Selbst wußte, daß ihre Arbeit wertvoll war, sie aber war mit sich nicht zufrieden. Trotz ihrer Erfolge unterlag sie ihrer althergebrachten Überzeugung, daß alles außer Vollzeitschriftstellerei nicht gut genug sei. Sie befand sich gründlich im *Widerstand* – in einem ambivalenten Kampf zwischen ihrem zunehmenden Bekanntheitsgrad und ihrer seit langem vertretenen innerlichen Annahme.

Ihr *Erwachen* kam, als sie erkannte, daß sie nicht mehr zu Gott sagen konnte: »Dein Wille geschehe – solange er mir die Möglichkeit zu schreiben gibt.« Als es ihr dämmerte, daß sie diejenige war, die die Form für ihre Jüngerschaft aufstellte, ging sie das *Engagement* für »Dein Wille geschehe« ein und stand auch dazu. Bald schon fing sie an, ihre Schüler und ihre Möglichkeiten in neuem Licht zu sehen.

Die für sie geeigneten Bedingungen eröffneten sich allerdings noch immer nicht. Es dauerte noch eine ganze Zeit, bis sie herausfand, daß sie *geläutert* wurde, da sie insgeheim noch dem alten Glauben anhing. Sie kam zur *Hingabe,* als sie die Tatsache bereitwillig akzeptierte, daß ihre Aufgabe innerhalb des Planes nicht die Schriftstellerei sein müßte und daß sie, ob sie nun schreibt oder nicht, dennoch ein wertvoller Mensch ist. Sie willigte ein, ihre Vorstellungen fallenzulassen und auf die Weise zu dienen, wie es ihre innere Führung und die äußeren Umstände vorschrieben. Es war keine verzweifelte Kapitulation, sondern eine aufrichtige Hingabe, ein Sichüberantworten in Liebe und Bereitschaft.

Innerhalb von wenigen Wochen erwarb ein Verleger die Rechte für ein Buch, das sie früher geschrieben hatte, und die Geschäftsleitung der Universität, an der sie unterrichtete, bot ihr an, ihren Stundenplan entsprechend umzustellen, damit ihr für die Schriftstellerei Zeit bliebe. Sie wurde nicht mit einem Verleger und kooperativen Kollegen »belohnt« – sie stand sich einfach selbst nicht mehr im Wege. Solange sie noch das ungereinigte »Überbleibsel« in ihrem Unterbewußtsein behielt, blieb das Universum unbeweglich. Es hatte die Wirkung eines Stöpsels, der ein altes Denkmuster an Ort und Stelle festhält. Es ging bei der ganzen Angelegenheit überhaupt nicht um das Schreiben per se. Es ging um das persönliche Selbstverständnis und den Selbstwert. Die Schriftstellerei diente lediglich als Symbol. Nachdem sie ihre mentale Verknüpfung von Schreiben und Selbstwertgefühl beseitigt hatte, arrangierte sich ihr Leben von selbst und schuf Raum für das Schreiben, das nicht das eigentliche Problem war.

Inbrünstig glauben

Es gibt auf Erden verschiedene Wege, unsere Aufgaben zu erfüllen. Wir können einfach sagen: »Ich mache es ganz alleine.« Das entspricht der Ausübung des persönlichen Willens, und daran ist nichts auszusetzen. Doch es ist auch eine Einschränkung, weil es uns nicht gestattet, aus unserem gegenwärtigen Verständnis herauszuwachsen.

Der zweite Weg, wie wir etwas vollbringen können, ist das achtsame Hinhören auf unsere innere Führung. Wir sagen: »Okay Gott, ich habe es kapiert. Ab hier und jetzt gehe ich entsprechend vor. Kümmere du dich weiter um die

Geschäfte des Universums.« Obwohl wir uns bereits in größerer Übereinstimmung mit unserer tiefempfundenen Intuition bewegen, begreifen wir uns *immer noch* als getrennt von Gott.

Es gibt noch einen dritten und besseren Ansatz: wir erlauben dem Universum, jeden Augenblick durch uns zu wirken. Diese Lebensweise ist gänzlich anders. Wir hören nicht auf, Entscheidungen zu treffen und aktiv zu wirken. Wir handeln lediglich aus einer unterschiedlichen Perspektive.

Wir hören auf, zu warten, daß wir unser Leben leben. Aufmerksamkeit und Leidenschaft gesellen sich dem Jetzt zu, indem wir uns selbst sagen: »Der Mensch, der soeben vor mir steht, ist derjenige, dem ich dienen, den ich lieben soll. Diese Begegnung ist meine göttliche Verabredung. Es gibt keine größere Gelegenheit als die, die sich mir gerade jetzt bietet.«

Wir lernen, inbrünstig zu glauben. Wenn sich Projekte verzögern, erfüllen wir lediglich unsere Aufgaben und erkennen an, daß unbekannte Kräfte am Werk sind und bauen darauf, daß alles nach vollkommenem Zeitplan abläuft.

Glauben ist ein Engagement, das sich jeden Augenblick neu verpflichtet. Zum Zeitpunkt der Hingabe sind wir mit der Totalität des Lebens, nicht nur mit einem Teilbereich verbunden. Jeder Hingabeakt, egal wie gering er auch sein mag, ist ein bedeutsamer Schritt, zu lernen, wie wir dem Universum erlauben können, durch uns zu wirken. Anfangs scheint es fast unmöglich zu sein. Unser Ego-Wille hat viel Energie in unsere Überzeugung investiert, daß wir, um überleben zu können, andere Menschen und Ereignisse beherrschen müssen. Jene Kontrolle aufzugeben, schafft nicht nur eine große Erleichterung, sondern jedesmal, wenn wir sie beiseite lassen, eilt das Universum herbei, um uns mannigfaltig auf Wegen zu unterstützen, die weitaus großartiger sind als alles, was wir jemals im Sein beeinflußt haben könnten. Der eigentliche Akt der Hingabe setzt machtvolle Kräfte in uns frei.

Der taoistische Weise Tschuang-tse hat es folgendermaßen ausgedrückt: »Die Nichtaktion bedeutet nicht, nichts zu tun und still zu sein. Allem sei gestattet, das zu tun, was es naturgemäß tut, auf daß sein Wesen zufriedengestellt wird.«

Wenn wir uns dem Wesentlichen überlassen, das mit dem gesamten Universum verbunden ist, schwingen wir mit dem Ganzen und ziehen alles an, was wir benötigen.

Lebensfreude

Wenn wir uns dem höheren Willen anvertrauen, ist eine der schönsten Entdeckungen, daß Gott uns einlädt, unsere Freuden im vollsten Maß auszuleben, anstatt daß uns Tätigkeiten als Aufgaben zugewiesen werden, die wir nicht ausstehen können. Wir entwickeln ein Gespür für das Angemessene, sofern wir das tun, was wir angenommen haben, zu tun. Buckminster Fuller hat einmal gesagt, es sei »irgendwie geheimnisvoll. In der Minute, in der du anfängst, so zu handeln, wie du es von dir erwartest, wird es wirklich eine andere Art von Leben.« Achten Sie auf Ihre Freude. Leben Sie Ihre Freude. Joseph Campbell sagte: »Folge deiner Glückseligkeit.« Der Begriff enthusiastisch bedeutet, von Gott erfüllt zu sein.

Der Biologe James Lovelock legt uns nahe, daß die Evolution uns lehrt, grundsätzlich sei es vortrefflich, ehrlich zu unserer Wesensart zu stehen und langfristig gesehen käme dies uns allen zugute. In seinem Buch: *Gaia: A New Look At Life on Earth* beschreibt er einen hypothetischen Planeten, auf dem schwarze und weiße Gänseblümchen wachsen. Die schwarzen Gänseblümchen absorbieren die Hitze und liefern Wärme. Die weißen Gänseblümchen reflektieren die Hitze und erzeugen Kühle. Sofern die Planetentemperatur Abkühlung verlangt, entsteht ein Übergewicht von weißen Gänseblümchen. Sobald die Planetentemperatur mehr Wärme braucht, überwiegen die schwarzen Gänseblümchen. Obwohl der gesamte Planet von der geregelten Temperatur profitiert, sind die Gänseblümchen nur sich selbst treu.

Im Plan aller Dinge ist der Zweck eines Lebewesens keineswegs höher oder niedriger einzustufen als der eines anderen. Keiner von uns kann alles tun, was getan werden muß. Und von keinem wird erwartet, daß er seine Berufung im Alleingang erfüllt. Die einheimischen amerikanischen Kulturen lehren uns, daß wir mindestens den Zeitraum von sieben Generationen verstreichen lassen sollten, ehe wir den Wirkungsgrad jeder Tat auswerten können. Die heutigen Erfolge in der Physik sind vielleicht nur deshalb zustande gekommen, weil vor dreißig Jahren ein Lehrer des Erstkläßlers, der später Wissenschaftler wurde, eine Lernschwierigkeit behoben hat. Somit ist die Energie des Lehrers Bestandteil seines Durchbruchs. Der Geigenbauer ist in jedem Konzert eines Geigenvirtuosen anwesend.

Wir sollen nicht unsere menschliche Kleinheit mit der göttlichen Effizienz verwechseln. Jeder von uns bewirkt potentiell den Unterschied in der Welt. Wer kann denn festlegen, welcher Windstoß das Aufbrechen des Steines verursacht hat?

Die Hingabe lehrt uns, die Eifersucht fallenzulassen, die ganz nebenbei entsteht, wenn wir mit unserem eigenen Wert und unserer Lebensabsicht nicht in Berührung sind und meinen, daß uns etwas fehlt. Die Hingabe ermöglicht es uns zu sagen: »Ihr habt diese Leinwand bemalt, das heißt, ich brauche es nicht zu tun. Ihr habt diesen Impfstoff entdeckt. Großartig! Also wieder eine Sache weniger, die wir anderen nicht zu erledigen brauchen. Ihr seid auf Washingtons Straßen marschiert, ihr habt euch um den Obdachlosen gekümmert und diese Umgebung in Ordnung gebracht. Wunderbar! Wir danken euch! Jetzt könnt ihr euch bei mir bedanken, weil ich meine Aufgabe erfülle, und meine Aufgabe geht uns alle an, ist unsere gemeinsame Sache.«

Ihrer eigenen Einschätzung nach mag der Auftrag, den Sie durchführen, bescheiden erscheinen, doch dies ist eher eine Frage der Wahrnehmung als es der Wirklichkeit entspricht.

Drei Männer haben einmal gleichgroße Steinblöcke mit dem Meißel bearbeitet. Ein Fremder kam vorbei und erkundigte sich nach ihrem Tun. Der erste antwortete: »Ich behaue einen Steinblock.« Der zweite gab zur Antwort: »Ich verdiene den Lebensunterhalt für meine Familie.« Der dritte sagte: »Ich baue eine große Kathedrale.«

Wie Akshara Noar so schön sagte: »Es gibt keine Landkarten, keine Glaubensbekenntnisse und keine Weltanschauungen mehr. Von jetzt ab kommt die Weisung direkt aus dem Universum. Der Lehrplan offenbart sich uns in jeder Millisekunde – unvermeidlich, spontan und liebevoll.«

In der Hingabephase können wir sowohl geben als auch nehmen. Die Beziehungen nehmen eine andere Bedeutung an. Wir lernen, im Leben eines Menschen zu sein, ohne seinem Tanz in die Quere zu kommen. Eine Beziehung wird wichtig, nicht weil sie die Bedürfnisse der Persönlichkeit befriedigt, sondern weil sie einen Übergang in die Ganzheit bildet.

Im Gegenzug müssen wir die süchtig machenden Hochs und Tiefs des Riesenrades aufgeben, das uns ins Leere führt. Süchte bergen hochgesteckte Erwartungen und verheerende Enttäuschungen in sich. Die Hingabe lehrt uns, alles loszulassen, was wir uns einbilden, haben zu müssen, um Glück zu finden. Sogar der Begriff des Glücks muß neu definiert werden. Erwartungen aufzugeben, ist ebenso ein Teil des Verzichtes auf Kontrolle. Gott spricht zu uns, wenn wir dazu bereit sind. Genauso wie das Negativ einer Fotografie in der kosmischen chemischen Entwicklungslösung langsam erkenntlich wird, wird auch die Wahrheit immer klarer – es sei denn, wir ziehen das Bild voreilig heraus.

Nicht gleichgültig, sondern losgelöst sein

Das Loslassen bewegt uns allmählich in die Richtung der Losgelöstheit. Dies könnte sehr wohl das am meisten mißverstandene Konzept in der spirituellen Entwicklung sein. *Losgelöstheit* hört sich an wie »gegenüber anderen gleichgültig sein«. Doch nichts ist weiter von der Wahrheit entfernt.

Gleichgültigkeit ist das Ergebnis von Verleugnung, Angst, Selbstsüchtigkeit und Verurteilen – die Welt wird nach dem Raster »die-gegen-mich« wahrgenommen.

Wahres Losgelöstsein erkennt diese Problematik und entkräftet demzufolge das Bedürfnis des Egos, den dem Leiden zugrunde liegenden Zweck zu interpretieren. Die Losgelöstheit gibt sich dem Mysterium des Universums hin, das durch jeden fließt. Losgelöstheit erlaubt den Menschen, sich nach ihrem eigenen Zeitmaß zu entfalten. Sie ist eine höhere Ausdrucksform der Liebe, da sie das Wesen hinter dem Problem liebt und sich nicht in seine Schwierigkeiten einhakt.

Das Losgelöstsein eröffnet die Möglichkeit, das Ziel der Gelassenheit zu erreichen, das die Anonymen Alkoholiker in einem Gebet anstreben: »Gott, gewähre mir die Gelassenheit, die Dinge hinzunehmen, die ich nicht ändern kann, den Mut, die Dinge zu ändern, die ich verändern kann und die Weisheit, den Unterschied zu erkennen.«

In einem objektiven Bewußtseinszustand ist die Wahrnehmungsfähigkeit erhöht und das Unterscheidungsvermögen wird schärfer. Dadurch sind wir eher fähig, ein offener Kanal zu werden, durch den die Liebe in jede Situation einströmen kann.

Als Beraterin werde ich mit vielen Problemen konfrontiert. Es hat sich herausgestellt, daß ich mit einer liebevoll objektiven Gesinnung imstande bin, wahrzunehmen, zu berühren und hoffentlich auch den Geist des anderen zu bestärken, mit seinem Problem zurechtzukommen. Bin ich jedoch nicht objektiv, also nicht losgelöst, liegt es gewöhnlich daran, daß etwas in jenem Problem mich anspricht. Wenn dies geschieht, handeln wir uns beide eine Begrenzung ein.

Bei der Ausbildung von Heilern entdeckte ich, daß sie nach absehbarer Zeit an einem bestimmten Punkt zu mir kamen und besorgt waren, ob sie vielleicht an ihrer Arbeit kein Interesse mehr hätten. Wenn ich allerdings gründlich nachforschte, stellte sich heraus, daß sie sich entsprechend des vollkommenen göttlichen Planes verhielten.

Je mehr Menschen sie behandelt hatten, um so mehr erkannten sie, daß einige Heilung annehmen konnten, während es anderen nicht gelang. Sie entwickelten immer größeres Verständnis in die subtileren Absichten der Krankheit, und weil sie mehr liebten und dienten, wurde ihre Ego-Persönlichkeit immer weniger von den Resultaten betroffen. Irgendwann unterwegs hatten sie dabei aufgehört, zu bluten und all die Schmerzen zu beweinen, und sie fürchteten um ihre Anteilnahme gegenüber diesen Menschen.

An dieser Stelle erzählte ich ihnen meist die Geschichte des Affen, der versucht, einen Fisch aus dem Wasser zu ziehen, um ihn vor dem Ertrinken zu retten. »Unser unbeweglicher Affe« versucht ständig, die Menschen zu retten. Das Rettungsbestreben glaubt zu wissen, was für den anderen das Beste ist. Unser Beistand geht bereitwillig, erfahren und befähigend vor – er achtet den Weg eines Menschen und dessen Recht, zu wählen.

Den Kampf aufgeben

Während der Hingabe geben wir schließlich sogar das Kämpfen auf. Dies kann von allem der schwerste Verzicht sein. Wir wissen doch, wie wir uns plagen müssen, wie wir überleben, indem wir uns selbst zwingen, den widrigen Umständen zu trotzen und mit ihnen fertig zu werden. Wir haben keine Ahnung, wie wir es anstellen sollen, uns zu entspannen, zu vertrauen und dem Universum zu erlauben, uns zu tragen.

Die Versuchung ähnelt einem Gefangenen, der sich danach verzehrt, aus dem Kerker zu kommen, und der gleich nach seiner Entlassung einen Gesetzesübertritt begeht, um in die verhaßten, aber wohl bekannten Begrenzungen zurückzukehren.

Ich erinnere mich an die Arbeit mit einem dynamischen Mann, der ziemlich desorientiert war, als ihm angekündigt wurde, er bräuchte sich nicht mehr so abzukämpfen. Er leitet Seminare zur Motivierung und ist ein ausgezeichneter Lehrer. Für diesen Beruf hatte er viele Jahre unter großen Anforderungen seine eigenen Probleme bearbeitet und hatte seine Fähigkeit entwickelt, andere zu motivieren, ihre Kraft in Anspruch zu nehmen. Da ich ihn schon mehrere Jahre beraten hatte, war mir bekannt, wie aufrichtig er war und wie sehr er sich für andere verantwortlich fühlte.

Als wir an diesem bestimmten Tag mit der Sitzung begannen, bekam ich ein symbolisches Bild über ihn, das mir zeigte, wie er stückweise ein ziemlich zerklüftetes Gebirge hinaufkletterte. Am Anfang lud er sich die schwere Last der Ausrüstung auf, die er für den ersten Aufstieg benötigte. Nach und nach schlug er sein Zeltlager immer höher und höher im Gebirge auf, legte fest, welche Ausrüstung noch benötigt wurde, ließ das Überflüssige zurück und stieg unbeirrt weiter aufwärts. Er entwickelte die Fähigkeit, am Ball zu bleiben, egal wie viele Überraschungen der Berg ihm auch bot.

Als ich ihn aber auf dem Gipfel des Berges sah, war er eindeutig verwirrt. Er wußte, wie er es anstellen mußte, sich nach oben zu kämpfen, aber er wußte nichts mit sich anzufangen, sobald er das Ziel erreicht hatte. Alles, was er zu tun hatte, war, dort zu sein. Er hatte jedoch von sich das Bild eines Bergsteigers. Nun wurde es für ihn notwendig, sich eine ganz neue Sicht zuzulegen über das, was er ist.

Hiermit will ich nicht unterstellen, daß er nicht nach geraumer Zeit andere Berge erstiegen hat. Eine Spiralwindung der bewußten Veränderung zu meistern heißt, wir befinden uns am Fuße der nächsten Windung. Aber an einem

Punkt unseres Wachstums können wir alles Kämpfen aufgeben, unseren neuen Herausforderungen mit weniger Streß begegnen und mehr auf die Unterstützung von seiten des Universums vertrauen.

Affirmation

Erinnern Sie sich an die alten Testpilotenfilme, wo die Zeit- und Schallgrenzen vorbeisausten und das Flugzeug schon so stark vibrierte, daß alles fast auseinanderfiel? Mach I, Mach II – die Spannung nimmt zu – und dann ist plötzlich Stille. Hingabe kann manchmal so aussehen, unerträgliche Kämpfe und Spannungen schlagen in Ruhe um. Der Dichter Emily Dickinson schrieb einmal: »Nach argen Schmerzen stellt sich ein unpersönliches Gefühl ein.«

Es ist unerheblich, welch gute Absichten wir hegen, doch im Verlauf eines Veränderungszyklus kann es Zeiten geben, in denen wir fühlen, wir könnten die Nerven verlieren und uns wieder auf die Seite des geringsten Widerstandes schlagen und in die alten, ausgetretenen, doch vertrauten Wege zurückfallen. Die folgende Affirmation mag ziemlich einfach erscheinen, wird sie jedoch aufrichtig durchgeführt, ist sie sehr wirkungsvoll.

Setzen Sie sich vor einen Spiegel, schließen Sie die Augen, und atmen Sie tief ein und aus, bis das Gehirn langsam seine Monologe einstellt. Öffnen Sie jetzt Ihre Lider, schauen Sie sich tief in die Augen und sagen Sie sich:

»Ich bin ein Lichtwesen, Sohn (oder Tochter) von Mutter–Vater–Gott. Ich erkenne, daß ich vollständig bin, und daß ich in jedem Lebensbereich Fülle verdiene. Ich weiß, daß ich alles, was ich brauche, anziehe. Ich nehme jetzt vollständig die Unterstützung des Universums an und weiß, daß alle guten Dinge durch mich fließen werden. Ich entlasse nun sämtliche Sorgen, die meinen gegenwärtigen Weg betreffen, in das Licht. Ich danke für diese Andacht.«

Integration: Das Muster des Mandalas neu strukturieren

Während der Hingabephase fängt ein Zeitabschnitt der Neubildung an, in dem das Neue in Synthese gebracht und integriert werden muß. Dieser Teil der sieben Schritte zur bewußten Veränderung ist außerordentlich wichtig. In einer einigermaßen gesunden Psyche ist ein Frühwarnsystem eingebaut, das ein Alarmsignal abgibt, sobald wir mehr in uns aufnehmen als wir verarbeiten können. Wir tun gut daran, darauf zu hören und hin und wieder unsere Wirklichkeit zu überprüfen. Denken Sie daran, machen Sie einen Schritt nach dem anderen und verarbeiten sie ihn.

Während der Integrationsphase beginnen die Komponenten, aus denen unser Unterbewußtsein besteht, sich in neuer Zusammensetzung umzustellen. Wie Fäden, die wir aus einem Gewebe aufgetrennt haben, können sie nun, sogar unter Verwendung neuer Farbtöne, wieder in ein frisches Muster eingewoben werden.

Wir schaffen ein neues lebendiges Mandala, dessen Mitte wir sind. Die Symbole, Farben und Muster setzen sich zusammen aus sämtlichen Glaubensformeln, sie veranschaulichen, was wir in unserem persönlichen oder rassebezogenen Gedächtnis bewahren, all das, was wir glauben zu sein.

Dieses Mandala befindet sich in ständiger Bewegung und entläßt seine Botschaft an die Welt. Während wir Veränderungen durchmachen, fängt auch das Mandala an, sich zu verändern, wie die Muster in einem Kaleidoskop. An einem wesentlichen Punkt der Hingabe löst sich das alte Mandala auf, und ein anderes Muster beginnt sich zu bilden.

Auf jeder neuen Ebene unserer Entfaltung erleben wir ein Zusammenfinden der Absichten des Willens und des Herzens, und wir bekennen: »Mein Wunsch ist, diese auf die materielle Ebene zu bringen.« Sobald diese Worte einmal ausgesprochen sind, ist auch das neue Mandala in das Gehirn eingeprägt.

Wenn eine derart mächtige Synthese stattfindet, kann uns nicht einmal die Hysterie der sich verändernden Welt aus unserer Mitte reißen. Doch wir müssen klar und beharrlich mit dem umgehen, was wir in unserem neuen Mandala haben wollen. Alles, was nicht mehr in Harmonie mit unserem höchsten Ziel schwingt, muß verschwinden. Der Grad unserer Verwirrung, wie wir uns nach dem Neuen sehnen und dennoch auf das Vergangene zurückblicken, bestimmt das Ausmaß des geistigen Fegefeuers, in dem wir uns selbst festhalten.

Sobald das neue Mandala einmal völlig in den Brennpunkt gerückt ist, wird dies häufig symbolisch durch Bewegung auf der materiellen Ebene ausgedrückt – eine neue Arbeitsstelle kommt, eine neue Beziehung beginnt, oder alte Einstellungen werden neu definiert. Die Mitmenschen bemerken, daß wir anders geworden sind. Vielleicht sind sie nicht imstande, zu sehen, in welcher Weise wir uns verändert haben, aber sie fühlen es. Und natürlich sind wir anders. Wir übermitteln der Welt ein neues Muster.

Während der Integrationsphase des Hingabezyklus werden wir zur Verkörperung unserer neuen Wahrheit. Sie ist in allem, was wir tun, gegenwärtig – wenn wir zur Arbeit gehen, mit Freunden in Urlaub fahren und unsere Kinder zur Disziplin rufen. So wird die Veränderung offenbar – ein normales Leben wird außergewöhnlich.

In unserer Kultur ist das Materielle und das Geistige, das Weltliche und das Geheiligte scharf voneinander getrennt worden, genau das fordert uns mehr heraus, zu sehen, welch tiefgreifenden Unterschied unser alltägliches Leben bewirkt. Jean Houston berichtet von einem westafrikanischen Stamm mit weiblichen Stammesältesten, der keine Kriege kennt, also keine sogenannten Neurosen hat. Sie sagt, sie lösen ihre Probleme, indem sie darüber sprechen, sie dann austanzen, sie anschließend besingen und dann noch etwas mehr darüber sprechen.

Die Anthropologen fanden in ihren Forschungen über das ungewöhnlich hohe Lebensalter der Angehörigen des Hunzavolkes heraus, daß sich neben gesunder Nahrung und einer Menge Körperübungen ihr Leben dadurch auszeichnete, daß ihre Arbeit und ihre Freizeit nicht getrennt waren. Mitten an einem Arbeitstag konnte es vorkommen, daß sie die Feldarbeit sein ließen und in fröhlicher Runde feierten.

Man kann sich nur wundern, welchen schrecklichen Preis wir bezahlt haben, als wir zu tanzen aufhörten, Gott nicht mehr in unserem Körper verehrten und die Andacht in Religionslehren und Gebäuden einsperrten.

Übung: Antworten von seinem hohen Selbst erhalten

Alle Antworten sind bereits in uns enthalten – die Frage ist, wie wir an sie herankommen. Wir neigen dazu, uns sehr stark auf unsere rationelle linke Gehirnhälfte zu berufen. Manchmal zernagen wir mit unserem Verstand eine Aufgabe. Es endet damit, daß wir unaufhörlich die gleichen Gedanken wälzen und doch zu keinem Schluß kommen.

Diese Visualisationsübung verschafft ihrer linken Gehirnhälfte allerhand neuen Stoff.

1. Werden Sie sich zuerst darüber klar, was Sie fragen wollen. Schreiben Sie alle Gedanken und Einsichten auf, die Sie jetzt zu dem Thema haben – alles, was dafür und dagegen spricht, die Verwirrungen und die Meinungen. Wenn Sie feststellen, daß Sie anfangen, wieder auf Ihre alten Argumente zurückzugreifen, sollten Sie wissen, daß Sie soeben nur durch rationales Feedback gesteuert werden.

2. Umreißen Sie anschließend schriftlich die Situation, und formulieren Sie eine eindeutige Frage.

3. Nehmen Sie einen tiefen Atemzug, und mit dem Ausatmen geben Sie die Frage frei. Stellen Sie sich vor, daß in Ihrem Schoß ein großer Ballon ist. Legen Sie die Frage in den Ballon, binden Sie ihn los, und lassen Sie ihn fliegen. Beobachten Sie, wie der Wind ihn immer höher hinaufträgt, bis er schließlich verschwindet.

4. Lenken Sie jetzt Ihre Aufmerksamkeit wieder auf Ihren Atem, und beobachten Sie einfach, wie Sie ein- und ausatmen. Ein paar Minuten später bemerken Sie, daß der Ballon wieder in Ihren Schoß zurückschwebt. Wenn Sie ihn öffnen, werden Sie neue Informationen vorfinden. Diese können sich als Erinnerung, als Symbol, als Geschichte oder als Feststellung einstellen. Legen Sie sich keinerlei Einschränkungen auf – die rechte Gehirnhälfte ist sehr phantasiereich.

Mit Hilfe Ihres logischen Verstandes an Informationen zu gelangen, ist nur eine, oftmals nicht die beste Vorgehensweise. Ihr intuitiver Geist hat Zugang zu Wirklichkeitsbereichen, die der logische Verstand normalerweise nicht kennt, weil er vollauf damit beschäftigt ist, die Informationen aus der Erziehung, der Umgebung und der Erfahrung zu verarbeiten.

Übung: Geführte Vorstellung – Die Flußreise

Dies ist eine Vorstellungsreise, die Sie durch die sieben Schritte der bewußten Veränderung führen wird. Vielleicht spielen Sie im Hintergrund eine sanfte Musik. Nachdem Sie sich die Anleitung gründlich durchgelesen haben und fühlen, daß Sie alle entscheidenden Stellen der Reise kennen, können Sie die Übung allein durchführen. Vielleicht ist es Ihnen auch lieber, Sie auf Kassette aufzusprechen oder sie mit einer anderen Person zusammen zu machen, wobei einer vorliest und der andere auf die Vorstellungsreise geht.

Sie finden sich an einem ruhigen Ort ein, wo Sie sich ungestört eine Zeitlang aufhalten können. Ich empfehle, daß Sie aufrecht und natürlich in bequemer Haltung sitzen. Stellen Sie sicher, daß Ihre Arme und Beine unverschränkt sind, das erleichtert den Energiefluß.

Meditationstext

Fange nun sehr sanft an, deine Aufmerksamkeit auf deinen Atem zu lenken. Atme langsam und gleichmäßig. Befreie dich mit dem Ausatmen von sämtlichen Spannungen und von allem, worüber du dir in deinem Lebensdrama Sorgen machst. Nimm mit dem Einatmen die reine, lebenspendende Energie des Universums in dich auf. Umgebe dich nun mit dem schützenden Licht des Universalen Christus und bitte, daß nur das geschehen mag, was deinem höchsten Wohle dient.

Sehe dich in deiner Vorstellung in einem sehr üppigen, grünen Gebirgswald. Hier ist ein geheiligter Ort, der von der menschlichen Zivilisation unberührt blieb und von natürlichem Leben erfüllt ist. Empfinde Achtung vor der guten Mutter Erde unter deinen Füßen und den turmhohen Bäumen, die in den Himmel ragen. Rieche die würzige Luft, die den Duft von Blättern und wilden Blumen trägt. Fühle den Frieden in diesem Wald und wisse, daß du hierher gehörst. Du bist Teil dieser Schöpfung und bist eins mit allem, was hier ist.

Horche genau hin, um die Melodie eines Gebirgsbachs zu vernehmen, der dich einlädt: »Komm, lieber Freund, und ergötze dich an meinem erfrischenden Wasser.« Ziehe deine Schuhe aus, trete leichtfüßig in das Wasser und spüre, wie die Kühle deine Füße umspielt. Fange an, in dem Bach zu gehen, folge seinem Lauf und fühle an deinen Fußknöcheln, wie das Wasser ansteigt. Während der Fluß weiter und tiefer wird, lädt er dich ein, dich in das Wasser zu setzen und zu baden – und immer mehr an seiner Kraft teilzuhaben, die dich neu bestärkt.

»Komm«, singt der Bach, »komm und teile die Reise mit mir.« Und leicht und natürlich legst du dich in das Wasser und flutest dahin. Du fühlst dich vom Wasser getragen und geschaukelt, während es still durch den Wald fließt. Inzwischen bist du mit dem Wasser so eins geworden, daß sich die Grenzen deiner materiellen Wirklichkeit verwischen. Du erlebst, wie du zu Wasser wirst.

Fühle, wie du dich ausdehnst und die Ufer auf beiden Seiten erreichst. Fühle, wie die Lebenskraft durch dich pulsiert, wisse, daß sie ein Strom ist, der deinen Kurs bestimmen wird. Laß alle deine Sorgen los.

Entspanne dich im Fluß. Beachte die Ufer auf jeder Seite, die dir Grenzen setzen. Beobachte, wie die Bäume und Sträucher vorüberziehen, sieh, wie sich der blaue Baldachin des Himmels über dir spannt und wie die Vögel mit dem Wind fliegen.

Dein innerer Rhythmus fängt an, sich zu beleben. Du bemerkst, daß es andere winzige Bäche gibt, die sich in dich entleeren. Du bist nicht mehr der/dieselbe – du wächst. Sturmwolken ziehen über dir auf, und schon bald ergießen sie ihren Regen in dich und wühlen dein eigenes Wasser auf. Der Sturm vergeht bald wieder, und du kannst spüren, daß du dich jetzt schneller und sicherer bewegst. Du fühlst stets deine innere Strömung, die deinen Kurs bestimmt. Da du sie fühlen kannst, fängst du auch an, ihr zu vertrauen.

Vor dir kannst du erkennen, daß du auf massive, vorspringende Felsen zusteuerst. Die Gewalt deiner Schwungkraft trägt dich voran und wirft dich auf die Felsen. Akzeptiere die Wucht des Aufpralles. Ein Teil von dir sucht Wege, die Felsen zu umgehen; ein anderer Teil von dir spritzt auf dich zurück. Trotz aller Wildheit stellst du jedoch fest, daß du noch immer existierst, du bist. Der Aufprall schleudert kleine Kiesel und Steine aus der Tiefe zur Oberfläche hoch und wirbelt sie herum. Diese Steine sind die ganze Zeit mitgereist, doch bisher hattest du sie nicht bemerkt.

Ein Teil von dir, der sich vor dem wildgewordenen wirbelnden Wasser fürchtet, das scheinbar richtungslos ist, eilt auf eine Sackgasse am Flußufer zu und sucht nach Bequemlichkeit, entfernt vom Hauptstrom. Anfangs ist es eine süße Erleichterung. Hier ist es still. Du fühlst dich beschützt.

Doch während die Zeit vergeht und alles stillsteht, fühlst du dich allmählich träge. Es scheint dir nicht zu gelingen, die Energie aufzubringen, die dich aus diesem Staugewässer herausführt, das sich inzwischen nicht mehr als sicherer Hafen anfühlt, sondern mehr wie eine Falle. Alles fühlt sich tot an. Sogar das Sonnenlicht wird immer gedämpfter, während du dir des matten Dunstschleiers, der das Licht eintrübt, bewußt wirst. Erlaube dir einfach, einen Moment lang dort zu bleiben.

Schließlich entsteht aus der Tiefe deines Gewässers ein Drängen, das dich aus dieser Falle herausführt – ein Ruf, an den du dich schwach erinnerst, die Suche nach der Strömung. Und ein kleines bißchen von dir, nur ein Rinnsal, setzt sich langsam wieder in Bewegung.

Anfangs ist es ein kleiner Fluß, den nur deine klare Entschlossenheit antreibt, seinen Weg durch das dichte Gestrüpp zu nehmen. Es kostet große Mühe, voranzukommen. Du fühlst dich oft unsicher. Dieser kleine Fluß strebt jedoch ein Endziel an, und du kennst es. Daher bleibst du beharrlich, ein winziger Teil des Selbst versucht einen Durchgang zu finden.

Und ganz allmählich spürst du, wie die Flußufer zurückweichen. Mittlerweile gibt es mehr Raum. Du kannst wieder tief atmen und die Sonne erneut sehen.

Du bist jetzt stärker. Die alte Kraft ist wieder zurückgekehrt. Du fühlst, wie du an Geschwindigkeit aufholst, wie du ungestümer wirst und fortwährend weiterziehst, vorbei an den Bergen, Tälern und Städten. Das innere Pulsieren ist inzwischen sehr stark geworden, und du spürst in dir eine sichere Richtung.

In der Entfernung hörst du ein Tosen, das mit jeder Sekunde lauter wird. Du bewegst dich inzwischen sehr schnell, und ein Schwall von Gefühlen steigt aus deinem Inneren auf. Vor dir ist ein Wasserfall, und du kannst es nicht verhindern, mit hinuntergespült zu werden. Bedeutet das nun, daß alles Vertraute stirbt? Geht damit die gesamte innere Kraft verloren, die du dich so sehr bemüht hast, zu entwickeln, während du dich diesem Absturz hingibst? Die Ufer verschwinden. Du wirst an den Rand geschwemmt. Ist es aufregend, unwiderstehlich oder beängstigend?

Du fällst und fällst. In dem tosenden Wasser, das kaskadenartig abfällt und immer tiefer hinunterstürzt, verlierst du dein Bewußtsein. Eine Zeitlang bist du völlig orientierungslos. Dann kommt der Aufschlag.

In der klaren Stille kehrt das erfrischte Bewußtsein wieder zurück. Du bist noch immer da und fließt immer noch mit der Unterströmung des Willens, der deinen Kurs bestimmt.

Nun weißt du es ganz gewiß. Das Wasser sammelt sich um dich herum und vermengt sich mit deinem eigenen Wasser, während du dich anschickst, zur Quelle zu gelangen.

Schon bald findest du dich als Teil eines großen Flusses wieder. Du bist jetzt in einem Fluß, der nicht mehr aufzuhalten ist. Sein Fließen ist sicher und ebenmäßig. Da die Ufer sich stets noch weiter entfernen, tut sich unablässig mehr Raum auf, in dem du dich ausdrücken kannst. Das Sonnenlicht umtanzt dich, es ist reines Licht. Stürme kommen und gehen. In dir finden viele Lebensformen eine Heimat. Und du bewegst dich noch immer. Inzwischen verläuft die Reise angeregt und freudig.

Und genau vor dir liegt es – das wundervolle Meer und winkt dir zu: »Komm heim, komm schnell jetzt.«

Eine Rührung überfällt dich, während du dich beeilst, in das liebende, mütterliche Meer zu kommen, das dich willkommen heißt. In der zartfühlenden Wiedervereinigung gehst du völlig auf. Du wirst eins mit der Mutter, mit dem Meer, vereinigst dich mit allem, was ist. Und du entdeckst ein großes Geheimnis: du warst niemals verloren. Du bist in den riesigen Wassermengen nicht untergegangen. Das Meer ist in dir aufgenommen worden. Ruhe jetzt in deiner riesigen Weite. Ruhe in deiner Freiheit.

Deine Reise begann an einem hochgelegenen, heiligen Ort. Es ist unerheblich, wie viele Begrenzungen dich gebunden haben, es spielt keine Rolle, wieviel Verwirrung dich hin und her geschleudert hat, es ist unwichtig, wie sehr du nach Ausflüchten gesucht hast oder wie schwierig der Kampf gewesen ist, deinen Weg wieder zu finden.

Sogar als die Aufforderung zur Hingabe den Tod zu bedeuten schien, war doch dein Kurs allezeit auf Richtung Heimat gesetzt.

Bringe nun deine Aufmerksamkeit sehr sanft wieder in den Wachzustand zurück. Nimm einen tiefen Atemzug. Atme in deine Arme und Beine, in deinen Oberkörper und in deinen Kopf. Während du die Augen öffnest, ist dir bewußt, daß du ausgeglichen und im Einklang mit dir selbst bist. So sei es.

Teil III

Von der Form zur Hingabe: Bewußt mit der Veränderung leben

Die Anwendung des Sieben-Schritte-Modells

Ein versteckter Tagesordnungspunkt: Die Angst vor dem Tode

Samuel war ein Arzt Mitte Vierzig, als er seine bedeutendste Lebensveränderung erfuhr. Er entdeckte, daß er Krebs hatte.

Zu der Zeit, als die Diagnose gestellt wurde, war Samuel total auf das seiner Wahrnehmung nach streng Wissenschaftliche fixiert. Was nicht sichtbar oder meßbar war, existierte nicht. So sah seine äußere *Form* aus. Er hatte wenig Geduld mit Emotionen und kein Interesse am Geistigen. Sein starkes, besitzergreifendes Ego war der Mechanismus, der das wirkliche Problem verborgen gehalten hat: er hatte Angst vor dem Unbekannten; er fürchtete sich vor dem Tode. Diese Angst war seine versteckte *Form*.

Die *Herausforderung* wurde durch die Krebsdiagnose gegeben und gleichzeitig durch das Unvermögen seiner Krebserkrankung, auf die Chemotherapie anzusprechen. Sie konfrontierte ihn mit seiner eigenen Angst vor dem Tode. Sein Glaube an eine mechanistische Wissenschaft ließ ihn im Stich. Deswegen hielt er Ausschau nach einer Therapiegruppe für Krebspatienten. Dort wurde er zum ersten Mal in seinem Leben ermutigt, seine Einstellung, seine Gefühle und seinen Lebensstil zu untersuchen.

Während eines langen Zeitraumes dominierte der *Widerstand,* da seine Einstellung schwankend war. Ein Teil von ihm glaubte, und dadurch konnte er sein neues Selbstbewußtsein über Techniken, die er erlernte, energetisch verbessern. Er setzte dabei sein Denkvermögen ein, sich Gesundheit vorzustellen und für seine Gefühle die Verantwortung zu übernehmen. Ein anderer Teil von ihm hielt allerdings immer noch zäh an der alten, einprogrammierten Überzeugung fest, daß die Krankheit unheilbar sei, sofern die Schulmedizin nichts ausrichten konnte. Er steckte wirklich in einer Zwickmühle, hatte aber dermaßen Angst vor dem Sterben, daß er bereit war, alles auszuprobieren.

Sein *Erwachen* kam, als er anfing, zu wirklichen Einsichten über jene Dinge in seinem Leben zu gelangen, die zum Krebs geführt haben. Zu diesem Zeitpunkt bildete sich der Krebs zurück. Nachdem er inzwischen davon überzeugt war, daß seine Gedanken und Gefühle wirklich zählten, machte er den nächsten Schritt in die Phase des *Engagements*. Er fing an, regelmäßig zur Beratung zu gehen und nahm bei sämtlichen Treffen seiner Therapiegruppe teil. Er begann aufrichtig, seinen eigenen Geist zu erforschen, etwas, was ihm seine ursprüngliche Form niemals zugestanden hätte. Obwohl er sich während der Engagementphase des Veränderungszyklus innerlich festigte, verfolgte ihn die Angst vor dem Tode noch immer. Dennoch blieb er beharrlich auf der Suche nach seiner eigenen Wahrheit.

Der *Läuterungs*zyklus zwang ihn immer wieder, sich mit seinen zwiespältigen Einstellungen auseinanderzusetzen, die ausdrückten, was er als Spaltung zwischen Geist und Materie begriff. Er mußte erkennen, wie seine ursprüngliche Form in vielfacher Weise in seine Lebensstruktur eingewoben war. Sie zog sich durch seine Beziehungen, ebenso durch seine Arbeit, und sie bestimmte sein Selbstbild. Er wich jedoch nicht aus und leitete dadurch mehrere geistige Prozesse bei sich ein.

Eine dieser spirituellen Erfahrungen führte ihn zu den amerikanischen Indianern in eine Schwitzhütte, wo ihm ein tiefgehendes *Hingabe*erlebnis widerfuhr. Zu Beginn der Zeremonie betete er bewußt um die Heilung von seiner Krankheit. Die Heilung, die sich allerdings einstellte, entsprach nicht dem, was er erwartet hatte. Im Verlauf der Zeremonie sagte der Führer: »Es ist ein guter Tag zum Sterben.« Samuel war jetzt willens, dies wirklich zu hören. Jede noch so geringfügige Mühe der von ihm geleisteten Arbeit hatte ihn bestärkt, sich der wirklichen Angst zu stellen. Sie war sein versteckter Tagesordnungspunkt, den es aufzulösen galt: seine Angst vor dem Tode. Jene Worte durchdrangen seine Sterbensangst wie ein Lichtstrahl das Dunkel durchtrennt. Er fügte sich seiner Angst vor dem Sterben und gab sie damit preis. Mit dieser Kapitulation fing er an, sein Leben bewußter zu leben.

Von der persönlichen Schwäche zur persönlichen Macht

Sandras *Form* bestand aus ihrer Machtlosigkeit, irgend etwas gegen ihre sexuelle Anziehungskraft auf gewalttätige Männer zu unternehmen. Sie wuchs in einer nicht funktionierenden Familie auf. Ihr alkoholsüchtiger Vater war sexuell gewalttätig, ihre Mutter übernahm die Rolle der passiven Mitabhängigen. Tagein, tagaus lebte Sandra unter traumatischer Angst. Ihre frühen Beziehungen zu Männern verliefen genauso wie seinerzeit die Beziehung mit ihrem Vater. Sie wurde wiederum mißbraucht, wie es vorauszusehen war. Ihr war nicht bekannt, daß sie eine Wahl hatte.

Ihre *Herausforderung* kam, als sie das College besuchte, wo sie mit Männern zusammentraf, die sie nicht als potentielles Opfer betrachteten. Als intelligente Frau begriff sie rasch, daß die Menschen noch auf andere Art miteinander verkehren konnten, als sie es von früher Jugend an gewöhnt war.

Als sie sogar anfing, sich mit Männern zu treffen, die sie nicht mißbräuchlich behandelten, wurde der *Widerstand* auf eine Art deutlich, weil sie sich von ihnen überhaupt nicht sexuell angesprochen fühlte. Sie mochte sie und wünschte sich eine ernsthafte, gesunde Beziehung. Aufgrund ihrer alten Form konnte sie sich aber nur bestätigt fühlen, wenn sie von einem Mann betrogen und mißbraucht wurde. Nach mehreren schmerzlichen Erfahrungen wies sie den Mann ab, der gut für sie hätte sein können und entschied sich statt dessen, einen Mann zu heiraten, der eine schlechte Beziehung mit ihr einging.

Als sie nach ihrer Scheidung durch ihre Ambivalenz fast frigide wurde, stellte sich ihr *Erwachen* ein. Aus diesem allzu großen Konflikt heraus hatte sie ihre sexuelle Energie regelrecht eingefroren. Mittlerweile entwickelte sich eine sehr bedenkliche Krankheit in ihren Eierstöcken, die eine Operation erforderlich machte. In diesem Zeitraum erkannte sie endgültig, wie sehr sie ihre Ohnmacht in bezug auf die Verführerinnenproblematik somatisiert hatte. Und sie entschloß sich, ihren Problemen auf den Grund zu gehen.

Zum ersten Mal in ihrem Leben übernahm sie die Verantwortung für ihr Leben. Sie ging ein *Engagement* für sich selbst ein. Sie schloß sich dem Programm der »Erwachsenen Kinder von Alkoholikern« an und begann, sich gesundheitlich zu erholen. Sie begab sich in Einzeltherapie und fing mit

Yogaübungen an. Mit jedem Monat wurde sie stärker und gewann immer mehr Einsichten in die Programmierungen, die sie sich von seiten ihrer Familie verinnerlicht hatte, und über die sich selbsterfüllenden Prophezeiungen, die sie geschaffen hatte.

Durch ihre Studien wurde sie allerdings nicht von ihrer Vergangenheit gereinigt. Während der *Läuterungs*phase zog sie eine Situation nach der anderen an, die in zunehmendem Maße verdeutlichten, welche Magneten nach wie vor in ihrem Leben aktiv waren. Oft zeigte sich das Problem in Gestalt der Männer, die sie zu retten versuchte, und die sie letzten Endes körperlich oder gefühlsmäßig mißbrauchten. Da sie jedoch vollständig verpflichtet war, die Führung ihres Lebens selbst in die Hand zu nehmen, lernte sie, die Symptome zu erkennen und das neue Verständnis und die neugelernten Techniken anzuwenden. Es kostete sie viel Zeit, die unterbewußten Auslöser zu beseitigen. Sie starben aber einer nach dem anderen.

Ihre *Hingabe* verlief eher wie ein Prozeß, nicht als Ergebnis irgendeiner Begebenheit. Jedesmal wenn sie bewußt ihre eigenen Entscheidungen traf und dafür die Verantwortung übernahm, starb ein Teil ihres Selbstbildes der Schwäche. Als sie feststellte, daß sie auf freundliche und sanfte Männer sexuell ansprach, wußte sie, daß ihre Wahrheit darin bestand, daß sie es verdient hatte, gut behandelt zu werden, und daß sie immer die Wahl hatte. Sie war nicht länger schwach.

Bob und Charlotte sind ein Ehepaar, die nicht nur miteinander, sondern auch mit einer Vision der neuen Welt verheiratet sind. Sie sind jedoch aus zwei diametral entgegengesetzten Richtungen zu diesem gemeinsamen Engagement gekommen.

Bobs *Form* war die eines Unabhängigkeits-Fanatikers. Sie entstand schon in der Wiege, als seine nachlässige Mutter ihn gewöhnlich in den Hotelzimmern von New York allein ließ. Bereits im Teenageralter hatte er sich zum eingefleischten Einzelgänger entwickelt. Er glänzte mit seinen schulischen Leistungen und erwarb sich einen Ruf akademischer Exzellenz. Als er das College besuchte, war er so daran gewöhnt, es »allein zu machen«, daß er es vorzog, in einem Einzelapartment außerhalb des Colleges zu wohnen. Seine akademischen Glanzleistungen hielten auch während der Collegezeit und beim Erwerb seines Magistertitels an.

Seine *Herausforderung* kam durch das berufliche Umfeld auf ihn zu, für das er sich entschieden hatte. Als er sich bei einer Unternehmensberatungsfirma vorstellte, machte man ihn während des Bewerbungsgesprächs darauf aufmerksam, daß er die Meinungen und Fähigkeiten anderer Menschen mit einbeziehen müsse, um in seinem Beruf erfolgreich zu sein. Er wurde eingestellt, jedoch seine Magneten zogen sich einen schwierigen Vorgesetzten an. Und es lief nicht zum besten.

Der *Widerstand* kam zum Vorschein, als er sein Problem buchstäblich nicht sehen konnte. Bisher war ihm doch stets alles gelungen, und für die Tatsache, daß der Erfolg jetzt ausblieb, mußte ein anderer verantwortlich sein. Bob war drauf und dran, zu kündigen. In der Zwischenzeit hatte er auch eine sehr abhängige Frau geheiratet, und die Ehe endete mit der Scheidung.

Dann erschien jedoch ein Mann auf der Bildfläche seines Berufslebens, der zu seinem Mentor wurde. Seine Botschaft klang unmißverständlich: Gehen Sie nicht! Er nahm Bob unter seine Fittiche und fing an, ihm beizubringen, wie man mit anderen kooperiert und gleichzeitig seinen eigenen Ideen treu bleibt. Dadurch fand das *Erwachen* statt.

Bobs Hauptaufgabe während seiner *Läuterungszeit* bestand lediglich darin, »in den Seilen zu hängen«, während die alten Bänder wiederholt abliefen. Er mußte lernen, nicht übertrieben zu reagieren, auf andere zu hören und ihre Ideen zu respektieren. Er mußte sich Verständnis aneignen und die Abweisung einiger seiner unabhängig ausgeheckten Vorstellungen einstecken.

Es funktionierte allerdings. Seine *Hingabe* an die Zusammenarbeit und die gegenseitige Abhängigkeit untereinander hat ihn in die Spitzenposition seiner Karriere geführt, wo er einer Unternehmensberatungsfirma mit mehreren hundert Angestellten vorsteht. Sein Erfolg beruht nicht nur auf seinem hervorragenden, brillanten Wissen, sondern auch auf seinem Geschick, mit anderen zusammenzuarbeiten und deren Fähigkeiten zu steigern.

Im Gegensatz dazu ...

Bobs zweite Ehefrau Charlotte wuchs in einer höchst abhängig machenden Umgebung auf, wo sie nicht ermutigt wurde, sie selbst zu sein. Die Botschaft hieß für sie, ein »gutes, kleines Mädchen« zu sein und ihrer Mutter und der katholischen Kirche zu gehorchen. Dies war ihre *Form*. Sämtliche Vollmachten, ihr Leben zu leben, lagen vollständig außerhalb ihrer Verfügungsgewalt – ganz im Gegensatz zu Bobs Fall.

Ihre *Herausforderung* trat auf, als sie realisierte, daß ihre Mutter nicht lebte, was sie predigte. Als sie auf das College ging, fing sie an, auch die Kirche in Frage zu stellen. Deswegen hörte sie auf, in die Kirche zu gehen.

Als der *Widerstand* hinzukam, fühlte sie sich schuldbewußt, weil sie ihre Mutter und die Kirche verlassen hatte. Sie war noch ziemlich jung und hatte noch kein Geschick entwickelt, für sich selbst Entscheidungen zu treffen. Sie glaubte in der Tat, daß ihr das Recht dafür nicht zustünde. Aus Angst vor dem Alleinsein heiratete sie und übertrug die Entscheidungsgewalt für ihr Leben auf ihren Ehemann, der sie mißhandelte.

Wieder einmal stellte sich die Erziehung als Katalysator für Charlottes Wachstum heraus. Acht Jahre später kehrte sie auf »die Schulbank der Grundschule« zurück und erlebte ihre *Erwachensphase*. Nun fühlte sie sich ermächtigt, die Entscheidung zu treffen, ihre unglückliche Ehe zu verlassen und ihre eigenen Antworten zu finden.

Ihr *Engagement* galt dem Erwerb ihrer Unabhängigkeit. Zum ersten Mal stand sie auf eigenen Füßen. Sie fing eine Therapie an und setzte sich damit auseinander, was ihrer Selbstverwirklichung im Wege stand.

Während der *Läuterungsphase* litt sie unter ziemlich starken körperlichen Belastungen. Nach ihren eigenen Worten mußte sie lernen, wie sie »den Körper wiederverwerten« konnte. Um sich wieder fit zu machen, brauchte sie mehrere Körpertherapien, wie beispielsweise Hatha-Yoga und Rolfing. Sie wurde eine ernsthafte geistige Schülerin, fing an zu meditieren und erlernte Techniken, um ihre Schuldgefühle und den Groll auf ihre Mutter aufgeben zu können. In der Hauptsache lernte sie jedoch, sich selbst zu lieben. Und sie fand ihren eigenen Weg zu ihrem persönlichen Gott zurück. Sie folgte keinem fremdbestimmten Gottesbild mehr.

Als sie ihr Bewußtsein einem vollständigen Ausdruck als Heilerin öffnete, wußte sie, daß sie sich in dem Prozeß *Hingabe* befand. Sie war nicht nur imstande, ihrer Mutter zu verzeihen, sondern es war ihr auch vergönnt, ihr beim Sterbeübergang zur Seite zu stehen.

Bob und Charlotte fanden zueinander, als sie beide – aus unterschiedlichen Richtungen kommend – an dem Punkt der *Hingabe* angelangt waren.

Man kann andere nicht verändern

Mary wuchs in einem chaotischen Haushalt auf. Ihre Mutter war stets überarbeitet, ihr tyrannischer Vater verschwand ab und zu. Schon in jungem Alter lernte sie, daß das emotionale Überleben in ihrem Elternhaus nur gewährleistet war, wenn sie die Stimmung richtig erfaßte und sich entsprechend verhielt. Sie arbeitete in ihrem Beruf sehr viel und erntete durch ihre Leistungen eine große Menge Bestätigung für ihr Ego. Sie hatte es auch hier auf sich genommen, Menschen und Krisen wieder »hinzukriegen«. Diese beiden Verhaltensmuster waren eine Folgeerscheinung des gesamten Familienmythos. Als Mary mittlerweile erwachsen war, hatte sie eine *Form* eingenommen, die besagte, wenn sie gut sei, würde sie eine Belohnung erhalten und daß sie durch ihr Verhalten andere Leute ändern konnte.

Nach einer äußerst erfolgreichen Collegeausbildung fing

Mary unverzüglich an, die Karriereleiter hinaufzuklettern. Sie war in ihrem Element, als sie einen Beruf ausübte, in dem tägliche Krisen an der Tagesordnung waren. Da jedoch ihre Form unverändert intakt war, erwartete sie mit vollem Recht, daß ihr Vorgesetzter sie aufgrund ihrer tatkräftigen, mühevollen Arbeit anerkennen würde.

Es geschah allerdings nicht so, und die *Herausforderung* wurde somit in Gang gesetzt. Er hatte sie nicht nur nicht belohnt, sondern obendrein auch angelogen und sich ihre Bemühungen als sein Verdienst anrechnen lassen. Da Mary immer noch davon überzeugt war, daß sie die Menschen verändern konnte, versuchte sie, die Dinge zu manipulieren – aber es gelang ihr diesmal nicht. Zu jenem Zeitpunkt war sie sich allerdings über ihre Familienmuster klarer geworden, und sie fing an, ihren Teil in dem Drama zu verstehen. Infolgedessen konnte sie ihre Erwartungen langsam zurückschrauben und ihre Veränderungsversuche an ihrem Chef einstellen.

Alte Verhaltensweisen sterben aber nur zäh. Mary befand sich inmitten des *Widerstands*zyklus, aus dem sie sich abwechselnd löste und hin und wieder darin hängenblieb. Erst nahm sie die Situation an und widersetzte sich ihr dann. Obwohl sie auf ihren Vorgesetzten zutiefst böse war, nahm sie doch allmählich zur Kenntnis, daß es sich bei ihm um einen Charakterfehler handelte. Doch es fiel ihr schwer, ihre Versuche einzustellen, ihn zur Fairneß zu manipulieren. Da sie soviel Energie im Kampf gegen die Wirklichkeit verbraucht hatte, war sie noch nicht imstande, schöpferische Lösungsansätze innerhalb der gegebenen Lage zu sehen.

Marys *Erwachen* stellte sich ein, als sie für ihre eigene Gesinnung die volle Verantwortung übernahm und der Tatsache ins Auge blickte, daß sie sich selbst im Wege stand und das Drama weiterschürte, indem sie es laufend mit Energie belieferte. Durch ihre Arbeit bei den »Erwachsenen Kindern von Alkoholikern« fing sie an, sich von ihrer *Form* der Krisenmanipulation zu lösen, die sie als Kind gelernt hatte. Schließlich erkannte sie, daß sie andere weder verändern noch die Verantwortung für sie übernehmen konnte. Sie konnte nur sich selbst ändern.

Mary mußte sich neu erziehen, da sie sich inzwischen über das komplizierte Kräfteverhältnis völlig im klaren war. Dies ermutigte sie zu ihrem *Engagement* und einem neuen Vertrag mit sich selbst. Sie war nicht handlungsfähig, solange sie ihren Chef noch als Schurken betrachtete. Dies schürte nur ihre ursprüngliche Form. Sie bestätigte sich immer wieder, was sie bei den wöchentlichen Therapiegruppen und durch ihren täglichen Lesestoff lernte, der sie an sich und an ihre neuen Ziele erinnerte. Sie arbeitete mit Affirmationen, mit Gebet und Selbstbeobachtung, um jene Stellen in sich ausfindig zu machen, in denen sie der alten Form noch uneingeschränkt Autorität zugestand.

Geduld war eines der wichtigen Geschenke, das sie sich selbst machte, und sie war während der *Läuterungs*phase dringend nötig. Mary wollte diese Veränderung bewußt angehen, und sie gestand sich ehrlich ein, sich mit ihrem Vorgesetzten ein perfekt zugeschnittenes »Klassenzimmer« geschaffen zu haben. Es fiel ihr schwer, doch sie begriff, falls sie es vermied, durch ihren Chef zu lernen, käme die Lektion nur auf andere Weise auf sie zu. Die Arbeit mit ihm gestaltete sich immer noch sehr schwierig, deshalb mußte sie täglich, manchmal auch stündlich, peinlich genau auf ihre Reaktionen achten. An manchen Tagen ertappte sie sich trotzdem, wie sie aufs neue versuchte, ihren Vorgesetzten in etwas hineinzumanipulieren, was er nicht war. Im nachhinein fühlte sie sich erbärmlich, da er nur seinem Charakter entsprechend gehandelt hatte. Die Energie verflüchtigte sich jedoch langsam, und mit der Zeit war sie imstande, ihn objektiv zu sehen und nicht zu reagieren.

In der *Hingabe*phase konnte Mary ihren Vorgesetzten schließlich, so wie er war, sein lassen. Sie hatte es nicht mehr nötig, die idealistische Binsenweisheit nachzuplappern, die da lautet: »Ändern kann man nur sich selbst.« Für sie wurde sie zur wirksamen Wahrheit. Ab diesem Zeitpunkt sah sie keinerlei emotionales Interesse mehr darin, ihn zu irgend etwas zu bewegen. Sie konnte folglich damit anfangen, vernünftigere Entscheidungen zu treffen, wie sie sich in ihrer Arbeit selbst zu schützen hatte. Als sie während des letzten Zyklusteils dieses Wissen in sich integrierte, erkannte sie, daß sie nicht nur aufgehört hatte, ihren Chef zu erneuern, sondern sie wollte auch niemand anderen mehr verändern.

Mary ist noch immer damit beschäftigt, ihr alten Verhaltensmuster aufzulösen und sich in den nachfolgenden Krisen zu bewähren. Sie berichtet, daß sie im vorliegenden Falle in der *Läuterung* ist. Aufzuhören mit dem Versuch, die Menschen zu verändern, hat ihr geholfen, einen großen Schritt auf die Lösung des gesamten Konfliktes zuzugehen, da es sich hier um eine komplexere Problematik handelt.

Starke Männer weinen nicht – sie werden krank

Wie bei den meisten von uns, wurde die *Form* von Darrell in der Kindheit festgelegt. Seiner Darstellung nach hieß die

Botschaft: »Sei cool, sei ein Macho und verhalte dich streng objektiv. Ich habe mich damals niemals wohl gefühlt, aber ich habe mich sicher gefühlt.« Jede Art von Gefühlsausdruck wurde angezweifelt, verleugnet oder ins Lächerliche gezogen. Er lernte ebenfalls, Frauen zu mißtrauen, sie sogar zu fürchten, weil sie sich viel zuviel mit Gefühls- und Emotionenkram beschäftigten.

Dieser *Form* wurde zusätzlich männliches Verantwortungsgefühl aufgedrückt, da Darrell als drittgeborener Sohn während der Bürgerrechtsbewegung in einer starken, höchst leistungsorientierten schwarzen Familie volljährig wurde. Er galt außerdem als ein übersensibles Kind.

Seine stark ausgeprägte Programmierung, die ihn geradewegs in eine wissenschaftliche Karriere führte, blieb so lange intakt, bis ihn eine gesundheitliche Krise mit der *Herausforderung* konfrontierte. Er berichtete: »Ein blutendes Magengeschwür ist absolut kein Vergnügen. Es war ein klarer Hinweis, daß ich wohl etwas nicht richtig gemacht habe.« Die Ärzte gingen sehr einfühlsam mit ihm um. Und dennoch – er mußte mit seinen inneren Gefühlen zurechtkommen.

Die *Widerstands*phase verlief für Darrell sehr kräftezehrend. Seine analytische Seite wußte, daß die Ärzte mit der Behauptung recht hatten, daß er sterben würde, sofern er sich nicht änderte. Er hatte jedoch schreckliche Angst. Er gestand, daß er sich fürchtete, die Herrschaft über sich selbst zu verlieren, sobald er sich Gefühle erlaubte. Deshalb versuchte er, sich Verständnis über Gefühle anzulesen – die Selbsterfahrungsliteratur diente als Stoßdämpfer gegen seine persönliche Wirklichkeit.

Während dieses Zeitraums der vorsichtigen, intellektuellen Untersuchung seiner Gefühle besuchte Darrell eines

Abends einen Vortrag. Dort erlebte er sein *Erwachen* als plötzliches *Aha!* Er konnte sich nicht genau an den Inhalt erinnern, der schließlich seinen *Widerstand* brach. Auf dem Nachhauseweg wußte er allerdings, daß er anfangen mußte, mit seinen Gefühlen zu arbeiten, und er sich nicht mehr hinter Theorien verschanzen durfte. Es war Darrells Bereitwilligkeit, in der *Widerstands*phase standzuhalten, was ihn vorbereitete, zur rechten Zeit die richtigen Worte zu hören.

Sein *Engagement* verpflichtete ihn, seine Gefühle zu untersuchen. Dieser Teil des Veränderungszyklus fiel Darrell ungewöhnlich schwer, weil ihm gänzlich das Zeug fehlte, damit zurechtzukommen. Und obendrein erfuhr er von seiten seiner Familie keinerlei Unterstützung. Mit der gleichen Entschlossenheit, die ihm in seinen wissenschaftlichen Bestrebungen geholfen hatte, wandte er sich der Selbsterkenntnis zu. Er begann eine Therapie, anfangs in Zusammenarbeit mit einem Mann – vor Frauen hatte er immer noch zuviel Angst. Über seinen Therapeuten lernte er eine ganze Menge von sich, und er wagte es tatsächlich nach einer geraumen Zeit, zu einer Therapeutin überzuwechseln. Diese war genügend gebildet und objektiv, so daß er sie intellektuell akzeptieren konnte, zudem war sie auch liebevoll und freundlich. Sie respektierte in vollem Umfang seinen ausbrechenden Zorn und seine Tränen und half ihm, sie mit der Zeit anzunehmen. Allmählich fing er an, ihr und auch seinen emotionalen Reaktionen zu vertrauen.

Die *Läuterung* setzte ein, als Darrell sich stark genug fühlte, seine neugewonnenen Einsichten in die Welt hineinzutragen. Das erforderte natürlich von ihm, größere, oft schmerzliche Wagnisse einzugehen.

Obwohl einerseits ein erfolgreicher Wissenschaftler, war

er in Sachen Beziehung doch völlig unerfahren und ahnungslos. Mittlerweile lernte er wirklich, zu weinen und zu lachen. Durch Versuch und Irrtum übte er, gelegentlich unvernünftig zu sein und sein Verhalten dieser Art zu akzeptieren. Als ich ihn bat, zusammenzufassen, was dieser Zyklus für ihn ausdrückte, antwortete er: »Ich gestatte mir, zornig zu werden, und blieb dann die ganze Nacht wach und machte mir deswegen Sorgen.«

Darrell hielt dem Feuer seiner *Läuterung* stand. Im Verlauf der *Hingabe*phase entdeckte er, daß er den vollen Umfang seiner Gefühlswelt unversehrt erforschen konnte. Er fand heraus, daß er Frauen lieben konnte und lebt nun in einer gesunden Beziehung. Er unterdrückt seine Gefühle nicht mehr – und sein Magengeschwür ist völlig verschwunden.

Der Geist ist nicht behindert

Alan war seit seinem siebten Lebensjahr durch eine Muskelschwäche behindert. Er lebte als ältester Sohn in einer wohlhabenden Familie, die sich die besten Therapeuten und Spezialisten leisten konnte. Als zweite »Behinderung« kam hinzu, daß seine Eltern ihn mit ihrer falsch verstandenen Liebe überschütteten. Er hatte stundenlange Wutausbrüche und weigerte sich ganz ungeniert, irgend etwas für sich selbst zu tun.

Seine Eltern fügten sich seinen unangemessenen Forderungen und stellten immer mehr Personal ein, das ihm zu Diensten war. Infolgedessen konnte Alan es niemals lernen, selbständig etwas zu tun. Er ging nur, wenn er gestützt wurde. Er hatte weder Hobbys noch irgendein Interesse an intellektuellen Studien. Er wurde immer kraftloser. Seine *Form* beinhaltete: »Ich bin hilflos.«

Die *Herausforderung* begann, als Alan vierzehn Jahre alt war und seine Eltern ihn auf das nachdrückliche Anraten seines behandelnden Arztes hin in ein Sommerlager für behinderte Kinder schickten. Die Betreuer des Sommerlagers erhielten die ärztlichen Berichte über Alan, die angaben, daß es keinerlei Gründe gab, weshalb Alan nicht ohne Hilfe gehen konnte. Sie beschlossen, Alan im Verlauf des Sommers zu helfen, dies einzusehen.

Die Einstellung des Lagerpersonals war für Alan völlig neu. Sie behandelten ihn als Menschen, nicht als Behinderten. Während den physikalischen Heilbehandlungen wurde ihm wiederholte Male gesagt, daß er allerhand Dinge selbständig machen und ebenfalls ohne fremde Hilfe gehen könnte. Das wollte er aber nicht wahrhaben. In den ersten Wochen des Sommerlagers blieb Alan wenig Gelegenheit, Dinge zu tun, weil er sich nicht bemühte und niemand ihm half. Mittlerweile beobachtete Alan, wie andere Jugendliche, die ähnliche oder größere Behinderungen hatten, allerhand Sachen unternahmen, wozu er sich nicht imstande fühlte. Sobald er aber frustriert war, brach er in einen Wutanfall aus und weigerte sich tagelang, irgend etwas Neues auszuprobieren. Schließlich versuchte er es wieder. Und jedesmal, wenn er sich anstrengte, erhielt er die uneingeschränkte Unterstützung des gesamten Personals. Seine Wutausbrüche hingegen wurden entweder ignoriert oder scharf kritisiert. In seinem Fall wurde »strenge Liebe« ausgeübt. Sein *Widerstand* war in vollem Gange.

Das *Erwachen* kam eines Abends, als die jungen Leute vor dem Abendessen auf der Wiese spielten. Da die Glocke zum

Abendessen geläutet wurde, stürmten alle zum Speisesaal. Alan blickte sich nach einem Betreuer um, auf den er sich unterwegs stützen konnte, aber niemand war zugegen. Er schrie um Hilfe, doch sie riefen ihm zu, falls er an der Mahlzeit teilnehmen wolle, müsse er sich selbst auf die Beine machen.

Anfangs schien Alan ungehalten darüber, dann ängstigte er sich. Und dann fing er an, seine ersten selbständigen Schritte zu tun. Er fiel hin und stand wieder auf. Diesen Vorgang wiederholte er mehrmals. Die Erzieher ermunterten ihn von der Terrasse aus mit Zurufen. Die Kinder fingen an zu brüllen: »A-lan ... A-lan. Du schaffst es! Geh weiter!« Er schaffte es, obwohl er dreißig Minuten für seinen Weg brauchte, und als es ihm gelang, blieb kein Auge trocken.

Danach war er nicht mehr zu bremsen. Er hatte eine neue Kraft in sich entdeckt, und dafür *engagierte* er sich. In den nächsten Wochen bemühte sich Alan unablässig, alles selbständig zu machen. Manchmal mußten ihn die Erzieher sogar mahnen, langsamer vorzugehen. Es war so, als ob ein Damm in ihm gebrochen sei und sich jetzt eine nie zuvor gekannte Entschlossenheit, für sich selbst einzutreten, in ihm auftat.

Alans Eltern waren sprachlos, als sie eintrafen, um ihn abzuholen. Ihr »hilfloser« Sohn kam ihnen langsamen Schrittes entgegen. Er zeigte ihnen seine Schnitzereien, das Schwimmabzeichen, das er gewonnen hatte, und stellte sie seinen zahlreichen neuen Freunden vor. Sie waren begeistert und erstaunt. Sie hatten allerdings an dem Prozeß nicht teilgenommen, den Alan erlebt hatte. Und als sie ihn nach Hause brachten, versuchten sie wieder das Althergebrachte durchzusetzen. Ab diesem Zeitpunkt setzte Alans *Läuterung* ein.

Jetzt war er wieder in die Umgebung zurückgekommen, die seine Hilflosigkeit jahrelang unterstützt hatte. Die übertriebene Vorsicht, die vorschnelle Fürsorglichkeit und die Isolation warfen Alan wieder auf seine Wutausbrüche und häufig auch auf sein Unvermögen zurück. Er hatte aber einen Sommer lang persönliche Befreiung erlebt, und diese war verlockend. Deshalb kämpfte er dafür – und gewann. Glücklicherweise hatte er alle Ärzte und Therapeuten auf seiner Seite. Die gesamte Familie mußte sich therapeutisch behandeln lassen, damit die komplizierten Kräfteverhältnisse entspannt werden konnten, die Alan in seiner Behinderung gefangengehalten hatten. Sobald die Mitglieder seiner Familie ihre eigenen Probleme, die mit seinem körperlichen Befinden zusammenhingen, lösen konnten, war er in der Lage, ziemlich rasch an seiner sozialen Anpassung zu arbeiten.

Die *Hingabe*phase brachte Alan ein neues Leben. Er erfuhr sich nicht mehr als hilflos. Er hatte die Würde seiner Selbständigkeit gewonnen. Er drückte seine Unabhängigkeit bis an ihre Grenzen aus. Er entwickelte handwerkliches Geschick, verschlang Lesestoff und freute sich auf das College, auf dem er vorhatte, Geschichte zu studieren. Er hatte eine Menge Freunde, die seinen scharfsinnigen Humor liebten und die fortwährend durch sein Vorbild in ihren eigenen Zielen bestärkt wurden. Sie gewöhnten sich daran, ihn oftmals sagen zu hören: »Wenn ich es tun kann – kannst du es auch!«

Evas Tochter

Die Geschichte von Margaret begann an dem Tag, an dem sie als weibliches Baby und daher automatisch als »Tochter

Evas« geboren wurde. Es kostete sie ein halbes Jahrhundert an Erlebnissen, zwei Ehen, viele Liebschaften und eine Menge Arbeit an sich selbst, um aufzudecken, welchen Einfluß diese *Form* auf die Gestaltung ihres Lebens hatte.

Margaret wurde in eine extrem streng religiöse Familie im Mittleren Westen hineingeboren. Ihr Vater hatte eine anerkannte Stellung in seiner Kirche, war konservativ und festgefahren in seinen Ansichten. Die Sünde, über die er sich am meisten ausließ, war Sex. Er verdammte alle Frauen als Verführerinnen, die die Männer ins Verderben stürzen. Margarets Mutter, die vor dem Vater genausoviel Angst hatte wie ihre Kinder, überstand die Standpauken und die wortgewaltigen Ansprachen schweigend.

Margaret entwickelte sich zu einer außergewöhnlichen Schönheit, was nur die *Form* bekräftigte. Die Männer fanden sie sehr anziehend, nicht nur wegen ihrer Schönheit, sondern auch aufgrund ihrer hilfsbereiten Art. Gewiß, sie gab anderen Rückhalt, jedoch nicht sich selbst. Sie besaß nur wenig Selbstachtung. Sie brauchte immer einen Mann, der ihre Identität sicherstellte. Margaret ging auf das College, wurde Lehrerin und heiratete. Hinter ihrer Fassade der pflichtbewußten, gehorsamen Ehefrau verbarg sie allerdings ihr Selbstbild einer Männerverführerin. Sie hatte Affären, denen jeweils eine schwere Depressionsphase folgte. Sie hing in den Klauen einer unbewußten, doch sehr realen Doppelbindung. In ihren beiden Ehen hatten ihre Männer gegenüber Frauen eine ambivalente Gesinnung. Deren Kritik verstärkte ihre geheimgehaltene Angst, daß sie im tiefsten Wesen schlecht sei. Verschiedene Therapien führten sie so weit, wie es ihr damals möglich war, zu gehen. Und sie schufen mit Sicherheit die Grundlage für ihre zukünftige Arbeit an sich selbst. Sie konnte allerdings noch nicht genug Ego-Kräfte entwickeln, um die ursprüngliche *Form* wirklich anzupacken.

Als die *Herausforderung* auf sie zukam, brauchte sie nur noch fünf Jahre, um die restlichen Stadien zu durchlaufen. Die Explosion fand statt, als sie sich in ihrer zweiten schwierigen Ehe ohne seelische Unterstützung befand. Wiederum machte sich ihr altes Selbstbild bemerkbar, und sie lebte ihre Angst aus, indem sie sich mit anderen Männern einließ. Dieses Mal flog die Affäre auf. Zu diesem Zeitpunkt war sie bereits willens, dem Problem auf den Grund zu gehen.

Sobald Margaret sich entschloß, den Mythos frontal anzupacken, den sie seit ihrer Kindheit verinnerlicht hatte, tauchten viele verdrängte Bilder wieder auf. Und die alten Muster ergaben langsam einen Sinn. Ihre Ehe stand ohnehin schon auf schwachen Beinen, und die Aufdeckung ihrer Liebschaft versetzte ihr den Todesstoß. Margaret machte eine sehr qualvolle Zeit durch, da Trennung und Scheidung nie leichtfallen, selbst wenn sie erwünscht sind. Doch auch diese Periode war sinnvoll.

Es folgte die *Widerstands*phase, und der Kampf ging erneut los. Als Margaret sich neuen Männerbeziehungen zuwandte, war sie noch immer mit ihren alten Mustern beschäftigt. In Sachen Verführung kannte sie sich aus, nur um der Prophezeiung Genüge zu tun; sie hatte jedoch keine Ahnung, wie sie eine Beziehung aufrechterhalten konnte, die ihr guttat. Aber sie war lernwillig. Obwohl sie hin und wieder den Kopf verlor, wachte sie dennoch bald auf und erkannte, was sie tat.

Zu diesem Zeitpunkt hatte Margaret ihren eigenen spirituellen Weg gefunden. Und ihre Meditationen und Gebete trugen ihr allmählich Erkenntnisse ein. Ihre Therapie erwies sich als wirksam – nach einer Affäre versank sie nicht mehr in Depressionen oder war nicht mehr über die fehlgeschlagene Beziehung enttäuscht. Zur Lösung des Rätsels fehlte allerdings immer noch ein größeres Stück.

Margarets *Erwachen* stellte sich während einer geführten Visualisierung ein. Plötzlich erinnerte sie sich, daß sie von ihrem Vater sexuell belästigt worden war. Dies war die endgültige Einsicht, die ihr Muster aufbrechen sollte, denn mit diesem Vergehen wurde damals die *Form* in ihr einzementiert.

Sobald sie sich von dem Schock erholt hatte, *engagierte* sich Margaret dafür, diese Information aus ihrem Unterbewußtsein für ihre Selbsterkenntnis einzusetzen. Dies bedeutete, sie mußte alle Gefühle annehmen, die in ihr aufstiegen. Es war unumgänglich für sie, die Ohnmacht, die Wut und die Scham aufs neue zu durchleben.

Ein Teil von Margarets *Engagement* galt dem Einsatz ihrer Energien zu ihrem eigenen Nutzen. Sie verschliß sie nicht einzig und allein mehr in Beziehungen und lernte gleich von Anfang an zu erkennen, ob sie ihr dienlich waren. Sie lernte es, Nein zu sagen. Sie gab ihre Anstellung zugunsten einer neuen beruflichen Laufbahn auf. Sie lernte, sich wirklich selbst zu lieben.

Doch die Form saß sehr tief und gab sich nicht kampflos geschlagen. Die *Läuterungs*phase schleuderte Margaret in gefühlsmäßige Extreme – einen Tag war sie heiter und optimistisch gestimmt, am nächsten Tag wurde sie von Depressionen heimgesucht, die sie fast in den Selbstmord trieben. In dieser Zeit konnte sie tatsächlich die Energie umwandeln, die sie jahrelang in ihrem Körper festgehalten hatte. Über die Auseinandersetzung mit ihren Problemen brachte sie es auch fertig, ihrem Vater zu verzeihen. Dies wiederum führte sie dazu, ihr Festhalten an sexuellem Mißbrauch aufzugeben. Zu guter Letzt mußte sie die Schwäche ihrer Mutter verzeihen, die ihr keinen Schutz bieten konnte.

Während der *Läuterung* kämpfte Margaret mit der Versuchung, wieder in ihr altes sexuelles Beziehungsmuster zurückzufallen, das ihr, obwohl schädlich, doch so vertraut war, und es fiel ihr gewiß leichter als die harte Arbeit, eine neue Form zu gebären.

Zu guter Letzt erreichte sie jedoch den Punkt der *Hingabe*. Sie wußte, daß sie angekommen war, weil ihre Gefühlslage sich stabilisierte. Wenn Margaret sich jetzt in einer Krise befindet oder einen schlechten Tag hat, verfällt sie nicht mehr in Depressionen. Ihre Prioritäten haben sich in neuer Weise so angeordnet, daß sie heutzutage nur die Dinge wählt, die ihr guttun. Zum ersten Mal in ihrem Leben handelt sie zuversichtlich. Sie hat ihren alten Eltern vergeben, sie bringt ihnen Mitgefühl entgegen. Die Vergehen sind nicht mehr in ihr lebendig; sie gehören der Vergangenheit an. Sie fühlt sich inzwischen nicht mehr zu den falschen Männern hingezogen, noch haben diese Männer etwas für sie übrig. Nun liebt und respektiert Margaret sich selbst und zieht einfühlsame und fürsorgliche Beziehungen an.

Die eigene Wahrheit ruht im Inneren

Nicht alle unsere lebensgestaltenden *Formen* stammen aus den familiären oder religiösen Mythen. Viele Formen haben ihren Ursprung in den machtvollen Gedankenformen unserer Zeitgenossen. Ned dient dafür als gutes Beispiel.

Als Ned noch ein kleiner Junge war, wollte er Tänzer werden. Seine Familie billigte diesen Wunsch. Für ein Kind in einer Kleinstadt im Süden war er wohl etwas ungewöhnlich, doch er war nicht unerfüllbar. Keiner konnte sich erklären, weshalb Ned auf das Tanzen so versessen war, aber sie klatschten Beifall, als der kleine Junge vortanzte. Sein Vater räumte sogar die Garage aus, als der Achtjährige nicht lockerließ, ein »Studio« zu bekommen. Er bettelte, Tanzunterricht nehmen zu dürfen, und sie fanden einen Lehrer für ihn. Zwei Jahre lang besuchten Ned und fünfzehn kleine Mädchen jede Woche die Tanzschule. Es ist wohl anzunehmen, daß Ned von seiten seiner Familie diesbezüglich eine bejahende *Form* hatte.

Als er allerdings zehn Jahre alt wurde, änderte sich alles. Erst fing Neds Bruder an, ihn aufzuziehen, später hänselten ihn auch seine Freunde. Tanzen sei »nur etwas für Mädchen und wunderliche Knaben«, sagten sie. Ned wußte nicht ganz genau, was ein »wunderlicher Knabe« ist, doch keinesfalls wollte er einer sein. Das Tanzen brachte ihn langsam in Verlegenheit. Seine Eltern verhielten sich damals ziemlich gleichgültig. Es ist ja bekannt, daß Kinder ihre Meinung oft ändern. Die neue Form nahm jedoch Gestalt an, und als er mittlerweile zwölf Jahre alt war, schien es in ihm festgelegt: Richtige Männer tanzen nicht.

Ned sagte später einmal, es fühlte sich so an, als ob er ein beschämendes Geheimnis hätte, da er nach wie vor in sein Behelfsstudio ging, eine Platte auflegte und den führenden Tanzpart eines Balletts übernahm. Er erzählte jedoch niemandem etwas davon. Statt dessen wandte er seine Aufmerksamkeit den Werten zu, die nach Ansicht seiner Kameraden zählten: Sportliche Aktivitäten, der Besitz eines Autos, mit

Mädchen ausgehen und Geld verdienen. Ned war in sehr guter körperlicher Verfassung. Deshalb schnitt er bei Wettkampfsportarten ziemlich gut ab und erhielt von seinen Freunden eine Menge wohlwollendes Feedback. Dies gefiel ihm natürlich. Mit sechzehn Jahren gab er das Tanzen fast völlig auf. Aber er gestand, daß er sich niemals in seinem Leben so frei gefühlt hatte wie damals als junger Tänzer. Sogar als Teenager war er sich bewußt, daß er etwas Bedeutsames verloren hatte.

Viele Jahre zogen ins Land, und Ned empfand weiterhin Befriedigung durch die Anerkennung seiner Freunde. Er beendete seine Ausbildung am örtlichen College mit einem Handelsschulabschluß, und er hatte keine Ahnung, was er mit seinem Leben anfangen sollte. Doch wie alle anderen, legte er viel Wert auf Geld; daher verwandte er seine Zeit und sämtliche Energien auf den Gelderwerb. Und er verdiente viel. Er heiratete, gründete eine Familie und verdiente noch mehr. Nur glücklich war er nicht. Wie die meisten seiner Freunde interessierte er sich für Sport, betrieb selbst aktiv Sport und widmete sich seinen Geschäften. Mit fünfunddreißig Jahren besaß er ein großes Haus, die Mitgliedskarten mehrerer Clubs, war geschieden, hatte eine neue Frau, ein neues Baby und wurde in immer bedenklicherer Weise alkoholsüchtig. Er bezeichnete sich seinerzeit als »einen Mordskerl«.

Ned war sich nicht bewußt, daß er nur trank, um die Traurigkeit seines nicht gelebten inneren Selbst zu übertünchen. Es war ihm aber sicherlich nicht klar, daß sein Leben verpfuscht war. Da das Trinken sowohl seine zweite Ehe als auch sein Geschäft bedrohte, verpflichtete er sich für ein Behandlungsprogramm für Alkoholiker.

Er wußte damals nicht, daß dieser Schritt eine wirkliche *Herausforderung* für seine bisher gelebte Form bedeutete. Trockenwerden war nur ein Teil des Programms, dem Ned sich unterzogen hatte; es galt, ehrlich mit sich selbst zu werden und die Verantwortung für sich zu übernehmen. Durch Gruppentherapie und Einzelsitzungen fing er an, seine Lebensentscheidungen zurückzuverfolgen, und dabei erkannte er, wie sehr sie auf den Werten anderer beruhten. Die *Herausforderung* erfüllte ihren Zweck an dem Tag, als Ned in tiefer Trauer zusammenbrach und unkontrolliert weinte, weil er im Alter von zwölf Jahren sein geliebtes Tanzen aufgegeben hatte.

Als Ned in seine Heimatstadt zurückkehrte und sein Leben wieder aufnahm, wußte er, daß er keine neue Karriere als Tänzer mehr starten konnte. Das war unrealistisch. Er verstand ganz klar, daß der Tanz zu diesem Zeitpunkt in seinem Leben symbolischen Charakter einnahm. Nun mußte er sich allerdings mit dem *Widerstand* auseinandersetzen. Da er nicht mehr trank, blieben nun die Botschaften aus seinem inneren Selbst ungetrübt.

Und jenes Selbst orientierte sich und beschied ihm, daß ihm das Leben, das er führte, nicht zusagte. Problematisch war nur, daß Ned nicht wußte, was er statt dessen wollte. Er hatte vollauf mit seinen Geschäften und gesellschaftlichen Verpflichtungen zu tun. Und seine Freunde und Kollegen hielten durch die vorgegebenen Werte – Sport, Geld und Erfolg –, die sie alle angeblich teilten, ihre Beziehung mit ihm aufrecht. Er fühlte sich einsam und war total verwirrt, welcher Richtung er sich wohl zuwenden solle. An einem Morgen wachte er auf, schaute sich sein Leben an und sagte: »He, das ist prima. Was will ich denn mehr?« Und am anderen

Morgen wachte er auf und ihm graute vor dem, was ihm der Tag bringen würde.

Während der *Widerstands*phase bewegte sich Ned einige Jahre lang hin und her. In dieser Periode konnte er allerdings wirklich die Fähigkeiten einsetzen, die er über das Alkoholiker-Programm gelernt hatte. Er verleugnete oder begrub keinerlei Konflikte mehr.

Neds *Erwachen* erwies sich für ihn als völlige Überraschung. Er wurde eingeladen, an einem staatlich geförderten Projekt für Manager teilzunehmen. Das Ziel des Projektes war, staatenweit Unternehmen zu gewinnen, die sich für die Verbesserung des kulturellen und künstlerischen Lebens der Gemeinden und Städte im ganzen Land einsetzen. Opern-, Ballett- und Theateraufführungen bestritten einen Teil des Unterhaltungsprogrammes.

Ned sagt über diese wenigen Tage: »Ich weiß wirklich nicht, was geschehen war. Vielleicht hing es damit zusammen, daß ich mich außerhalb meiner Heimatstadt befand. Ich gebe es nicht gerne zu, aber vielleicht beeinflußte mich die positive Reaktion anderer Geschäftsleute. Andererseits mag es sein, daß ich einfach vorbereitet dafür war.« Was immer auch als Auslöser galt, in Ned brach etwas auf, und zum ersten Mal seit mehreren Jahren erlebte er sich in freudiger Erregung.

Dieses Ereignis wurde zum Träger für Neds *Engagement*. In der staatlichen Sonderkommission setzte er sich derart stark ein, daß er schon bald als Projektleiter anerkannt wurde. In dieser Position befand er sich im Austausch mit Künstlern. Und er freundete sich landauf, landab mit anderen Geschäftsleuten an, die sich um das Kulturleben in ihren Gemeinden kümmerten.

Die *Läuterung* von Neds alter Form geschah auf subtile Weise, doch sie fand wirklich statt. Obwohl er sich immer noch dabei ertappte, wie er versuchte, mit seinen alten Kumpels auszugehen, und so tat, als ob eine Runde Golf und die Besprechung des Börsenmaklers ihn befriedigten, gestand Ned sich allmählich ein, daß er tatsächlich die Werte vieler Bürger seiner Gemeinde nicht teilte. Sein Selbstverständnis und seine Weltanschauung hatten sich erweitert, und er wollte mehr. Lange Zeit bemühte sich Ned darum, kulturelle Feuer unter dem Sitz anderer Finanzgewaltiger seiner Stadt zu entzünden. Es gelang ihm aber einfach nicht, genügend Interesse zu erwecken.

Damals faßte er den Entschluß, seine Heimatstadt zu verlassen. Glücklicherweise hatte er die Mittel dazu, und seine Frau stand hinter seiner Entscheidung. Demzufolge verkaufte er sein Geschäft und zog in eine große Stadt, wo er seinen wirklichen Absichten nachgehen konnte.

Der Umzug an sich war ein Akt der *Hingabe,* denn er versinnbildlichte Neds Wahl für das, was er zu seiner Erfüllung brauchte. Nachdem er sich in der Großstadt eingelebt hatte, kümmerte er sich um die geschäftliche Seite der Künste. Er engagierte sich besonders für das Ballett. Mittlerweile verkündete ihm sein innerer Künstler, daß er sogar noch mehr als das brauchte, und somit fing er an, Malunterricht zu nehmen. Ned hat bis heute keine Ambitionen, ein professioneller Maler zu werden, obschon ihn viele dazu angehalten haben, seine Werke in Ausstellungen zu veröffentlichen. Er hat allerdings seine eigene Kreativität in Anspruch genommen.

Neds Geschichte hat noch einen interessanten Nachsatz. Vor einigen Jahren betätigte er sich hilfreich bei der Durchführung eines Projektes, das Jugendliche vor Drogen und dem Herumlungern auf der Straße bewahren sollte, indem sie in ein Tanzprogramm einbezogen wurden.

Veränderungen gemeinsam durchlaufen

Organisationen, Unternehmen, Regierungen, ja sogar die Gesinnungen der Gesellschaft durchlaufen die sieben Stufen der bewußten Veränderung. Nicht jeder einzelne ist bereit, seine nächstfolgende Stufe in der Umwandlung der Gemeinschaft zu betreten. Wir werden nicht alle miteinander an den nächsten Übergangspunkt gelangen. Je mehr Menschen bei großen Herausforderungen beteiligt sind, um so mehr Widerstände treten auf und um so schwerfälliger verläuft die Veränderung. Grundlegende gesellschaftliche Veränderungen können Jahrhunderte in Anspruch nehmen. Die Umwandlung vollzieht sich jedoch mit Blitzgeschwindigkeit, wenn ein ausreichend großer Anteil von uns mit der Bereitschaft zur Veränderung eine kritische Masse bildet.

Betrachten wir uns einmal die Bürgerrechtsbewegung an der Stelle, wo die Veränderung wirklich einsetzte. Bis zum Zeitpunkt des Bürgerkrieges war eine *Form,* die Sklavenbesitz erlaubte, an der Tagesordnung. Zweifelsohne gab es immer einen gewissen Prozentsatz von Menschen, der sie als falsch erkannte, doch sie war in der Gesellschaft genügend weit verbreitet, so daß die Sklavenhaltung jahrhundertelang andauern konnte. Jene Form blieb teilweise in der Überzeugung erhalten, daß Schwarze minderwertig sind.

Die *Herausforderung* für diese Form hatte ihre Wurzeln im fundamentalen Lehrsatz der amerikanischen Philosophie.

Alle Menschen sind gleich geschaffen. In dem Augenblick, wo wir in Anspruch genommen haben, das zu glauben, haben wir den Mechanismus in Gang gesetzt, der letztendlich alles abtragen sollte, was mit dieser Überzeugung nicht einherging. Es dauerte beinahe hundert Jahre, bis die Herausforderung sich in vollem Maße durch die den Bürgerkrieg begleitenden Ereignisse herausbilden konnte. Das Symbol für diese Herausforderung war die Befreiungsproklamation. Obwohl wir immer noch einen langen Weg zurücklegen mußten, war die Veränderung in Gang gesetzt und unserer alten Form ein Todesstoß versetzt worden.

Trotz der Gesetzesänderungen, die den legalen Sklavenbesitz verboten, gab es in breiten Gesellschaftsschichten entschiedenen *Widerstand*. Im nächsten Jahrhundert ertrugen wir den Rückfall in die alte Form, in ein hierarchisches Wirklichkeitsmodell, das tief in unsere kollektive Psyche eingegraben war. Die Angst mit all ihren Gefolgsmännern – vom Ku-Klux-Klan und von korrupten Gerichtshöfen bis zur Isolierung in Bildungs-, Siedlungs- und Gesellschaftsghettos – hielt die schwarze Bevölkerung in wirtschaftlicher, sozialer und psychologischer Sklaverei.

Die *Erwachens*stufe des Veränderungszyklus konnte so lange nicht einsetzen, bis eine genügende Anzahl von uns – Schwarze und Weiße – den *Widerstand* erduldet hatten und zur bewußten Veränderung bereit waren. Die Bürgerrechtsbewegung lieferte Tausenden dieses Erwachen. Die Menschen aller Hautfarben wachten aus der Illusion auf, daß Amerika die Philosophie auch lebte, die sie sich auf den Leib geschrieben hatte. Führer wie Martin Luther King jr. durchschnitten die alte Form, um Herz und Geist von Millionen zu berühren.

Der Preis, den das *Erwachen* forderte, war hoch. Hunderte haben ihn mit ihrem Leben bezahlt. Und damals lag noch immer ein weiter Weg vor uns. Doch nach dem Erwachen begannen wir, den Impuls der laufenden Veränderung zu spüren.

Während der *Engagements*phase wurden wichtige Gesetze geändert und durchgesetzt, wobei natürlich noch viele Menschen heftigen *Widerstand* leisteten, aber das Gewicht der öffentlichen Meinung hatte sich verlagert. Immer mehr Menschen setzten sich auf alle erdenklichen Weisen für die Gleichberechtigung der schwarzen Bürger ein. Die Eingliederung eröffnete neue Möglichkeiten. Wir leiteten den Umerziehungsprozeß ein, der die Kinder der Schwarzen stolz auf sich sein ließ und den weißen Kindern ein neues Verständnis und Akzeptanz vermittelte. Die Schwarzen erhielten deutlich mehr Zugang in Schulen, in die Geschäftswelt, in die Regierung und in alle Bereiche ihrer Gemeinden. Der langwierige und mühsame Prozeß, die überall bestehenden Ungleichheiten zu beseitigen, wurde ständig entmutigt und enttäuscht. Den Traum der Gleichberechtigung konnte nichts anderes als der totale Einsatz von Zeit, Geld, Talent und harter Arbeit in die materielle Wirklichkeit einbringen.

Und diese Veränderung haben wir keinesfalls schon verwirklicht. Wir befinden uns augenblicklich in der *Läuterungs*phase. Jeder Aspekt unserer Gesellschaft, der die Schwarzen nicht als gleichberechtigt behandelt, wird uns so lange nicht in Ruhe lassen, bis wir das, was wir vorgeben zu glauben, auch leben. Es gibt darin keinen Platz, um Vorurteile und Angst zu verbergen. Der gesamte heimliche Abfall kommt zum Vorschein. Die Veränderung muß authentisch sein.

Wir werden wissen, daß unsere Veränderung abgeschlossen ist, sobald der Tag kommt, wo der Wert, das Potential oder die Chancen eines Afroamerikaners genauso unabhängig gesehen werden wie die eines Angehörigen französischer, schottisch-irischer, asiatischer oder sonstiger Herkunft. Wir werden uns der *Hingabe* zuwenden, der Zeit der Synthese, wenn wir wahrhaftig in einer Gesellschaft leben, die gemäß des Prinzips handelt, daß alle Menschen gleich geschaffen sind.

Der Fortschritt entpuppt sich nicht wie angenommen

Betrachten wir uns ein anderes Beispiel aus der Gesellschaft, und folgen wir dem Veränderungsrhythmus anhand einer typischen Problemstellung, mit der sich unsere Städte und Gemeinden heutzutage konfrontiert sehen. Wir haben lange Zeit nach einer *Form* gelebt, die besagt: »Fortschritt ist großartig.« Dem kann man noch hinzufügen: »Fortschritt bedeutet, von allem mehr und mehr zu haben.« Aus dieser Form haben wir einen Lebensstil geschaffen, von dem unsere Großeltern nur träumen konnten. Trotz der Warnungen pionierhafter Umweltschützer wurde er lange Zeit von jedem unbesehen übernommen.

Daraufhin fing Mutter Natur an, uns zu disziplinieren. Zuerst sahen sich wenige und inzwischen viele vor eine ernstzunehmende *Herausforderung* gestellt. Nach und nach hat genau die Wissenschaft, auf die wir gebaut haben, uns mit all den wundervollen neuen »Dingen« zu versorgen, uns allmählich berichtet, daß der Fortschritt Nebenwirkungen mit sich bringt. Unsere Meere werden krank, unsere Nahrung ist mit gefährlichen Chemikalien versetzt, und unsere Atemluft ist verseucht. Wir rotten ganze Tierarten aus und bringen das Gleichgewicht der Natur durcheinander. Wir gefährden unsere lebenserhaltenden Systeme auf dem gesamten Globus.

Der *Widerstand* gegenüber diesen Berichten läuft auf vollen Touren. Wir haben eine Menge in unseren Lebensstil investiert. Wir haben Industrien mit Millionen von Arbeitsplätzen geschaffen, die von der Weiterexistenz des bestehenden Systems abhängen. Die Idee von Immer-mehr-Fortschritt hat sich in unserer Wahrnehmung der Wirklichkeit so tief eingegraben, daß wir Geld mittlerweile als vorwiegendes Erfolgssymbol betrachten. Unsere starke Zwiespältigkeit tut sich kund. Einerseits wünschen wir uns eine saubere Umwelt, andererseits wollen wir die Dinge behalten, die der »Fortschritt« uns beschieden hat. Regierungen, angefangen vom Stadtrat bis zur Hauptstadtverwaltung, müssen sich mit dem hohen Kostenaufwand eines sich wandelnden Systems auseinandersetzen.

Im Verlauf der letzten zehn Jahre sind allerdings viel mehr Menschen in die *Erwachens*phase eingetreten. Bücher, Magazine, Mitteilungsblätter und das Fernsehen vermitteln uns die verheerenden Auswirkungen des ewig währenden Status quo. Uns ist klar, daß wir uns den Luxus einer Veränderungsdauer von hundert Jahren nicht leisten können. Wir haben nun die Bedeutung von Fortschritt neu zu definieren, sonst stehen wir binnen kurzem überhaupt ohne Erdball da.

Auf dem ganzen Globus *engagieren* sich die Menschen ernsthaft zugunsten des Wandels. Sie schließen sich in Gruppen verschiedener Größe zusammen. Sie streiken, protestieren, schreiben Briefe, geben Informationen bekannt, bilden

Sonderkommissionen, gehen gegen umweltgefährdende Industrien vor, formieren sich zur Lobby, tragen in der Öffentlichkeit und auf Wahlveranstaltungen die Problematik vor. Sie prangern die örtliche Umweltverschmutzung an. Sie stellen die bisher für selbstverständlich gehaltenen Bequemlichkeiten, von Plastik bis zu Treibgasen, in Frage. Durch globales Denken und lokales Handeln fordern und gewinnen sie auch in der breiten Öffentlichkeit ein wachsendes Umweltbewußtsein. Und eine zunehmende Zahl von Umweltschützern behält die Industrie wachsam im Auge.

Mittlerweile müssen wir die *Läuterung* durchstehen. Wir können ohne weiteres miterleben, wie sich die Manifestationen all unserer alten Formen totlaufen. Die Luft, das Land und die Meere zu reinigen, verlangt Zeit, Geduld und Klarheit. Wir werden jeweils dort die Folgen zu tragen haben, wo wir Geld oder Sachwerte höher bewerten als das gesamte Leben dieses Planeten. Jede Art von hartnäckiger Überheblichkeit, die Natur dennoch zu überlisten, statt mit ihr zusammenzuarbeiten, wird schärfstens korrigiert werden – und wir werden alle darunter zu leiden haben.

Eigennutz und Gleichgültigkeit kommen im Verlauf einer Läuterungsphase zum Vorschein, damit sie beseitigt werden. Sie ist und wird sich als eine Zeit erweisen, die von Individuen und der Gemeinschaft gleichermaßen gnadenlose Ehrlichkeit mit sich selbst verlangt. Die von uns geforderten Entscheidungen werden uns schwerfallen, aber dank des Engagements so vieler Menschen wird unsere Wahl entschiedener ausfallen: Entweder zügeln wir unseren sogenannten Fortschritt, oder wir vererben unseren Kindern eine chronisch kranke Umwelt.

So wie bei allen bewußten Veränderungen wird sich die

Hingabe einstellen, sobald wir unser Bewußtsein vollends umgepolt haben. Es ist unser Geburtsrecht, schöpferisch zu sein. Wir sind völlig ausgerüstet, Lösungen für unser Leben zu schaffen – und uns in Harmonie mit der Natur weiterzuentwickeln. Wir können aber nichts zustande bringen, was höher als unser Bewußtsein ist. Diejenigen, die den Wert des Fortschritts bereits ausnahmslos in Frage gestellt und sich selbst der Veränderung verpflichtet haben, werden viel eher als die breite Bevölkerung zur Hingabe gelangen. Dann werden sie zu aktiven Vertretern der Veränderung.

Das Leben des Buddha

Das Leben des Buddha, das zum Teil die Biographie eines wirklichen Menschen und zudem die Wiederholung der einen Geschichte ist, bietet uns ein ideales Modell sowohl für die Reise des Strebenden als auch für den Verlauf der sieben Schritte der bewußten Veränderung.

Der Begriff »Buddha« ist in Wirklichkeit ein Titel. Er bedeutet »Erwachter«, ebenso ist »Christus« ein Titel und heißt der »Gesalbte«. In den mystischen Lehren findet man zuerst einen Weg, dann bereist man den Weg und zu guter Letzt wird man der Weg. Wenn ein selbstverwirklichter Mensch der Weg ist, verkörpert dieser den Titel. Wenn wir den Begriff im volkstümlichen Sinn verwenden, wissen wir, wer gemeint ist, wenn wir »Buddha« oder »Christus« sagen.

Die Trennlinie zwischen Tatsache und Legende verwischt sich, wenn wir es mit Wesenheiten zu tun haben, die für viele zum Weg geworden sind. Viele überlieferte Einzelheiten aus ihrem Leben können wir nur verstehen, wenn wir wissen, daß sie teilweise aus dem Reich der Legende stammen. Wie dem auch sei, die Geschichte des Buddhas verläuft dennoch nach dem Prinzip des siebenstufigen Veränderungszyklus. Selbst wenn wir einige Fakten dieser immer wieder erzählten Lebensberichte anzweifeln, vergegenwärtigen sie uns doch, daß wir auf dem Weg der Selbstverwirklichung in unserem eigenen Leben dieselben Stufen durchlaufen.

Buddhas *Form* verlangte von ihm, König zu werden und sein physisches Reich zu regieren. Gautama Siddhartha wurde im Jahre 563 v. Chr. als Sohn des Königs Suddhodana (Herrscher des Stadtstaates Kapilavasta) und der Königin Mahamaya geboren. Er wuchs in jedem erdenklichen Luxus auf und wurde auf seine Rolle als König vorbereitet. Mehrere Ereignisse, die seine Geburt begleiteten, wiesen trotz alledem darauf hin, daß er sich mit einer hoch entwickelten Seele inkarnieren würde. Seine Mutter träumte von einem weißen Elefanten, der in der indischen Kultur als glückverheißendes Symbol gilt. Die Weisen prophezeiten, daß er entweder ein großer König oder ein Buddha werden würde. Mit sechzehn Jahren wurde er verheiratet, lebte weiterhin in Pracht und Herrlichkeit und war vor der Härte des Lebens außerhalb des Palastes behütet.

Die Geschichte berichtet uns, daß die *Herausforderung* an Siddharthas bestehende Form im Alter von neunundzwanzig herantrat. (Im Lebensalter von achtundzwanzig oder neunundzwanzig Jahren erlebt man die astrologische Saturnrückkehr – die Zeit, in der im Leben oftmals ein wichtiges Ereignis eintritt, das alles verändert.) Zu drei verschiedenen Gelegenheiten hat er einen ergebenen Diener gebeten, ihn vor die Palastmauern zu bringen. Bei seinem ersten Ausflug begegnete er einem Menschen, der vom »Alter« gebeugt war, auf der zweiten Reise erhaschte er einen Blick auf einen Menschen, der von Krankheit geschlagen war, und auf seiner dritten Tour sah er sich dem Anblick einer Leiche ausgesetzt, was in ihm gleichzeitig ein plötzliches Bewußtsein des Todes auslöste. Aller Wahrscheinlichkeit nach sind diese Erlebnisse im realen Sinne so nicht geschehen. Vielmehr deuten sie darauf hin, daß Siddhartha in dieser Zeitspanne den wahren Zustand der Menschheit wahrnahm und seine behütete Weltsicht sich auf immer verändert hat.

Sein *Widerstand* wurde spürbar, als er sich zu entscheiden hatte, ob er die Erwartungen seiner Eltern und seiner Frau erfüllen oder seinem Verlangen, zugunsten der gesamten Menschheit nach dem Sinn des Lebens zu forschen, nachgehen würde. Wir können wohl nachempfinden, daß seine Entscheidung, auf die Ehe, das Luxusleben und die Königswürde zu verzichten, nicht ohne Zwiespältigkeit und inneres Ringen ablaufen mußte.

Er wurde ein asketischer Wanderer und begann mit seiner Suche. Dieser Lebensabschnitt ist uns als die große Entsagung bekannt. Man könnte diesen Zeitraum seinem *Erwachen* zuordnen, denn er legte seine Ambivalenz, ob er sich nicht doch seiner früheren Lebensweise zuwenden solle, währenddessen gänzlich ab.

Siddhartha *engagierte* sich ausnahmslos für seine Suche nach Erleuchtung. Er ging bei Arada, einem allseits bekannten Weisen, in die Lehre, um seinen Weg zur Erleuchtung zu finden. Er kam sehr weit darin, doch nach Siddharthas Ermessen genügte es ihm nicht. Als nächstes studierte er bei Ukrada, einem anderen berühmten Lehrer, und wurde in noch höhere mystische Bewußtseinszustände geführt. Einige Zeit später verließ er ihn und schloß sich einer Gruppe von

Asketen an. Man erzählt sich, daß er jahrelang ein äußerst bescheidenes Leben der Selbstkasteiung führte, aber selbst danach fühlte er, daß er das Gesuchte noch immer nicht gefunden hatte.

Zu diesem Zeitpunkt verließ Siddhartha die Asketen und alle anderen Lehrer und zog aus, seinen Pfad allein zu finden. Mit welcher Ernsthaftigkeit er sich verpflichtete, wird uns in der Geschichte berichtet, in der er unter dem heiligen Bodhibaum saß und an dieser Stelle verkündete, er würde nicht eher aufstehen, bis er erleuchtet sei.

Als er unter den Zweigen des Erwachensbaumes saß, begab er sich in die allertiefste *Läuterung*. Aus der Legende erfahren wir, daß er Mara, dem König des Todes und Herrn der Leidenschaften, und seiner riesigen Gefolgschaft von Versuchern und Dämonen gegenübertreten mußte (was natürlich den Versuchungen, die Jesus in der Wüste zu bestehen hatte, gleichkommt). Als Siddhartha diesen Kräften Herr wurde, gelangte er zu der Erkenntnis, daß diese Feinde nicht außerhalb, sondern in ihm selbst vorhanden sind. Jede neue Konfrontation brachte ihm größeres Verständnis und mehr Klarheit ein.

Als er sich schließlich aus seiner Sitzstellung erhob, hatte er sich völlig *hingegeben*. Damals war er fünfunddreißig Jahre alt, und im Verlauf der nächsten fünfundvierzig Jahre wurde er für Hunderte von Jüngern der verkörperte Weg. Und heute ist er noch immer für Millionen der Weg.

Übung: Der Umgang mit dem Sieben-Schritte-Modell

Eine Möglichkeit, die soeben erfahrene Veränderung zu verstehen, ist, die bereits durchlaufenen Wandlungsstufen rückblickend zu betrachten. Nehmen Sie sich einen Veränderungszyklus vor, von dem Sie mit Sicherheit wissen, daß er abgeschlossen ist. Mit Hilfe des Sieben-Schritte-Modells überprüfen Sie, wie die sieben Schritte der bewußten Veränderung verlaufen sind. Fertigen Sie zuerst eine Liste der sieben Schritte an. Neben jeder Phase vermerken Sie schriftlich, wie das dynamische Kräftespiel bei dieser Veränderungspassage verlief. Sie haben beispielsweise mit einer von Ihrer Familie übernommenen *Form* angefangen, die besagte, daß Frauen mit dem Wunderprinzen belohnt würden und bis an ihr Lebensende glücklich wären, sofern sie hübsch und unterwürfig seien. Doch mittlerweile hängen Sie dieser Überzeugung nicht mehr an.

* Wann ist die *Herausforderung* zum ersten Mal aufgetreten? Geschah es in der Gymnasialzeit oder während der nachfolgenden Ausbildungszeit? Handelte es sich um eine enttäuschende Beziehung?

* Welche Art von *Widerstand* kam auf, als Sie zum ersten Mal darangingen, das Muster zu zerschlagen? Hatten Sie Angst davor, mit der Tradition zu brechen? Waren Sie sowohl von der alten Form wie auch von dem neuen Weg angetan? Wie fühlte sich dieser Widerstand an und wie äußerte er sich?

* Was brachte Klarheit und das *Erwachen?* Stellte sich ein unerwartetes *Aha* ein oder dämmerte es Ihnen allmählich? Wurde das Erwachen durch einen einzigen Vorfall ausgelöst?

* Was mußten Sie unternehmen, um sich dem *Engagement* für das neue Modell zu verpflichten? Wie haben sich Ihre Hilfsmittel verändert? Haben Sie an Lehrgängen und Seminaren teilgenommen, haben Sie sich einer Therapie unterzogen, sind Sie Risiken eingegangen?

* Welche Art von *Läuterung* mußte stattfinden, damit die alte Form keine Anziehungskraft mehr auf Sie ausübte? Sind Sie durch Zeiten der Einsamkeit gegangen? Hat eine Rückentwicklung stattgefunden, und wurde die alte Form eine Zeitlang wiederholt?

* Wann haben Sie sich ihrer ehrlichen Überzeugung nach der neuen Form *hingegeben*? Wann wußten Sie, was es wirklich bedeutete, eine Frau auf einem neuen Weg zu sein (oder eine Beziehung mit einer Frau einzugehen), ungeachtet dessen, was es Sie kostete und wohin es Sie führte? Ab wann haben Sie den neuen Weg von innen heraus im Äußeren gelebt, ohne Zwiespältigkeiten und ohne sich etwas einreden zu müssen?

Es fällt Ihnen vielleicht auf, daß einige der Schritte sehr deutlich durch ein Ereignis bestimmt wurden. Die anderen Stufen setzen sich möglicherweise aus mehreren Begebenheiten und aus umgewandelten Einstellungen zusammen.

Nachdem Sie bewußt einen abgeschlossenen Veränderungsprozeß untersucht haben, nehmen Sie sich jetzt ein Wandlungsgeschehen vor, das augenblicklich abläuft, und prüfen Sie, wo Sie sich in diesem besonderen Veränderungszyklus befinden. Erfahrung und Verständnis können Ihnen helfen, zu realisieren: »Auch dieses wird vorübergehen.« Lesen Sie noch einmal das betreffende Kapitel, das Ihren aktuellen Zustand beschreibt, und achten Sie darauf, ob Sie Hinweise zur Bewältigung der Phase finden können. Merken Sie sich die Eigenschaften der Phase, die Sie gegenwärtig erleben – machen Sie sich wirklich mit der Wesensart dieses Wandlungsabschnittes vertraut. Prüfen Sie, ob sie noch weitere Wesensmerkmale dieses Aspektes erfahren.

Bedenken Sie vor allem, daß Sie sich in einem Übergang befinden. Er entspricht nicht dem, wer sie sind; er ist lediglich das, was Sie gegenwärtig erleben. Sie sind das bewußte Wesen, das die Veränderung an sich erfährt.

Die Vertreter der Veränderung: Wie wird man ein Weltdiener?

Und es ist wahr und keine Frage des Lebensalters, sobald wir in die Welt hinausgehen, ist es das Beste, uns bei den Händen zu halten und beieinander zu bleiben.

Robert Fulghum

Als ich noch sehr jung war, zogen ein Kollege und ich über unsere Vorgesetzten her. »Die« haben dies gemacht, und »die« haben jenes veranlaßt. Eines Tages wurde er dann befördert. Kurze Zeit später kam er mit einem ungläubigen Gesichtsausdruck in mein Büro hereingestürzt und schnaubte: »O mein Gott, ich habe eben erkannt, daß ich einer von ›denen‹ geworden bin.«

Das geschieht, sobald wir aufwachen. Wir erkennen, daß wir alle – nicht irgendwelche gesichtslosen »die« – unsere Gruppenrealität miteinander erzeugen, angefangen von den Gemeinden bis hin zu der Wirklichkeit, die den gesamten Globus betrifft.

Ehe wir bewußt zur Umwandlung auf Gruppenebene beitragen können, müssen wir selbst zunächst unserer alten Form den Kampf ansagen, die voraussetzt, daß jemand anderer »da draußen« das Sagen hat. Diese Konfrontation verläuft nicht immer angenehm. Vorwürfe zu machen, zu verleugnen und zu ignorieren fällt uns viel leichter. Die täglichen Nachrichten sind gewiß dazu imstande, uns zu überwältigen und zu lähmen. Doch nicht dagegen vorzugehen, ist schon eine eigenständige Entscheidung, die sich in unser gesamtes Verhaltensmuster einreiht.

Unsere Veränderungen auf Gruppenebene geschehen nicht, weil irgendwelche geheimnisvollen »die da draußen« schließlich die Regeln verändern. Sie passieren durch die Handlungen gewöhnlicher Menschen. Häufig haben diese Menschen zuerst ihre persönlichen Schmerzen, Verluste, Konflikte und Zorngefühle bewältigt und konnten so diese Energien anschließend in etwas Positives für uns alle verwandeln.

Nahezu jede Woche hören wir, wie jemand in einer Talkshow interviewt wird, der Öffentlichkeitsarbeit betreibt und eine Unterstützungsgruppe ins Leben gerufen hat, die aus persönlichem Leiden hervorgegangen ist – in ihren Aktivitäten spüren sie verlorengegangene Kinder auf, kümmern sich um geschlagene Ehefrauen, verbannen Alkohol aus dem Straßenverkehr und dämmen den Straßenhandel mit Drogen ein. Genau wie uns Tag für Tag in aller Deutlichkeit mitgeteilt wird, in welcher Art der Läuterungsritus unseren Planeten ergriffen hat, so teilen wir einander in zunehmendem Maße mit, wie wir in unserem persönlichen Leben schöpferisch verändernd wirken können.

Überall auf dem ganzen Erdball werden wir Menschen uns über unsere totale Abhängigkeit untereinander bewußt. Durch jahrelange Beratungspraxis mit zahlreichen Klienten wurde mein eigenes Verständnis geschärft. Mit Hilfe der medialen Einstimmung auf die einzelnen orientierte ich mich über ihre persönlichen Lebensmuster und Versprechen und konnte sehen, daß ihre Leben vom gesamten Erdenleben untrennbar waren. Ihre Veränderungen waren mit dem Wandel, den das gesamte Menschengeschlecht erfuhr, eng verwoben. Ihre tiefsten Sehnsüchte richteten sich darauf, schöpferisch am Veränderungsgeschehen teilzunehmen. Die Führung wies sie unablässig darauf hin, auf das Teil des Ganzen zu achten, das sie sich vorgenommen hatten, zu verändern. Ich beobachtete, daß diejenigen, die bereit waren, sich persönlich zu verändern, ihre Wünsche allmählich für den Dienst am Gesamten ausweiteten. Je mehr sie die Prinzipien der Verbundenheit begriffen, desto mehr besiegten sie ihre Angst und Gefühle der Ohnmacht.

Das Erkennen der Gesamtverbundenheit liefert den Schlüssel zur Einflußnahme. Sie ist das wichtigste »Aha«, das uns widerfahren kann. Idealismus mag bis dahin einen isolierten, unsinnigen und schwachen Eindruck erwecken. Sobald wir uns erinnern – es handelt sich nämlich um die Rückerinnerung an das Ganze – nimmt jedes Wort, jedes Bild und jede Handlung eine neue Bedeutung an. Wir erkennen möglicherweise, daß wir uns dafür entscheiden können, für den Rest unseres Lebens dem gemächlichen Trott nachzugehen. Sind wir jedoch erwacht, ist dies nicht mehr erstrebenswert. Die Leidenschaft und das Zweckgerichtetsein werden wieder lebendig, sobald wir aufwachen.

Der Weckruf erschallte für viele von uns, als die Astronauten uns vom Mond aus die Abbilder unserer Erde übermittelten. Wie töricht erschien uns damals die Voreingenommenheit unserer nationalen Grenzen, als wir tatsächlich zum ersten Mal die Erde in ihrer Ganzheit sahen.

Für andere kam die Erkenntnis der Einheit, als wir Zeugen des radioaktiven Niederschlags von Tschernobyl wurden, der sich über mehrere Länder ausbreitete und von politischen Grenzen gänzlich unberührt blieb. Andere wiederum beobachten die Kursschwankungen des Dollars, des Yens oder der

D-Mark mit der Erfahrung, daß ein Einbruch in jedem beliebigen Wirtschaftssystem alle anderen mitreißt; gleichermaßen hat ein regionaler Ölteppich ökologische Auswirkungen, die den gesamten Erdball in Mitleidenschaft ziehen. Die Freilassung von Nelson Mandela, der Fall der Berliner Mauer und die Befreiung der osteuropäischen Staaten sind Siege, die uns alle betreffen.

Die gleiche Botschaft erhalten wir aus der Physik, der Biologie und der Ökologie: Unser Leben und Schicksal ist unwiderruflich miteinander verbunden. Unser Wohlbefinden und unser bloßes Überleben hängen davon ab, wie gut wir miteinander kooperieren, nicht wie geschickt wir die Natur oder einander unterjochen. Wir können uns keine Streitgespräche mehr leisten, ob wir die Philosophie der Vereinzelung beibehalten sollen oder nicht. Mittlerweile erkennen wir, daß jeder einzelne einer großen Familie angehört.

Die Vertreter der Veränderung

Als Kinder konnten wir oft intuitiv spüren, daß alles Leben miteinander verbunden ist. Mit tiefer und unschuldiger Weisheit haben wir uns daran erfreut, »die Welt zu retten«. Eingehüllt in unsere Leintücher, ausgerüstet mit abgebrochenen Besenstielen, die magisch verzauberte Lichtschwerter waren, schworen wir, die Unterdrückten zu verteidigen. Die Bösen haben wir niedergerungen und die Guten in Sicherheit gebracht – einfach, weil wir Freude daran hatten, die Welt zu retten.

Als mit zunehmendem Alter unsere Träume allmählich etwas peinlich wurden, verkündeten wir unsere Absicht, nach Afrika oder nach Lateinamerika zu gehen. Dort wollten wir die Hungernden speisen, den Heimatlosen ein Dach über dem Kopf geben und die Unterdrückten befreien.

Unsere Eltern haben bei unseren Ankündigungen nachsichtig geschmunzelt und planten nach allen Regeln der Kunst die wichtigen Dinge des Lebens für uns – das richtige College, eine gute Heirat und einen sicheren Arbeitsplatz – eine Litanei von Prioritäten, die nach und nach unsere edlen Impulse erstickte. Selbst unter diesen Umständen sind jene Impulse, die Welt zu retten, bei vielen nie vollständig abgestorben. Mit der Erwachsenenreife entwickelte sich unser Bestreben, die Welt zu retten, zu dem Wunsch, »der Welt zu dienen«. Wir wurden zu Weltdienern, die sich in dreiteiligen Anzügen, Seidenblusen und Bluejeans verkleideten. Nach und nach entdeckten wir, daß immer mehr Menschen die Vision vertreten, daß Frieden nicht nur möglich, sondern daß er unsere Bestimmung ist.

Vor dreißig Jahren, als die Vision einer möglichen neuen Welt langsam an die Öffentlichkeit trat, schmähten die übereifrigen Bewahrer der sterbenden Formen mit dem Sammelschimpfwort »Peacenik» jede Art von Gesinnung, die nicht dem Status quo entsprach. Und mit Sicherheit schienen die Blumenkinder, die Protestler gegen den Vietnamkrieg und die Kaffeehaus-Balladensänger im Gegensatz zu den herrschenden Allgewalten leichtgewichtige Krieger zu sein.

Als die Infragestellung der herrschenden gesellschaftlichen Zustände offenkundig wurde, fingen auch die Rückschläge an: Angst vor dem Unbekannten, Verspottung, Ablehnung, Mißtrauen, Heuchelei und geringschätziges Bewerten. Sie alle sind Bestandteile des unumgänglichen Wandlungskreislaufes.

Inzwischen ist die Vision jedoch ausgereift, und immer mehr Menschen begeben sich in das Engagement des Veränderungszyklus. Dieses Phänomen ist mit Recht als führerlose Revolution bezeichnet worden. Es handelt sich nicht um eine Vision, die nur von einem beliebigen Individuum oder einer Gruppe erfaßt wurde. Unser Menschengeschlecht hängt diesem Traum gleichermaßen nach.

In der Esoterik sagt man, daß wir uns dem Ende des arischen Zeitalters nähern, das in eine noch ungenannte Epoche einmündet, deren Beginn allerdings durch den Wandel vom Fischezeitalter zum Wassermannzeitalter gekennzeichnet ist. Andere wiederum sprechen von einem unmittelbar bevorstehenden neuen Zeitalter. Einige erwähnen die Neugeistbewegung oder einen Paradigmenwechsel, der den Weg für einen Quantensprung im menschlichen Bewußtsein öffnet. Begriffe wie »Wiedergeburt« und »Transformation« werden nicht mehr einzig und allein auf religiöse Literatur beschränkt, sondern sie werden in der sprachlichen Darstellung von allerlei Studien wie beispielsweise in der Todes- und Sterbeforschung bis hin zu persönlichen Psychotherapieformen allgemein verwendet.

Bewußte Evolution ist eine Redewendung, die sozusagen den Traum der neuen Weltdiener haargenau definiert. Sie umschreibt die Evolution und unsere Bewußtwerdung der Fähigkeit, eine neue und bessere Welt zu bauen, indem wir das Bewußtsein verändern. Ein Weltdiener ist jeder, der sich zuerst seiner erinnert, anschließend das tiefe Wissen in sich wachruft, daß die kranke Gesellschaft genauso wie das Leiden der Gefühle, des Verstandes oder des Körpers nicht als natürlich hingenommen werden muß. Was im einzelnen krank ist, ist außerhalb der Harmonie mit dem Ganzen.

Ein Krebsgeschwür der Armut, des Krieges oder der Grausamkeit ist für den Körper unseres Planeten ein ebenso verheerender Zustand – und wirkt so persönlich – wie in unserem eigenen Körper.

Der Versammlungsraum, die Gitarre, das Skalpell oder der Computer können sich als Werkzeuge der Heilung erweisen. Das Bewußtsein, mit dem solche Menschen die Instrumente bedienen, zeichnet sie aus. Sie haben jenen Kindheitsinstinkt, der Welt zu dienen und sie zu retten, nicht verloren. Er gewährt ihnen, das Unerträgliche auszuhalten. Im Verlauf langweiliger, endloser Stunden, in denen Sie sich in Gesetzesbüchern vergraben oder unermüdlich Laborexperimente wiederholen, um dem Unbekannten noch einen weiteren Tatbestand abzuringen, werden sie davon gestützt. Er drängt sie, stumpfsinnige bürokratische Abwicklungen auf sich zu nehmen, um ein wenig mehr Gleichberechtigung zu erringen, um eine Person mehr zu ernähren oder zu beherbergen. Er stachelt sie an, Neues zu schreiben, wieder zu malen und zu proben, bis die Wahrheit aus ihrer Kunstrichtung hervorstrahlt. Ihr Traum motiviert sie dazu, dem Mammon des Geldes unverdrossen zu widerstehen und Wege zu entdecken, wie sie ohne Ausbeutung Profit machen können.

Weltdiener trotzen mit Vorliebe dem Schubladendenken und sind in ihrem Denken unabhängig. Sie stammen aus allen Religionsrichtungen und Nationalitäten, gehören jeder Altersklasse an und kommen aus allen wirtschaftlichen und sozialen Klassen und aus jeder Berufssparte.

Innerhalb des Netzwerkes der Weltdiener besteht die Intension, sämtliche Lebensbereiche in undogmatischer Weise in ihr Denken und Tun mit einzubeziehen. Die große Mehrheit meines Bekanntenkreises gibt ihre Religionszugehörigkeit und gesellschaftliche Basis nicht auf. Im übrigen erweckt die Leidenschaft, die sie in sich selbst wiederentdekken, das Verlangen, der Welt zu dienen. »Wie kann ich helfen?« ist eine am häufigsten gebrauchte Absichtserklärung, die ich sowohl in meiner Beratungspraxis als auch in meiner Lehrtätigkeit zu hören bekomme.

Weltdiener bereiten in intellektuellen, finanziellen, politischen, emotionalen und erzieherischen Bereichen ein Umfeld vor, in dem das Leben sich verwirklichen kann. Einfach durch ihr bloßes Vorhandensein in der Welt erfüllen die Weltdiener ihre Aufgabe weitaus nachhaltiger als mit einer beliebigen Weltanschauung, der sie sich zugehörig fühlen. Ein Mensch, der ein transformiertes Leben führt, ist ein Weltdiener.

Weltdiener sind durchweg Idealisten, aber auch höchst praktisch veranlagte Träumer, die ihre Vision oftmals leidenschaftlich leben. Sie sind Vertreter der Veränderung, Werkzeuge, durch die die Entwicklung uns in das Morgen befördert. Sie haben sich einem höheren Willen unterstellt und tragen dazu bei, den Willen der Menschheit umzulenken. Sie haben sich der Aufgabe verpflichtet, ihren persönlichen Schatten umzuwandeln. Dadurch sind sie ermächtigt, auf den Menschheitsschatten Licht zu werfen. Sie gehen den Weg zwischen dem intuitiven Wissen der Verheißung einer besseren Welt und der Unkenntnis, welche Ergebnisse ihre Bemühungen haben werden.

Weltdiener tauchen überall dort auf, wo Veränderungen in vollem Gang sind – sowohl an den offenkundigen Stellen und auch an den stillen Plätzen, wo es nicht ohne weiteres auffällt. Einige sind dazu da, den Hammer zu schwingen, der die alte Form zerbersten läßt; andere sind hier, um Entwürfe für das Neue zu schaffen. Die meisten sind Erbauer, die einzeln und in Gruppen arbeiten. Sie bewegen sich alle in zwei Welten – in der von ihnen vorausgeschauten und in der zu Ende gehenden Welt.

Marilyn Ferguson hat einem Interviewpartner den derzeitig von uns beschrittenen Übergang beschrieben und diejenigen, die sich ihm verschrieben haben, Grenzgänger genannt. Sie sagt, es sei, als ob eine riesige Welle anrollt. Am Strand befinden sich drei verschiedene Menschengruppen: Die sinnenfreudigen Hedonisten, die sich am Strand tummeln und sich sagen, sie könnten sich die Zeit noch so angenehm wie möglich vertreiben, da sie ohnehin sterben müßten. Die Philosophen, die oben auf dem Hügel sitzen und über die Bedeutung des Geschehens grübeln. Und zu guter Letzt die Grenzgänger, die sich im Hinterland der Insel Gedanken machen, wie man unter Wasser leben kann.

Die Weltdiener wählen nicht ausschließlich, protestierend gegen die alte Ordnung vorzugehen. Das könnte nämlich diejenigen ziemlich aus der Fassung bringen, die von der Vision noch nicht erfaßt wurden und in ihrer Vorgehensweise nach wie vor von der alten Form bestimmt sind; von jener Form, die weiterhin die politische Überzeugung oder Religion des einen für richtig hält und die politische oder religiöse Richtung des anderen verwirft. Häufig treten die Weltdiener *für* eine Sache ein, anstatt *gegen* etwas zu sein.

Beispielsweise »kämpfen« sie nicht um jeden Preis mit dem Mittel der Demonstration oder des Protestes gegen die Apartheid. Sie investieren lediglich nicht in Firmen, die sich daran beteiligen. Vielleicht protestieren sie nicht gegen die politische Propaganda ausländischer Regierungen; sie schikken ganz einfach Wissenschaftler, Gruppen von Privatleuten,

Künstlern, Sportlern und Studenten als menschliche Brücken in diese Länder, um dadurch Verständigung zu verbessern. Wenn sie sich dafür entscheiden, zu »kämpfen«, findet man oft, daß sie die Werkzeuge innerhalb des Systems benützen, indem sie einen Brennpunkt schaffen, auf den sich der Protest richtet, dabei Alternativen anbieten und Öffentlichkeitsarbeit leisten.

Ein Weltdiener zu sein, bedeutet auch, ein Risiko einzugehen. Möglicherweise werden Sie dazu veranlaßt, Arbeitsstellen anzunehmen, die nicht als »karrierefördernd« eingestuft werden. Vielleicht werden Sie dazu angestiftet, von emotionalen und finanziellen Klippen zu springen; die Führung zu übernehmen, selbst wenn sie lieber ein Mitläufer sind; zu schweigen, wenn ihnen danach zumute ist, den Mund aufzumachen – und umgekehrt. Es kann vorkommen, daß ihre Persönlichkeit sich von den Aufgaben völlig überwältigt fühlt.

Ein mir bekannter Weltdiener eröffnete eine Grußkartenfirma. Anstatt gegen die großen Firmen anzukämpfen, die die Wälder abholzen, wählte er einen anderen Weg. Seine Karten verherrlichen die natürliche Welt auf Umweltschutzpapier, und die Firma macht nur mit solchen Trägern Geschäfte, die kooperativ mit der Umwelt umgehen. Sie nehmen sich die Zeit, die Anstellungs- und Förderungsmaßnahmen der Firmen zu studieren, von denen bekannt ist, daß sie Frauen und Minderheiten gerecht behandeln. Die Gewinne werden dazu verwendet, Naturschutzgebiete zu unterstützen. Er sagt: »Die Idee ist für jeden Beteiligten nützlich, einschließlich der Mutter Erde.«

Das Ehepaar John Graham und Anne Medlock aus Whidbey Island, nahe der Küste von Washington, hat das Projekt

»Giraffe« ins Leben gerufen. Anfangs hatten sie wenig finanzielle Mittel, waren aber äußerst engagiert. Inzwischen ist das Projekt »Giraffe« eine Stiftung, deren einziger Zweck es ist, die Menschen anzuerkennen, die »ihren Kopf für das allgemeine Wohl hinhalten«. Häufig bedeutet das, daß sie ein Engagement eingehen, das viel persönliches Risiko beinhaltet. Im August 1988 hat die Zeitschrift *Time* berichtet, daß 252 »Giraffen« ernannt wurden, von denen jede einen Preis für kreative Aktionen erhielt.

Das Spektrum der Giraffen umfaßt beispielsweise Menschen, die die von Bauern weggeworfenen Kartoffeln an Hungerleidende weitergeben, und berücksichtigen den Mann, der aus dem Mark der Zuckerrübe Sirup braut, den er an die Schwarzbären verfüttert, damit sie die Bäume nicht befallen und deshalb getötet werden müßten.

Eins + Eins + Eins = Transformation

Selbsterkenntnis ist der erste Schritt einer bewußten evolutionären Veränderung. Sobald sich die Menschen ihren individuellen Ängsten und Begrenzungen stellen und sie bewältigen, führen sie die Konfrontation und die Verarbeitung unserer rassebezogenen, nationalen und globalen Ängste herbei.

Dauerhafte gesellschaftliche Veränderungen sind nur möglich, wenn zuvor das individuelle Bewußtsein umgewandelt wurde.

Bewußte Veränderung der persönlichen und globalen Art ist wie eine starke Strömung, die tief im Ozean einsetzt und sich in sichtbaren Wellen an vielen Küsten bricht. Ihre Wucht wird schließlich jeden Aspekt unseres Lebens berühren. Energie setzt sich nicht mittels einer einfachen Addition zusammen. Sie baut sich nach einer exponentiellen Progression auf. Werden ihre Gedanken meinen hinzugefügt, sind sie viel umfangreicher als die Summe unserer beiden Gedankenformen. Wer kann denn sagen, welche Rechnung letztendlich den Ausschlag zum Wandel vom Alten in das Neue herbeiführt? Keiner kann es sagen.

Es ist einerlei, wo man wohnt, oder welche Rolle man spielt. In jedem von uns liegt die Schöpfungskraft. Ihre Gedanken machen den Unterschied, ihre Wünsche für diesen Planeten zählen, und ihre Worte haben Gewicht. Sie *werden* gebraucht. In den Bereichen, wo der bewußte Wandel einsetzt, gibt es keine Hierarchie der Bedeutsamkeit. Ihr Platz in der Welt bietet ihnen nicht nur ein vollkommenes Klassenzimmer für ihre eigene Entwicklung, er ist auch der Ort, wo sich ihnen die größte Gelegenheit bietet, ein Weltdiener zu sein. Wenn nicht Sie diese Ecke der Welt erhellen, wer soll es denn sonst tun?

Während ich diese Worte schreibe, bin ich mir voll bewußt, wie idealistisch sie sich anhören mögen. Sie werden Ihnen absichtlich und nicht unschuldig in der Hoffnung angeboten, daß Ihr eigener Idealismus davon in Schwingung versetzt wird. Wir können nichts Höheres zustande bringen, als wir imstande sind, für möglich zu halten. Auf dem anspruchsvollen Weg der Liebe ist kein Platz für Naivität.

Ein Weltdiener zu sein, heißt ein Liebender zu sein. Es bedeutet, die Wahrheit hinter den Erscheinungsformen zu lieben. Die volle Kraft der Evolution wirkt in jedem Akt der Liebe und durchströmt uns, während wir unsere tiefsten Absichten leben.

Liebe ist in jedem von uns die Schaltstelle der Kraft, wo unser Gottesselbst und unser menschliches Selbst sich miteinander verschmelzen. Sie ist die Stelle, an der sich zwei Welten berühren und eins werden. Alle Polarisationen sind an diesem Punkte aufgehoben. Wir nehmen die Materie als offenbarten Geist wahr, das Geschaffene sehen wir als Erweiterung des Schöpfers. Und wir begreifen die Umwandlung als den alchimistischen Prozeß, durch den Gott unser gespaltenes Selbst aufnimmt und ein geheiligtes Selbst daraus hervorgehen läßt.

Ich habe die Dualität abgeschafft
und die zwei Welten als eine erkannt.
Jelaluddin Rumi

Bibliographie

A Course In Miracles, Foundation for Inner Peace, New York, 1975.

Alder, Vera, S., *Finding of the Third Eye*, 1938, Reprint, Samuel Weiser, New York 1978.

Berry, Thomas, *The Dream of the Earth*, Sierra Club Book, San Francisco 1988.

Besant, Annie, *Esoteric Christianity*, 1901, Reprint, Wheaton, Ill.: Quest-Theosophical Publishing House 1971.

Blair, Lawrence, *Rhythms of Vision*, Shocken Books, New York 1975.

Blofeld, John, *Bodhisattva of Compassion: The Mystical Tradition of Kuan Yin*, Shambhala, Boulder 1988.

Bohm, David/Peat, David F., *Das neue Weltbild – Naturwissenschaft, Ordnung und Kreativität*, Goldmann, München 1990.

Campbell, *Der Heros in tausend Gestalten*, Suhrkamp, Frankfurt 1978.

Capra, Fritjof, *Das Tao der Physik*, Scherz, München/Bern 1984.

Care, Ken, *Terra Christa: The Global Spiritual Awakening*. Uni-Sun, Kansas City 1985.

Carter, Forrest, *The Education of Little Tree*, University of New Mexico Press, Albuquerque 1986.

Chitrabhanu, Gurudev Shree, *Realize What You Are: The Dynamics of Jain Meditation*, Dodd, Mead, New York 1975.

Coates, Gary, *Resettling America: Energy, Ecology and Community*. Acton, Mass.: Brick House Publishers 1981.

Cohen, Alan, *The Healing of Planet Earth: Personal Power and Planetary Transformation*. N. J.: A. Cohen, Somerset 1987.

Colegrave, Sukie, *The Spirit of the Valley*, J. P. Tarcher, Los Angeles 1979.

Connelly, Diane M., *All Sickness Is Home Sickness*, Center for Traditional Acupuncture, Columbia, Md., 1987.

Dass, Ram/Gormann, Paul, *Wie kann ich helfen?* Sadhana, Berlin 1988.

Dass, Ram/Levine, Stephen, *Schrot für die Mühle*, Sadhana, Berlin 1979.

Daumal, Rene, *Mount Analogue*, Shambhala, Boulder 1986.

De Mello, Anthony, *Song of the Bird*, Doubleday, New York 1984.

Eisler, Riane, *The Chalice and the Blade: Our History, Our Future*, Harper & Row, New York 1987.

Feinstein, David und Stanley Krippner, *Personal Mythology: The Psychology of Your Evolving Self*. J. P. Tarcher, Los Angeles 1988.

Ferguson, Marilyn, *Die sanfte Verschwörung*, Knaur, München 1984.

Feild, Reshad, *Ich ging den Weg des Derwisch*, Diederichs, München 1983.

Feild, Reshad, *Schritte in die Freiheit*, Rowohlt, Hamburg 1988.

Fillmore, Charles, *Twelve Powers of Man*. Mo.: Unity School, Unity Village 1985.

Fox, Matthew, *A Spirituality Named Compassion, and the Healing of the Global Village, Humpty Dumpty, and US*. Harper & Row, New York, 1979.

Frankl, Victor E., *Der Mensch vor der Frage nach dem Sinn,* Piper, 4. Aufl., München 1989.

Gawain, Shakti/King, Laurel, *Leben im Licht,* Heyne, München 1989.

Greene, Liz, *Jenseits von Saturn – Pluto, Neptun, Uranus,* Hugendubel, München 1984.

Griscom, Chris, *Die Frequenz der Ekstase,* Goldmann, München 1989.

Haich, Elisabeth, *Die Einweihung,* Drei Eichen, 10. Aufl., München 1990.

Hall, Manley P., *The Secret Teachings of All Ages: An Encyclopedia Outline of Masonic, Hermetic, Quabbalistic and Rosicrucian Symbolical Philosophy,* Philosophical Research Society, Inc., Los Angeles 1978.

Heinberg, Richard, *Memories and Visions of Paradise,* 1985. J. P. Tarcher, Los Angeles 1989.

Hodson, Geoffrey, *The Hidden Wisdoms in the Holy Bible,* Wheaton, Ill. Quest-Theosophical Publishing House 1967.

Houston, Jean, *God Seed,* Mythos Amity House Inc., Warwick, New York 1987.

Houston, Jean, *The Search for the Beloved,* J. P. Tarcher, Los Angeles 1987.

Jampolsky, Gerald G., *Wenn deine Botschaft Liebe ist ...* Kösel, 4. Aufl., München 1988.

Johnson, Robert A. *He: Understanding Masculine Psychology,* 1974, Reprint, Perennial-Harper, New York 1986.

Johnson, Robert, *She: Understanding Feminine Psychology,* 1976, Reprint, Perennial-Harper, New York 1977.

Johnson, Robert A., *Der Mann, die Frau – auf dem Weg zu ihrem Selbst,* Knaur, München 1988.

Jones, Alan, *Soul Making: The Desert Way of Spirituality,* Harper & Row, San Francisco 1985.

Joy, W. Brough, *Weg der Erfüllung,* Ansata, Interlaken 1985.

Jung, C. G., Gesammelte Werke Bd. 9/1: *Die Archetypen und das Kollektive Unbewußte,* Walter, 7. Aufl., Freiburg 1989.

Jung, C. G., *Erinnerungen, Träume, Gedanken,* Walter, 6. Aufl., Freiburg 1988.

Keyes, Ken, *Das Handbuch zum höheren Bewußtsein,* Goldmann, München 1990.

Kübler-Roß, Elisabeth, *Interviews mit Sterbenden,* Kreuz, Zürich 1971.

L'Engle, Madeline, *The Irrational Season,* Harper & Row, New York 1977.

Leonard, George, *Der Rhythmus des Kosmos,* Rowohlt, Hamburg 1986

Levi, *Das Wassermann Evangelium von Jesus dem Christus,* Hugendubel, München 1980.

Lovclock, James, *Gaia: A New Look at Life on Earth,* Oxford University Press, New York 1987.

MacGregor, Geddes, *Reinkarnation und Karma im Christentum,* Knaur, München 1990

May, Rollo, *Liebe und Wille,* Brigitte/Mosaik, München 1988.

Mishlove, Jeffrey, *The Roots of Consciousness,* Random House, New York 1975.

Moss, Richard, *The Black Butterfly: An Invitation to Radical Aliveness,* Celestial Arts, Berkeley, 1986.

Moyne, John und Coleman Barks, übers. *Open Secret: Versions of Rumi*, Putney, Vt.: Threshold Vt., 1984.
Pagels, Elaine, *Versuchung durch Erkenntnis,* Suhrkamp, Frankfurt 1987.
Peat, David F., *Synchronicity: The Bridge Between Matter and Mind,* Bantam, New York 1987.
Progoff, Ira, *At a Journal Workshop: The Basic Text and Guide for Using the Intensive Journal Process,* Dialogue House, New York 1975.
Rodegast, Pat/Stanton, Judith, *Emmanuels Buch,* Knaur, München 1992.
Selye, Hans, *Streß – Bewältigung und Lebensgewinn,* Piper, München 1988.
Sheldrake, Rupert, *Das schöpferische Universum,* Nymphenburger, München 1983.
Siegel, Berni, *Liebe, Medizin und Wunder,* Econ, Düsseldorf 1991.
Singer, June, *Androgyny: The Opposite Within,* Sigo Press, Boston 1987.
Spangler, David, *Reflections on the Christ,* Findhorn Publishing, Forres, Schottland 1977.
Spangler, David, *New Age – die Geburt eines neuen Zeitalters,* Greuth-Hof, Kimratshofen 1983.
Starhawk, *Wilde Kräfte – Sex und Magie für eine erfüllte Welt,* H. Bauer, Freiburg 1987.
Steiner, Rudolf, *The Reappearance of Christ in the Etheric,* Anthroposophic Press, Hudson, New York 1983.
Stone, Merlin, *When God Was a Woman,* Harcourt, San Diego 1978.
Suzuki, Shunryu, *Zen-Geist, Anfänger-Geist,* Theseus, Zürich 1983.
Swimme, Brian, *The Universe Is a Green Dragon: A Cosmic Creative Story,* Bear & Co., Santa Fe 1984.
Targ, Russell/Haray, Keith, *Jeder hat ein drittes Auge,* Diana, Zürich 1985.
Teilhard de Chardin, Pierre, *Die Entstehung des Menschen,* C. H. Beck, München 1981.
Trungpa, Chögyam, *Spiritueller Materialismus,* Aurum, Freiburg 1975.
Unity School of Christianity Staff, ed. *Metaphysical Bible Dictionary,* Unity Village, Mo.: Unity School, 1931.
Watson, Lyall, *Gifts of Unknown Things,* Simon & Schuster, New York 1976.
Whitfield, Charles L., *Healing The Child Within,* Deerfield Beach, Fla.: Health Communications, 1987.
Wilker, Ken, ed. *The Holographic Paradigm and Other Paradoxes: Exploring the Leading Edge of Science.* Shambhala, Boulder 1982.
Williams, Jay G., *Yeshua Buddha,* Quest-Theosophical Publishing House, Wheaton, Illinois 1978.
Woititz, Janet G., *Adult Children of Alcoholics,* Fla.: Health Communications, Deerfield Beach 1983.
Wolf, Fred, *Körper, Geist und neue Physik,* Scherz, Bern/München 1989.
Yogananda, Paramahansa, *Autobiographie eines Yogi,* Knaur, München 1992.
Young, Meredith Lady, *Agartha: The Essential Guide to Personal Transformation in the New Era,* Ballantine, New York 1989.
Ywahoo, Dhyani, *Am Feuer der Weisheit – Lehren der Cherokee-Indianer,* Theseus, Zürich 1988.